제국에 반대하고
야만인을 예찬하다

In Praise of Barbarians: Essays Against Empire
by Mike Davis

제국에 반대하고
야만인을 예찬하다

마이크 데이비스 | 유나영 옮김

제국에 반대하고
야만인을 예찬하다

지은이 | 마이크 데이비스
옮긴이 | 유나영
펴낸이 | 이명희
펴낸곳 | 도서출판 이후
편집 | 김은주
표지 · 본문 디자인 | Studio Bemine

첫 번째 찍은 날 | 2008년 10월 20일

등록 | 1998. 2. 18(제13-828호)
주소 | 121-754 서울시 마포구 동교동 165-8 엘지팰리스 827호
전화 | 대표 02-3141-9640 편집 02-3141-9643 팩스 02-3141-9641
홈페이지 | www.e-who.co.kr
ISBN | 978-89-6157-015-2 03300

이 도서의 국립중앙도서관 출판시도서목록(CIP)은 e-CIP 홈페이지
(http://www.ni.go.kr/cip.php)에서 이용하실 수 있습니다.
(CIP 제어번호: CIP 2008003048)

자유의 투사였던
마이클 진준Michael Zinzun을 기념하며

차례

★ 5부 세계인을 인질로 묶은 폭주 기관차, 자본주의

■ 일러두기

■ 몇 그루의 나무와 공간을 절약하기 위해, 본문 중 인용문의 출처는 책 말미에 열
  거한 참고문헌의 번호로 대신하였다. 이 책에 실린 글 중 다수는 톰디스패치 닷
  컴Tomdispatch.com(뉴욕)과 『소셜리스트 리뷰Socialist Review』(런던)에 동시에 발표
  했던 것들이다. 톰 엥겔하트와 피트 모건 외 『소셜리스트 리뷰』 편집진의 지원
  과 협조에 감사드린다. ―마이크 데이비스

■ 본문 아래에 각주로 달려 있는 설명글 중에 저자의 것이라고 따로 밝히지 않은
  것은 모두 옮긴이가 붙인 것입니다. ―이후 편집부

★ ★ ★ ★

"자네야말로 진정한 칼 맑스야!"
저녁에 대대의 군사 인민 위원이 그에게 말했다.
"도대체 거기에서 뭘 쓰고 있는 건가?"
"제가 맺은 서약에 따라 여러 가지 생각들을 기록하고 있습니다."
클레브니코프가 대답했다.

—이사크 바벨Isaac Babel, 『붉은 기병대』 (1926)—

1부
미국, 로마제국을 꿈꾸다

아우구스투스는 인간을 다스리는 것은 다름 아닌 칭호라는 것을 잘 알고 있었다. 또한 오래 전부터 이어 내려온 자유를 정중히 보장해 주는 것만으로 원로원과 민회가 노예 상태를 받아들일 것이라고 착각하지 않았다.

—에드워드 기번Edward Gibbon, 『로마 제국 쇠망사 *The Decline and Fall of the Roman Empire*』

In Praise of Barbarians

미국 예외주의의 종말

9월의 어느 화창한 아침, 평범한 미국인들은 지난 60년간 중동에서 우리의 이름하에 만들어진 역사의 결과를 별안간 무방비 상태로 맞닥뜨리게 되었다. (저명한 러시아정교 신학자인 램퍼트E. Lampert의 말에 따르면) 그날은 "수수께끼 같은 악의 경로가 계시된", 정확히 신학적인 의미에서 "묵시록적인" 날이었다.(89) 석유와 시온주의와 CIA의 "유령 전쟁"*이 복잡하게 얽힌 역사의 결과로, 수천 뉴욕 시민의 생명이 엄청난 화염과 초자연적 공포 속에서 삽시간에 재가 되어 버린 것이다. 가장 위협적이고도 무서운 방식으로, 우리는 하나의 악행을 다른 악행으로 되갚고, 석유의

---

* Ghost Wars, 소련이 아프가니스탄을 침공한 무렵부터 9.11 테러가 일어나기까지 CIA가 아프가니스탄에서 벌인 비밀공작을 가리킨다. 알카에다의 성장 과정을 추적한 저널리스트 스티브 콜의 논픽션 제목에서 따온 말이다.

대가로 무고한 이들이 살육되는 세계의 시민으로 편입되었다.

　내 생각에, 『알 아흐람Al-Ahram』 지에 글을 기고한(135) 이집트의 좌파 저널리스트 하니 슈크랄라Hani Shukrallah만큼 이 사건의 핵심을 잘 파악한 사람은 없었다. 그는 자신(과 몇몇 평자들)이 보기에 이 테러에서 윤리적으로 가장 고통스러운 장면에 초점을 맞추었다. 그것은 바로 세계무역센터로 돌진하는 비행기 속에서 엄마 품에 안겨 있었을, 줄리아나 맥코트라는 이름의 네 살배기 아기다. 슈크랄라는 묻는다. 우리 중 누가 그 순간 그 아이의 어머니가 느꼈을 비통함을 이해할 수 있을 것인가? 그렇게 어린 아기를 자살 무기로 사용하는 것은 그 무슨 극악무도한 정치학인가?

　슈크랄라는 공포에 질린 무력한 어린아이가 줄리아나 말고도 한 명 더 있었음을 우리에게 일깨운다. 그는 무함마드 알 두라라는 열두 살 소년이다. 이제 6학년이 된 이 팔레스타인 어린이는 아버지를 따라 차를 사러 나왔다가 이스라엘 군과의 총격전 한가운데 갇히고 만다. 알 두라는 거의 한 시간 가까이 아버지 곁에 웅크리고 있었지만, 결국 이스라엘 저격수가 (의도적으로 정확히 조준해) 쏜 총알에 맞아 숨을 거두고 말았다. 슈크랄라는 이렇게 썼다. "영국과 미국, 독일에서는 알 두라를 비롯하여 지난 1년 동안에만 죽거나 불구가 된 수천 명의 팔레스타인 어린이들을 위해 과연 얼마나 많은 눈물을 흘리고 얼마나 많은 촛불을 켰는가? 미국이 취한 제재 조치 때문에 사망한 이라크 어린이 50만 명에 대해 기자가 질문하자 올브라이트 여사가 '우리는 치른 비용만큼의 성과를 거두었다고 생각한다'고 으스스하게 답변했

을 때, 도대체 연민과 공포는 어디에 있었는가?"(135)

한 어린이의 살인을 다른 어린이의 살인으로 정당화하는 것이 슈크랄라가 말하는 요지가 아님은 분명하다. 요지는 아랍인과 미국인을 막론한 모든 독자들에게, 공감(우리가 스스로를 "인간"이라 규정할 수 있는 가치를 부여하는 내적인 능력)이야말로 변함없는 원칙이 되어야 함을 일깨우는 것이다. 인간성에 대한 범죄는 뉴욕의 마천루에서 벌어지건, 팔레스타인 난민촌이나 궁벽한 쿠르드 마을에서 벌어지건 똑같이 소름끼치는 일이다. 그리고 슈크랄라는 경고한다.

"우리의 선택지가 부시와 빈 라덴, 둘 중 하나로만 한정된 세계는 저주받은 광기의 세계다."

물론 이는 중동과 북아메리카에 사는 보통 사람 대부분이 장기판의 졸에 불과한 세계이기도 하다. 부시와 빈 라덴이 뭐라고 단언하든, 사람과 제국은 동의어가 아니다. 예를 들어, 나는 "미국인들은 자기들이 스스로 뿌린 씨앗을 거둔 것"이라는 주장에 동조하지 않는다. 세계무역센터 학살의 희생자들(비서, 경리, 음식점 배달원, 유리창 청소부, 증권 분석가, 소방관)은 무슬림 세계에서 빈민주적이고 범죄적인 비밀 정책을 고안하고 수행한 장본인들이 아니었다.

그들은 민주적으로 선출된 이란의 모사데그Mossadegh 정부를 전복시키지도, 인도네시아에서 80만 명에 달하는 좌익을 학살하도록 지원하지도, 레바논에서 팔레스타인 세력을 억누르려 파시스트 팔랑혜당을 내세워 간섭하지도 않았다. 또 도파르의 반란군

을 진압하는 더러운 전쟁을 벌이지도," 사우디아라비아, 이란의
샤 왕조, 모로코, 아랍에미리트 등지의 절대왕정을 승인하지도,
미국인의 세금 수십억 달러를 들여 무바라크가 현대의 파라오처
럼 차지하고 앉은 황금 옥좌를 만들어 주지도 않았다. 1980년대
에 사담 후세인에게 무기를 공급하고 그가 공산주의자와 쿠르드
인을 학살하는 짓을 눈감아 주지도, 걸프전 때 공중 폭격으로 이
라크인 1만 7천 명(그중에는 아마리야 방공호 속에서 재가 돼 버린 4백
명의 여성과 어린이도 들어 있다.)을 살해하지도 않았다. 또 이라크
남부의 시아파를 자극하여 봉기하도록 부추긴 뒤에 (아버지 부시의
계산에 따르면, 후세인 정권을 완전히 분쇄하면 권력 공백이 생겨서 이란이
쳐들어올 수 있는데, 이는 용납할 수 없는 일이었기 때문에) 사담 후세인
의 손에 처형되도록 내버린 것도 그들이 아니다.

　마찬가지로, 평범한 뉴욕 시민들은 이란 여객기를 격추하거나
카다피의 갓난쟁이 딸을 죽이지도 않았다. 중남미의 대량 살육에
자금을 지원하기 위해 비밀리에 이란에 무기를 팔지도 않았다.
베이루트의 도살자 아리엘 샤론Ariel Sharon에게 훈장을 수여하지
도, 이스라엘이 팔레스타인 땅을 계속 점령하고 있는 것을 묵인하
지도, 쿠웨이트를 비롯한 페르시아 만의 독재 국가들이 팔레스타
인 사람 40만 명을 추방할 때 미소 짓지도 않았다. 아프가니스탄
을 세계 제일의 헤로인 수출국으로 만들어 버린 새디스틱한 광신

──────────────────────

■ 1965년 술탄 사이드 이븐 타이무르의 불평등 정책에 반발하여, 예멘의 지원을 받은 좌익 유격
대가 오만 남부에 있는 주 도파르에서 반란을 일으켰다가 패한 사건을 말한다.

도 굴부딘 헤크마티야르Gulbuddin Hekmatyar에게 스팅어 미사일을 안겨 주지도 않았으며, 파키스탄에 독재 정권이 잇달아 들어서는 것을 묵인하지도 있다. 유니언오일Union Oil 사가 아프가니스탄에 파이프라인을 건설할 수 있도록, 1995년부터 1996년까지 탈레반과 밀월 관계를 맺지도 않았다. 그리고 수단에서 말라리아 약을 생산하는 유일한 제약 공장을 폭파해 날려 버리지도 않았다.

실종된 3천 명의 뉴욕 시민들은 미국의 석유 재벌, 건설 회사, 항공 제조 업체들이 아라비아 반도에서 지난 60년간 벌여 온 잔치판에 끼지도 못했다. 아랍 족장들에게 뇌물을 주고, 고문 기술자들과 식사를 함께 하고 술판을 벌이며, 살인자들에게 무기를 팔고, 테러와 싸운다는 미명하에 테러리스트들을 지원하고, 세속적 좌파 인사들을 죽이겠다고 약속한 편협한 광신도들에게 지원금을 준 것은 그들이 아니다. 또 세계경제에 대한 통제권을 유지하고 억만장자의 빈민 지배를 뒷받침하기 위해 자유의 이름을 내디딘 것도 그들이 아니다.

그러나 이 모든 것, 그리고 그 밖에 많은 일들이 미국 국민의 이름으로 행해졌다. 이 유서 깊은 땅의 현대사에서 일어난 가장 사악한 에피소드 중 일부에는 "메이드 인 USA"라는 꼬리표가 붙어 있다. 나는 미국이 무슬림 세계에 존재하는 모든 악행과 불평등의 장본인이며, 근본주의자들이 탄핵하는 문구대로 "거대한 사탄Great Satan"이라고 주장하는 것이 아니다. 아랍 및 무슬림 세계 전체의 민주주의, 페미니즘, 소수자 인권, 사회 정의의 궁극적인 적은 결국 해당 지역의 반동적인 지배 집단이다. 영국과 프랑스, 브레즈네프의 제국주의, 그리고 이스라엘 또한 아랍 대중들의 꿈을 빼앗는 데 한몫 했다.

그러나 미국의 석유 회사, 무기 제조 업체, 극우 시오니즘, 아라비아 반도의 지극히 부유한 지배 계층 사이의 부정하고도 확고한 동맹이 이 지역의 진보적인 사회경제 변화를 가로막는 주된 구조적 장애물임을 누가 부인할 수 있을 것인가? 미국의 군사 방패 없이 사우드 왕가나 페르시아 만 연안을 지배하는 **난봉꾼 토후들**[■]이 단 한 달이라도 버틸 수 있다고 믿을 사람이 누가 있는가? 또 미국이 팔레스타인에게 취한 대외 정책을 이스라엘의 민족자결권에도 똑같이 적용한다면, 이스라엘이 요르단 강 서안에 계속 주둔할 수 있을 것이라고 누가 장담할 것인가?

지금 그들이 우리에게 알 카에다 대응책이라고 내놓은 것은, 지난날 반인권적이라 입증되었던 정책의 극단이다. 그리고 이 파산한 정책의 주요 입안자들(아직도 상고머리를 한 늙은 장군, CIA 국장, 국무부 차관)은 이제 우리의 텔레비전 화면에 끊임없이 등장하여, 반쪽짜리 진실과 그로테스크한 단순 논리로 하루 24시간 적의와 공포를 설교하고 있다. CIA가 지난 50년간 행해 온 더러운 술수와 비밀 전쟁의 "블로우백"^{■ ■}이 밀어닥친 이 상황에서, 그들은 "정치적 공정성"과 무책임한 진보주의 원칙이 정보기관의 손발

■ 쿠웨이트, 아랍에미리트, 카타르, 바레인 등 페르시아 만 연안에 있는 이슬람 토후 국가들의 부패한 지배층을 가리킨다.

을 묶고 있다고 불평하고 있다. 검은 옷을 입은 비밀 요원들이 마음껏 활보하며 해외 지도자들을 암살하고 고문 기술자들과 밀월을 즐기도록 풀어 주어야 한다는 말이다.

사방에서(티모시 맥베이Timothy McVeigh나 오사마 빈 라덴 같은) 제1차 걸프전의 정치적 잔해를 맞닥뜨리고 있는 지금도, 그들은 경계도 기한도 없는 끝없고 무자비한 전쟁만이 우리의 구원이라는 장광설을 늘어놓고 있다. 난민촌과 빈민가에 끓어오르는 분노로는 충분치 않다는 듯이, 미국은 세계에서 가장 궁벽하고 비참한 나라, 아프가니스탄을 포격하자고 제안하고 있다. 스페인의 명망 있는 판사 발타자르 가르손Baltasar Garzon이 최근 『파이낸셜타임스』에 쓴 대로, 우리는 "무를 향한 가상 폭격, 빈곤의 대량 학살, 그리고 폭력은 폭력을 낳는다는 가장 근본적인 논리를 침해하는 일에 무제한 지원을 서약할 것을" 강요받고 있다. "테러에 희생된 사망자의 수가 늘어 갈수록 테러리즘의 악순환은 가속화된다."(60)

철문이 잠기고 나무마다 보안 카메라가 달린 거대한 주택 지구, 이것이 부시 대통령이 그려 보이는 미국의 미래다. 이른바 우리의 안전을 위해, 우리 바깥 세계는 CIA와 델타포스의 무차별 포격 지대가 되어야 한다는 것이다. 방독면과 신분증을 들고 깃발 아래 "합체"(coalesce, 기이하게도 대통령은 이 단어를 선택하였다.)하여

━ ━ 블로우백blowback은 '역풍'이라는 뜻으로 CIA에서 나온 말이다. 기밀로 부쳐졌던 대외 공작 등의 정책이 의도하지 않은 결과를 불러오는 것을 뜻한다.

예전에 누렸던 생활을 즐기자는 것이다. 이는 1980년대를 휩쓴 "범죄와의 전쟁" 망상증이 세계적인 차원으로 부상한 것이 아니고 무엇인가? "언덕 위의 도시"■가 엄폐된 벙커로 변신한 것인가?

마지막으로 우리는 워싱턴의 의회에 배신당했다. 그들은 열을 올려 백지수표에 사인하고 하나 된 목표를 찬양하면서 일당 체제로 결합해 버렸다. (선거인단의 과반수가 아니라 대법원의 과반수에 의해 선출된 대통령인) 조지 W. 부시는 미국사(그리고 아마도 세계사)에서 전례가 없는(대상과 장소와 시간의 제한이 없는) 전쟁 권력을 거머쥐었다. 토머스 페인Thomas Paine이나 토머스 제퍼슨Thomas Jefferson이 상상했던 국가는 이런 것이 아니었다. 이러한 때에 9·11의 희생자들을 가장 깊고도 책임감 있게 추모하는 방법은, 바로 이의를(이의 가운데 이의를) 제기하는 것이다.

(2001년 9월, 뉴욕주립대학 스토니브룩 캠퍼스에서 열린 토론회)

■ 성서의 한 구절로, 17세기 미국의 청교도들이 스스로를 부패한 유럽과 구분하기 위해 미국을 자칭하여 일컬은 말이다.

미국, 바보들의 천국

> 언젠가 위대하고 영광스러운 날이 오면, 이 땅의 평범한 사람들이 마침
> 내 가슴 속의 소망을 이루고 완벽한 저능아가 백악관을 장식하게 될 것
> 이다. —멘켄(H. L. Mencken, 1920)

투표용지에 매달린 "종이 부스러기" ˙와 공화당 깡패 부대와
부패한 대법원 덕분에, 조지 W. 부시(멘켄의 신랄한 예언의 완성태)
가 펜실베이니아 가 1600번지(백악관의 주소다. 옮긴이)를 18개월째
장식하고 있다. 캘빈 쿨리지Calvin Coolidge의 카리스마도 로널드
레이건의 기민한 순발력도 갖추지 못한 부시는, 물론 모든 면에
서 볼 때 터무니없는 꼭두각시다. 다른 나라의 경우, 이 정도로 암
울한 상황은 대개 완전히 지리멸렬해진 귀족정 혈통의 마지막 황
제가 권력을 계승할 때쯤 빚어지게 마련이다. 부시의 궁궐 입성

˙ hanging chads, 펀치로 구멍을 뚫다 채 떨어지지 않은 종이 부스러기를 말한다. 2000년 미국
대선 당시 플로리다 주 팜비치 카운티에서는 투표용지에 펀치로 구멍을 뚫어 기표하는 방식을
택했는데, 이때 구멍이 완전히 떨어지지 않은 투표용지를 무효 처리하느냐 여부로 선거의 당락
이 결정되었다.

은 농민들이 이미 창끝을 날카롭게 벼려 놓았고, 볼셰비키들이 스몰니 학원"에서 회합을 열고 있다는 신호인 것이다.

그러나 여론조사에 따르면, 부시가 9·11을 기점으로 십자군 왕으로 등극한 이후 국내에서 부시의 인기는 미국 역사상 그 어느 대통령보다 드높이 (게다가 오랫동안) 치솟아 있다. 실제로 평소에는 이성적인 논조를 유지하던 『내셔널 저널*National Journal*』도, 등록된 민주당원 중 76퍼센트라는 어질어질한 비율을 포함하여 멘켄이 말한 "평범한 사람들"의 부시 지지율이 현재 고공비행하고 있는 현상이 (진주만 이후의 루스벨트나 1차 걸프전 중의 아버지 부시에 비해서도) "역사적으로 필적할 바가 없다"고 말했다. 더욱이 1960년대의 세대 차이가 이제는 거꾸로 되었다고 한다. 애국심으로 결집하는 X세대와 Y세대 유권자의 비율이 연장자들보다 오히려 더 높아진 것이다.(이제 "서른 살이 안 된 사람은 믿지 마라"가 우리의 새로운 슬로건이 된 것인가?) 결국 2001년 6월 여론조사에서 37퍼센트에서 46퍼센트까지 앞서 있던 민주당의 지지율이 급락하여, (2002년 3월) 현재 양당의 지지율은 완전히 똑같아졌다.

선거를 도둑질하여 대통령 자리에 오르고, 곧이어 미국 역사를 통틀어서 두 번째로 인기 있는 대통령이 되기란 쉬운 일은 아니다.(적어도 최근의 여론조사에 따르면, 조지 W. 부시는 에이브러햄 링컨에 이어 루스벨트와 공동 2위를 기록했다.) 대통령령과 대통령 특권을 통

" 제정러시아 말기의 상황을 빗댄 말이다. 스몰니 학원은 본래 수녀원으로 러시아 귀족의 딸들을 가르치는 학교였는데, 1917년 10월 혁명 중에 볼셰비키 본부로 사용되었다.

해 행정부가 전적인 권한을 휘두르는 현상을 비롯하여, 수많은 명백한 의미에서 이는 도덕적으로 쿠데타에 상응한다. 이는 또한 19세기 런던의 어느 무명 저널리스트가 『브뤼메르 18일*The Eighteenth Brumaire*』**이라는 거의 셰익스피어급의 위대한 논설을 써 내는 계기가 되었던 역사적 역설과도 유사해 보인다.

우리는 맑스의 감칠맛 나는 풍자의 눈으로 플로리다에서 벌어진 모략들을 감상할 수도 있을 것이다. 석유업자와 군수업자들끼리의 물고 뜯는 경쟁, 9·11에 맞추어 (혹은 그보다도 일찍?) 취임한 비밀 정부, 머독과 블레어의 비겁한 아첨, 법무장관 애슈크로프트의 은밀한 야밤의 방문과 불끈한 럼스펠드, 딕 체니에게 개처럼 복종하는 조지 W. 부시, 그리고 "나의 사명은 세계를 구원하는 것"이라는 부시의 뻔뻔스런 선언, 기타 등등. 음미해 볼 변증법적 아이러니들이 한두 가지가 아니다.

하지만 그 "평범한 사람들"(예컨대 미국의 노동계급)이, '열등한 나폴레옹'의 흉악한 독재정을 승인했던 어리석은 프랑스 농민들처럼 "부대 자루에 담긴 감자"에 불과하다고 치부할 것인가?(내 말이 무슨 뜻인지 잘 모르겠다면, 맑스의 걸작과 직접 대면하는 일을 독자 몫으로 남기겠다.) 현재 멕시코와 캐나다 국경 사이에 거주하는 사람들의 본성이 파블로프의 개처럼 조건반사적이라서, 지배자들이 깃발과 피 묻은 셔츠만 흔들어도 우리는 달을 향해 컹컹 짖으

■■ 칼 맑스의 『브뤼메르 18일』은 나폴레옹의 조카 루이 보나파르트가 1848년 2월 혁명 뒤 대통령으로 당선되고, 다시 쿠데타를 거쳐 황제 나폴레옹 3세가 되는 과정을 풍자적으로 고찰한 글이다.

면서 전략 핵무기와 군사 법정을 승인해 주는 것인가? 미국인들
은(나폴레옹이 지휘한 '대군대*Le Grand Armée*'의 향수에 젖었던 프랑스
농민들이나, '1918년의 배신'■에 집착했던 독일 시민들처럼) "미국의 세
기 제2부American Century Part Two"의 신화에 너무나 깊이 몰입된
채 고립되어 있어서, 제국이 저지르는 살육의 규모가 점점 커지는
것은 고사하고 시민들 자신의 자유가 파괴되는 것조차 보지 못하
는 것인가?

내가 확신하건대, 맑스라면 강조점을 좀 다른 곳에 두었을 것
이다. 다시 말해서 맑스라면 코끼리가 아니라 당나귀에 꼬리를
붙였을 것이다.■■ 애초에 운수 사납게 출범한 이번 행정부의 진
짜 "기적"은 국가주의의 테스토스테론을 펌프질하는 할리우드식
악한이 기가 막힌 타이밍에 등장한 것도 아니고, 펜타곤의 테크놀
로지가 또다시 비디오아케이드 게임 같은 승리를 거둔 것도 아니
다. 기적은 바로 이 모든 일이 정치적으로 조종되는 동안 의회에
서 심각한 논쟁이나 반론이라고는 털끝만큼도 없었다는 사실에
있다. 정말로 평범한 미국인이 멘켄의 염세적인 예언대로 되었다
면, 그것은 그들이 민주당에게 완전히 배신당했기 때문이다.

물론 사회주의자들은 민주당이 살짝 사회민주주의적으로 위장

■ 1918년 독일이 1차 대전에서 패전하여 강화조약을 맺을 당시, 독일 국내에서는 독일이 전투에
서는 패배하지 않았는데 민간인 정치가들이 배신하여 항복을 선언했다는 루머가 나돌았다. 히
틀러 또한 이런 루머를 퍼뜨려 민족 감정을 부추긴 파시스트 중 한 명이었다.

■■ pin the tail, 눈을 가리고 당나귀 그림에 꼬리를 붙이는 아이들 놀이 이름을 패러디한 것이다.
코끼리는 미국 공화당, 당나귀는 민주당을 상징하는 동물이다.

한 자본주의 정당임을 수세대 동안이나 지적해 왔다. 그러나 노동조합과 민권운동 엘리트들은 항상 이 케케묵은 중독 증상을 합리화할 새로운 핑계거리를 찾아내곤 했다. 1978년 카터 행정부가 오른편으로 급선회하고, 1980년대에 탈진보 성향의 '민주주의리더십회의(Democratic Leadership Council, 이하 DLC)'로 당내 권력이 합병된 뒤에도 그들의 생각은 바뀌지 않았다. 물론 그 동안에도 노동법 개혁, 대법원 판사 지명, 낙태권 보장 등, 민주당이 '차악'이라고 내세울 만한 부스러기가 항상 조금씩은 있었다. 그것을 가지고 그들은 또 다른 속임수를, 즉 '루스벨트의 순수한 계승'이라는 꼬리표를 붙이고 있지만 실은 친기업적 독소로 오염된 마약을 한 꾸러미씩 사는 것을 정당화하곤 했다.

이런 속임수는 지금도 계속되고 있지만 이제는 그런 부스러기조차 눈에 띄지 않는다. 민주당이 다수당인 상원에서는 권리장전을 팔아 치웠고, 군사 법정과 포로수용소를 승인했으며, 미국과 멕시코 국경의 군사 무장을 지지했고, 부시가 교토 의정서와 'ABM(탄도 요격 미사일) 조약'을 헌신짝처럼 내던졌을 때 다른 편 뺨까지도 내밀었다. 심각한 논쟁이나 전통적인 청문회 하나 없이, 다수당 원내총무인 톰 대슐리Tom Daschle는 행정부가 콜롬비아의 더러운 전쟁에 대한 개입 수위를 높이도록 승인했다. 또 막강한 권력을 지닌 상원 정보위원회 의장을 맡고 있는 민주당 의원 밥 그레이엄(Bob Graham, 플로리다)은, 소위 '악의 축'을 상대로 '저강도' 핵무기를 사용하는 안을 지지했다. 마찬가지로 고어의 부통령 러닝메이트였던 조 리버먼Joe Lieberman은 상원에서 공화당 의원들보다 더 목청을 높여 사담 후세인의 목을 요구했다. 그런가 하면 민주당 뉴욕 주 감사원장으로서 이스라엘에 수백만 달러의 연금 펀드를 투자한 칼 맥콜Carl McCall은, 현재 진행 중인 주지사 선거의 홍보물에 이스라엘의 '반테러리스트' 훈련 캠프에서 M-16 소총을 쏘고 있는 섬뜩한 자기 사진을 대문짝만 하게 싣기도 했다.

국내 정책에서 대슐리의 민주당은 과거 허버트 후버Herbert Hoover 대통령의 유명한 정책대로 국가 재정을 엄격하게 운영하는 노선을 고수하고 있다. 대슐리는 '총과 캐비어'(무기를 대량으로 증강하고 부유층에게 1조 3천억 달러의 세금을 감면해 주는 정책)에 돈을 지출하여 경기 후퇴에서 벗어나자고 제안한 돼먹지 못한 공화당 의원들을 꾸짖었지만, 그 대안으로 '일자리와 학교'에 지출하여 경기를 자극하는 정책을 내놓지는 않았다. 게다가 테드 케네디Teddy Kennedy가 고소득층에 대한 부시의 감세안을 폐지하려고 시도했지만 대슐리와 하원 소수당 원내총무인 리처드 게파트Richard Gephardt는 이를 지원하기를 거부했다.(최근 민주주의리더십 회의에서 행한 연설에서, 게파트는 자신이 클린턴 행정부 때 비판했던 기업 중심주의를 옹호하기도 했다.)

로버트 커트너Robert Kuttner와 제프 폭스Jeff Faux는 (이제는 거의 멸종한 '진보적 민주당'의 저널인) 『아메리칸 프로스펙트American Prospect』에 연이어 글을 기고하여, 현재 횡행하는 반케인스주의야말로 "클린턴 없는 클린턴주의"의 진짜 핵심이라는 사실을 환기하였다. 커트너는 "민주당 대통령이었던 카터가 경제 고문인 찰스 슐츠Charles L. Schultze의 규제 철폐 정책을 받아들인 이후, 보이지 않는 손의 부활이야말로 양당을 초월한 프로젝트가 되었다."(87)고 설명한다. 여기에 폭스는 "빌 클린턴은 연방준비위원회 의장인 앨런 그린스펀Alan Greenspan의 강권을 받아들여 보건, 교육 등의 정책에 대한 투자 확대보다 국가 부채 감소를 더 중요한 일로 만들어 놓았다."(49)고 덧붙였다. 그러나 재정 적자가 모든 악의 근원이라는 굳은 신념을 민주당에게 심어 준 그린스펀은, 부시의 막대한 감세안을 승인함으로써 입을 씻고 등을 돌려 버렸다.

물론 민주당은 자유무역의 광신도이기도 하다. 빌 클린턴이 웨스트버지니아 주에 자리 잡은 석탄과 철강 밸리의 '고충을 느끼지' 못했기 때문에, 그는 원래 민주당 지지가 견고했던 이 주에서 고어의 중요한 표를 날려 버리고 말았다. 민주당 지도층들이 '재정 악화'와 무역 장벽을 놓고 초조해하고 있는 동안, 부시는 텔레비전에 출연하여 트럭 노조원과 철강 노동자들의 일자리를 이야기했다. 외국산 철강에 대해 30퍼센트의 관세를 부과한다는(클린턴과 루빈 시절의 세계화 교리에 상상할 수 없을 정도로 위배되는) 부시의 정책 덕분에, 공화당은 상원을 다시 장악하지는 못해도 하원을 계속해서 지배할 수 있을 것이다.

실제로 '테러와의 전쟁' 확대는, 현재 국내에서 공화당이 점하고 있는 우위를 강화하기 위해 기민하게 계획된 일이다. 이 끝도 없는 전쟁의 명백한 기능은 군사적 케인스주의와 대통령령에 의한 지배를 정당화하는 것이지만, 민주당의 분열 또한 그 목표 중 하나다. 트렌트 롯Trent Lott이 대슐리를 싸움개처럼 사납게 공격한 장면만 보아도, 공화당은 최고 사령관에게 무조건 충성하기를 주저하는 민주당 의원들을 '사담 후세인으로 낙인찍으려' 안달이 나 있다.

이런 일들이 커트너의 말처럼, 민주당이 빠른 속도로 '당으로서의 존재 이유'를 잃고 있음을 의미하는 것일까? 아마 아닐 것이다. 그러나 21세기 초 현재 민주당을 공화당과 차별화하는 물질적 기반은, 대다수 노동조합 간부들과 흑인 민주당 지지자들이 간직하고 있는 옛 루스벨트 정당의 이상화된 이미지와는 근본적으로 다르다. 선거 자금을 조달하는 과정을 모니터링하고 분석하는 감시 단체들 덕분에 양대 정당의 거시 경제적 권력 구조가 과거에 비해 한층 뚜렷이 드러나게 되었다.

예를 들어 2000년 선거 때는 에너지 및 농업 관련 기업 기부금의 4분의 3, 제조 업체 기부금의 70퍼센트, 주요 방위산업체 기부금의 3분의 2가 공화당 의원 후보들에게 돌아갔다. (대통령 선거에서는 이보다 훨씬 더 심하게 쏠렸다. 부시는 석유 및 천연가스 산업 기부금의 93퍼센트와 농업 관련 기업 기부금의 87퍼센트를 독식했다.) 한편 민주당 후보들은 미국 경제의 새로운 동력을 이루는 커뮤니케이션, 전자, 엔터테인먼트, 게임 분야에서 공화당보다 약간 더 많은 기부금을 받았다. 금융 및 보험 산업을 가리키는 소위 'FIRE' 분야는 58퍼센트가 공화당, 41퍼센트가 민주당 쪽으로 쪼개졌는데, 은행은 주로 부시를 선호하고 벤처 자본은 고어에 돈을 걸었다.(28)

다시 말해서 공화당은 구경제 부문에 견고한 기반을 유지하고 있다. 실제로 부시 행정부는 사실상 에너지, 건설, 방위산업체의 중역 모임이나 마찬가지다. 그리고 (주로 클린턴·루빈 재임 시절의) 민주당은 신경제 부문에서 주목할 만한 지분을 확보했다. 한편 월스트리트의 전통적 거부들은 부시 편을 향하는 반면, 신흥 부자들은 다소나마 민주당 성향을 띠고 있다. 부시 일당이 정확히 말해서 보수 논객인 팻 뷰캐넌Pat Buchanan이 대변하는 매킨리▪적 의미의 경제 민족주의자는 아니지만, 그들은 확실히 "테러와의 전쟁"과 군비 지출을 이용하여 구경제 부문의 이익을 끌어올릴 태세가 돼 있다. 반면 클린턴 정부는 세계화와 자유무역을 근본적으로 월스트리트의 입장에서 바라보기를 고수하였다.

언제나 현명한 태도는 "돈의 흐름을 주시하는" 것이며, 현재 개별 자본이 취하고 있는 향방을 살펴보면 민주당의 소심함과 공화당의 거만한 공격성을 이해할 수 있다. 클린턴의 역사적 업적이란 정보 산업계의 억만장자들을 민주당 편으로 끌어들인 것이고, 대슐리·게파트·고어 지도부는 (이를테면 엔론 스캔들에 너무 강력히 대응하는 등) 할리우드나 실리콘밸리의 지지 세력이 화들짝 놀라 도망갈 일은 꿈에도 벌이지 않을 것이다. 한편 공화당은 시들어 가던 석유와 전쟁 수익을 다시 살려 놓고, 민주당 지지 기반을 이반시킬 기회를 잡았다.

부시가 바보일지는 몰라도, 지금은 확실히 바보들의 천국이다.

(2002년 4월, 『소셜리스트 리뷰』)

▪ 극단적 보호무역을 신봉하고 이를 정책 기조로 삼았던 미국의 25대 대통령 윌리엄 매킨리 (William McKinley, 1897년~1901년 재임)를 가리킨다.

03 점령당한 미국

매일 밤, 점령군이 여기저기 폭탄 자국이 패인 패배한 적국 수도의 황량한 풍경 속으로 흩어져 들어간다. 그들의 목표는 아직도 구체제에 충성하는 생존자들을 뿌리 뽑고 그들과 교전하고, 원컨대 제거하는 것이다. 이것은 피도 눈물도 없는 전쟁이다.

이 점령당한 수도는 물론 워싱턴 D. C.다. 그리고 부시 일당이 틈만 나면 자기 지지자들에게 재차 확언하듯이, 체제 교체는 포토맥 강둑▪에서도 티그리스와 유프라테스 강둑만큼이나 무자비하게 진행 중이다. 실제로 현재 미국 방송을 지배하고 있는 어느 우익 선동가의 말을 들어도, 민주당원들은 바트당원보다 더 혐오스럽고 비겁한 적이다. 폴 브레머Paul Bremer가 메소포타미아의 미

▪ 워싱턴을 관통하여 흐르는 강. 다시 말해 워싱턴을 가리킨다.

국 석유 자산을 관리하는 식민지 총독인 것처럼, 그로버 노키스트Grover Norguist는 옛 민주당 세력권을 지배하는 부시 휘하의 나치 지방장관이다.

"그로버 누구라고?"

대다수 미국인들은 이 이름을 알지 못하지만, 부시 행정부는 그를 곤봉 삼아 민주당을 때려 부수어 망각 속으로 내몰려 하고 있다. 왕년에 노키스트는 남아프리카공화국에서 후원한 게릴라의 로비스트이자, 광적인 반정부 단체인 "조세 개혁을 위한 미국인 모임(Americans for Tax Reform, ATR)"의 주동자였다. 보스턴 교외 출신의 부유하고 비만한 소년이었던 그는 보수적인 책들이 꽉 들어찬 대규모 도서관과 실내 사격 연습장이 갖추어져 있는 집에서 자라났다. "공화당 대학생회" 회장직을 맡고 있던 1986년, 노키스트는 레이건 백악관의 부름으로 ATR의 전위대를 이끌게 된다. 그리고 그 이후로는 니카라과의 콘트라스, 조나스 사빔비Jonas Savimbi가 이끄는 앙골라의 유니타(앙골라 완전 독립 민족 동맹, UNITA), 모잠비크의 잔학한 레나모 게릴라 등 우익 테러 집단을 지원하는 로비를 벌인다. 또 노키스트는 유명한 반독점 재판에서 협공에 처한 마이크로소프트 제국을 변호하는 짭짤한 일을 수락하기도 했다.

1993년부터 1994년까지 노키스트는 뉴트 깅그리치Newt Gingrich의 배후 심복으로 떠올랐다. 노키스트는 클린턴 정부의 소심한 보건 복지 확대안에 맞서고 "미국과의 계약Contract with America"이라는 깅그리치의 급진적 의제를 실현하기 위해, 보수

주의 그룹과 재계의 공전의 연합을 결성했다.(의료보험 비용이 치솟
은 것은 직접적으로 그로버의 공이다. 의료보험 비용은 승용차 원가에서 강
철보다 더 큰 비중을 차지하는 가격 요소가 되었고 이 때문에 디트로이트의
자동차 업체들은 수천 개의 일자리를 털어내야 했다.) 공화당이 40년 만
에 처음으로 하원을 지배하게 되자, 과거에 선거운동 자금을 양당
에 쪼개어 기부했던 대기업들은 이제 공화당 후보 쪽으로 크게
기울었다. 노키스트의 임무는 이 때문에 초래된 민주당의 자금난
을 앞으로도 영원히 되돌릴 수 없는 지경으로 만드는 것이었다.

매주 수요일, 그는 이 연합을 구성하는 핵심 성원들의 이해관
계를 조율하기 위해 통제된 전략 회의를 주재하였다. 이 자리에
는 전국총기연맹, 기독교연합, 우익의 주요 두뇌 집단, 주류·담
배·도박 로비 단체, 반환경적 "재산권 운동" 단체 등의 대표들이
모였다. 여기서 기업 로비스트와 기독교 극단주의자들이 공공연
히 법률안을 작성하면 다수당 원내총무인 깅그리치가 이를 하원
에 제출하였다. 통속 맑시즘의 용어를 패러디해서 말하면, 노키
스트의 "수요일 그룹"은 (의회 내에서 운영되는 "목요일 그룹"과 더불
어) 사실상 "지배계급의 집행위원회"가 된 것이다.

노키스트의 설명에 따르면, 그들의 대전략은 "큰 정부에게 가
는 자금줄을 끊어서" 20세기 전체를 되물리지는 못하더라도 최소
한 뉴딜까지는 되돌리는 것이었다. 투자 계급에게 세금을 대규모
로 삭감해 주고 수조 달러의 연방 적자를 미래 세대에 남김으로
써, 그나마 복지국가 미국에 남은 것은 사유화되고, 민주당은 영
영 불구가 될 것이다. "나의 목표는 향후 25년 내에 정부를 반으

로 줄여서 욕조 안에 들어갈 정도의 아담한 크기로 만드는 것이다."라고 노키스트는 큰소리쳤다. 그렇게 되면 미국은 ATR 및 그와 비슷한 집단들이 갈망하는 기업들의 "황금시대", 즉 매킨리 대통령 시절로 되돌아갈 것이다.(1898년을 전후한 이 시대가 어땠는고 하니, 어린아이들은 광산에서 일했고 흑인들은 목련나무에 매달려 린치당했으며, 파업 노동자들은 군대가 쏘는 총에 맞고, 백만장자들은 세금을 전혀 내지 않았다.)(95)

깅그리치가 몰락한 후에도 노키스트는 그의 뒤를 이은 톰 딜레이Tom Delay와 딕 아메이Dick Armey의 심복으로 활약했다. 1999년 노키스트는 회의적인 보수주의자들을 부시 진영으로 불러 모아, 공화당 내 주요 라이벌인 애리조나의 존 매케인John McCain 상원의원을 상대로 한 맹렬한 극우적 공격을 배후조종했다. 플로리다 대통령 선거 쿠데타 직후인 2001년, 그로버의 "수요일 그룹"은 지난 1세기 동안 이루어진 사회 개혁을 분쇄하는 영웅적 작업을 재개했다. 사람들은 한 번 열릴 때마다 평균 백 명 이상이 참석하는 노키스트의 이 브런치 모임을 두고, 기업의 돈과 온갖 반동적 아이디어들이 부시의 당 노선으로 변모하는 "중앙역"이라 일컬었다.

지금까지 수요일 그룹이 국내 정책에서 거둔 최대의 승리는 2001년과 2003년의 세금 삭감이었다. 그러나 최상 부유층에게 떨어진 이런 횡재(공화당은 이 중 상당액이 선거 기부금으로 되돌아오리라 희망하고 있다.)마저도, 고의적으로 누적된 3조 6천억 달러의 재정 적자에 비하면 중요성이 떨어진다. 이 적자는 곧 사회복지 지출을 줄이거나 사유화할 수 있는 아르키메데스의 지렛대인 것이다.

노키스트와 딜레이는 의회에서 민주당의 이른바 저항 마지노선을 무서울 정도로 쉽게 뚫어 버리고 두 번째로 큰 규모의 세금 삭감을 이루어 냈다. 이는 (민주당의 주장대로라면) 경제 원칙을 고수하기 위해 부시의 "테러와의 전쟁"을 비판하기를 포기한 민주당 지도층의 9·11 이후 전략이 파산했음이 드러난 것이다.

그러나 민주당 인사들은 이제야 겨우 고통을 느끼기 시작하는 것 같다. 클린턴 재임기의 최대 실적은(블루칼라 지지층을 소외시키는 대가를 치르고) 극단적 자유무역 정책을 취함으로써 "신경제" 상당 부문의 지원을 얻어 낸 것이었다.

노키스트와 딜레이가 이끄는 공화당은 이 첨단 기술 억만장자들과 신민주당의 결혼을 깨뜨리려 하고 있다. 그들이 보기에 워싱턴의 "신질서" 속에서 자본주의 정당이 들어설 자리는 하나뿐이다.

그래서 노키스트는 소위 "K 스트리트 프로젝트"(워싱턴의 로비스트들이 많이 사는 거리 이름을 딴 프로젝트)를 가동하여 상위 4백 개 동업자 단체와 정치 활동 위원회에 근무하는 핵심 직원들의 당 지지 성향을 면밀히 탐지하였다. 비즈니스 단체들은 (일례로 상원 다수당 원내총무인 톰 대슐리의 아내 린다 같은) 민주당원을 숙청하고 그 자리에 충성스러운 공화당 간부를 들어앉혀야만 앞으로도 부시 행정부의 정책을 직접 기안할 수 있다는 말을 들었다. 『워싱턴 먼슬리Washinton Monthly』의 니컬러스 컨페서Nicholas Confessore에 따르면, "공화당과 그 민간 부문의 주요 협력 세력은 (…) 서로 구분할 수 없을 정도로 섞여 들어가 있다. 지난 몇 년간 딜레이 한 사람이 핵심 로비·동업 단체에 심어 놓은 측근만 십여 명에 달한다. (…) 과거 자기 고용주의 한정된 이익에만 충실히 일했던 기업 로비스트들은 이제 공화당에 최우선으로 충성하는 당 활동가로 대체되었다." (33)

게다가 "국가 안보"는 첨단 기술 부문을 더욱 군사화하고 공화당 쪽으로 돌려주었을 뿐만 아니라, 노키스트의 후원 세력에게 엄청난 부정 자금을 안겨 주었다. 1990년대 민주당의 간절한 구애를 받았던 상당수 첨단 기술 기업들은, 닷컴 산업이 붕괴한 이후 부시 행정부가 "네트워크 전쟁", 감시 시스템, 우주 무기, 국가 생물 무기 방어에 수십억 달러를 지출하자 그 여물통으로 앞 다투어 머리를 들이밀었다. 서민의 기초적인 요구를 지원하는 복지 정책이 노키스트의 욕조 속에서 익사하는 동안, "K 스트리트 프로젝트" 합창단에 끼어 입을 모으는 기업에게는 막대한 연방 보조금이 지급되었다.

브렌던 코너Brendan Koerner는 격월간 진보 잡지 『마더 존스Mother Jones』에 이렇게 썼다.

" '테러와의 전쟁'에 필요한 상품을 마케팅하는 데 가장 공격적으로 나선 이들은 테크놀로지 기업이었다. 오라클과 썬 등 소프트웨어 업계의 거인들은 데이터베이스 프로그램과 웹 서버를 구매할 새로운 고객을 찾는 데 혈안이 되었으며, 국가 신분증 시스템 개발을 추진하고 있다. 냉전이 끝난 후 대규모 무기 체제에 대한 수요가 감소하여 타격을 입은 레이시온Raytheon과 노스럽 그러먼Northrop Grumman 등의 전통적 방위산업체들은, '국가 안보 담당 이사'를 영입하고 보유 무기를 핵전략 방어에

맞추어 조율하거나 연안 경비대의 순찰선으로 개장改裝하는 등 보안 설비 회사로 탈바꿈하고 있다."(82)

클린턴 민주당의 든든한 기반이었던 할리우드와 그 첨단 기술 자회사들까지, 하나 걸러 하나씩 노키스트의 위협에 걸려들어 펜타곤과 (예컨대 '전쟁 게임'이나 반테러 시뮬레이터를 개발하는) 계약을 맺는 중이다.

자본과 정치의 이런 차가운 결합 때문에 초래된 결과가 있다. 즉 부시 행정부가 그 협력 세력인 민간 기업의 시장 권력에 전례 없는 수준으로 접근한 것이다. 컨페서의 말에 따르면, "예를 들어 이라크 전쟁 중에 미디어 복합체인 클리어 채널 커뮤니케이션 산하의 방송국들은 전국 각지에서 열린 전쟁 옹호 집회를 후원했다.(일부 방송국 계열사에서는 부시를 비판한 컨트리 뮤직 그룹 딕시 칙스 Dixie Chicks에 방송 금지 조치를 내리기까지 했다.)"(33) 더욱이 전통적으로 진보적인 성격을 띠는 국가 기관들이 파산하거나 팔려 나감에 따라(현재 국립공원, 대도시 공립학교, 심지어는 사회보장마저 위험에 처해 있다.), 공화당은 새로운 민간 업체들과 짭짤한 연줄을 다져 나갈 것이다. 이미 공화당 기부자의 이익에 맞추어 광범위하게 사유화되어 있는 럼스펠드의 펜타곤은 마르고 닳도록 공화당이 지배하는 멋진 신세계의 본보기다. 납세자들이 핼리버튼과 노스럽에 보조금을 퍼 주고, 이 기업들은 다시 노키스트와 그 일당들에게 보조금을 퍼 주는 세계 말이다.

(2003년 9월, 『소셜리스트 리뷰』)

버몬트의 피리 부는 사나이

이라크 침공으로 인한 미군 사망자 수가 빠른 속도로 늘어가는 가운데, 그 사망자 명단에는 민주당 하원의원 딕 게파트Dick Gephardt, 상원의원 조 리버먼Joe Lieberman, 존 에드워즈(John Edwards, 2004년 미 대선 때 존 케리의 러닝메이트), 웨슬리 클라크 (Wesley Clark, 2008년 현재 오바마 의원의 국방 정책 고문), 나아가서는 존 케리까지도 포함될 듯하다. 평범한 "졸병"이 아니라 민주당의 공식 선발 주자인 이들은, 앨 고어가 할렘에서 버몬트 주지사 출신의 반전운동가 하워드 딘Howard Dean의 입후보를 승인한 2003년 12월 9일에 사망까지는 아니더라도 심각한 부상을 입었다. 고어가 딘의 손을 들어 주자 여타 민주당 인사들은 충격에 빠졌다. 이 사건은 최소한 두 가지 점에서 주목할 만하다.

첫째는 2000년 대선의 실질적 승자였던 고어가, 자신의 정치적

부모라고 할 수 있는 빌 클린턴과 "민주주의리더십회의(DLC)"와
의 연대에서 이탈한 것이다. 클린턴은 클라크의 입후보를 독려하
여 마키아벨리적 수완의 전형을 보여 주었고, 우파 성향의 민주주
의리더십회의는 "리쿠드당원"*인 리버먼을 열렬히 지원하고 있
다. 최근 몇 달 동안 이 전직 부통령은 예전 중도 정치인으로서의
면모보다는 네이더 지지자에 가까운 언행을 선보여 왔다. 그는
부시 일당들이 "경찰국가"를 건설하고 있다고 경고하는가 하면,
이라크에서의 대실패를 일컬어 "지난 2백년 동안 미국이 대외 정
책에서 내린 최악의 결정"이라고 말하기도 했다. (역시 DLC 출신이
었다가 거듭난) 딘과 마찬가지로, 고어도 확실히 무브온**과 젊은
반反부시 활동가들의 인터넷 세상에 미래가 있다고 믿고 있는 듯
하다.

　물론 딘의 인기가 억누를 수 없는 기세로 급부상한 것은 재미
있는 아이러니다. 9·11 이후(하원의 리처드 게파트와 상원의 톰 대슐
리가 이끄는) 민주당 의회 지도부는 공화당의 대외 정책과 아프가
니스탄·이라크 개입에 대해, 어떤 원칙을 가지고서든 반대하기
를 포기했다. 민주당은 양심의 가책을 시궁창에 던져 버리고 전
체주의적인 "애국자법(Patriot Act, 정식 명칭은 테러대책법이다. 옮긴

---

* 리쿠드당은 이스라엘의 우파 정당 이름이다. 리버먼이 정통 유대계인 동시에 유대 강경론자인
  것을 비꼰 별명이다.
** 무브온(MoveOn.org)은 온라인에 기반한 미국의 시민 단체로, 1998년 클린턴 대통령이 섹스
  스캔들로 탄핵 위기에 몰렸을 때 이에 항의하기 위해 설립되었다. 이후 선거 기부금 모금과 온
  라인 서명 등 부시 행정부에 반대하는 운동에서 핵심적인 역할을 맡고 있다.

이)”과 이라크 공격을 지지하러 우르르 몰려갔다.

"힐러리 주식회사"(클린턴의 지배하에 있는 민주당 전국 기구를 일컬어 『내셔널 저널』이 붙인 별명이다.)가 승인한 민주당 지도부의 전략은, 국내 전선에서 공화당의 경제 정책과 싸우는 데 집중하고 그 대신 민주당의 애국심의 증거로 "테러와의 전쟁"을 부시에게 양보해 주는 것이었다. 이는 딱 "신민주당"***다운 윤리적으로 혐오스러운 계산법으로, 얼마 안 가 부메랑으로 되돌아왔다.

게파트와 대슐리는 구민주당 지지층(노동조합, 흑인, 라틴계, 여성)의 반응을 완전히 오판했다. 대체로 그들은 모험적 이라크 정책에 처음부터 비판적이었고, 지도부와는 달리 미국 내의 시민·노동자 권리와 미국이 중동에서 끊임없이 추구하는 신제국주의를 근본적으로 연결지어서 바라보았다. 그런 까닭에 풀뿌리에서 부시 반대 운동이 우후죽순 솟아났지만, 민주당 유력 의원 중 이 운동의 편에 설 배짱이 있는 사람은 지난 2년 가까이 한 명도 없었다. 베트남전쟁 시절과 달리, 저항 운동의 물길을 선거 통로로 돌리거나 운동가들을 당 내로 흡수할 매카시McCarthy, 케네디Kennedy, 맥거번McGovern 같은 인물도 없었다.

이는 민주당 입장에서 보면 위험한 순간이었고, 미국 좌파들에게는 드문 기회였다. 만약 계급적 기반에 뿌리박은 막강한 후보가 녹색당에 있었다면 이때를 놓치지 않았을 것이다. 그러나 이

■■ New Democrats, 민주당의 전통적 축을 이루던 좌파적 경향의 구민주당에 반발하여, 클린턴 재임 시절에 민주당 내에 새로 자리 잡은 중도·우파 성향의 세력이다.

때 랠프 네이더Ralph Nader는 현장에서 잠시 실종된 상태였고, 대신 전면에 나온 인물이 하워드 딘이었다. 민주당 예비 후보 중에는 분명히 딘보다 훨씬 더 진보적인 인물이 두 명이 더 있었다. 경제적 대중주의자* 데니스 쿠세니치Denis Kucinich와, 논쟁을 몰고 다니는 민권운동 지도자 앨 샤프턴Al Sharpton 목사가 그들이다. 그러나 그들은 자신의 풀뿌리 지지 기반(각각 러스트벨트**의 노조와 흑인 세력)에 불을 붙이거나, 딘을 추종하는 소년 십자군의 주된 구성원인 대학생과 젊은 닷컴 업계 종사자들의 상상력을 붙드는 데 실패했다.

　모두가 수긍하는 딘의 주된 자질은 부시 정권의 거짓말과 범죄를 걸고넘어지며 줄기차게 싸움을 걸고 있다는 점이다. 미디어를 통해 딘은, 주의 깊게 돌려서 완곡하게 말하는 민주당 기성 인사

---

* 이 책에서 저자는 포퓰리즘(populism, 대중주의, 인민주의, 민중주의 등으로 번역됨)이란 말을 한국에서와 달리 긍정적이거나 중립적인 뉘앙스로 많이 쓰고 있다. 이는 포퓰리즘이 19세기 농민들의 개혁 운동인 인민주의에 뿌리를 두고 있으며 뉴딜 시대의 개혁이나 1950년대와 1960년대 민권운동 등 진보적 움직임과 연관되어 일컬어졌던 미국 특유의 역사적 배경과도 관련이 있다. 하지만 이 맥락에서 '포퓰리즘'은 특히 (뉴딜 이후부터, 신경제 부문의 기업 이익과 유착한 보수 성향의 '신민주당' 세력이 당 주류를 차지하기 이전까지 수십 년간) 공화당 지지 세력인 부유층에 맞서 중산층과 블루칼라의 경제적 이익을 대변해 왔던 미국 민주당의 전통적 입장을 통칭하는 말로 쓰인다. 그러므로 여기서 쿠세니치가 쓴 '경제적 대중주의자'라는 말은 그가 기업 이익에 맞서 노동자와 서민의 이익을 옹호하는 민주당의 전통적 좌파 입장을 대변한다는 뜻이다. 그러나 사전적으로 포퓰리즘이 엘리트에 반대하여 '대중'(혹은 인민, 민중 등)을 옹호하는 주의, 혹은 수사를 뜻하므로, 이것이 민주당이나 좌파의 전유물이 아님은 물론이다. 실제로 (이 책의 다른 부분에서 저자가 지적하듯이) 1980년대 이후의 공화당은 남부 시골의 보수적 백인들을 동부의 '리버럴 엘리트'들과 대비시키는 문화적 포퓰리즘 전략을 구사해 왔으며 저자는 이에 대해 부정적인 투로 언급하고 있다. 이 책에서는 포퓰리즘을 '대중주의'로 통일하여 표기했다.
** 러스트벨트Rust-belt는 미국 중서부·북동부의 쇠락해 가는 공업 지대를 일컫는 말이다.

들의 스타일과 반대되는 (직선적이고 전투적인) 인물상을 구축해 냈다. 무엇보다 딘은 젊은 지지자들을 포섭하고 "공인된 기크"°°°인 조 트리피Joe Trippi를 정통한 매니저로 삼아, 딘의 선거 캠페인을 '신모델 인터넷 군단'으로 조직할 일찍이 없던 공간을 그들에게 열어 주었다.

그 결과, 반전운동 세력의 상당수가 마치 오랫동안 만나지 못했던 아버지를 찾은 고아처럼 딘 곁으로 모여들었다. 마치 부시의 언행을 거꾸로 뒤집은 듯한 "미국을 되찾아오자"는 딘의 호언장담은 영웅에 굶주린 세대의 메시아를 향한 갈망에 불을 붙였다. 영향력 있는 웹사이트 "커먼드림스CommonDreams.org"의 어느 편집위원은 이렇게 썼다. "앨 고어의 지지 선언은 하워드 딘에게, 새로운 미국의 다수 대중을 구축하고 (…) 세상을 변화시킬 특별한 기회를 주었다."

사실 주지사로서 딘의 과거 이력이나 최근 그의 발언을 상세히 뜯어보아도, 사람들이 그의 캠페인에 엄청난 희망을 거는 이유를 찾아내기란 힘들다. 버몬트 주민들이 기억하는 딘은 다른 신민주당 인사들과 구분이 안 되는 반진보적인 부자 의사다. 최근에 그는 팔레스타인에 대해 공정하게 대하겠다고 애매한 약속을 했다가 "미국유대인회의"가 짖어 대자 이를 황급히 철회하기도 했다. 또 미군의 단계적인 철수 일정을 모호하게 상정함으로써 자신의

°°° 기크geek는 관심 있는 어느 한 가지 전문 분야, 주로 컴퓨터와 첨단 기술에 깊이 빠져들어 능통한 사람을 가리킨다.

반전 주장마저도 희석시켰다. 더욱 중요한 것은, 딘이 남부 예비경선에 뛰어들고 전당대회로 점점 가까이 다가갈수록 틀림없이 딘의 입장이 중도로 복귀할 것이란 점이다. 반전운동은 딘의 도약대였지, 궁극적인 지지 기반은 아니었다. 추종자들은 딘에게서 대중주의적 영웅의 모습을 보지만, 오히려 그는 1896년 인민당을 전복시켰던 민주당의 선동가 윌리엄 제닝스 브라이언William Jennings Bryan의 포스트모던 판에 가깝다.

딘과 고어의 진짜 프로젝트는, 민주당을 쇄신하여 빌 클린턴이 재임한 1990년대 후반과 같은 다자주의적이고 "정상적인" 제국주의의 행복했던 시절로 복귀하는 것이다. 따라서 미국 좌파는 지금 유행하는 "부시만 아니면 누구든지Anybody but Bush"라는 구호에 사로잡힌 환상의 세계에 맹렬히 맞서 싸워야 한다.

(2004년 1월 『소셜리스트 리뷰』)

반부시 영웅이 도래했다고?

영국인에게 보내는 편지

미국 민주당 예비 경선의 특이함을 음미하려면, 토니 블레어 Tony Blair와 고든 브라운 Gordon Brown이 삭은 얼굴에 어릿광대 같은 미소를 머금은 채 동네 술집에 모인 주민들이나 배로인퍼니스 Barrow-in-Furness의 조선소 노동자들과 몇 주씩이나 악수하고 잡담을 나누러 다니는 모습을 상상해 보라. 그리고 노동당수를 선출하는 데 리버풀과 글래스고보다 콘월과 에식스 지방에 더 큰 전략적 영향력을 부여하는 선거 체제를 상상해 보라. 이 체제에 따르면 런던 경선은 맨 마지막에, 언론이 이미 승자를 임명하고 도박꾼들이 판돈을 거둬들인 다음에야 비로소 치르게 된다.

실제로 이것이 미국 예비 경선의 정신 나간 논리다. 그래서 줄줄이 커다란 주들을 제치고 아이오와, 뉴햄프셔(뉴햄프셔의 주도인 콩코드가 알래스카 최북단의 작은 마을 배로와 동급이다.), 사우스캐롤라이나가 앞으로 나오는가 하면, 캘리포니아의 치카노(Chicano, 멕시코계 미국인. 옮긴이), 뉴욕의 공공 부문 노동자, 일리노이의 아프리카계 미국인 같은 민주당 내 대규모 그룹이 유권자로서의 규모와 역사적 중요성에 맞는 역할을 빼앗기는 것이다. 공정을 기해서 말하자면, 이것은 후보자들이(비록 주의 깊게 재단한 페르소나를 뒤집어쓰고 로봇처럼 말하기는 하지만) 짧은 시간이나마 자발적으로 진짜 대중과 접촉하도록 만드는 체제라고도 할 수 있다.(토니 블레어 황제 폐하가 건장한 일반 노동자들을 직접 대면하고 흠칫하며 뒷걸음질 치는 모습을 상상해 보면 된다.)

하지만 이는 예비 경선이 대도시와 주요 산업 중심지에 도달하기 한참 전부터 상업 매체들이 후보자들의 이미지와 이슈를 빚어낼 수 있도록 전략적 이점을 부여하는 체제이기도 하다. 그 무시무시하고도 전형적인 사례가 바로 아이오와 예비 경선 이후에 부시의 이라크 침공을 가장 거리낌 없이 비판한 하워드 딘 앞으로 미디어들이 결집한 일이다. 그 선거날에 딘이 괴성을 지르던 장면(이는 군중들을 신나게 띄우려는 외침, 혹은 신경에 거슬리는 소음 등으로 다양하게 해석되었다.)은 며칠 동안 셀 수 없이 반복해서 전파를 탔다. 『뉴욕타임스』는 텔레비전 시청자들이 이 장면을 평균 스무 번 이상 보았을 것이라고 추정했다. 그리고 이 신문과 같은 텔레비전 네트워크에 속하는 루퍼트 머독의 폭스 뉴스는(부시의 바보 같은 억지웃음, 럼스펠드의 흡족한 과대망상, 애슈크로프트가 하나님과 사적으로 대화하는 모습 등에는 눈썹 하나 까딱 안 하다가) 느닷없이 대중의 귀에 딘이 정신병자라고 속닥이기 시작했다.

정작 딘 자신은 버몬트 주지사로서 밋밋한 경력을 지닌 평범한 중도파 민주당 의원이지만, 딘의 선거 캠페인은 1972년 맥거번이 베트남전을 반대하는 정강을 가지고 후보에 지명된 이래로 볼 수 없었던 엘리트들의 공포와 분노를 불러일으켰다. 원래 이 캠페인은 민주당 지도부가 부시의 "테러와의 전쟁"에 처참하게 항복하고 난 뒤 생겨난 정치적·윤리적 진공 가운데서 자라난 산물이며, 그나마도 당의 주류에 의해 빠른 속도로 오른편으로 개조되고 옮겨 가는 중이다.

딘은 수백만의 사람들이 마음에 품고 있지만 민주당 의원 중 누구도 할 배짱이 없었던 말을 자진해서 내뱉었기 때문에 성난 학생과 노조원들의 영웅이 되었다. 딘이 내뱉은 말은 바로 미국 대통령이 석유 재벌과 기독교 광신도 무리의 조종을 받는 전쟁 상인이자 바보라는 사실이다. 아이오와와 뉴햄프셔에서, 다른 후보들(특히 존 케리와 존 에드워즈)은 딘의 기세에 떠밀려 이라크에서 벌어지는 속임수에 반대한다는 발언을 할 수밖에 없었으며, 아이러니하게도 딘은 자기가 거둔 성공의 희생양이 되었다. 실로 그토록 오랫동안 타협과 위선 속에 송장처럼 갇혀 있던 케리가 별안간 과거 자신(1972년 의회에서 베트남의 전쟁 범죄를 그토록 설득력 있게 비난했던 참전 퇴역 군인)의 흔적을 어렴풋이 내비쳤던 것이다. 아이오와 경선 마지막 날 케리는 테디 케네디와 퇴역 군인들로 이루어진 의장대에 둘러싸여 스스로를 "터프한 비둘기"라고 다시 선언했다.

반전 이슈를 독점하지 못하게 된 딘은 국내문제에서 허망하게 무너졌다. 딘의 보건·세제 개혁·복지 정책은 다른 후보들과 대동소이하거나 오히려 더 보수적이다. 특히 딘의 트레이드마크인 "미국을 되찾자"의 호소력은, 우리 편과 상대편을 좀 더 전투적으로 대비시킨 존 에드워즈 상원의원의 "두 개의 미국" 구호 앞에서 맥없이 시들었다. 공장 지역 출신임을 과시하는 에드워즈는, 아이오와의 식육 가공 업체들이 일자리를 줄이고 노조를 없애는 가운데 노동자들이 겪고 있는 고통을 정확히 찔러 준 수사 덕분에 기대하지 않았던 2위 자리를 차지했다.

이번 주에 치러질 경선에서 에드워즈가 중요한 경쟁자로서 위치를 유지하려면 우선 자신의 출신 지역인 사우스캐롤라이나에서 승리를 거두어야 한다. 그리고 케리는 미주리(의 총아인 딕 게파트가 아이오와에서 몰락했으므로)와 애리조나를 가져가서 자신의 우위를 굳히려고 할 것이다. 한편 딘은 3월 초에 큰 주에서 "슈퍼 경선"이 열려서 골수 지지층인 대학생과 공공 부문 노동자들이 드디어 목소리를 낼 기회를 얻을 때까지 질기게 버텨야 한다. 베오그라드 폭격의 장본인이자 클린턴이 비밀리에 밀고 있는 후보 웨슬리 클라크 장군은, 지금까지의 모습을 보면 카리스마 있는 영웅이라기보다는 뻣뻣한 마분지 조각에 가깝다는 것이 입증되었다. 마지막으로 백악관보다도 보수적인 초강경 유대주의 시각을 지닌 조 리버먼은, 이제 "민주주의리더십회의"가 숭배하는 "눈에 띄지 않는 화물"*에 불과하다.

공화당에서 다시금 부시의 대관식을 앞두고 있는 것과 달리, 민주당 경선 레이스는 앞으로도 최소한 몇 주일간은 팽팽한 경쟁

상태에 있을 것 같다. 하지만 이 드라마에는 알맹이가 없다. 겉보기에는 심오한 논쟁을 벌이고 있는 것 같지만, 딘을 비롯한 모든 주요 민주당 후보들의 포부는 아무리 나가 봤자 그들이 흠모한다고 공언하는 빌 클린턴처럼 되겠다는 것에 지나지 않는다. 미국의 아프가니스탄 정책과 이스라엘에 대한 무조건 지원에 이의를 제기하는 사람은 없다. 모두가 "테러와의 전쟁"을 승인하며(다만 좀 더 초점을 명확히 해야 한다고 주장할 뿐이다.), 모두가 '국토 안보'와 전 국가적 과대망상을 조장하는 데 돈을 더욱 (적게가 아니라) 많이 퍼부어야 한다고 단언하고 있다. 한편 케리는 둘째가면 서러워할 세계무역기구(WTO) 국제주의자이며, 에드워즈는 (소싯적에 통나무 오두막집에서 살았던 이력이 무색하게) 부유한 소송 변호사이고, 딘은 악명 높은 재정 보수주의자다.

결국 부시와 맞설 후보는 필연적으로 클린턴의 복제판이 될 것이다. 그는 이라크에서 (즉시는 아니고) 신속히 철군하고, 백만장자들에게 국고를 퍼 주는 부시의 터무니없는 정책을 부분적으로 철회하겠다고 약속할 것이다. 또 "프리덤 프라이"**는 다시금 프렌치프라이로 복귀하고, 폭격 목표물에 대해서 가끔씩 동맹국들의

▪ 19세기 말 멜라네시아에서 일어난 종교 운동인 "화물 숭배cargo cult"에 빗대어 비꼰 말이다. 화물 숭배란 조상의 영혼이 재화를 가득 실은 배나 비행기를 타고 와서 현재의 괴로운 세상에 종말을 가져다주고, 백인들을 쫓아내어 지상낙원을 만든다는 신앙이다.
▪▪ 2003년 이라크 침공 직후 프랑스가 미국 비판에 앞장서자 하원의원 일부가 '프렌치프라이'를 '프리덤 프라이'로, '프렌치토스트'를 '프리덤 토스트'로 바꿔 쓰자고 주장한 일을 가리킨다. 2006년 8월, 미국 하원의 구내식당은 '프렌치프라이'와 '프렌치토스트'라는 표현을 다시 쓰기 시작했다.

의견을 물을 것이다. 따라서 오는 11월에 유권자들은, 부시의 "슈퍼 제국주의super-imperialist"냐, 아니면 현상 유지를 표방하는 민주당의 "정상 제국주의normal imperialist"냐를 놓고 선택해야 한다.

한편 랠프 네이더는 녹색당의 후보 지명을 사양했고, 녹색당은 11월에 어떻게 할 것인가를 놓고 심하게 분열되어 있다. 내로라하는 진보 인사들이 전부 물망에 오르고 있지만, 그중 가장 유력한 인물인 마이클 무어는 클라크의 선거 유세를 다니고 있는 중이다. 제3당 세력은 이번에도 함께 보조를 맞추어 (아마도 캘리포니아의 녹색당원인 피터 카메조Peter Camejo를 내세워서) 행동하겠지만, 지금으로서는 민주당이 다시금 풀뿌리의 역량을 가로채는 데 성공할 것 같다. 딘의 캠페인이 광범위하고 대중적인 반전운동 조직을 흩뜨려 놓은 덕분이다.

(2004년 3월, 『소셜리스트 워커』)

될 사람 밀어 주기 대열에서
이탈하라

06

현재의 펜타곤이 지나치게 작고, 테러와의 전쟁은 너무 유화적
이며, 국토안보부 예산은 터무니없이 부족하다고 여겨지는가? 존
케리는 그렇게 생각하는 모양이다. 최근 케리는 현장에 군대를
충분히 배치해야 하고, 알 카에다와 북한에도 더 공격적으로 대
처해야 한다고 거듭 부시 행정부를 공격했다. 존 케리는 자기가
선출되면 군대를 4만 명까지 대폭 증설하고 국내 반테러 예산을
늘리겠다고 약속했다. 또한 "테러와의 전쟁"을 효율적으로 개선
하는 한편 다자화하며(존 케리는 이것을 "진보적 국제주의progressive
internationalism"라고 부른다.) 파키스탄과 사우디아라비아 같은 예전
동맹국들에게 좀 더 엄격한 입장을 취하겠다고 약속했다. 케리는
미국의 이라크 개입 수준을 낮추기 위한 구체적인 단계 밟기를
지금껏 거부해 왔으며, 특히 아리엘 샤론이 요르단 강 서안에 야

만스레 장벽을 쌓을 "권리"를 승인하고 예로부터 초강경 시오니즘을 지지해 온 민주당 입장을 재천명했다. 케리는 또 최근에 통과된 "시리아 책임 법안Syrian Accountability Act"을 공동 발의하기도 했다. 이 법은 앞으로 미국이 시리아를 침공할 경우 이를 정당화하는 논리를 제공해 주고 있다.

"평화" 후보의 공약이라고는 거의 볼 수가 없다. 실제로 이미 민주당 후보에 지명된 케리는 전쟁에 반대하는 딘이나 쿠세니치 지지자들에게 더 이상 구애할 필요가 없어졌다. 민주당 좌파의 반란은 끝났다. 이제 민주당을 지배하는 주문은 바로 "당선 가능성"이고, 케리는 보수 성향의 민주당원 및 기존 공화당과 의견을 달리하는 독립 성향의 공화당원들을 끌어들이기 위해 오른쪽으로 방향을 바꿨다. 이 매사추세츠 주지사의 대외 정책 수석 고문은 랜드 비어스라는 인물인데, 그는 과거 조지 W. 부시의 대테러 정책 수석 고문이었다. 들리는 바에 의하면 비어스는 신보수주의자들이 아프가니스탄, 북한, 콜롬비아를 등한시하고 이라크에 집착하는 데 불만을 품고 백악관을 등졌다고 한다.(그는 클린턴 재임 시절에 "콜롬비아 플랜"을 입안한 사람들 중 한 명이었다. "콜롬비아 플랜"은 안데스 산지에 위치한 이 나라의 내전에 미국이 은밀히 개입했던 계획이다.) 비어스(뿐만 아니라 리처드 홀브룩Richard Holbrooke, 샌디 버거Sandy Berger 같은 민주당 내 국가 안보 전문가들)의 구상에 따르면 케리 행정부는 미국과 유럽을 클린턴 시절의 영광으로, 즉 동맹국들과 사이좋게 웃으면서 합심하여 폭격하고 침공했던 "정상 제국주의" 시절로 복귀시킬 것이라고 한다.

미국노동총연맹(AFL) 정치 의장 제럴드 매켄티Gerald McEntee 같은 민주당 인사들은 다가오는 11월 선거를 "우리 생애에서 가장 중요한 선거"라고 바람을 넣고 있지만, 이번 선거에 나온 매물이 부시의 핵심 의제에 대한 진정한 대안이 아니라 온건한 수정에 불과하다는 점은 분명하다. 케리의 공약에는 이라크 철수도 전체주의적인 "애국자법"의 철회도 들어 있지 않다. 케리는 두 사안 모두에 찬성표를 던졌고 다만 럼스펠드와 애슈크로프트가 고안한 내용을 "좀 더 친절하고 부드럽게" 다듬을 것을 주문했을 뿐이다.(여하튼 우리가 파리를 핵무기로 공격하지는 않을 것 아닌가.) 사실 최근에 『이코노미스트』와 『파이낸셜타임스』에서 지적했듯이, 이제 공화당과 민주당의 대외 정책은 실질적으로 "연속선"상에 있다.

국내 전선에서 케리는 빌 클린턴과 토니 블레어의 모범을 따라 "제3의 길"에 매진할 것임을 노골적으로 재차 확언하고, "진실로 기업 친화적임을 자부한다."고 선언했다. 2001년 이래로 그는 실리콘밸리의 기업 대표들과 최소한 열일곱 번 만났다고 전해지며, 그 대가로 이번 대통령 선거에서 커뮤니케이션과 전자 산업 부문의 기부금 중 반 이상을 거둬 가는 수확을 올렸다.

따라서 "부시만 아니면 누구든지"라는 구호는 곧 현상 유지 상태로의 복구이자, 반전 세력이 자신들을 민주당 안에 가두어 버림으로써 스스로 자초한 역사적 패배로 해석될 수 있다. 미국 좌파 가운데 훨씬 더 용감하고 명민한 사람들이 "독립적인 시민 independent citizen"이라는 구호를 내건 랠프 네이더 쪽으로 줄을 선 이유는 그 때문이다. 딘이 반전운동을 가로채 갔을 당시만 해도 주저하며 관망하던 네이더는 이제 (그의 웹사이트의 설명에 따르면) "시민들을 하나의 의제로 동원하고 (…) 양당을 지배하는 기업 이익으로부터 우리의 민주주의를 되찾기 위해" 선거에 뛰어들었다. 돈키호테 같아 보이는 네이더의 캠페인은 최근에 AP 통신과 『뉴욕타임스』가 행한 두 여론조사에서 전체 유권자 중 6퍼센트 내지 7퍼센트의 지지를 끌어 모아 전문가 대부분을 놀라게 했다.(2000년 네이더는 자신이 입후보 명단에 올랐던 주에서 5퍼센트를 득표했다.)

케리를 둘러싼 대중 전선의 옹호자(이 중에는 진보 주간지 『네이션』과 웹사이트 "무브온"의 편집인 및 좌파 유명 인사 대부분이 포함되어 있다.)들이 보기에 네이더의 이 대담한 행위는 완전한 배신이다. 실제로 최근 『로스앤젤레스 타임스』 보도에 따르면 "많은 민주당원들에게 네이더는 적그리스도의 이쪽 편에 있다 뿐이지, 표를 훔쳐 가는 악마를 대표한다." 반대로 최근 녹색당에서 캘리포니아 주지사 후보로 나온 바 있으며 녹색당의 가장 존경받는 대변인 중 한 명인 피터 카메조는 네이더의 입후보를 일컬어 "그가 생애 통틀어 가장 잘한 일"이라며 박수를 아끼지 않았다.

분명히 네이더는 (옛 미국 사회주의 운동 진영의 대통령 후보로 사랑받았던) 유진 뎁스Eugene Debs가 아니며, 1984년 전성기의 제시 잭슨Jesse Jackson에도 미치지 못한다. 2000년 선거 때 노동 쟁점에서 놀랄 만큼 강경한 입장을 취했으면서도, 네이더는 도시 서민들의 밑바닥 인심을 얻지 못했고 흑인이나 라틴계의 지지 또한 거의 이끌어 내지 못했다. 그래도 카메조를 비롯한 인사들의 주장에 따르면 아직까지도 네이더는 기업 세력에 대항한 독립 정치를 대표하는 가장 유명한 투사이며, 진보 좌파의 머리를 혼탁케 하고 힘을 앗아 가는 신자유주의적 민주당의 부활에 맞설 수 있는 최선의 정강을 보유하고 있다.

그러나 네이더의 캠페인이 미칠 궁극적인 충격은, 6월에 열릴 녹색당 전당대회에서 공천을 따낼 수 있는 능력과 그가 내세울 정강의 비판적 시야에 달려 있다. 언젠가 한 유명한 사회주의 활동가가 내게 말한 대로, "네이더의 출마권을 옹호하는 것은 중요하지만, 그가 좌파 진영 후보로 등단할지 여부는 아직 평결이 나지 않았다." 마찬가지로 카메조 등이 초인적으로 노력하고 있기는 하지만 녹색당이 다시금 네이더를 앞세워 당의 역량을 동원할지 여부도 불분명하다. 언제나 그랬듯, 미국의 획일적인 양당 체제의 그림자 아래서 독립적인 미국 좌파의 미래는 허공에 뜬 불안한 상태에 놓여 있다.

(2004년 4월, 『소셜리스트 리뷰』)

07 | 오이디푸스 부시

로널드 레이건은 행정부가 곤경에 처했을 때마다 대중의 관심을 다른 쪽으로 돌리는 데 민활한 것으로 악명이 높았다. 그 유명한 예가 1983년 베이루트 공항에 있던 미국 해병대 막사가 폭탄을 실은 트럭에 의해 폭파된 지 불과 48시간 만에 그레나다라는 조그마한 섬을 침공한 것이다. 레이건은 서반구에서 혁명을 억누르고 값싼 승리를 거둠으로써, 중동 개입이 공전의 실패로 돌아갔다는 증거를 교묘히 은폐했다.

그러나 레이건이 마지막으로 발휘한 가장 훌륭한 수완은, 바로 부시 행정부가 가장 필요로 하는 순간에 죽어 준 것이다. 타이밍은 흠잡을 데 없이 완벽했다. 아부 그라이브의 잔학 행위라는 상어 입이 백악관을 조여 오고 있던 바로 그 순간에, 이미 침침해진 전임 대통령의 두뇌 속에서 일렁이던 마지막 불빛이 시기 적절하게 꺼진 것이다. 기회는 이때다. 미국의 미디어들은 레이건 추모식에 (흑인과 노조원들을 뺀) 애도객들이 모여들고, 눈가에 눈물이 맺힌 조지 W. 부시가 텔레프롬프터를 보면서 독백을 읽는 장면을 끝도 없이 내보내기 위해, 이라크에서 벌어진 고문과 살인을 보도하기를 포기해 버렸다. 백악관은 레이건과 부시가 합쳐진 이미지로 온 세상을 가득 채웠다. 『뉴욕타임스』의 한 칼럼니스트는 "어디에서 40대 대통령이 끝나고 어디에서 43대 대통령이 시작되는지 구분하기 힘들다."고 불평했다.

그러나 (부시 정부를 혐오한다고 알려진 레이건 집안 사람들을 제외하고)" 조지 W. 부시의 상속권을 반박한 사람은 드물었다. 과거 레이건 대통령의 비서실장이었던 케네스 듀버스타인Kenneth Duberstein이 언론에 말한 바에 따르면, "부시의 이름은 부시지만, 부시의 가슴은 레이건에게 가 있다." 현 정권은 오래 전부터 스스로를 부시 2세가 아니라 레이건 3세로 여겨 왔다. 조지 W. 부시의 책상 위에는 아버지가 아니라 레이건의 사진이 놓여 있다. 좀 더 구체적으로 말하면, 갈취한 선거에 힘입어 아들 부시가 권좌에 올라선 이후로, 아버지 부시의 대외 정책 측근 그룹(한때 막강했던 제임스 베이커James Baker, 로렌스 이글버거Lawarence Eagleburger, 브렌

■ 아버지가 죽기 전인 2003년 로널드 레이건 주니어는 "살롱닷컴"과의 인터뷰에서, 부시 행정부가 이 배우 출신 대통령의 전설을 무단으로 갈취했다고 가차 없이 비난하였다. "부시와 그 주변 사람들은 아버지를 입에 올릴 권리가 없다. 특히 그분이 지금 처한 상황 때문에 더욱 그러하다. (…) 그 사람들은 지나치게 간섭이 심하고 지나치게 호전적이고 지나치게 비밀스럽고 말 그대로 완전히 부패했다. 나는 그 사람들을 신뢰하지 않는다."(2004년 6월 15일자, 『로스앤젤레스타임스』에 재인용)-마이크 데이비스

트 스코우크로프트Brent Scowcroft) 중 요강 하나라도 차지한 사람은 단 한 명도 없다. 여기서 우리는 아버지 대통령과 아들 대통령에 관하여 몇 가지 흥미로운, 심지어는 놀라운 오이디푸스적 질문을 떠올리게 된다. 아들 부시는 정말로 레이건과 로라 부시의 사랑스러운 아들인 것인가? (그건 그렇고, 불쌍한 41대 대통령(아버지 부시. 옮긴이)은 그가 아직 살아 있다는 사실을 세상에 알리기 위해, 디데이 기념일에 노르망디 상공을 나는 비행기 위에서 뛰어내려야 했다.)

베테랑 백악관 출입 기자인 제임스 만James Mann은 정신분석가는 아니지만, 새로 나온 그의 책 『벌컨의 부흥*The Rise of the Vulcans*』(98)("벌컨"은 2000년 선거운동 당시 부시의 신보수주의적 대외 정책 고문들이 붙여 준 별명이었다.)에서 아버지 부시 대 아들 부시의 역사적 뒷이야기를 흥미진진하게 들려주고 있다. 만의 이야기에 따르면 공화당 지도층의 분열은, 워터게이트 사건 직후에 헨리 키신저가 시도한 쿠데타에 체니와 럼스펠드가 반기를 들고 싸웠던 시절까지 거슬러 올라간다. 원래 국무장관 겸 국가 안보 보좌관이었던 키신저는 허약한 대통령이었던 제럴드 포드에게서 대외 정책의 모든 수단을 장악하려고 했다. 그러나 (당시 대통령 수석 보좌관에 이어 국방장관을 지낸) 럼스펠드와 체니(럼스펠드의 정치적 문하생)는 당시 비틀거리던 소련과의 긴장 완화를 추구하는 키신저의 전략에 극렬히 반대했다.

일찍이 공화당 내분이 교착 상태에 처했을 때부터 현재 대통령을 뒤에서 조종하면서 가공할 오만을 휘두르기까지, 럼스펠드와 체니는 "군사적으로 전능한 미국이 일방적으로 명령하는 세계"

라는 이상에 놀랄 만큼 충실하였다고 만은 말한다. 지난 30년간 그들은 (힘의 균형을 신봉하는) 신키신저주의나 국제통화기금(IMF) 과 세계은행을 통한 경제적 세계화를 강조하는 민주당 내 신자유 주의 세력 등 대외 정책의 소위 "현실주의자들"과 맞서 지칠 줄 모르고 싸워 왔다. 게다가 대통령이 되고 싶었던 럼스펠드의 야 심은 (고전적인 "현실주의자"인) 아버지 부시의 야심과 계속 충돌을 빚었고, 결국 꺾였다. 폴 울포위츠Paul Wolfowitz, 리처드 펄Richard Perle, 윌리엄 크리스톨William Kristol 같은 과격한 "신보수주의자" 들의 극단주의적 판타지도 그러했다. 그들이 보기에 첫 번째 부 시 행정부에는 중앙아메리카의 반혁명을 지원했던 레이건의 십 자군적 열정이 결핍되어 있었다. 그들은 특히 아버지 부시가 사 담 후세인의 패배를 본격적인 유대 · 기독교 지하드로 전환시키 기를 거부한 것이 불만이었다.

9 · 11에서부터 이라크 공격에 이르는 여러 사건을 복기하면 서, 제임스 만은 특히 콘돌리자 라이스Condoleezza Rice와 콜린 파 월Colin Powell의 역할에 대해 조명하고 있다. 라이스는 스코우크 로프트의 (따라서 간접적으로 키신저의) 문하생이었지만 계속해서 럼스펠드 · 체니 · 울포위츠 쪽으로 가까이 다가갔고, 국무장관 파월(제임스 만이 보여 주는 바에 따르면 파월은 평소의 온화한 이미지보 다 훨씬 더 반동적인 인물이다.)은 자신이 원래 바랐던 것보다 더 "현 실주의자"가 되어야 하는 상황에 몰렸다. 요컨대 만은 제국의 정 책이 내부적으로 진화하여 무슬림 세계에 대한 대규모 공격으로 정점에 다다르기까지의 과정을 노련한 고고학자의 시선으로 파

헤치고 있다. 의심할 여지없는 이 책의 가장 큰 장점은, 신보수주의자와 "현실주의자"가 아무리 서로 원한이 깊다 해도 그 둘 사이의 진정한 차이는 지극히 작다는 주장에 있다. 현실주의자와 근본주의자는 주로 전략적 뉘앙스와 수사적 강조점만을 달리할 뿐이다.

물론 그 증거는 이라크와 아프가니스탄에서 철수하지 않고 "국토 안보"를 과감히 확대하며 특수부대를 두 배로 증설하겠다는, 현 케리 진영의 매파적 정강이다. 아이러니는 아들 부시가 자기 아버지를 내버리고 레이건 2세가 되기를 추구하는 반면, 그와 경쟁하는 민주당 후보는 대외 정책에 있어 조지 H. W. 부시의 캐멀롯 시절*로 복귀할 것이라는 추측을 낳고 있다는 것이다.(물론 더욱 기묘한 것은 부시 노인과 1992년 그를 눌렀던 아칸소 출신 장사꾼 사이의 관계가 날이 갈수록 돈독해지고 있다는 점이다. 널리 알려진 대로 홀어머니 밑에서 자란 클린턴이 마침내 아버지를 찾은 것인가? 부시 일가와 클린턴 사이에 얽힌 오이디푸스적 미궁은 앞으로 여러 세대 동안 정신분석학적 역사가들을 바쁘게 할 것이다.)

조슈아 마셜Joshua Marshall은 『애틀랜틱 먼슬리』에 최근 케리의 대외 정책팀과 나눈 대화 내용을 소개하였다. 그들은 케리의 전략이 "힘과 가치를 능란한 외교적 관리와 결합"하는 것이며 "해외에 대한 무력 사용을 꺼리지 않고", "유약한 다자주의와 유엔에

---

* 캐멀롯은 영국의 전설적인 왕인 아서 왕이 다스리던 성으로, '성군이 통치했던 과거의 이상화된 태평성대'를 가리킨다. 미국 정치에서 이 표현은 주로 케네디 대통령이 재임했던 시기를 상징하는데, 여기서 저자는 이 말을 비꼬는 뜻으로 쓰고 있다.

대한 충성"을 거부한다고 설명하였다. 마셜이 "당신들이 설명한 내용은 내 귀에 브렌트 스코우크로프트(아버지 부시의 국가 안보 고문)가 취할 만한 정책과 대단히 비슷하게 들린다."고 말하자 그들은 기꺼이 수긍하였다.(100) 이제 케리는 딘을 지지했던 사람들을 멸시하면서, 불만에 가득 찬 장군들, 국가 안보 기관원들, 헨리 키신저의 동료들의 입맛에 맞게 선거 의제를 조율하고 있다. 젊은 시절의 빛나는 한순간에 닉슨 행정부에 대적하여 인도차이나의 전쟁 범죄를 고발할 배짱을 지녔던 존 케리는, 이제 닉슨·키신저 세계관의 법정 상속인으로서 마침내 대통령이 되기 위해 뛰고 있다. 랠프 네이더와 피터 카메조에게 투표해야 할 이유가 이 이상 더 필요한가?

(2004년 7월, 『소셜리스트 리뷰』)

미국에 무슨 일이 일어났나?

토머스 프랭크와의 논쟁

논쟁적 베스트셀러 『캔자스에 무슨 일이 일어났나?*What's the Matter with Kansas?*』(56)를 쓴 토머스 프랭크Thomas Frank와 내가 나눈 대화의 초점은 이렇다. 2004년 선거는 미국 계급의식의 위기에 대해 우리에게 무엇을 말해 주고 있는가? 조지 W. 부시가 선거인단 투표는 물론 일반 국민 투표에서도 승리한 사실은 백인 노동계급이 경제적 이익을 이성적으로 계산하기를 포기하고 가망 없는, 조작된 문화적 분노에 굴복했다는 프랭크의 이론을 확증하는 것일까?"

얼핏 보았을 때 이번 선거는 프랭크가 말한 대로 "상퀼로트(sansculottes, 프랑스혁명 당시의 급진파 공화당원. 옮긴이)가 귀족에게 더 많은 권력을 요구하며 거리로 쏟아져 나온, 위아래가 뒤집힌 프랑스혁명"과 불편할 정도로 닮아 있다. 오하이오는 지난 4년간 산업 기반의 18퍼센트를 잃었는데도 붉은 주(공화당을 지지하는 주. 옮긴이)로 남았다. 오하이오 주 유권자들은 자기들 뒷마당에서 공장이 폐쇄된 것보다 저 멀리 샌프란스시코의 게이 결혼 이미지에 더 겁먹은 듯 보인다. 민주당의 베테랑 여론조사가인 루이 테이셰이라는, 출구 조사가 재앙으로 드러난 순간 민주당원들은 "케리가 백인 노동계급에 의해 살해되었음을" 깨달았을 것이라고 주장한다. 루이의 추정에 따르면, 백인 노동계급(여기서 백인 노동계급이란 4년제 대학 학위가 없는 백인으로, 전체 유권자의 약 절반가량을 차지한다.)은 23퍼센트라는 압도적인 차이로 부시에게 표를 던졌다. 이는 2002년 의회 선거(18퍼센트)와 2000년 대선(17퍼센트)에서 나타난 패턴을 확증한 것이다.(144) 그렇다면 특히 칼 로브**가 공화당 총사령관으로 군림하고 있는 지금, "역사의 경제적 해석"***

■ 글의 이해를 돕기 위해 미국 대통령 선거 제도에 대해 간략히 소개한다. 미국 대통령 선거는 직선제가 아니라 선거인단에 의한 간선제다. 4년마다 11월이면 유권자들이 직접 참여하는 일반 국민 투표popular vote를 통해 어느 당에서 대통령 선거인단을 가져갈 것인지가 확정되고, 그 선거인단이 12월에 대통령을 뽑는다(electoral vote). 11월의 투표 결과로 어느 주의 선거인단이 누구를 뽑을지 윤곽이 다 드러나기 때문에, 실질적으로 11월의 투표 결과로 대통령 선거의 승자가 정해지며 12월의 선거인단 투표는 형식적 절차에 지나지 않는다. 각 주에 배정되는 선거인단 수는 각 주의 상하원 의석수를 합친 값이며, 여기에 워싱턴 D. C.의 세 명을 합쳐 모두 538명이 된다. 상원의석은 주마다 일괄적으로 두 개씩 가져가고 하원의석은 인구 비례로 할당되므로, 예를 들어 캘리포니아 주는 하원의석 53개와 상원의석 두 개를 합쳐서 55명의 선거인단이 배정된다.(반면 알래스카는 하원의석이 한 개, 상원의석이 두 개이므로 세명의 선거인단이 배정된다.) 주에 따라 예외도 있지만, 대개는 11월의 일반 국민 투표에서 한 표라도 더 많이 나온 정당이 그 주에 배당된 선거인단을 전부 가져가게 된다. 그래서 일반 국민 투표에서 전국적으로 더 많은 표를 얻었는데 선거인단 투표에서 과반수에 못 미쳐 떨어지는 아이러니한 일도 생길 수 있다. 고어와 부시가 맞붙은 2000년 대통령 선거가 그런 경우다. 이 글에서 지지율을 퍼센트로 표시한 것은 일반 국민 투표에서 나온 통계치를 근거로 한 것이다.

을 폐기하고 문화야말로 모든 조건에 앞서는 으뜸패임을 인정할 때인 것인가?

1. 정체성과 이익

미국의 전국 선거는 경제 이익을 있는 그대로 반영했던 적이 드물었다. 실로 "문화 전쟁"은 미국 정치에 기본적으로 주어져 있는 조건이었다. 리 벤슨Lee Benson과 월터 딘 번햄Walter Dean Burnham 같은 정치사학자들이 오랫동안 주장한 대로, "미국에서는 경제라든지 교회와 국가의 관계 같은 근본 문제에 대해 자유주의적 가치가 합의되었기 때문에, 놀랄 만큼 이른 시기부터 정당 정치에 인종·문화적 적대가 전면적으로 표현되는 것이 가능했다."(12) (흔히 금주禁酒라든지 주의 자치권 같은 "가치"라는 수사의 가면을 쓴) 종교·민족·인종 갈등이 선거 경쟁의 장을 구축하는 것이 '정상'이었다. 경제 이익이 정당 간에 분명한 대항 영역이었던 시기는 1820년대 후반, 1890년대, 1930년대에 일시적으로 존재했을 뿐이며, 그나마도 주로 지역 간 대립이라는 모양새를 취했다. 이 점에서 뉴딜 시대는 거의 유일하게 두드러지는 시기였다.(19)

■■■ 칼 로브Karl Rove는 부시 대통령의 최측근이자 정치 전략가로, 공격적이고 당파적인 전략을 구사하여 2000년과 2004년 선거에서 부시를 대통령으로 당선시키는 데 결정적인 공을 세웠다. 2008년 5월, 백악관 정치 고문직을 사임했다.
■■■ 종교나 제도 같은 관념적 요소보다 생산력이나 이해관계 등 경제적 요인을 보아야만 역사의 근본적인 변화를 이해할 수 있다는 입장. 그 대표적인 이론이 맑스의 역사유물론이다.

"정체성 정치"의 우위(청교도 대 스코틀랜드 · 아일랜드인, 프로테스탄트 공화국 대 교황을 따르는 무리들, 시골 대 대도시, 백인 대 흑인)라는 관점에서 보면 미국 사회구조의 휘발성과 지속적인 재구성을 이해할 수 있다. (『미국의 꿈에 갇힌 사람들*Prisoners of the American Dream*』(1985년)에서 나는, 미국 역사에서 노동자 및 사회주의 의식이 지체된 데에는 민족 간 분열과 백인 우월주의가 일정한 역할을 했다는 논쟁적 견해를 제시한 바 있다.) 19세기 말 남유럽과 동유럽에서 들어온 대규모 이민자들은 매킨리 대통령부터 후버 대통령까지 이르는 공화당 헤게모니의 근원이었던 동시에 궁극적 몰락의 원인이었다. 마찬가지로 미국 역사상 네 번째이자 최대 규모의 이주▪▪▪▪가 레이건 · 부시 시대의 역사적 배경을 형성했음을 굳이 강조할 필요는 없을 것이다. (말이 난 김에, 우리가 살아 온 지난 25년은 매킨리에서 후버에 이르는 뉴딜 이전 시대와 비슷하다. 클린턴이 집권한 휴지기는 28대 대통령 우드로 윌슨Woodrow Wilson의, 로스 페로는 불 무스▪▪▪▪▪의 기묘한 재현이다.) 문화의 민족적 · 인종적 맥락에 대해서는 나중에 다시 논의할 것이다.

나는 먼저 독선적인 정체성 판타지와 경제적 이익이 서로 모순

▪▪▪▪ '네 번째 이주'란 문명사가인 루이스 멈포드의 이론을 인용한 말로서, 미국 도심에서 교외 지역으로의 대규모 인구 이동을 가리킨다. 즉 교외로 탈출한 백인 중산층들이 레이건 · 부시 시대를 뒷받침하는 보수적 지지 기반을 형성했다는 말이다. 참고로 멈포드의 주장에 따르면 미국 역사에서 '1차 이주'는 아메리카 대륙으로의 이민을 가리키며, '2차 이주'는 시골에서 공업 도시로, '3차 이주'는 도심으로의 인구 이동을 말한다.
▪▪▪▪▪ 불 무스Bull Moose는 1913년 대통령 선거에서 전임 대통령이었던 루스벨트가 공화당 내 진보파를 중심축으로 새롭게 창당하여 출마한 당의 이름이다.

을 이룬다는 발상에 대해 묻고 싶다. 민족적 · 종교적 · 인종적 정체성이 단순한 허위의식의 유령인 경우는 드물다. 이들은 사회적으로 인정된 특권 및 자격 체계에 대한 확신 또는 방어와 상응할 때가 더 많다. 정체성 정치는 거의 언제나 물질적 이익의 거대하고도 주된 기반이다. 따라서 "프로테스탄트"와 "백인"은 시장에서, 노동 과정의 위계에서, 그리고 정치적 후원이나 경제적 온정의 혜택을 받는 데 특권적 위치에 있음을 의미하는 암호다.

미국 역사에서 합리적 이익과 유리된 열렬한 당파적 헌신의 "명백한" 사례를 면밀히 살펴보면, 그 대부분은 그렇게 명백하지가 않다. 예를 들어 남북전쟁 당시 남부 연방군의 일반 사병들은 노예제에 이해관계가 걸려 있지 않았으며, 그들이 그렇게 열광적으로 싸운 것은 "남부 국가"라는 상상의 공동체를 위해서였다고 흔히들 주장한다. 하지만 나는 그 말을 의심하기에 충분할 정도로 골수 비어드* 추종자다. 사실 남부의 서민들은 1860년 이전이나 이후나 흑인 노동의 착취에 여러 가지로 깊숙이 연루되어 있었다. 남부 민족주의는 백인됨의 상징적이고 현실적인 특권의 표현이(었)다.

대체로 내 입장은 (프랭크가 기술한 대로라면 자신의 착취자나 압제자에 대해 순전한 상상의 연대감을 갖는, 일종의 스톡홀름 신드롬이라는 의미에서) 말 그대로의 "허위의식"을 일반화할 수 없다는 쪽으로 기

■ 찰스 비어드Charles Beard, 1874~1948. 미국의 정치학자 · 역사가로 남북전쟁을 경제적 이해가 대립한 산물로 보았다.

운다. (예를 들어 프랭크는 "국기에 대한 맹세를 읊으면서 스스로의 삶의 기회를 교살해 버리는 불굴의 블루칼라 애국자들, 자기 땅을 날려 버릴 후보에게 자랑스럽게 투표하는 소농들, 자기 자녀들이 대학 등록금이나 제대로 된 의료 서비스를 절대로 감당할 수 없도록 확실하게 단속하는 헌신적인 가장들"에 대해 쓰고 있다.) 나는 상징적 보상과 상상의 악마의 존재를 부정하는 것이 아니다. 그러나 문화적 전쟁은 그것이 아무리 무지하고 근시안적이더라도, 물질적 이익을 동원할 수 있을 때 가장 사나워진다.

2. 가장 가난하고 가장 열렬한 공화당원?

『캔자스에 무슨 일이 일어났나?』의 서두에 등장하는 놀라운 예를 들어 보자. 대평원에 위치한 카운티들은 미국에서 가장 빈곤한 지역에 속하지만 충성스럽게도 80퍼센트가 공화당에 투표했다. 프랭크는 이렇게 썼다.

"내가 한 친구에게 가난한 대평원의 카운티들이 부시 대통령에게 홀딱 반해 있다고 말하자, 그녀는 당혹해하며 이렇게 물었다. '다른 사람 밑에서 한 번이라도 일해 본 사람들이 어떻게 공화당에 투표하는 거지요? 어떻게 그렇게 많은 사람들이 잘못 생각할 수 있을까?'

하지만 정말 잘못 생각한 것일까? 우선 네브라스카 주에 있는 맥퍼슨 카운티의 예를 보자. 이곳 인구는 2000년 인구조사에 따르면 533명에 불과하여, 금요일에 웬만한 복합영화관에 몰리는 인파보다 적다. 실제로 네브라스카 주 샌드힐과 그에 인접한 캔자스, 사우스다코타, 콜로라도 주의 가난한 공화당 카운티들은 거의 모두 인구가 2천 명 이하이며 그나마 빠르게 줄고 있다. 이들 유령 마을과 버펄로 방목지가 실제로 우리에게 백인의 빈곤과 문화적 분노, 공화당의 신대중주의 사이의 포괄적 관계에 대해 많은 것을 말해 줄 수 있는지는 확실치 않다. 게다가 맥퍼슨 카운티의 전형적인 주민들은 가뭄에 시달리고 가족의 납세 신고서가 빨간 잉크로 뒤덮이는 소규모 목장주들인 듯하다. 확실히 소득 면에서 보면 이들의 수입은 워싱턴 D. C.의 편모 가구나 리오그란데 계곡의 농장 노동자들과 동일선상에 있는 것 같다.

하지만 자산 면에서 보면 얘기가 달라진다. 이들 파산한 농장 중 상당수는 여전히 대규모의 목초지와 소 수백 두를 보유하고 있다. 나는 대평원의 소와 가뭄 보조금의 지역 정치에 대해서는 충분히 알지 못하여 이것이 어떻게 합리적으로 당파성으로 전환되는지 제시할 수는 없다. 하지만 맥퍼슨 카운티에서 공화당에 투표하는 것이 경제적 자기 파탄이라고 자동적으로 결론지을 수 없는 것은 확실하다. 또 이것이 미국 백인의 허위의식을 대표하는 대단히 유용한 지표도 아니다.

물론 공화당을 지지하는 지역에서 "사람들이 자신의 근본 이익을 잘못 이해하고 있다"는 프랭크의 주된 주장은 이 미시적인 사례에 딱히 들어맞지도 않고 배치되지도 않는다. 실로 프랭크는 고르기가 곤혹스러울 정도로 많은 실례를 확보하고 있는 듯하다. 웨스트버지니아의 예를 보자.

3. 웨스트버지니아의 분열적 투표

그 어떤 주도 이번 대통령 선거에서 이곳만큼 극적으로 우선회하지는 않았다. 한때 철강·광산 노동조합의 막강한 거점이었던 웨스트버지니아는 암울했던 1956년, 1968년, 심지어 1988년의 선거 때도 민주당에 충성을 바친 것으로 유명했다. 그런데 케리는 웨스트버지니아에서 충격적일 만큼 큰 표 차(13퍼센트, 고어가 졌던 표 차의 두 배가 넘는다.)로 참패했다. 게다가 "산의 주(Mountain State, 웨스트버지니아 주의 별명. 옮긴이)"의 상황이 민주당에 유리한 (기업 고용과 임금과 의료보험이 줄어드는) 방향으로 가고 있었는데도 말이다.

다른 맥락을 모른다면, 웨스트버지니아의 경건한 교인들이 아직도 사탄을 단죄하고 남색의 합법화에 조바심 내는 수백 개의 소읍 교회를 기반으로 공화당이 큰 몫을 가져갔다고 추측할 수도 있다. 실로 웨스트버지니아는, 문화적 반격을 가하여 친루스벨트 민주당원을 친親부시 공화당원으로 개종시킨다는 칼 로브Karl Rove의 전략에서 "왕관의 보석"(감히 건드리거나 넘볼 수 없는 핵심부를 가리키는 데 흔히 쓰는 비유적 관용어구. 옮긴이)일지도 모른다. 그러나 이상한 나라에서 앨리스가 말했듯, 웨스트버지니아의 상황을 자세히 들여다보면 일은 "갈수록 신기해진다." 13퍼센트 차로 부시를 찍은 바로 그 유권자들이 민주당 주지사 후보인 조 맨친 Joe Manchin에게 29퍼센트 차로 압도적인 표를 몰아 준 것이다. 맨친은 그의 민주당 출신 전임자가 연루된, 클린턴에 버금가는 걸

쭉한 섹스 스캔들이 있었는데도 승리했다. 마찬가지로 이 지역에서 민주당은 의원 선거에서도 3분의 2라는 압도적인 득표를 기록하며 총 3석 중 2석을 유지했다.(76) 역설적이게도, 웨스트버지니아는 부시를 찍은 것만 빼고는 견고한 민주당 지지 주로 남아 있는 것이다. *

　이처럼 정신분열적인 투표 행위를 어떻게 설명해야 할까? 글쎄, 아마도 사회문제에 보수주의적인 맨친이 이 일로 상처를 입지는 않을 것이다. 맨친은 전미총기협회와 몇몇 낙태 반대 그룹의 승인을 얻은 바 있다. 그러나 맨친은 미국노동총연맹의 지지를 받아 가며 일자리 늘리기를 주요 공약으로 추진하기도 했다. 그는 주의 구석진 마을에까지 "기업에 활짝 열려 있는 웨스트버지니아"라는 구호를 선전하러 다니며, 막강한 권한을 지닌 '일자리 창출위원회'를 통해서 실업을 줄이겠다고 약속하였다. 게다가 맨친은 일자리가 최우선이므로 가까운 장래에 세금 삭감을 기대하지 말라고 유권자들에게 경고함으로써 선거판의 일반 상식에 도전하기도 했다. 따라서 실제로 맨친이 기회주의자일지는 몰라도, 실업을 줄이고 고임금 일자리를 창출하기 위한 정부 정책을 노조

---

* 미국에서는 대통령 선거와 동시에 하원 의석 전부와 상원 의석의 3분의 1, 그리고 주지사 중 일부를 교체하는 선거를 함께 치른다. 그리고 대통령의 4년 임기 중 중간인 2년차 되는 해 11월에 다시 하원 의석 전부와 상원 의석의 3분의 1, 그리고 주지사 일부를 교체하는 '중간선거'를 치른다. 미국 대통령의 임기는 4년이고 한 번에 한해 연임이 가능하며, 하원의원의 임기는 2년, 상원의원의 임기는 6년, 주지사의 임기는 주에 따라서 4년 혹은 2년이다. 참고로 2004년에 웨스트버지니아 주에서는 대통령과 더불어 하원의원 3명과 주지사를 새로 뽑았다.

의 지지를 받아서 설득력 있게 주장하는 민주당 인사가 이 지역에 최소한 한 명은 있는 셈이다. 그렇다면 케리와 민주당 전국당은 어떻게 된 것인가?

이는 극히 대조적이다. 사실 케리 진영은 애팔래치아 석탄 산업의 몰락, 철강 산업의 죽음, 그리고 지방 공장의 일자리가 멕시코와 중국으로 빠져나가는 사태와 관련해 별로 할 말이 없었다. 미국 상원에서 가장 부유한 의원인 케리가 대신 내놓은 것은, 일자리를 국내에 유지하는 기업에 대한 근소한 세금 삭감이었다. 공화당은 경제적 대중주의와 전통적인 블루칼라의 직업 정서에 어필하여 엘리트에 대한 공격과 문화적 대중주의를 무기로 내세웠는데, 케리는 여기에 대해 수사적인 대응조차 하지 않았다. 대신 그는 자신의 전쟁 이력을 끊임없이 재해석하고(메콩 삼각주에서 가난한 농민들을 학살하여 "미국을 방어했다"는 등) 평범한 웨스트버지니아 주민들은 꿈도 못 꿀 리조트에서 윈드서핑과 스노보드를 즐기고 있는 자신의 영상을 내보냈다.

한편 부시는 2001년 수입 철강에 대해 일시적으로 30퍼센트 관세를 부과했다. 이는 블루칼라 민주당원들을 사로잡기 위해 로브가 부추긴 냉소적 책략(108)이었지만, 그럼에도 산업 밸리에서 박수를 얻은 극적인 제스처였다. 실로 웨스트버지니아인의 시각으로 보았을 때, 보스턴 출신의 브라만(케리를 가리킨다. 옮긴이)은 말기 암 환자에게 아스피린 하나 주고 등 두드린 다음 끝이었지만 텍사스 출신의 카우보이는 감히 유럽의 경쟁국들에게 대든 것이다. 케리는 도무지 믿을 수 없는 친유럽파라는 오명을 쓴 데 비해 부시는 (비록 잘못된 인식이지만) 경제 민족주의자로 비쳤다. 또 우리가 곧 보겠지만, 조지 W. 부시의 성과와 비교했을 때 민주당은 클린턴 시절에도 산업 분야 일자리를 지켜 낸 전과가 없다.

또한 미국 중부의 많은 유권자들은 미국의 군사적 힘과 산업 역량을 꾸준히 동일시하고 있다. 칼도 쟁기날도 없는 것보다는 칼이라도 만드는 편이 낫다는 것이다. 부시 행정부가 국방과 국토 안보 지출에 열중하는 것은, 1980년대 초 레이건의 "제2의 냉전"이 일으킨 군수 경기 호황과 마찬가지로 (말하자면 일종의) 케인스적 산업 정책이라는 논리다. 그와 대조되게도 케리는 글로벌 마켓과 첨단 기술에 대한 엘리트적 신념 말고는 내세울 산업 정책이 없었다. 일자리를 중시하는 웨스트버지니아 유권자의 관점에서 보면, 부시와 맨친에게 표가 분열된 현상은 경제 이익의 모순이 아니라 일관성을 반영하는 것인지도 모른다.

자유주의 성향의 민주당 인사들과 프랭크를 비롯한 소위 진보주의자들은, 민주당 중앙당이 사양길에 접어든 산업 부문과 지역에 있는 핵심 유권자들의 이익을 저버렸음을 그저 부인하고 있다. 프랭크의 책 맨 끝에서 "민주주의리더십회의"와 관련하여 몇몇 유의미한 사항을 지적한 것만 빼고, 전체적으로 프랭크는 민주당을 노동계급 이익의 명백한 대변자로 그려 놓고 있다. 그러나 웨스트버지니아 사례에서 보듯이, 많은 전통적 민주당 지지자들은 첨단 기술 수출 기업, 할리우드 거물, 소송 전문 변호사들의 의제에 의해 지배되는 중앙당에서 더 이상 안식처를 찾지 않는다. 웨스트버지니아의 어느 유권자 말마따나, "우리가 민주당을 떠난 것이 아니라 민주당이 우리를 떠났다."

4. 클린턴의 유산

프랭크가 말한 것 같은 허위의식 이론을 블루칼라 유권자에게 온전히 적용할 수 있으려면, 캔자스(혹은 웨스트버지니아나 오하이오) 주민들에게는 "가치"와 "이익" 양자 간에 분명한 선택을 할 기회가 주어졌어야 한다. 그러나 정확히 현재의 미국 정치를 규정하는 사실은, 그러한 선택이 완전히 부재하다는 것이다.

내가 여러 차례 주장했듯이, 클린턴 시대의 가장 큰 업적(이자 전략적 강박관념)은 민주당을 "신경제"(동·서부 해안의 지식 산업, 게임·엔터테인먼트, 첨단 기술 수출 산업)의 당으로 재조정한 것이었다.("신경제"라는 개념 자체가 확실히 자기 충족적이다. 신민주당 세력은 이 용어가 대중 의식과 전문 칼럼니스트 사이에 통용되도록 확립시키는 데 큰 역할을 했다.) 클린턴 행정부는 할리우드, 실리콘밸리, 라스베이거스, 로버트 루빈과 골드만삭스가 대변하는 쪽의 월스트리트에 의제의 최우선순위를 두었다. 그러면서 커뮤니케이션과 전자 부문의 민주당 기부금이 1990년의 1천만 달러에서 2000년에는 7,100만 달러로 늘어났고, 보안 산업 부문 기부금은 1990년의 7백만 달러에서 2000년에는 4,150만 달러로 늘어났다.(28)

한편 구민주당의 기반 지지층 대다수, 특히 중부 제조업 노동자의 경제 이익은 자유무역이라는 금송아지에 희생되었다. 산별 노조에서는 중부 지역을 위한 경제 구제 정책을 요구했지만, 클린턴은 일자리를 유출하는 북미자유무역협정(NAFTA)을 밀어붙였다. 1996년부터 2001년 사이에 제조업 분야에서 거의 2백만 개의 일자리가 사라졌고, 이는 노조가 조직된 공장에서 유독 심했다. 수백 개까지는 아니더라도 수십 개의 유서 깊은 산별노조 지부들이 고사 직전에 내몰렸다. 이따금씩 정부는 전통적인 산업 일자리를 사수하겠다고 립서비스를 날렸지만, 클린턴 백악관의 정책으로 폐쇄를 막아 낸 미국의 대규모 공장 이름을 하나라도 들 수 있는 사람이 있을지 의심스럽다.

게다가 국민소득 조사에서 나타나듯이, 경제 불평등은 클린턴 시기 내내 계속해서 급격히 증가하였다. 뉴딜의 근본적인 성과 중 하나는(민주당에서 일하는 진보주의적 대변자들이 끊임없이 주지하듯이) 바로 기업 헤게모니가 위기를 맞았던 쿨리지·후버 재임 당시 끔찍한 비율까지 벌어지고 있던 소득 격차를 줄인 것이었다. 이 격차(사회과학자들은 통상적으로 이를 지니 계수로 계측한다.)는 '레이건 혁명'과 더불어 다시 벌어지기 시작했고, 이 점은 1988년과 1992년 선거 당시에 민주당이 집중적으로 비판한 부분이었다. 따라서 승리한 빌 클린턴은 불평등의 증가를 역전시키거나 최소한 더 이상 증가하는 것을 막았어야 했다. 하지만 지니 계수는 오히려 클린턴의 취임 후에 (그리고 공화당이 백악관을 장악하기 한참 이전에) 급격히 치솟았다. 이는 뉴딜 자유주의가 사망했고 신민주당이 자신들의 오래된 사회적 기반을 포기했음을 알리는 상징적 통계다.(120)

케리는 이 유감스러운 유산을 기반으로 열렬히 선거운동을 벌였고, 고어처럼 케리도 엔터테인먼트, 소프트웨어, 게임, 보안, 벤처 투자 산업은 물론 로펌과 친이스라엘 세력에게도 막강한 자금 지원을 받았다. 그리고 역시 고어처럼 케리의 선거 캠페인에도 제조업 일자리의 감소를 저지하거나 미 중부의 월마트화("파업 중인 남캘리포니아"(232쪽~) 참조)를 역전시키기 위한 설득력 있는 경제적 메시지나 진지한 전략이 부재했다. 최근 케리의 이력을 보면 그가 노동계급과 연대한다는 증거도 거의 없다. (데니스 쿠세니치를 제외한) 2003년의 여타 민주당 후보들이 모두 그랬듯이, 케리 역시 부시 행정부가 초과 근무 수당을 지불하지 않으려고 수백만 노동자들을 "관리자"로 분류해 버렸을 때 맞서 싸우지 않았다. 이는 뉴딜의 유산을 과거로 되돌려 버린 결정적 조치였다.

다시 말해 민주당의 진짜 아킬레스건은 도덕이 아니라 경제였다. 애팔래치아 석탄·철강 밸리와 피드몬트 남부 섬유 도시들의 가장 큰 쐐기 이슈는, 게이 일부일처제의 위협이 아니라 산업의 몰락(그리고 국력의 이미지에서 그것이 나타내는 표상)이었다. 나는 '문화 투쟁'이 주변부에서 중요한 역할을 할 수 있다는 사실을 부정하는 것이 아니다. 결국 프랭크가 언급한 "라떼 리버럴"(latte libel, 도시의 지식 산업 엘리트에 대한 블루칼라의 본능적인 경멸을 드러내는 표현)이란 말은, 블루칼라 노동자가 현실에서 겪은 역사적인 패배와 계급적 모욕에 기인한 것이다. 인종을 막론하고 대학 교육을 받지 못한 남성 노동자들은 임금을 벌어들이는 능력과 문화적 지위의 극적인 하락을 감수해야 했다. 노조 회관이 문을 닫고 독립 언론이 멸종하는 마당에, 많은 가난한 백인들이 교회로, 혹은 림보나 돕스처럼 방송에 출연하는 선동가들에게 몰려가서 해답을 구하는 것도 놀랄 일은 아니다. 또 그들이 고용 안정의 종말을 애국주의 및 가족 가치의 붕괴와 동일시하는 것 역시 놀랄 일이 못 된다.

예컨대 오하이오에서 부시에게 승리를 안겨 준 표가 주로 남동부 애팔래치아 주변 카운티에 거주하는 블루칼라 계층에게서 나왔다는 사실을 들 수 있겠다. 그들은 왕년에 여러 차례 구원받은 독실한 침례교도 빌 클린턴에게 투표했던 사람들이다. 오하이오의 경우 클리블랜드와 콜럼버스에서 민주당 표가 대량 동원되었지만 도시 근교 지역에서 그에 버금갈 정도로 많은 공화당 표가 나와 민주당을 저지하였다.(그건 그렇고, 최근 미국 정치에서 침례교도들, 즉 카터, 클린턴, 깅그리치, 딜레이, 제시 잭슨 등등이 비상할 정도로 다수를 차지한다는 사실을 깨달은 사람이 있는지?)

한편 웨스트버지니아 남부의 가장 가난한 광산 도시들에서 케리가 승리한 사실은, 버림받은 민주당 지지자들이 금을 넘어가 공화당원이 되기보다는 아예 투표를 포기할 공산이 크다는 증거다. 미국노동총연맹-산별노조협의회(AFL-CIO)가 "우리 생애에서 가장 중요한 선거"라고 강조했음에도, 전미광산노조가 케리 선본을 지켰던 밍고, 로건, 분, 맥도웰 카운티에서 케리의 득표율은 간신히 30퍼센트를 넘었다.(전반적인 추세를 볼 때, 대선에서 웨스트버지니아 주의 민주당 득표율은 1960년의 78퍼센트에서 2000년에는 불과 46퍼센트로 급강하했다.)

이와 대조적으로, 웨스트버지니아 포토맥 강 고지대(이곳은 위싱턴 D. C.가 팽창하면서 날이 갈수록 공화당이 우세한 준교외 지역이 되어가고 있다.) 유권자들은 70퍼센트가 조지 부시를 재선시켰다. 이는 당 지지 기반에서 나오는 표를 더 많이 창출하여 민주당을 물리친다는 로브의 전략이 먹힌 수많은 사례 중 하나다. 게다가 양당은 거의 정반대 전략을 가지고 있었다. 공화당은 애초부터 자기들의 핵심 지지층을 동원하는 데 집중한 반면 민주당은 부동층에 집착했던 것이다. 칼 로브가 컨트리클럽과 교회의 신도석 밑바닥까지 내려가 자신의 지지층을 속속들이 알았다면, 민주당은 자기들의 지지 기반이 누구인가를 놓고 자기들끼리 끊임없이 논쟁하였다.

5. 복음주의 기독교도들의 표

부시가 승리한 표 차는 몇 가지 다른 각도에서 볼 수 있다. 로브는 4백만 복음주의 기독교 신도들을 투표소로 데려가기 위해 열심이었다고 한다. 2000년 로브는 그들이 투표할 것이라고 예측했지만 결과는 달랐다.(그 선거에서 이 부시의 난공불락의 "브레인"이 일반 국민투표에서 사실상 패배했다는 사실을 떠올린다면 유익할 것이다.) 그러나 "전투적 교회(Church Militant, 기독교에서 악의 세력과 영적 전투를 벌이는 지상의 교회를 가리키는 말. 옮긴이)"가 실제로 2004년 승리의 열쇠를 제공했는지는 확실치 않다. 샘플링 기술이 열악한 관계로 대부분의 출구 조사 자료가 의혹의 여지가 있기는 하지만, 핵심 주에서 칼 로브가 게이 결혼에 반대하는 주민 투표를 조직했음에도 보수적인 기독교도들이 2000년 선거에 비해 부시의 표에서 중대할 정도로 큰 비율을 차지하는 것 같지는 않다. 공화 당이 선거운동에서 "설득보다는 동기 부여"를, 무당파보다는 핵 심 지지자를 공략하기로 결정한 이후로 복음주의 신도 표의 절대 증가분은 민주당이 동원한 유권자 수로 상쇄되었다.

또 오하이오 주의 출구 조사 이후 매체에서 주장한 대로 지난 11월 선거에서 "가치에 표를 던진" 유권자가 증가한 것도 아니 다. 실상은 오히려 그 반대다. 인터뷰에서 도덕적 가치를 중시하 여 투표했다고 응답하는 유권자 수는 1996년 40퍼센트에서 2000 년에는 35퍼센트, 올해는 22퍼센트로 꾸준히 줄어들고 있다. 아 직은 복음주의의 정치적 기반이 온전히 동원되지 않았다고도 볼 수 있지만, 미국 문화의 깊은 흐름을 보면 복음주의가 선거에 미 치는 영향력이 이미 그 정점에 다다랐음을 알 수 있다. (주로 오순 절 교회파인) 라틴계 프로테스탄트 개종자들이 그 간극을 메우지 않는다면(별로 그럴 것 같지는 않다.) 기독교 국가는 곧 반동을 경험 하기 시작할 것이다.(실로 지금의 상황은 1920년대 주류 프로테스탄트 가 올린 마지막 환호성을 떠올리게 하는 면이 있다. 당시 금주법이 일시적 으로 승리를 거두어 잠시 헤게모니를 누렸지만, 이는 폭발적으로 늘어난 이 민자 출신 도시민들이 정치적으로 성숙하여 1932년과 1936년 선거를 통해 대대적인 재조정을 이루어 내면서 곧 상쇄되었다.)

하지만 복음주의 신도들이 중대한 변수가 아니라면, 부시는 어 디서 어떻게 3백만 표를 더 얻은 것일까? 내가 보기에 신문 칼럼 의 의견을 따르는 대부분의 사람들은 부시가 공화당 성향의 중부 변두리 도시, 준교외, 소규모 읍, 시골 마을에서 표를 얻었다고 생각하는 것 같다. 그런데 사실 부시가 가장 높은 비율로 득표한 곳은 도시, 그중에서 특히 대도시 지역이다. 시골 지역에서 부시가 얻은 표의 비율은 2000년과 동일한 반면, 케리는 소규모 읍 단위에서 고어보다 거의 10퍼센트를 더 얻었다. 이는 놀라운 성과다. 그러나 부시는 예기치 않게도 민주당을 지지하는 핵심 지역을 그와 비슷한 정도로 잠식해 들어왔다. 로드아일랜드와 뉴욕에서 7퍼센트, 뉴저지에서 6퍼센트, 코네티컷에서 5퍼센트를 더 얻은 것이다. 그는 심지어 케리의 고향인 매사추세츠에서 자기가 2000년에 거둔 성적을 능가하기까지 했다. 그렇다면 여기서 새롭게 개종하여 부시에게 표를 던진 사람들은 누구인가?

우선 그들은 스테이튼과 롱아일랜드, 그리고 뉴저지와 코네티컷 교외의 뉴욕 시 통근권에 사는 주민들이다. 이들은 합해서 50만 표를 부시에게 추가로 안겨 주었다. 그들의 투표 동기는 무엇일까? 퓨Pew 리서치센터에 의하면, 새로 부시에 투표한 이들을 종교적으로 분석하면 가톨릭 및 유대교와 프로테스탄트로 양분된다고 한다. 지난 11월 백인 가톨릭교도의 56퍼센트가 공화당에 투표했다고 추정된다. 하지만 흥미롭게도, 부시는 미사를 엄수하는 신자들보다는 그렇지 않은 신자들에게서 더 많은 표를 얻었다.(119) 이 사실이 시사하는 바는 분명해 보인다. 우선 이번 선거의 진정한 쐐기 이슈가 게이나 낙태 문제가 아니라 국가 안보와 애국심이었다는 것이다. 그리고 쌍둥이 빌딩이 폭파된 여진이 아직도 짙게 드리워져 있으므로, 부시가 백인 화이트칼라 통근자와 숙련 노동자들에게 추가로 표를 얻었어도 하등 놀랄 일이 아니라는 것이다.

부시에 대한 라틴계 주민들의 투표 내용을 보면, 교황권을 숭상하는 텍사스의 몇몇 고위 성직자들이 케리에게 퍼부은 공격보다 전시의 총사령관에 대한 충성심이 더 중요했음을 알 수 있다. 부시가 텍사스에서 승리했다는 일부 출구 조사 결과는 잘못된 것이었지만(실은 케리가 2퍼센트라는 근소한 차이로 이겼다.) 부시는 확실히 상당한 몫을 챙겼다. 한 분석에 따르면, 부시의 성적은 남성과 북동부 라틴계 주민 사이에서 가장 큰 폭으로 향상되었다. 만약 게이 결혼과 낙태가 라틴계 주민들에게 최고로 중요한 이슈였다면, 부시의 라틴계 지지 표는 실제로 드러난 1퍼센트보다는 훨씬 큰 폭으로 증가했을 것이다.

물론 부시가 이긴 표 차에 대해서는 다른 설명도 가능하다. "시큐리티 맘"* 현상은 진짜 트렌드일 수도 있고 식자들의 상상력이 빚어 낸 허구일 수도 있지만, 부시가 승리한 표 차가 여성 유권자들의 부시 지지율 증가폭과 거의 일치한다는 사실은 논쟁의 여지가 없다. 특히 오하이오에서 케리는 여성들의 고어 지지표를 유지하거나 더 늘리는 데 실패하여(50퍼센트 대 53퍼센트) 타격을 입었다. 또 케리가 여성들에게서 고어가 얻었던 만큼의 지지율만 확보했다면 케리는 뉴멕시코와 아이오와에서 근소한 차로 패하

---

* security mom. 아이들을 테러 위험에서 보호하는 것, 즉 안전을 최우선으로 생각하는 미국의 삶, 사실대 주부들을 가리키는 신조어다.

지 않고 이길 수 있었을 것이다. 민주당이 가장 두려워해야 할 일은 성별 격차가 더 줄어드는 일이다.

6. 공화당 지지 기반

조만간 부시의 승리 표 차를 분석하기 위해 좀 더 강력한 통계적 기술이 동원되어, 근본주의적 가치에서 우러나온 전쟁 표와 "공포 요인fear factor"을 더 잘 해석해 낼 수 있을 것이다. 여하튼 2004년의 선거는, 1970년대 후반의 조세 저항tax revolts과 로널드 레이건 당선 이후 공화당 집권 시기 동안의 보편적 흐름을 확인시켜 주었다. 빠르게 성장하는 도심 교외의 외곽 지역에서 공화당의 핵심 지지층이 형성되고 있었던 것이다.

1994년 공화당이 하원을 휩쓴 일은 미국 정치사의 분수령이었다. 『미국정치연감Almanac of American Politics』에 수록된 그들의 약력을 보면 입증되듯이, 아처Archer와 아미Armey, 탤런트Talent와 웰던Weldon 등 하원 위원회의 새 의장들과 공화당 지도부들은 예외 없이 유복한 "외곽 도시"**와 준교외 지역을 대표하였다. 이를테면 메사, 워케샤, 플레이노, 킹오브프러시아, 어빙, 시미밸리, 웨스트밸리시티, 코럴스프링스, 로스웰 같은 곳들이다. 1994년의 공화당 지도부 중 구공화당의 핵심 지지 기반인 전통적인 부유층

** edge city, 주거지 중심으로 형성된 기존의 도시 교외 지역이 독립적으로 진화하여 상업·업무 기능을 갖춘 자족적인 소도시로 발전한 것을 말한다.

지역이나 농촌 출신은 한 명도 없었다. 그런 의미에서 밥 돌Bob Dole은 그런 부류 중 마지막 세대다. 실제로 캔자스는 공화당 전략가들에게 재고할 건더기도 없다. 그들의 시선은 벨트웨이에서부터 샌디에이고까지 연속해서 이어지는 교외 지역과 더불어, 전통적 공화당 표밭인 선벨트 지역 바깥에서 빠르게 성장하는 필라델피아, 밀워키, 시카고의 준교외 지역에 고정되어 있다.

오하이오는 부시가 선거인단 투표에서 승리할 수 있었던 핵심 주다. 오하이오에서 나온 결과를 보면, 공화당이 최다 표를 얻는 데 그런 외곽 도시들이 얼마나 큰 역할을 했는지 확인할 수 있다. 노동계의 대단한 노력 덕분에 케리는 오하이오의 여러 도시에서 큰 표 차를 챙겼다. 클리블랜드에서 얻은 표 차(217,638표) 하나만으로도 부시가 전통적으로 공화당을 지지하는 농촌 지역에서 거두어들인 득표 차(208,975표)를 압도한다. 하지만 신시내티(버틀러와 워렌 카운티)와 콜럼버스(델라웨어와 페어필드 카운티) 같은 도시 외곽의 빠르게 성장하는 부유한 교외 지역에서 공화당이 전례 없는 표를 동원하는 바람에 지고 만 것이다. (이와 비슷하게 케리는 밀워키에서 큰 표 차로 이겼지만 워케샤, 오자우키, 워싱턴 외곽의 세 카운티에서 공화당이 역사적인 득표를 기록하는 바람에 밀리고 말았다.) 전국에서 가장 빠르게 성장하는 100대 도시 중 97개(거의 선벨트 주의 준교외 지역)에서 공화당이 과반수를 차지하고 있다.

그러나 이제는 이 나라 선거인단의 대다수가 교외 지역에 거주하는 현실에서, 선거 전략과 투표 분석에서 "교외 지역"이라는 단순 범주는 예전보다 유효성이 떨어진다. 더 중요한 것은, 이제 노령화가 진행되면서 일자리와 재정을 소모해 가고 있는 교외 내부 지역과, 똑같은 일자리와 판매세를 거꾸로 거두어들이고 있는 교외 외곽 지역(외곽 도시 또는 일명 "붐버브boomburb", 즉 신흥 위성 도시)의 대비다. 이제 미국의 주된 분배 갈등은 도심과 교외 사이에 있는 것이 아니라, 도시 및 구교외 지역과 외곽 도시 사이에 존재한다. 이곳은 또한 공화당과 민주당 정치가 재규정되고 있는 주된 무대이기도 하다.

로브가 공화당 전략을 혁신한 중요한 부분은, 급성장하는 대도시 외곽 지역에 공화당의 압도적인 우세를 구축하는 데 일관되게 집중한 점이다. 로브는 최신의 미시 조사 데이터를 영민하게 이용함으로써 이를 더욱 강화했다. 이 지역에는 주로 젊고 부유한 백인 가구가 거주하며 이들은 교육과 범죄, 가족의 가치에 집착하는 경향이 있다. 이런 동네는 정치 성향이 단일한 경우가 많다. 실제로 『캔자스에 무슨 일이 일어났나?』에서 가장 훌륭한 부분은 프랭크가 캔자스의 대규모 준교외 지역인 존슨 카운티에서 벌어진 일을 밀착 묘사한 절이다. 이곳에서 좀 더 서민층에 속하는 공화당 극보수파와, 엘리트층에 속하지만 사회문제에 개방적인 공화당 온건파 사이에 가장 극적인 정치적 충돌이(문화 전쟁 안의 문화 전쟁이) 일어난 것이다. 프랭크의 일관된 규정에 따르면, 존슨 카운티의 사회적 풍경은 전통적 진보주의에 별다른 희망을 주지 못한다.

그럼에도 진보주의자들은 이런 외곽 지역을 포기해서는 안 된다. 남캘리포니아 지역의 내가 살고 있는 뒷마당(샌버나디노 서부와 리버사이드 카운티를 묶어서 일컫는 "인랜드 엠파이어inland empire" 지역)에는 좀 더 다의적이고 복합적인 상황이 존재한다. 캘리포니아는 미디어에서 재고해 볼 것도 없이 케리의 차지로 돌아갔으므로 이 지역의 선거 결과는 분석적 주목을 끌지 못했다. 하지만 실제로 공화당은 캘리포니아 북부의 콜루사와 남부의 리버사이드를 비롯하여 고성장하는 내륙 카운티에서 줄곧 압도적인 기반을 얻어 냈다. 특히 두 카운티로 이루어진 인랜드 엠파이어가 중요한데, 이 지역의 공화당 표(604,000표)가 머지않아 오렌지카운티의 공화당 표(674,000표)를 능가할 것이기 때문이다. 오렌지카운티는 작년 11월 전국에서 부시가 가장 많이 득표한 지역이다. 이미 공화당 전략가들은, 지난 15년 동안 주민 수가 250만 명이나 늘어난 이 인랜드 엠파이어가 캘리포니아에서 공화당의 미래를 열 열쇠라고 자부하고 있다.(101)

그러나 인랜드 엠파이어는, 오렌지카운티 남부나 샌디에이고 북부 등 일자리와 세수가 풍부한 친공화당 성향의 교외 외곽 지역들과 비교하면 뒤떨어진 축에 든다. 랜초 쿠카몽가와 테메큘라의 공화당원들은 살 만한 계층이기는 하지만 확실히 엘리트는 아니며, 프랭크가 묘사한 바 있는 존슨 카운티의 분기탱천한 초보수주의자들에 더 가깝다. 그들은 해안 지역 보수주의자들보다 25만 달러 정도 저렴한 트랙홈˙에 살고, 이 주택 대출금을 갚기 위해 샌디에이고나 오렌지카운티에 있는 사무실이나 하이테크 기업으

˙ 미국 건설 회사에서 대량으로 지어 분양하는 단독 주택을 가리킨다.

로 출퇴근하며, 꽉 막힌 I—15번 혹은 91번 고속도로에서 인생의 상당 시간을 소모하고 있다. 게다가 엠파이어는 화이트칼라가 사는 교외 지역과 투박한 블루칼라 주거지 혹은 폰타나, 리알토, 페이리스 등지의 저소득층 아파트 단지들이 뒤섞여 있다. 그리고 샌버나디노 서부와 리버사이드 카운티에는 멕시코계 주민이 대규모로 분포(각각 39퍼센트와 36퍼센트)하며 빠른 속도로 늘어나고 있다.

다시 말해서 민주당이 방기하지 않는 한 인랜드 엠파이어가 공화당의 차세대 보루가 되어야 할 필연적인 이유는 없다. 치열한 경쟁을 벌여야 할 영토를 거의 전투 한 번 치르지 않고 공화당에게 양도해 버린 꼴이다. 리버사이드 카운티에서 민주당은 새로운 유권자를 등록시키는 일손을 돈 주고 고용한 반면, 공화당은 이념에 헌신하는 자원 봉사자들을 동원했다. 그 결과, 2000년부터 선거 전날까지 새로 유권자로 등록한 공화당 지지자의 수는 민주당보다 네 배나 더 많았다. 한때 민주당의 아성이었던 샌버나디노 카운티에서는 공화당이 민주당보다 돈을 열 배나 더 썼을 뿐만 아니라, 주로 교회를 기반으로 한 인상적인 풀뿌리 선거운동을 벌였다. 그래서 거의 2천 명에 달하는 선거구 책임자와 자원 봉사자를 동원하여 민주당이 무시한 집집마다 방문했다. 한 지역 신문은 이렇게 보도했다. "이 카운티의 민주당 중앙위원회는 조직이 너무나 지리멸렬하여, 샌버나디노 시에 위치한 본부의 문이 닫혀 있고 전화기도 꺼져 있었다."

한편 웨스트사이드 L. A.의 민주당원들은 케리의 전국 선거운동을 위해 수백만 달러를 모금했지만, 풍부한 자금과 대중 친화적 전략으로 무장한 120킬로미터 동쪽의 공화당 거대 조직과 맞서 싸운 치카노 활동가와 노동운동가들에게는 단 1센트도 돌아가지 않았다. 그 결과 작년 11월 부시는 2000년의 7천 표 차를 5만 표 차로 훨씬 더 벌려 놓았다. 물론 그래도 캘리포니아의 선거인단 투표 결과는 변함이 없었지만, 셈이 빠른 공화당은 단순히 대통령 선거 표를 얻기만 하는 것이 아니라 미래를 위한 기반을 다지고 지역의 리더십에 투자했던 것이다.

공공 부문 노조가 민주당 선거인단을 되살려 놓은 대도시들을 제외하고, 옛 루스벨트의 정당(민주당을 가리킨다. 옮긴이)은 어떤 의미로 보더라도 장기간의 풀뿌리 정치에서 패배한 듯하다. 프랭크가 "마치 운동 같은" 성격을 띤 교외의 공화당 정치와 하향 관리식의 민주당 선거운동을 비교해 놓은 것은 확실히 옳다. 민주당원들은 계속 슬금슬금 오른쪽으로 이동하면서 교외 지역의 편견과 이기적인 이해에 사실상 굴복한 반면, 훨씬 자유주의적이거나 나아가 진보 정치를 지지할 잠재성을 내재한 교외 주민들의 삶의 쟁점과 모순을 조직해 내기커녕 제대로 규정하는 능력조차 보여 주지 못했다. 그러나 현대의 민주당은 "구조적 정치"를 하지 않는다. 다시 말해 담론의 공간을 통제하고 의제를 설정하며, 반대편의 사회적 기반을 최대한 흩뜨려 놓고 자신의 사회적 기반은 통합하는 것을 목표로 정치를 하지 않는다는 말이다. 아이젠하워가 주간州間 고속도로 건설을 인가한 이후, 아니 최소한 닉슨이 대규모 연방 보조금을 교외 지역으로 돌린 이후부터, 공화당은 도시의 팽창urban sprawl을 부단히 옹호하고 지원해 왔다. 이는 결국 유권자들을 청색 칸에서 적색 칸으로(민주당에서 공화당으로. 옮긴이) 부단히 밀어 넣는 아르키메데스의 지렛대가 되었다.

7. 지속되는 인종 변수

물론 도시의 팽창은 인종 간의 재분리를 완곡하게 표현한 말이기도 하다. 1990년대에, 특히 워싱턴 D. C.와 애틀랜타 인근에 중산층 흑인들이 거주하는 교외 지구가 인상적일 만큼 확대된 현상이 많이 언급된 바 있다. 또 진짜로 여러 인종이 통합된 교외 외곽 지역들도 몇 곳 있다. 비록 일자리보다 주택이 많기는 하지만 폰타나와 모레노 밸리 등 인랜드 엠파이어의 일부 지역이 그렇다. 그러나 전반적으로 보았을 때 도시 바깥 지역이 성장하고 인구가 도시 외곽으로 이주하는 현상은, 민권운동 혁명이 일어나고 미국 대도시에 라틴계 주민들이 들어차기 이전에 존재했던 낙원 상태로의 복귀를 추구하는 것이다. 캔자스 주민들이 반동주의자이되 인종주의자는 아니며, 이 지역의 낙태 반대 시위자들이 존 브라운*의 망토를 자랑스럽게 내세운다는 프랭크의 말이 옳을지도 모른다. 하지만 그렇다 하더라도 이는 특수한 상황으로서, "캔자스에 무슨 일이 일어났나"를 "미국에 무슨 일이 일어났나"로

---

* John Brown, 1800~1859. 급진적인 노예해방 운동가로 캔자스 주에서 노예제를 지지하는 이들을 살해한 바 있다.

일반화시키는 힘을 훼손할 수 있다. 캔자스가 아닌 다른 지역에서 창궐하는 잡초에는 인종주의의 가시와 이민자들을 향한 조롱이 삐죽삐죽 돋아 있다.

남캘리포니아에서는 2년 전 그레이 데이비스Gray Davis 주지사가 소환되었던 시기에 이를 생생히 목격할 수 있었다. 그 무렵 나는 연구 목적으로 오후 3시부터 6시까지 한 달 동안 캘리포니아에서 가장 인기 있는 "레이지 자키"*가 진행하는 라디오 토크쇼에 주파수를 맞추었는데, 언젠가 러시 림보**의 뒤를 이을 것이라고들 하는 로저 헤지콕Roger Hedgecock의 프로그램을 듣기도 했다. 중죄를 지어 샌디에이고 시장직에서 쫓겨난 전력이 있는 그는, 자신이야말로 주지사 소환 열기에 불을 지펴 아널드 슈워제네거의 당선을 위한 길을 닦은 장본인이라고 자처한다. 이 근방에서 로저는 반동 문화의 상징으로 다른 지역의 비슷한 라디오 진행자마냥 백인 남성들의 통근 시간을 지배하고 있다. 이 토크쇼의 애청자들은 픽업트럭과 포드 익스플로러를 몰고 시속 8킬로미터의 긴 차량 대열에 끼여 에스콘디도와 테메큘라의 집까지 퇴근하는, 피곤과 짜증에 전 가장들이다.

로저는 예의 최면을 거는 듯한 단조로운 어투로 "외국인의 습격"을 매일같이 반복하여 성토하였다. 그들은 고속도로를 막히게

---

* rage jock. 라디오에서 독설을 퍼붓는 디제이를 일컫는다.
** Rush Limbaugh. 극우적인 정치 성향으로 유명한 라디오 정치 평론가. 2천만 명에 달하는 청취자를 거느리고 있으며, 라디오 토크쇼라는 장르를 개척해서 그 정치적 영향력을 복권시켰다. 1980년대 이래 미국을 휩쓴 보수주의 물결을 주도한 상징적인 인물로 여겨지고 있다.

하고 학교와 복지 시설을 점거하며, 남캘리포니아를 "스페인 말을 하는 개미지옥"으로 바꾸어 놓는다는 것이다. 그러다가 로저는 그레이 데이비스와 민주당원들이 "빈 라덴에게 운전면허증을 발급하고" 싶어 안달이 났다고 열변을 토하기에 이르렀다. 한편 오랫동안 수난을 당해 온 백인 생산 계급은 가중할 면허세license tax의 채찍을 맞아 신음하고 있으며, 이는 그들이 모는 수브(SUV) 차량을 동성애자와 불법 이주민과 시에라클럽이 빼앗아 갈 전조라는 것이다.(내가 과장하고 있다고 생각한다면, 독자 여러분은 로저의 토크쇼나 그와 비슷한 지역 방송을 아직 듣지 못한 것이다.)

매일 오후 로저의 독설을 견뎌 내는 동안, 나는 내가 국수주의 nativism와 교통 체증, "갈색 공포"***와 도로 정체가 혼합된 새로운 담론이 탄생하는 현장에 입회하고 있음을 깨닫게 되었다. 레이건 혁명이 1978년의 조세 저항과 더불어 시작되었다고 한다면, 현재의 불만의 씨앗은 교통 체증과, 엄마 아빠가 길바닥에서 영원처럼 긴 시간을 보내는 단독 주택 거주 가정이다. 좀 더 보편적인 말로 하자면 물리적 이동성이 점점 악화되어 가는 미국 남서부의 폐소공포증 정서라 할 수 있다. 캘리포니아 바깥에도 이런 공화당식의 "로드 레이지"****와 비슷한 것이 존재하는지는 모르겠지만, 이는 새크라멘토에 있는 캘리포니아 주지사 관저 바깥

*** Brown peril, 갈색 피부를 한 히스패닉계 이주민들이 미국에 대거 유입하여 사회를 위협한다는 공포심, 혹은 이를 부추기는 주장. 황인종이 서양 문명을 멸망시킬지도 모른다는 "황색 공포Yellow Peril"에서 파생된 말이다.
**** Road Rage, 교통 체증으로 쌓인 스트레스를 폭력적으로 분출하는 것.

에 허머[*]가 서 있게 되는 데 확실히 중요한 역할을 했다. 또 이를 통해 우리는, 프랭크가 말한 분노의 문화가 교외 지역의 편협한 정서 속에 자리 잡은 방식을 추측해 볼 수도 있다.

아직도 인종 변수는, 일찍이 1968년 케빈 필립스[**]가 내세운 것처럼 "떠오르는 공화당 다수 대중"의 핵심이 자리 잡고 있는가? 아마도 그럴 것이다. 다만 지적해야 할 것은, 직접적으로는 주로 "갈색 공포"를 향해 있지만 아시아계와 무슬림까지 포괄하는 이민자 혐오 정서가 미국사의 가장 해묵은 상처를 다시금 벌려 놓았으며, 이는 급속도로 라틴계의 색채가 짙어 가는 이 나라에서 장기적으로 공화당 후보에 해로운 영향을 끼칠 잠재력이 있다는 점이다. 한편 프린스턴 대학 윌슨 스쿨의 래리 바틀즈Larry Bartels는 "정당 정체성에서 저소득층(백인)의 민주당 성향이 옅어지기는 했지만 더 부유한 백인에 비하면 그 속도가 느리며, 더구나 이러한 흐름은 전적으로 남부에만 국한되어 나타남"을 시사하는 데이터를 가지고 프랭크의 이론에 도전하였다. 바틀즈는 또 "중산층과 고소득층 백인들 사이에서는 사회적 쟁점에 대한 선호도와 대선 투표의 관련성이 더 강해졌지만, 저소득층 백인들에게

---

[*] Hummer, 미군 군용차를 모태로 한 SUV 차량의 모델명으로, 아널드 슈워제네거가 애호하는 차로 유명하다.

[**] 케빈 필립스Kevin Phillips는 전직 공화당 전략가로서 40년 가까이 정치 분석가로 활동해 온 인물이다. 그가 1968년에 쓴 『떠오르는 공화당 다수 대중Emerging Republican Majority』이라는 책은, 미 북부 산업 지대로부터 과거 민주당의 아성이었던 남부와 서부로 공화당의 텃밭이 이동하면서 보수주의가 부흥할 것임을 정확히 예측한 동시에 여기에 실제로 공헌한 것으로 평가받고 있다.

는 그와 비슷한 흐름이 생겼다는 증거가 없음"을 발견하기도 했다.(10)

비록 프랭크의 책이 보수주의의 위선과 민주당의 무능을 통렬히 그려 내고 있다는 점에서 가치를 지니고 있기는 하지만, 미국 정치의 진짜 위기는 "반동"보다는 "이탈"과 더 관련이 있다. 수백만 노동자들이 자유무역과 세계화에 대한 무의미한 공염불 이상의 아무것도 내놓지 못한 민주당의 백만장자들에게 투표하기를 거부한 것은, 계급의식이 너무 적었기 때문이 아니라 오히려 너무 많았기 때문이리라.

(2005년, UCLA)

후기

정치학자들의 더욱 세밀한 자료 분석 덕분에 부시의 재선에서 성별 간 격차와 라틴계 주민 표가 차지한 역할이 명확해졌다. 예컨대 카렌 카우프만Karen Kaufmann은 (1968년에 처음 등장한 이래로 민주당 전략에서 대단히 중요한 요소가 된) 성별 간 격차가 실제로 증가했고, 이는 남부를 제외한 전국 모든 지역에서 아주 미세하나마 케리에게 유리한 방향으로 작용했음을 보여 주었다. 하지만 남부의 여러 주에서는 여성들이 부시를 지지하는 쪽으로 도장을 눌렀다.

"남부 여성들은 1996년에 17퍼센트 차로 밥 돌 대신 빌 클린턴

을 선택했고, 2000년에는 9퍼센트 차로 조지 W. 부시보다 앨
고어를 선호했다. 그런데 2004년에 남부 여성들은 2퍼센트 차
이로, 남부 남성들보다도 부시를 더 많이 지지했다."

카우프만은 선거인 조사 데이터를 분석하면서, 이 이례적인 역
전 현상을 '테러와의 전쟁'과 이라크 관련 쟁점이 크게 돌출된 탓
으로 돌리고 있다. 하지만 군인 남편이나 아들을 둔 여성이 남부
에 불균형할 정도로 많이 분포하고 또 그들이 투표했다고 가정하
지만 않는다면 이는 여전히 흥미로운 발견이다.(78)

한편 부시가 라틴계 표의 44퍼센트와, 심지어 텍사스에서 멕시
코계 주민 표의 과반수를 얻었다는 주장을 반박하는 다른 조사
결과도 있다. 이 두 주장은 납득할 수 없을 정도로 엉성한 표본 추
출의 결과라는 것이다. 그리고 공화당을 지지하는 비非쿠바 라틴
계 프로테스탄트의 표는(이 계층의 표는 근본주의 성향의 오순절 교회
파가 급속도로 성장하면서 활성화되었다.) 최초로 쿠바계 미국인 선거
인단의 표와 대등한 수준이 되었거나 이를 넘어선 것으로 추측된
다. 실제로, 부시의 핵심 지지 지역이지만 급속도로 라틴계 색채
가 짙어지고 있는 텍사스와 플로리다에서 공화당이 정치적 우위
를 유지할 유일한 희망은 결국 공화당의 라틴계 복음주의 기반을
확대시키는 데 달려 있다. 그러나 최근에 토머스 에드솔Thomas
Edsall이 지적했듯이, 현재 공화당 내에서 부는 반이민적 반동 때
문에 이 중요하기 그지없는 동맹이 희생되고 있다. 토머스 에드
솔은 루이스 코르테스 주니어Luis Cortes Jr. 목사의 예를 들고 있는
데, 그는 가장 유력한 라틴계 프로테스탄트 인사이자 필라델피아

에 근거지를 둔 에스페란자 지역개발조합장으로서 2004년에 적극적으로 부시를 지지했지만, 공화당이 민병대와 1,100여 킬로미터 길이의 국경 장벽을 승인한 데 환멸을 품고 2006년 그들에게 등을 돌렸다.(46) 공화당이 라틴계 복음주의 신자들을 포섭하지 못한다면 칼 로브가 힘들여 닦아 놓은 일이 수포로 돌아가고 말 것이다.

08 | 2006년 중간선거 이후의 민주당

2006년 11월의 중간선거는 역사에 길이 남을 정치적 완승인가, 아니면 임기 중간에 으레 있는 자축연에 불과한가? 민주당이 승리한 다음 주에 양당의 여론 조작 전문가들은, 강간과 살인을 상대주의 시각으로 해석한 내용으로 유명한 구로사와의 영화 〈라쇼몬Rashomon〉의 주인공들과 같은 모순된 견해들을 내놓았다. 진보주의 편에서는 밥 허버트Bob Herbert가 『뉴욕타임스』 칼럼에서 "조지 W. 부시 시대"의 "공포가 야기한 이상 현상"이 "마지막 숨을 들이쉰 것이나 다름없다."며 기뻐했고, 폴 월드먼Paul Waldman은 『볼티모어 선』에서 "이 나라가 왼편으로 큰 걸음을 내딛었다."고 선언했다. 커먼드림즈CommonDreams.org의 조지 레이코프George Lakoff는 "진보적 가치와, 사실에 충실하고 가치에 기반한 프레임 구성"(이 무슨 뜻이건 간에)의 승리를 축하했다. 보수주

의 편을 보자면, 『내셔널 리뷰』의 로렌스 커드로Lawrence Kudlow
는 "보수적인 블루독(Blue Dog Coalition, 민주당 내 보수 성향의 의원
모임. 옮긴이) 민주당이 승리하고 진보적인 북동부 공화당이 패배
한 것을 보라. 하원의 권력 교체는 보수주의의 승리이지, 진보주
의의 승리가 아니다."라며 의회 계단 위에 뿌려진 명백한 핏자국
마저도 시인하기를 거부했다. 윌리엄 사피어William Safire는 "낙오
자 좌파"들이 마침내 선거에서 이긴 데 불쾌해하면서도 그 결과
를 "임기 중간의 평균적인 손실"로 치부했다.

승리, 그 이후

그러나 사피어와 그 부류의 아전인수는 너무 멀리 나갔다.
2006년 민주당의 승리가 지난 1994년 뉴트 깅그리치Newt
Gingrich, 딕 아메이Dick Armey, 톰 딜레이Thomas DeLay가 이끌었던
공화당이 일으킨 대홍수에 비할 바는 아니지만(표 1 참조), "평균
적인" 결과라고는 도저히 말할 수 없다. 이번 선거에서는 경제 이
슈(야당이 중간선거에서 내세우는 고전적인 이슈)가 비교적 적게 돌출
되었는데도, 민주당은 하원 의석의 과반수를 완전히 역전시키고
(1974년 이래 공화당이 맛본 최악의 참패) 상원을 한 석 차이로 되찾는
데 성공했다. 게다가 민주당 의원 총회에 참석하는 버몬트 주의
무소속 의원 버니 샌더스Bernie Snaders가 상원의원이 되면서, 최
초로 자칭 "사회주의자"가 미 상원에 입성하는 기록을 세우기도
했다.

민주당은 사상 최초로 현직과 공석을 통틀어 하원에서 단 한 석도 잃지 않았다. 무소속 유권자들(선거인단의 26퍼센트)은 거의 2 대 1의 비율로 민주당 쪽으로 기울었는데, 이는 "출구 조사가 처음 실시된 1976년 이래로 무소속 유권자에게서 집계된 가장 큰 표 차"다. 또 민주당은 미국 역사상 가장 막강한 여성 지도자를 낳았을 뿐만 아니라, 하원 선거에서 민주당이 여성 유권자들에게 얻은 표는 55퍼센트 대 45퍼센트로 공화당을 앞질렀다. 하지만 더욱 놀라운 사실은, 공화당의 텃밭으로 이름난 백인 남성들 사이에서도 (1994년 하원 선거에서 63퍼센트까지 치솟았던) 공화당 지지율이 53퍼센트까지 줄어든 것이다. 베테랑 여론조사 전문가인 스탠리 그린버그Stanley Greenberg에 따르면, 왕년에 부시에게 투표한 유권자 다섯 명 중 한 명이 청색 칸으로 옮겨 갔다고 한다. "특권층(대학 교육을 받고 부유한) 남성"으로 선거 시장을 세분화했을 때 나타난 결과는 더욱 극적이다. 이 집단에서 공화당은 2004년 지지자의 14퍼센트나 잃었다. 비록 공화당 핵심 지지층(복음주의 신자와 시골 및 준교외의 백인 유권자)의 감소는 미미했지만, 독실한 가톨릭 신자들 사이에서 "도덕적 다수의 정당(공화당을 가리킨다. 옮긴이)"의 지지율은 6퍼센트나 하락했다. 그리고 풀뿌리에서 공화당이 자경단과 국경 장벽을 승인한 데 대한 반동으로 성난 라틴계 주민들이 공화당 후보들을 응징하지 않았다면, 서부 몇몇 지역에서는 양당이 박빙의 승부를 펼쳤을지도 모른다.

주별 선거에서 민주당은 더 큰 유인력을 보여 주었다. 선거일 바로 전날까지 공화당은 전국 주지사의 과반수(28명 대 22명)를 차지하고, 장악한 주 의회의 수로도 민주당을 근소한 차로 앞질렀음(49 대 47, 두 군데는 양당 동수)을 자랑하였다. 1994년 이전까지 민주당이 주 의회에서 압도적인 우위를 점했던 데(당시 공화당이 장악한 주는 8곳뿐이었다.) 비해, 이렇게 양당이 대충 엇비슷한 성적을 기록한 상황은 (노스캐롤라이나에 있는 보수주의 싱크탱크의 소장인 존 후드John Hood의 말을 빌리면) "공화당 혁명의 가장 의미심장하고도 변치 않을 산물 중 하나였다." 하지만 이제 민주당이 전국 주지사의 소속 정당 비율을 완전히 역전시키고(가장 인구가 많은 열 개 주 중 공화당 주지사가 건재한 주는 세 곳뿐이다.) 주 의회를 8곳이나 추가로 장악하면서 이는 잃어버린 유산이 되고 말았다.(현재 다 합해서 민주당 56곳 대 공화당 41곳, 한 곳은 양당 동수) 후드의 지적에 따르면, "공화당 입장에서 더욱 설상가상인 일은" 곧 2010년에 전국 인구 조사가 시행되고 이에 맞추어 의회 선거구가 개정될 텐데 주 의회 다수당이 이 작업을 관할하게 된다는 점이다.

"만약 민주당이 현재의 우세를 유지한다면 미 의회는 청색 물이 더 짙게 들 것이다."

지역적으로 보면, 공화당의 원래 텃밭인 뉴잉글랜드와 중부 대서양 연안 주에서 공화당 후보들이 대거 전사했다.(이 중에는 보수적인 성향으로 악명 높은 뉴햄프셔 주도 포함된다. 여기서는 민주당이 남북전쟁 이후 최초로 주 의회를 장악했다.) 한 저명한 보수주의 인사는 "공화당은 북동부를 영영 잃기 시작했다."고 한탄했다. 또 민주당은 중서부와 서부 내륙의 "빨간" 주에서 깜짝 놀랄 만한 성적을 거두었으며, 특히 콜로라도 주에서는 첨단 기술 기업들의 기부금

표 1—1994년 선거와 2006년 선거 비교

	공화당이 얻은 의석(1994년)	민주당이 얻은 의석(2006년)
하원	54	31
상원	8	6
주지사	10	6
주 의회	20	4
주 의원	472	320(추정치)

이 라틴계 투표를 끌어올리는 데 영향을 끼쳤다. 심지어 남부에서도 민주당은 장기간 이어 온 하락세를 저지하고 주 의회에서 다시금 19석을 움켜쥐었다.(남부는 이제 공화당 일색이라는 믿음이 팽배해 있지만, 민주당은 아직도 남부 딕시* 지역의 주 의회에서 54퍼센트의 과반수를 보유하고 있다.)

톰 프랭크가 유권자들의 허위의식이 드러난 무대로 내세웠던 캔자스를 보자. 우선 2년 전 20퍼센트 차이로 부시가 가져갔던 한 선거구에서, 민주당 후보인 낸시 보이더Nancy Boyda가 현직 의원인 짐 라이언(Jim Ryun, 왕년의 올림픽 육상 스타)을 이겼다. 또 인기 높은 민주당 주지사인 캐슬린 시벨리우스Kathleen Sibelius는 가볍게 재선했고, 부지사와 검찰총장 같은 주의 주요 고위 공직은 민주당으로 당적을 옮긴 왕년의 공화당원들에게 돌아갔다. 정치적

---

* Dixie, 미국 남부의 주들. 특히 남북전쟁 때 남군에 가담한 주들의 속칭이다.

전향의 트렌드가 놀랍게도 반대 방향으로 바뀐 것이다. 주에서 문화적 보수주의의 선봉에 선 인사이자 광신적으로 낙태를 반대했던 전 검찰총장 필 클라인Phill Kline은, 원래 공화당 성향인 캔자스시티의 준교외 지역(존슨 카운티)에서 전체 표의 3분의 1도 얻지 못하고 완전히 몰락했다. 2006년 가을에는 캔자스에서 특별히 "무슨 일"이 일어난 것 같지 않다.

이런 결과는 확실히, (주로 특정한 기독교적 가치가 위험에 처했다는 히스테리를 자극하여) 지지 기반을 집중적으로 동원하고 (주로 상대편에 대한 노골적인 거짓말이나 중상을 통해) 대규모 네거티브 선전을 펼치는 칼 로브 특유의 전략이 난공불락이라는 전설을 무너뜨리는 것이다. 스탠리 그린버그에 따르면, "공화당은 가장 네거티브한(워터게이트 때보다 더 나쁜) 이미지로 기억 속에 남게 되었다." 그러나 민주당 여론 조사가들은 공화당의 손해가 반드시 민주당의 이득으로 이어지는 것은 아니라고 보았다.

"민주당 역시 2004년 선거 때에 비해 네거티브한 모습으로 남게 되었다. (…) 여론조사 결과 민주당은 '국민의 편에 섬', '미래 지향', '가족 중시' 같은 핵심적 속성에서 50퍼센트 미만의 선택을 받으며 근소한 우위를 기록했을 뿐이다."

토머스 에드솔은 "민주당의 승리가 허약함"을 수긍하며, 이것은 "과거 공화당이 약진한 1980년과 1994년처럼 당과 이데올로기의 지지층이 근본적으로 이동했다기보다는 이라크 전쟁에 대한 불만이 팽배한 덕분"이라고 경고한다. 당적에 등록된 당원 수로는 19세기 후반 이래로 두 당이 가장 엇비슷해졌고(민주당 38퍼센트, 공화당 37퍼센트), 하원의 다수당은 불과 몇 퍼센트 차이로 왔다 갔다 하고 있다. 그래서 공화당이 지금 논란이 되고 있는 중간

표 2―하원 선거에서 양당의 득표 비율(단위 %)

	공화당	민주당
2000년	48	48
2002년	51	46
2004년	50	47
2006년	46	52

선거의 선거구 재조정 및 개편 작업을 자기들 권한 영역으로 끌어오려고 그렇게 열심인 것이다.

게다가 승자들은 당이 나아갈 방향에 대해 합의를 이루지 못한 상태다. 1994년 공화당이 의회 "혁명" 프로그램을 중심으로 열광적으로 단결했던 것과 대조되게도, 2006년 말 현재 민주당의 이념가들은 근본적으로 분열되어 있다. 에즈라 클라인(Ezra Klein, 『아메리칸 프로스펙트*American Prospect*』 기고자) 같은 진보주의자들은 블루독과 "민주주의리더십회의(DLC)" 파들이 "진보 세력을 권력의 전당 밖으로 몰아내고 문을 잠가 버릴" 만반의 준비가 되어 있다며 초조해했는가 하면, 크리스토퍼 헤이즈(Christopher Hayes, 『네이션』)는 "새로운 민주당 대중주의"에 박수갈채를 보냈으며, 마이클 토머스키(Michael Tomasky, 역시 『아메리칸 프로스펙트』의 기고자)는 당이 영민하게도 중도와 왼편으로 동시에 이동하고 있다고 주

장했다.("당은 좌파와 중도파의 연합을 유지하고 두 집단 사이의 차이를 덜 중요하게 만들었다.") 힐러리 클린턴과 그녀에게 알랑대며 합창하는 이들은 "생기가 넘치고 역동적인 중도"의 기적을 과시한 반면, 당이 내전을 향해 가고 있다는 사피어의 신랄한 예측에 염세적으로 수긍한 이들도 있었다.

좌우간 하원의장 낸시 펠로시Nancy Pelosi, 하원 다수당 원내총무 스탠리 호이어Stanley Hoyer, 상원 다수당 원내총무 해리 레이드Harry Reid가 이끄는 민주당은, 2008년 존 매케인John McCain이나 루디 줄리아니Rudy Giuliani를 맞아 치를 거친 싸움에 대비하여 선거 지원을 강화하고 힐러리 클린턴을 효율적으로 무장시킬 2년의 시간이 있다.(공화당의 미트 로마니Mitt Romany와 민주당의 버락 오바마Barack Obama라는 베일에 싸인 두 인물은 대통령 경선의 가혹한 검증을 이기고 살아남을 공산이 적어 보인다. 물론 부통령감으로 재활용될 가능성은 있다.)▪ 110대 의회에서 민주당은, 1994년의 공화당 혁명과 2000년과 2001년 테러와의 전쟁으로 수립된 반동 의제들을 철폐할 기회를 모처럼 갖게 될 것이다. 그러나 민주당은 되도록 많은 공화당 인사들을 소지 부시가 이끄는 배와 함께 침몰시키는 한편 신비에 싸인 "중도"와 기업 로비스트들의 후원을 되찾아 와야 한다는 두 가지 지상 명령 사이에서 분열될 것이다. 가까운 과거에서 교훈을 찾자면, 민주당을 지식 경제와 기업 세계화의 탁월한 대리자로 만든다는 클린턴식 프로젝트는, 진지한 대중주

▪ 2008년 9월 현재 버락 오바마는 민주당 대선 후보로 선출되었고, 11월 대선을 향해 가고 있다.

의와 전투적 이념을 추구하는 민주당 정치와 서로 전혀 맞지 않는다.

좀 더 구체적으로 새로운 민주당 다수당은, 대중주의와 동시에 포괄적인 중도주의를 추구한다는 애매모호한 약속을, 다음 네 가지 중대 쟁점이 필연적으로 새로운 의회를 지배하게 될 녹록치 않은 현실에 비추어 검증받아야 한다. 그것은 (1) 이라크에서의 실패와 테러와의 전쟁 (2) 공화당 의회의 부패와 기업 부정행위의 잔재 (3) 부시 정부의 엄청난 재정 적자와 관련하여, 긴급한데도 아직까지 충당이 안 된 사회적 수요(예컨대 멕시코 만의 재해 복구 등) (4) 경제적 세계화의 사회적 비용을 둘러싸고 점점 고조되고 있는 사회 불안을 말한다. 이 네 가지 쟁점에서 작년 11월 유권자들이 품었던, 워싱턴이 진정 변화할 것이라는 희망은 힐러리를 당선시키고 대기업들을 만족시킨다는 훨씬 중요한 명령에 밀려 배반당할 공산이 크다.

작은 전쟁인가, 큰 전쟁인가?

2004년 대통령 선거 당시 "가치에 투표한 유권자"의 중요성을 둘러싸고 논쟁이 일어난 것과 달리, 2006년 11월에는 대다수 유권자를 동원한 핵심 쟁점에 해당될 만한 것이 없었다. 부동산으로 형성된 거품 경제가 아직도 걷히지 않았고(비록 부동산발 경기 후퇴 가능성이 멀리 있지는 않지만), 멕시코계와 게이에 대한 공격이 전국적으로 의미 있는 반향을 일으키지 못한 상황에서 결정적 쟁점

표 3—대통령이 어디에 "최우선순위"를 두어야 하느냐는 질문에 대한 유권자의 답
(갤럽 조사 2006년 8월 28일~31일, 단위 %)

	민주당원		무당파		공화당원	
1	이라크 전쟁	61	이라크 전쟁	52	이라크 전쟁	38
2	경제	19	경제	18	유가	20
3	보건 & 유가	18	보건 & 유가	14	이민자 문제	19
4	에너지 위기	10	에너지 위기	13	테러리즘	18
5	재난 구조	10	이민자 문제	9	국가 안보	12

은 바로 이라크에 대한 미국의 개입이 점점 실패로 드러나고 있다는 것이다.

여론조사에서 유권자 10명 중 6명이 부시의 전쟁 운용(바그다드에서 날로 증가하는 살육과 백악관의 무기력)에 실망했다고 대답했으며 그에 따라 투표했다. 마찬가지로 신문 사설란들은, 출구 조사 결과 이라크가 무당파 유권자들을 대규모로 민주당으로 이동시킨 "아르키메데스의 지렛대"였다는 데 입을 모아 동의했다. 한편 보수적 이념가와 기업 로비스트들은 그들이 내세운 국내 의제가 이라크라는 프랑켄슈타인 괴물에 밀려 찬밥 신세가 된 데 흠칫 놀랐다. 심지어 (칼럼니스트 로자 브룩스Rosa Brooks의 말대로라면) "완전히 공화당에 소속된 부속품"인 군인 선거인단도 마구간에서 이탈하기 시작했다. "밀리터리 타임스Military Times"의 여론조사에 따르면 공화당원으로 확인되는 군인의 비율은 2004년의 60퍼센트에서 2006년에는 46퍼센트로 떨어졌다. 현재 부시의 전쟁 지휘

방식에 동의하는 군인의 비율은 전체의 3분의 1이 약간 넘을 뿐이다.

12년 넘게 오만한 다수당으로 의회를 지배한 공화당은 새로운 제국주의 모순 위에서 무너지는 것처럼 보인다. 아니, 벌써 무너진 것인가? 물론 전쟁에 반대한 표의 아이러니는, 미국의 야만적인 점령을 종식시킬 실질적 의무가 없는 민주당을 당선시켰다는 것이다. 선거 직후에 톰 헤이든Tom Hayden은, 시카고 등지의 시민 단체들이 이번 선거를 날로 인기가 떨어져 가는 전쟁을 심판하는 국민투표로 만들려고 분투한 데 대해 칭찬한 한편, "공화당이나 민주당이나 이 전쟁이 명분을 잃었음을 인정할 준비가 되어 있지 않으며", 도리어 민주당 지도부는 '이라크 스터디 그룹'의 보고서를 구실 삼아 "'즉시 철수'를 선택지에서 제외하는" 데 공화당 의원들과 의견을 함께할 것이라고 경고하는 글을 썼다. 이는 선견지명이었다.

이라크 전쟁이 "나쁜 전쟁"이며 미군이 본국으로 돌아와야만 한다는 것이 대다수의 여론임에도, 현재 민주당의 전략은 부시의 파멸적 정책을 측면에서만 공격하고, 점령을 실제로 종식시키려는 그 어떤 결정적인 수순도 피하는 것이다. 사실 정치적으로 냉정하게 계산하면, 부시가 실제로 오사마 빈 라덴을 붙잡거나 죽이는 데 관심이 없는 것과 매한가지로 민주당도 부시를 이라크의 늪에서 빠져나오도록 돕는 데 전혀 관심이 없다. 따라서 최근 『로스앤젤레스 타임스』가 보도한 대로 "펠로시와 민주당은 전쟁의 향방에 영향을 미치기 위한 극적 조치를 취할 계획이 없다." 민주당 전국위원회Democratic National Committee 의장인 하워드 딘은 한때 반전운동의 화신으로 자처한 바 있지만, 지금은 "대통령을 어느 정도 선에서 억제하는 것"이 대중이 다수당에게 기대하는 최대치라고 조언하고 있다. 그런가 하면 펠로시는, "우리는 감시 하겠지만 예산 지원을 끊지는 않을 것이다."라고 말했다. 백악관 의 전쟁 정책에 영향을 미칠 수 있는 민주당의 실질 권력 한 가지 를 처음부터 포기해 버린 셈이다.

민주당에서 진짜로 전쟁을 반대하는 목소리(이미 크게 보도된 바 있는 존 머사 의원의 변신*은 논외로 하고)는 "흑인 의원 모임Black Caucus"에서 나왔다. 이 모임 멤버들(존 루이스John Lewis, 찰스 랑겔 Charles Rangel, 바바라 리Barbara Lee 등)은 최근 결성된 "이라크 철수 모임"(Out of Iraq, 회장은 로스앤젤레스 의원으로 열띤 활동을 펼치고 있 는 맥신 워터스Maxine Waters)의 주요 창립 멤버와도 겹친다.(거침없 는 성격의 뉴욕 주 의원 호세 세라노José Serrano가 이끄는 라틴계 의원 여남 은 명도 이 모임에 소속되어 있다.) 이렇게 도시 사회복지 정책에 가 장 열심히 헌신하는 하원의원들과 반전 모임 멤버들이 크게 중복 되는 현상은, 바로 미디어에서 무시하고 있는 근본적인 정치 흐 름을 대변하는 것이다. 즉 1주일에 20억 달러가 넘는 돈이 이라크 와 아프가니스탄 개입에 소요되면서 빈곤한 구舊도심지에 절실 히 필요한 자원을 도둑질해 가고 있으며, 그 때문에 이민자 사회

---

* 민주당의 존 머사John Murtha 하원의원은 전쟁 영웅 출신으로 민주당 내에서 가장 보수적인 매파에 속했고 이라크 침공에도 찬성했지만, 2005년 11월에 이라크 즉시 철군론을 주장하여 유 명해졌다.

의 민심이 이반하고 있다는 인식이 유색인 사회에 널리 확산되고 있는 점이다.

풀뿌리 행동과 지속적인 항의로 강화되기만 한다면 도시 서민들의 요구와 이민자 민권과 반제국주의 사이의 이 새로운 등식은 미국 정치에서 대항 의제가 될 잠재력이 있다. 하지만 바로 그 풀뿌리 행동과 항의를 지속하는 것이 문제다. 물론 11월 선거가 끝

표 4―2006년 현재 좌우로 분열된 민주당 내 세력
(이념적 성향을 띤 모임에 가입한 의원 수. 구성원 일부 중복)

좌파 성향		우파 성향	
진보 모임 Progressive Caucus	70	신민주당 연합 New Democrat Coalition	60
흑인 의원 모임	43	블루독 연합	44
이라크 철수 모임	74	생명을 옹호하는 민주당 의원들 Democrats for Life	32

나고 "이라크 철수" 모임의 멤버가 70명으로 불어나기는 했지만, 전국적 반전운동이 부재한 데다 국제서비스노조연맹(SEIU), 섬유·호텔 노조(UNITE HERE), 미국교원노조(AFT) 등 주요 진보 노조들이 정치적 우선순위를 철회하지 못했기 때문에 그 영향력은 현저히 줄어들었다.

실제로 작년 11월의 선거 지형을 형성한 것은, 가시적인 반전운동 없이 반전 정서가 달아오른 역설적 상황이었다. 1968년이나

1972년(혹은, 이 부분에 한해서만 보면 1916년과 1938년)과 대조적으로, 대외 군사 개입에 반대하는 유권자들은 정치인들에게 압력을 가하거나 반전을 좀 더 근본적인 대외 정책(이 경우에는 '테러와의 전쟁') 비판으로 연결시킬 역량을 지닌 조직화된 평화운동의 지원을 받지 못했다. 폭넓고 자발적이었던 2003년 겨울의 반전운동은 (부시의 침공에 대한 민주당의 반대가 부재한 공백 상태를 메운 것은 그 풀뿌리 에너지였다.) 2004년 봄 하워드 딘 선거운동으로 흡수되었다가, 케리가 후보가 되면서 정치적으로 해체되고 말았다. 공화당의 대외·대내 정책에 대한 광범위한 공격의 장이 되었어야 할 2004년의 민주당 전당대회는, 존 케리를 명문 인텔리 계층의 람보로 떠받드는 불쾌한 애국주의적 기념식으로 변질되었다.

많은 활동가들은 케리 선거운동의 잔해 속에서 다시금 자발적인 평화운동이 떠오르기를 바랐지만, 저항은 몇몇 곳에서 국지적으로 고립된 채 이어졌을 뿐이다. 민주당 중앙당 의장으로서 하워드 딘에게 맡겨진 주된 임무(그리고 그가 선출된 주된 이유)는, 위선적이고 지리멸렬한 "부시만 아니면 누구든지" 연합에 반전 세력을 묶어 놓는 것이었다. 민주당의 궤변가들은 부시와 그의 정치적 부모인 체니와 럼스펠드를 최대 쟁점으로 만듦으로써 이라크에 대한 진짜 논쟁을 피해 갔다. 민주당 주요 의원들은 바그다드에서 빚어진 혼란을 성토하며 부시를 비난했지만, 파키스탄부터 수단에 이르는 드넓은 지역을 급속히 집어삼키고 있는 더 큰 혼란을 야기한 미국의 책임에 대해 비판을 제기한 사람은 없었다. 이스라엘이 레바논 시민들을 학살할 수 있도록 부시 행정부가 파란불을 켜 준 데 대해서도, 또 좀 더 최근에 에티오피아가 소말리아를 침공하도록 CIA가 교사한 데 대해서도 아무 논쟁이 없었다. 한편 이스라엘 우익은, 힐러리 클린턴이 가자와 요르단 강 서안 지구에 대한 자기들의 정책을 지원하는 데 있어서는 아마겟돈을 간절히 고대하는 텍사스 근본주의자들만큼이나 비타협적으로 나오리란 것을 믿어 의심치 않는다.

실제로 민주당 지도부는(흑인 의원 모임과 진보 성향이 두드러지는 몇몇 의원들은 제외하고) 부시의 이라크 정책에 분개하는 국내 분위기를, '테러와의 전쟁'에 대한 워싱턴의 기본적인 합의를 폭로하는 것이 아니라 공고히 하는 데 이용했다. 전국적 반전운동 세력이 이라크에서 진행 중인 묵시록과 아프가니스탄에 드리우고 있는 재난과 '아프리카의 뿔' 지역에서 새로 발생한 국지전의 상호 관련성을 의심하고 있는 데 반해, 민주당은 전 지구적 대게릴라전을 축소하는 것이 아니라 **확대하는** 거시 정책의 일부로서 이슬람주의자와의 전쟁에 매진할 것을 강령에서 재확인했다. 민주당의 방침은 "당장 군대를 철수한다"가 아니라, "테러 조직망을 분쇄하기 위해" 특수부대의 규모를 두 배로 늘리는 것이었고, 민주당이 내세운 "미국이 취할 새로운 방향"(New Direction for America, 홍보용으로 간추린 민주당 정책 및 구호 모음집으로, 1994년 깅그리치가 내세운 공화당 강경 공약집 『미국과의 계약Contract with America』을 희미하게 연상시킨다.)에서 가장 중요한 항목은 바로 국내 대테러 예산을 증액하는 것이었다.

마찬가지로 민주당 지도부는 '애국자법'의 헌법상 함의에 관

한 논쟁을 교묘히 피해 갔으며, 민주당 주요 의원 중 대통령에게
9·11 이후 휘둘러 온 전체주의 권력을 거두어들이라고 요구한
사람은 단 한 명도 없다. 실제로 힐러리 클린턴은, 재판 없는 구금
과 (심지어 어떤 상황에서는) 고문까지도 찬성한다는 입장을 넌지시
내비치기도 했다. 한편 하원의장 펠로시는, 110대 의회에서 민주
당의 주된 목표는 우선 논쟁의 여지가 없고 거두기 손쉬운 주류
적 개혁의 열매(최저임금, 처방약, 학자금 융자 등)를 따 먹는 것이며,
그 다음으로 첨단 기술 산업을 위한 "혁신 의제"를 신속히 통과
시키는 것이라고 강조했다. 하원 내에서 대외 정책에 대한 논쟁
은(매파 성향의 신민주당 및 블루독 계열 의원들이 100명이 넘게 포진하여
균형추 노릇을 하는 덕택에) "베이커·해밀턴 플랜"▪의 초당적 전
제, 혹은 팔레스타인 국가의 자발적 청산을 위해 콘돌리자 라이
스가 제안한 새로운 억압 전략을 넘어서지 않을 것이다.

　그렇다면 반전 성향의 표가 실제로 얻은 것은 무엇인가? 메시
아를 자처하는 신보수주의 정치에 대중들이 결국 환멸을 느끼면
서, 아버지 부시와 클린턴이 펼쳤던 대외 정책을 지향하는 "현실
주의자"들이 베이커·해밀턴 계획의 엄호 아래 복귀할 길이 열린
셈이다. 이라크에서 대학살이 벌어지자, 포토맥 강에 영면해 있

▪ 민주·공화 양당 인사들로 구성된 '이라크연구그룹(ISG)'에서 2006년 12월 발표한 『베이
　커·해밀턴 보고서』에서 권고한 방침을 말한다. 여기에는 2008년 초까지 14만 명 수준의 이라
　크 주둔 미군 수를 절반 이하로 감축하고 그 주요 임무를 '전투'에서 '지원'으로 전환하며, 이
　라크의 정상화를 위한 도움을 이끌어 내기 위해 이란, 시리아와 조건 없는 대화를 실시한다는
　등의 내용이 담겨 있다.

던 석관들이 모조리 열리면서 그 속에 마비되어 있던 옛날 옛적의 국무장관과 국가 안보 보좌관들(스코우크로프트, 이글버거, 브레진스키, 그리고 물론 대장 미라인 키신저 자신)이 쏟아져 나와, 미국의 의지를 나머지 세계에 "합리적으로" 강제하는 방법을 의회에 대고 강의하는 데 열을 올리기 시작했다. 물론 힐러리 클린턴은 (이스라엘의 이익과 충돌할 때만 제외하고) 현실주의자들의 여왕이며, 하원의 다수를 차지하는 신민주당 인사들은 이미 발표된 그녀의 2008년 선거운동 초안에서 그리 멀리 벗어날 것 같지 않다. 앞으로 루디 줄리아니나 존 매케인과 벌일 토론에서 힐러리는 근육질의 "지 아이 제인"으로 변신하여, 그들이 취할 온갖 마초적인 제스처를 알카에다, 이란, 팔레스타인, 쿠바에 대한 한층 더 강경한 관점으로 받아넘길 준비가 되어 있다.

(만일 그런 게 있다면) 한 가닥 희망은, 이라크의 무장 반란과 내전이 점령군의 자원을 계속해서 소모할수록 대중들의 분노가 들끓어 오를 테고, 그렇게 되면 흑인 의원 모임과 미군 철수를 위해 로비하는 그 동맹 세력 등 의회의 여타 민주당 의원들이 대중의 분노에 좀 더 귀 기울일 가능성이 있다는 것이다. 부시 행정부는 수니파를 달래고 바그다드의 통제 지역을 방어하기 위해 안간힘을 쓰는 한편, 현재 무크타다 알 사드르의 슬럼 의용군에 대한 전면 공격(그 군사적 선결 조건은 "일시적 추가 파병"[*]이다.)을 저울질하고 있다. (2004년 미군과의 첫 번째 전투 이후 대규모로 확대되고 훈련도 더 잘 된) 사드르 군과의 새로운 전쟁은 또 다른 판도라의 상자를 열게 될 것이다. 즉 미군은 더 이상 유지하기 힘들 정도로 많은 사

상자를 내고 전 세계 시아파들의 격렬한 항거를 초래할 위험이 높다.(사드르 시티에 대한 공중 폭격을 피할 수 없을 텐데, 그러면 이스라엘이 베이루트 남부를 폭격했던 때를 연상시키는 음울한 장면이 재연될 것이다.)

콘돌리자 라이스와 로버트 게이츠Robert Gates가 이처럼 전쟁의 궁극적인 확대를 재가한다면, (동시에 몇몇 주요 공화당 의원들을 잃게 될 것이 거의 확실하기는 하지만) 그들은 일부 마초 민주당원들을 자기편으로 끌어올 기회를 잡게 되는 것이다. 상원 원내총무 해리 레이드Harry Reid는 미군 3만 5천 명을 바그다드에 "일시적 추가 파병"하는 안을 승인했다가 바로 철회함으로써 이미 갈팡질팡하는 모습을 보여 주었다. 민주당 예비 경선에서 패배한 후 무소속으로 재선된 매파 의원 조 리버먼은, 상원 표결을 전쟁 확대 쪽으로 기울일 수 있는 막강한 스윙 보트를 쥐고 있다. 그리고 이 글을 쓰는 시점에서 펠로시는 "일시적 추가 파병"에 새로 예산을 투입하는 데 반대할 것을 검토하고 있지만, 이미 파견된 부대의 유지 비용에는 손대지 않을 것이다.

펠로시와 레이드가 궁극적으로 취하게 될 태도는, 그리고 그들이 지난 11월 6개 조항의 프로그램에서 스스로 제안한 "단계적인

▪ surge, 원래는 일시적이거나 짧은 기간의 증원을 의미하는 말인데, 실제로 장기간의 파병이 될 가능성이 있는데도 부시 행정부가 의도적으로 이 단어를 씀으로써 여론을 호도했다는 비판을 받았다.
▪▪ swing vote, 세가 엇비슷한 양 진영 사이에서 경우에 따라 이쪽 저쪽으로 옮겨 다니면서 승부를 가르는 역할을 하는 표.

철수"를 실제로 밀어붙이는 일이 얼마나 어려울지는, 주로 반전 운동의 부활 여부에 달려 있을 것이다. 작년 11월의 유권자들은 확실히 이 절망적인 상황에 대해 후보자들보다 환상을 덜 품고 있었으며(출구 조사에 따르면, "대통령이나 민주당이 이라크에 대한 뚜렷한 복안을 지니고 있다고 생각하는 사람은 유권자 다섯 명 중 한 명에 불과했다."), 여론은 다시금 무기력한 의회를 대신할 폭발적 대안을 찾을 것이다. 진실로 하워드 딘과 "무브온"이 구사하는 현실 정치로부터 자유로운 대중 저항만이, 이라크 철수를 논의하는 쪽으로 의회 힘의 균형을 결정적으로 돌려놓을 수 있다.

의회 조사의 한계

작년 11월 선거에서 가장 기분 좋았던 순간은, 텍사스 주 22번 구에서 오랜 터줏대감인 톰 딜레이를 꺾고 닉 램프슨Nick Lampson 이 당선됐을 때였다. 교사 출신으로 텍사스 주 갤버스턴에서 민주당 하원의원을 지낸 램프슨은, 지난 2003년 딜레이가 텍사스 주 선거구를 개편했을 때 희생된 주요 인물 가운데 하나였다. 이처럼 채 십 년이 지나기도 전에 선거구를 부정하게 뜯어고친 것은 전례가 없는 일로, 이런 일이 가능했던 것은 불법으로 세탁한 거액의 기업 기부금 덕분이었다. 그 전년도에 하원 다수당 원내 총무였던 딜레이는 텍사스 주 의회에서 공화당을 다수당으로 만들기 위해 이 돈을 동원한 것이다. 주의 대배심과 트래비스 카운티 지방 검사인 로니 얼Ronnie Earle이 용기를 발휘한 덕택에, 딜레이는 2005년 9월 위증죄로 고발되었다. 그리고 부패한 로비스트인 잭 아브라모프Jack Abramoff와의 유착 관계로 곧 연방 수사선상에 올랐고, 결국 다수당 원내총무직과 의원직을 차례로 사임하기에 이르렀다.

물론 딜레이는 1994년에 일어난 "공화당 혁명"의 로베스피에르였다. 이는 아마도 미국 역사에서 일당 정부를 옹위하는 가장 무지막지한 운동이었을 것이다. 릭 샌토럼Rick Santorum 및 그로버 노키스트와 더불어 이른바 "K 스트리트 프로젝트"의 공동 입안자였던 딜레이는, 기업 로비스트들에게 공화당 입법안을 직접 기안하게 해 주는 대가로 거액의 선거 기부금을 뜯어내는(그리고 공화당원만을 채용하겠다는 약속을 받아 내는) 것으로 악명이 높았다. 다수당 원내총무로서(민주 공화 양당 의원들은 그를 "해머Hammer"라 불렀다.) 딜레이는 양당이 제휴하거나 형식적으로라도 합의할 만한 모든 싹을 잘라 버리는 한편, (백악관에서 저소득 가구에게 약간의 세금을 감면해 주려는 움직임을 보이자 이마저도 꺾어 버리고) 공화당에 전례 없는 이념적 규율을 부과했다. 의사당에서 딜레이는 악명 높은 로비스트인 잭 아브라모프와 제휴하고, 북부 마리아나 제도(미국 노동법의 보호가 미치지 않는 미국 영토)에 있는 노동 착취 공장들의 낙원에서 노예 노동을 지원한다든지, 한 러시아 거대 기업의 부정한 청탁을 들어준다든지(물론 그 기업은 그 대가로 돈을 지불하여 딜레이의 명분을 후원하였다.) 하는 가장 얄팍한 명분의 대변인으로 나서기도 했다.

딜레이의 추잡한 돈을 먹고 큰 거대한 탱크(와 뺑소니 운전사인 칼 로브)에 치여 십 년 넘게 비명횡사를 거듭해 온 민주당은, 이제 "공화당 혁명"을 원상복구시킬(다시 말해서 딜레이와 "K 스트리트 프로젝트"의 모습으로 구현된 부패한 돈과 권력의 흐름을 차단할) 기회를 잡게 되었다. 물론 의회는 언제나 "돈을 넣어 주어야만 작동하는 시스템"이었고 로비스트들이 정치에 윤활유를 주입해 왔지만, 최소한 1994년 이전의 공화당은 (그저 당연히가 아니라) 반드시 친비즈니스 정당이 되어야 한다는 빳빳한 강박관념을 지니지 않았다.(일부분 이는 민주당이 엔터테인먼트, 미디어, 소프트웨어, 생명공학, 게임 등 동·서부 해안 신경제 부문의 지원을 끌어들이는 데 성공한 것에 대한 반작용이었다.)

작년 11월의 승리가 가져다 준 유쾌한 약속은, 진보 성향의 민주당 다선 의원들(세입위원회 찰스 랑겔, 재정위원회 바니 프랭크Barney Frank, 정부개혁위원회 헨리 왁스먼Henry Waxman, 세출위원회 데이비드 어베이David Obey, 군사위원회 아이크 스켈턴Ike Skelton, 상원 정보위원회 존 록펠러John Rockefeller IV)이 어렵게 따낸 위원회 의장직을 이용하여 딜레이 재임 시절에 벌어진 하늘을 찌를 듯한 부패와 공모에 대해 광범위한 조사를 시작할 것이라는 점이다. 서로 맞물려 부시 행정부를 지배하고 있는 특별 이익 단체들은 엔론 스캔들 이후 지금껏 교묘히 노출을 피해 왔지만, 마침내 야당의 손에 소환 권력이 쥐어지면서 대대적인 폭로와 회계 감사에 직면할 것이다. 실제로 공화당의 벽장 속에서 속속 해골들이 굴러 나오면서 대중들은 이라크 점령, 뉴올리언스의 재건 방기, 바이오쉴드 프로그램 같은 쓸데없는 "국토 안보" 정책, 보험·제약·석유 회사에 대한 보조금 지급 등과 관련된 부정 이득과 사기가 어디까지 뻗쳐 있는지 깨닫고 있다. 그리고 유권자들은 정부 감시 및 환경 · 보건 규제를 부활시키고, 선거운동 자금 조달 방식을 개혁하는 새로운 체제의 손을 들어 줄 것이다.

　이론적으로 볼 때 이는 민주당이 부흥할 진짜 기회지만, 실제로 민주당 지도부가 의회 조사를 허가하여 돈과 부패의 발원지까지 추적해 올라갈 가능성은 거의 없다. 서면 아널드Thurman Arnold가 반독점 조사를 벌였던 1930년대 후반이나, 워터게이트 위원회가 공화당의 불법 행위를 폭로했던 1970년대의 영웅적인 시절로 의회가 복귀할지 모른다는 진보주의자들의 희망은, "중도주의"의 건설을 위해 민주당의 감시 역할을 엄격히 제한해야 한다는 펠로시의 주장을 볼 때 몽상에 불과하다. 이미 펠로시는 공화당과의 제휴라는 배를 흔들 가능성이 가장 높은 민주당의 고참 흑인 의원 두 명에게서 굴욕적인 충성 서약을 받아 낸 바 있다. 결국 존 코니어스(John Conyers, 법사위원회 의장)는 대통령 탄핵을 옹호하는 입장을 철회했고(최근에 코니어스는 "경직된 편파적 정부는 이 나라에 더 이상 아쉽지도 않고, 필요치도 않다."고 말했다.), 의회의 그 누구보다도 딕 체니를 맹렬히 공격한 찰스 랑겔(세입위원회 의장) 역시 합창 대열에 동참했다.(랑겔은 "지도부의 결정을 받아들이겠다."고 약속했다.) 이보다 더 극악한 일은 펠로시가 ("백악관의 공적 1호"인) 헨리 왁스먼Henry Waxman에게, (정치 분석가인 브라이언 프리엘Brian Friel의 말에 따르면) "다음 선거 때 민주당 의원들이 의사 방해 및 과격 행위로 비난받을 빌미가 생기지 않도록" 의회 감시 활동을 단속하는 임무를 맡겼다는 것이다.

　노동계와 환경 운동 단체들이 부단히 압력을 가했다면 사정이 달라졌겠지만, 그런 압력이 부재한 상황에서 민주당이 막대한 비즈니스 이익을 훼방 놓을 가능성은 별로 없어 보인다. 핼리버튼과 이라크전의 이권이 관련된 부정 계약에 대해서는 앞으로 분명히 심판이 행해질 것이며, 록펠러와 그가 이끄는 상원정보위원회에서 행정부가 바그다드로 진격하기까지 자행한 거짓말과 증거 조작을 새롭게 밝힌다면 다가오는 스쿠터 리비(Scooter Libby, 체니의 참모장)의 위증죄 재판은 더욱 흥미진진해질 것이다. 그러나 진실이 폭로될수록 저항도 거세질 것이다. 살려고 몸부림치는 공화당 인사는 물론이고, 부패와 스캔들의 핵심에 놓인 바로 그 기업 집단과 새롭게 맺은 연줄을 방어하려는 민주당 인사들의 저항도 만만치 않을 것이다. 진실을 폭로하고 개혁할 기회는 매단계마다 타협하고 정치자금을 지키려는 유혹에 부딪힐 것이다. 『이코노미스트』가 냉소적이지만 정확히 지적했듯이, "의회의 새 지휘관들은 자신들을 혁명가로 여기지 않는다. 결국 그들의 목표는 어떤 의제를 실현하는 것이 아니라, 2008년 대통령 선거를 위한 기반을 마련하는 것이다."

　(펠로시가 아무리 제어하더라도) 기업 로비스트들은 랭겔과 왁스먼이 휘두르는 소환 권력이 두렵기 때문에, 민주당 선거위원회의 우산 밑으로 피신할 것이다. 이제 '주식회사 미국'과 공화당의 융합은 1년 전처럼 영구적이고 난공불락으로 보이지는 않지만, 선거 직후 『비즈니스위크』가 예견한 대로 "기업들은 민주당의 신임

장을 소지하고 있는 로비스트들을 영입하러 달려들 것이다." 이 부분과 관련하여 민주당 지도부는 철면피하게 현금을 거두어들이고 있다. 다음 선거는 역사상 가장 많은 돈이 들어갈 것이며, 힐러리 클린턴은 제약·석유·군수·건설 업계의 범죄를 파헤치는 의회 청문회를 썩 즐길 것 같지 않다. 이는 2008년에 기업들의 대규모 보복으로 돌아올 것이기 때문이다. 전략적 관점에서 볼 때, 민주당은 의회의 폭로전을 행정부 내 극소수 악역들에게만 집중하고 조용히 "K 스트리트"에서 양당의 균형을 재건하는 편이 낫다. 세평에 의하면 이곳에서는 날개 달린 원숭이들이 텍사스의 사악한 마녀 딜레이의 손에서 갓 풀려난 기쁨을 누리고 있다고 한다. ▪

그리고 민주당 소속의 백만장자, 기업 변호사, 첨단 기술 기업가, 그리고 특히 엘렌 타우셔(Ellen Tauscher, 캘리포니아) 의원이 의장을 맡고 있는 열렬한 친기업 성향의 신민주당 연합(민주주의리더십회의의 하원 지부)은, 새로운 의회의 대중주의 과잉 경향을 중화시켜 줄 것이다. 『비즈니스위크』는 "날카롭게 분열되어 있는 민주당 하원에서 약 40명가량이 속해 있는 경제석 온선 성향의 타우셔 계파는 세금·교역·예산 정책에 영향을 미칠 수 있는 대단한 권력을 쥐고 있다."면서, 불안해하는 독자들을 안심시켰다.

게다가 기소될까 봐 근심하는 최고경영자들과, 연방 정부와 맺

▪ 『오즈의 마법사』에 등장하는 나쁜 마녀와 그녀가 부리는 날개 달린 원숭이들을 빗대어 비꼬는 말이다.

은 수지맞는 계약을 빼앗길까 봐 두려워하는 악덕 기업들은 언제나 "K 스트리트"의 새로운 총아인 조지 크로포드George Crawford에게 달려가 호소할 수 있다. 크로포드는 낸시 펠로시의 참모장 출신으로 워싱턴 최고의 거간꾼으로 자리매김했다.(『비즈니스위크』는 "최근 몇 달 사이에 크로포드는 엑손 모빌과 세계 최대의 바이오 제약 회사 암젠Amgen을 자신의 고객 명단에 추가했다."고 보도했다.)

크로포드 등 민주당 내부자들이 조직한 기업 로비와 정치자금 모금의 허리케인은 거세게 밀어닥치고 있다. 그러나 논쟁의 여지가 없는 "100시간 입법 활동"▪의 의제 외에, 진보적인 유권자들을 민주당으로 끌어들이기 위해 약속한 개혁 중 이 허리케인을 뚫고 현재 진행되고 있는 것은 거의 없다. 예를 들어 에너지 정책은 당의 최우선 쟁점 중 하나였으며, 바바라 박서Barbara Boxer 상원의원(환경공공사업위원회의 새 의장)은 엄격한 배출 규제 및 자동차 연비 기준을 내세워 환경주의자들의 세를 광범위하게 결집했다. 그러나 저널리스트인 리처드 사이먼Richard Simon이 최근 『로스앤젤레스 타임스』에 보도했듯이, 디트로이트의 자동차 회사와 텍사스의 석유 회사들은 놀랄 만큼 태평하다. 전미 유화정유업협회(NPRA) 회장은 "우리는 우리를 잘 알고 이해하는 민주당 의원들이 많다고 자신한다."고 말했다.

이 "이해하는 민주당 의원들"을 110대 의회에서 찾아보면 메리

▪ 110대 하원이 개원하는 즉시 입법 활동이 진행되는 100시간 동안 개혁 법안들을 통과시키겠다는 공약.

랜드류(Mary Landrieu, 루이지애나), 제프 빙거먼(Jeff Bingaman, 뉴멕시코) 등 에너지를 수출하는 주의 상원의원들과, 막강한 하원 에너지위원회의 의장 존 딩겔(John Dingell, 미시건)을 꼽을 수 있다. 존 딩겔은 포드 익스플로러나 셰비 서버번 같은 육중한 차량에서 배출되는 이산화탄소의 마지막 한 분자까지 사수하기 위해 싸울 것이다. 낸시 펠로시가 석유 산업에 대한 터무니없는 세금 우대 조치 중 일부를 철회할지는 몰라도, 바바라 박서가 부유한 미국인들의 수브 차량을 빼앗아 가거나 외국 석유에 대한 의존을 줄이는 일은 절대 없을 것이다. 수백만의 사람들이 지구온난화의 "불편한 진실"에 간담이 서늘해지건 말건, 온실가스 배출 상한을 법으로 정하지 못하게 방해하거나 석유 회사들의 특별한 권리를 수호하기 위해 투표하는 민주당 의원들은 언제나 존재할 것이다.

민주당의 예산 적자와 그 파장

유럽 대부분 국가의 의회 시스템과 달리, 미국의 정당 체제는 부분적으로만 "전국적" 성격을 띠고 있으며 의회를 운영하는 과정에서 광역 및 지역 단위 의제들이 유달리 돌출되곤 한다. 그 점에서 2006년 선거는 인상적인 사례였다. 실제로도 후보자들이 왼편으로 이동했는지 아니었는지는 몰라도, 의회의 영향력은 친민주당 성향의 해안 지역 쪽으로 되돌아왔다. 텍사스, 플로리다, 버지니아, 조지아(이들 지역의 교외는 1994년 '공화당 혁명' 당시에 전략적 주축이었다.)는 퇴장하고, (부시 시대에 버림받은 땅인) 캘리포니아와 뉴욕이 재등장했다. 더 정확히 말하자면 월스트리트, 할리우드, 실리콘밸리의 황금 삼각축을 대표하는 민주당 의원들이 이제 의회를 지배하게 되었다.

미국이 수출하는 기술, 엔터테인먼트, 금융 서비스와 지식 경제의 주도권을 캘리포니아와 뉴욕(과 더불어 매사추세츠와 워싱턴)이 쥐고 있기는 했지만, 1994년 이래로 이들은 타 지역에 부를 재분배하는 공화당 정책의 현금 인출기 노릇을 했다. 그중 극단적인 사례는 아마도 캘리포니아일 것이다. 2차 대전 당시 동맹국에 군수물자를 대여한 뒤부터 베를린 장벽이 붕괴하기까지 50년 동안, 미국의 국방 예산은 캘리포니아의 항공우주 산업과 전자 산업에 물을 대는 수도관 구실을 했다. 그런데 늦어도 1990년 이후 국고 보조가 방향을 튼 이후로, 캘리포니아에서 걷히는 연방 세금은 공화당 성향이 강한 주로 유출되기 시작했다. 한때 캘리포니아는 연방 세금 1달러를 내고 연방 지출에서 1.15달러의 수혜를 입었지만, 지금은 79센트밖에 받지 못하는 실정이다.(캘리포니아와 뉴욕은 새로운 이민자들이 입국하는 가장 큰 관문이자 금융 관문으로서 이 유지 비용은 연방 정부가 부담해야 하기 때문에, 이런 불공평은 "표 5"에 수치로 나타난 것보다 실제로 더 심하다.) 일부분 이 적자의 결과로, 이 세계 제일의 과학 기반 지역 경제를 떠받치는 물리 · 사회 · 교육(최소한 초중등교육) 인프라는 수치스러울 정도로 퇴락하게 되었다.

그러나 민주당이 (특히 민주당 성향이 가장 강한 주에 속한, 노후해 가는 도시에서) 연방 지출의 상대적 감소세를 역전시키고자 한다면, 공화당하고만이 아니라 자신들 내부에서도 싸워야 할 것이다. 새

표 5(93)—부유한 주와 가난한 주(연방 지출 대비 연방 세금)

공화당 성향의 주		민주당 성향의 주	
텍사스	1.00	캘리포니아	0.79
플로리다	0.98	뉴욕	0.80
버지니아	1.59	일리노이	0.72
조지아	0.96	매사추세츠	0.79
애리조나	1.23	코네티컷	0.67
앨라배마	1.68	미네소타	0.69
노스캐롤라이나	1.08	위스콘신	0.83
사우스캐롤라이나	1.36	미시건	0.86
캔터키	1.51	오리건	0.99
알래스카	1.90	워싱턴	0.91

로운 의회의 지도부, 특히 펠로시와 클린턴은 개인적으로 자신들 지역구와 그 소속 주의 이익을 위해 사납게 로비를 펼치면서도, 집단적으로는 적자 감소와 재정 긴축을 향한 화물 숭배적 헌신에 당의 손발을 묶어 놓고 있다. 유권자들 눈에는 이라크와 정치 부패가 가장 중요한 쟁점이었지만, '책임 있는 재정'이라는 공화당의 해묵은 표어야말로 민주당이 내세운 "미국이 취할 새로운 방향"의 최우선 강령이었던 것이다.

『네이션』을 비롯한 몇몇 언론에서는 민주당이 현재 그들 "내면의 대중주의"와 교신하고 있다고 주장하지만, 민주당은 완전히 "루비노믹스Rubinomics"에 얽매여 있다. "루비노믹스"란 골드만

삭스의 최고경영자 출신인 로버트 루빈Robert Rubin이 클린턴 시기 재무장관을 지냈을 때 취했던 정책 방향으로, 복지 지출보다 엄격한 예산 집행을 더더욱 중시하는 것을 말한다. 실제로 이는 민주당이 단순히 신규 지출을 꺼릴 뿐만 아니라, 부시가 부유층에게 깎아 준 1조 달러의 세금에 대한 회수를 검토하지 않는다는 뜻이기도 하다. 켄트 콘래드(Kent Conrad, 예산위원회 의장) 상원의원은 『뉴욕타임스』와의 인터뷰에서 이렇게 말했다. "세금 걷어 지출하고, 또 세금 걷어 지출하고, 또 세금 걷어 지출하고……. 우리는 그런 식으로 하지 않을 것이다." 대통령은 재무부를 초부유층에게 넘겨주고 막대한 부채를 쌓아 올리면서 세계를 침공할 수 있어도, 민주당만은 캘빈 쿨리지도 울고 갈 만한 반케인스주의적 엄정성의 길을 걷겠다고 맹세하고 있는 것이다.

실제로 의회에서 가장 "열렬한 균형 예산주의자들"은 '블루독'으로("열렬한 균형 예산주의자"란 블루독 모임의 웹사이트에 올라온 공식 표현이다.), 이는 1995년 보수적인 성향의 민주당 의원들이 깅그리치의 공화당을 시샘한 나머지 이에 대항하기 위해 결성한 모임이다. '블루독'은 주로 머시드, 탤러해시, 핫스프링스처럼 빠르게 성장하는 소도시와 준교외지에서 큰 지지를 받았으며, 카푸치노를 즐기는 신민주당(이들은 코네티컷과 캘리포니아의 상대적으로 부유한 교외 지역을 대표한다.)의 엘리트 이미지와 대조적으로 총기와 성경으로 대변되는 남부 이미지를 일구었다. 블루독 모임은 호전적인 정치 성향에서는 민주주의리더십회의(DLC)의 신민주당과 행보를 함께 하지만, 헤지 펀드나 자유무역 협정에는 그들만큼 친화적이지 않다. 그러나 그들이 진짜 열정을 쏟는 부분은 국가 복지주의에 대한 반대, 특히 흑인 및 라틴계가 다수를 차지하는 대도시에 연방 정부가 지원하는 데 대한 선동적인 반대 활동이다. "개 울타리dog pound"를 넓혀서 멤버를 44명까지 확보했고 공화당 측에도 다수의 동맹 세력을 지니고 있는 블루독 모임은, 다음 회기 때 정부 지출을 틀어막고, 매년 연방 예산의 균형을 강제할 수 있는 방향으로 헌법을 개정하기 위해 표를 모으겠다고 서약했다. 그들의 주된 동맹군 중 한 명인 사우스캐롤라이나의 존 스프래트John Spratt 의원은 민주당의 예산 긴축 "수석 집행인"으로서, 펠로시의 동의를 얻어 하원예산위원회 의장으로 취임할 예정이다.

기존 세제를 개혁하려는 시도에 대한 선거·경제 역풍에 겁을 먹은데다가 블루독까지 발치에서 짖어 대자, 당 지도부는 민주당 정책이 공화당의 적자와 감세 기조에 휘둘리도록 내버려두었다. 칼 로브는 새 다수당을 자승자박으로 내몰 수 있는 기회를 잽싸게 포착하고, 부시를 움직여서 민주당 의원들을 초청하여 예산 균형을 맞추는 데 참여시키도록 했다. 이는 "의회에서 민주당의 최우선 정책을 시행할 여지를 주지 않고 그들의 손발을 묶어 놓겠다는 목표에 꼭 맞는 정책"이다.

뉴올리언스 대 실리콘밸리

민주당 지도부가 서민의 기초적인 생활 보조보다도 균형 예산을 공공연히 더 우선시하는 현상은 당내의 세력 판도가 일부분 반영된 것이다. 현재 블루독은 (단독으로든 신민주당과 함께든) 새로운 입법보다도 사실상의 비토 권력을 행사하느라 여념이 없다. 2006년 중간선거 당시 람 이매뉴얼(Rahm Emmanuel, 일리노이) 의원이 지휘한 선거 전략팀이 선거 광고에서 뉴올리언스에 대한 언급을 용의주도하게도 일체 회피한 것은, 아마 보수 성향을 지닌 백인 민주당 의원들의 압력 때문이었을 것이다.

물론 뉴올리언스가 맞이한 운명은 미국 현대사상 최대의 윤리적 분수령이었지만, 민주당 의원들은 허리케인 카트리나와 뒤이은 멕시코만의 인종 청소 등 중요한 선거 쟁점에 대한 연방 차원 대응을 고의적으로 거부했다. 부시 대통령은 뉴올리언스 잭슨 스퀘어에서의 연설 중에 "우리는 [카트리나를 계기로 드러난] 빈곤에, 대담한 행동으로 맞설 의무가 있다."고 선언했지만, 민주당 의원들이 보여 준 "의무감"이나 "대담한 행동" 역량은 위선과 무능을 만천하에 과시한 백악관보다도 못했다.

그들의 최우선순위는 작년 11월의 6개조 강령에 잘 제시되어 있다. 여기서는 재정 적자와 병력 증강에 대해서는 강조하고 있지만, 카트리나나 빈곤에 대해서는 언급이 없다. 심지어 흑인 의원 모임도 몇몇 개별 의원을 빼고는, 끝도 없이 이어진 부시 행정부의 도발(가장 최근 것부터 꼽으면 뉴올리언스에서 경미한 피해를 입은 공공 주택 4천 가구를 때려 부수기로 결정한 것이라든지, 시 외곽에 거주하는 수천 명의 카트리나 이재민들에 대한 주택 지원을 갑작스레 중단한 것이라든지)에 대한 대응에 놀랄 정도로 무관심하였다. 할렘의 랑겔 의원이 뉴올리언스 재앙으로 드러난 빈곤 문제와 관련해 새로 청문회를 열겠다고 약속했지만, 적자 감소만을 맹신하는 당 지도부에 랑겔이 정면으로 맞설 것 같지는 않다. 감세분을 줄여 사회복지 지출로 돌리기보다는 (물론 비난을 받아도 싼) 공화당 정책에 비난을 전가하는 편이 훨씬 쉬울 것이다.

그러나 낸시 펠로시, 해리 레이드, 힐러리 클린턴은 그 중요성에서 여타 이념과 제약을 훌쩍 뛰어넘는 성전을 국내에서 벌이고 있다. 바로 전국의 첨단 기술 및 과학 기반 산업에서 (민주당이 희망컨대) 지지 기반을 극적으로 굳혀 줄 "혁신 의제"를 추진하는 것이다. 민주당이 카트리나와 도시 빈곤 문제에 임할 때는 쏙 빠진 절박성과 열정이 대체 어디로 갔는지 궁금하다면, 바로 작년에 펠로시를 비롯한 지도급 민주당 인사들이 에머리빌, 마운틴뷰, 롤리, 레드먼드 같은 과학 기술 중심 도시에서 행했던 감동적인 연설을 보면 된다.

이라크에서 군대를 철수하거나 뉴올리언스에 집과 삶을 재건하는 것괴는 달리, 혁신 의제야말로 민주당의 "진짜" 우선순위다. 시스코Cisco와 제네테크Genentech의 최고경영자를 비롯한 기술 산업 리더들은, 공화당이 실리콘밸리 기업의 연구개발에 대한 (극히 중요한) 세금 공제 조치를 갱신하지 않은 데 분노하며 펠로시 및 베이 지역의 민주당 인사들과 함께 핵심 요구 조항을 작성했다. 여기에는 스톡옵션의 회계 처리 기준 개선, 연구개발에 대한 새금 공제의 영구화, 특허 개혁, 대체 에너지 보조금 지급, '전미과학재단National Science Foundation'에 대한 지원금 두 배 증강, 인터넷의 "네트워크 중립성" 보장 등이 들어 있으며, 민주당은 이를 2007년까지 통과시켜 주기로 약속했다.(민주당은 또 실리콘밸리에 값싼 외국인 엔지니어들이 넘쳐날 수 있도록 해 주는 H1-B 단기 취업 비자 프로그램을 오랫동안 지원해 왔다. 이들 대부분은 노조에 가입하거나 노조를 조직할 권리가 없다.)

　특허와 혁신에 대한 민주당의 남다른 관심은, 때마침 첨단 기술 산업에서 민주당 의회 선거운동 위원회로 들어온 기부금이 (2004년 대비) 50퍼센트나 증가하면서 톡톡히 보상받았다. 동시에 '책임정치센터Center for Responsive Politics'의 백서에 따르면, 2000년 실리콘밸리에서 기부한 정치자금 중 공화당으로 돌아간 몫은 "43퍼센트였는데, 현재는 4퍼센트다." 클린턴 행정부가 들어선 첫날 이후로, 소프트웨어와 생명공학 부문 및 그들과 연합한 벤처 자본가들을 유혹하는 일(과 더불어 엔터테인먼트 및 미디어 산업과의 이미 끈끈한 관계를 다지는 일)은 공화당의 "K 스트리트 프로젝트"에 버금가는 민주당의 핵심 사업이 되었다.

　새천년이 시작된 지금, 앨 고어는 구글 및 애플의 이사진과 한자리에 앉아 있으며 낸시 펠로시는 구글의 창립자인 래리 페이지 Lawrence Page와 세르게이 브린Sergey Brin과 함께 가상 미래를 설계하고 있다. 베이 지역 민주당 인사들이 의회 고위직으로 진출하는 동안 뉴올리언스는 진흙에 묻혀 계속 썩어 가겠지만, 이제 실리콘밸리와 그 유관 업계는 여전히 백악관 내에 진지를 구축하고 있는 석유 회사나 방위산업체 못지않은 보조금을 누릴 수 있게 되었다.

어두운 대중주의

최근 들어 토머스 에드솔이 자주 지적하듯이, 민주당은 서로 매우 다르고 양립하기 힘든 두 개의 인구 집단을 대표하고 있다. 민주당에 투표한 다섯 명 중 두 명은 "교육 수준이 높고, 유복하며 문화적으로 진보적인 전문 계층"의 전형과 맞아떨어지지만, 나머지 지지층은 이 '금박을 입힌 시대(Gilded Age, 마크 트웨인의 풍자 소설 제목. 옮긴이)'에 "사회·경제적 혜택을 입지 못하는" 사람들이다. 흑인과 라틴계 노동계급, 정보통신 산업 부문의 최하위층에 종사하는 백인 여성들, 그리고 빠르게 축소되고 있는 전통적 생산직의 백인 남성들이 이에 해당된다. 클린턴이 이끌었던 포스트 뉴딜 민주당은, 부유한 지식 노동자들과 그들이 종사하는 세계화된 산업의 이해관계를 대변하고 방어하는 데 완벽하게 동원되었다. 나머지 민주당원들, 즉 흑인, 이민자, '러스트벨트(40쪽 두 번째 각주 참조)'의 백인들은 달리 기댈 곳도 없으므로 자동으로 민주당을 찍을 것이라는 냉소적인 가정에 의거하여 버스 뒷자리로 밀려났다.

1984년 "레인보우 연합"* 캠페인으로 신선한 충격을 던졌던

---

* Rainbow Coalition, 1984년 미국 대선에 출마한 제시 잭슨 목사가 내걸었던 구호로서, 흑인은 물론 아랍계, 아시아계, 유태인, 미국 원주민, 청소년, 동성애자, 소농에 이르기까지 인종과 신념을 초월하여 레이건 행정부의 정책에 반대하는 모든 소수자들의 연대를 촉구했다. 복지 정책과 투표권, 소수자 우대 정책 등을 요구했으며, 선거가 끝난 이후 제시 잭슨이 이끄는 정치조직으로 발전했다.

제시 잭슨의 부흥과 몰락 이래로, 신민주당과 그들이 (경제적 신자유주의와 문화적 관용을 뒤섞어서) 내세우는 "제3의 길" 류의 이념에 대한 진지한 도전은 이루어지 않았다. 그러나 블루칼라의 정당한 분노를 연료 삼아 민주당에서 오랫동안 방치되어 온 다수를 선동하려는, 새로운 반反여피적 대중주의의 움직임이 일고 있다. 이 움직임은 "민주주의리더십회의"의 중도주의자들과 경제 세계화론자들의 오만한 멍에 밑에서 신음하고 있는 진보주의자들과, 왕년의 '레인보우' 지지자들에게 자극을 주고 있다.

버지니아에서 조지 앨런이 보기 좋게 참패한 며칠 뒤에, 그를 꺾고 민주당 상원의원으로 선출된 제임스 웹James Webb은 『월스트리트저널』에 "계급투쟁"이라는 자극적인 제목을 단 칼럼을 발표했다. 로널드 레이건 밑에서 해군장관을 지낸 바 있는 웹은 "날로 벌어져 가는 사회적 불평등의 격차"가 미국을 "19세기 이래로 목격하지 못한 계급 기반 체제"로 몰아넣고 있다고 경고했다. 임금이 정체되고 사회보장이 쇠퇴하는 와중에, 누군가가 "하나님, 총기, 게이, 낙태, 성조기"에 대한 히스테리를 용의주도하게 획책하여 노동계급 미국인들의 주의를 딴 데로 돌리고 있다는 것이다. 이 왕년의 공화당 지도급 인사는 "칼 로브 시대의 정치는, 정상적인 상황이라면 자신들의 생활수준이 저하되는 데 반기를 들었을 바로 그 사람들을 혼란시키고 분열시키기 위해 고안되었다."고 경고했다.

웹의 칼럼은 예상대로 『월스트리트저널』의 많은 독자들에게 충격을 주었지만, 웹이 『캔자스에 무슨 일이 일어났나?』의 내용을 거의 문장 그대로 인용하였으며 민주당이 경제적 대중주의의 지지 기반을 되찾아야 한다는 톰 프랭크의 외침에 응답했다는 사실을 알아본 진보주의자들은 재미있어했다. 웹은 민주당이 승리한 덕분에 자유무역과 일자리 수출의 사회적 비용에 대해 정당한 불만을 토로하는 "미국 노동자들의 목소리가 (마침내) 전달될 기회를 얻었다."고 주장했다. 그리고 이어서 "우리 정부 지도자들의 최대 의무는 이 지구화의 시대에 날로 심해져 가는 불공평에 맞서는 것이다."라고 읊었다.

이는 허풍일까, 아니면 오랫동안 기다려 온 봉기의 선언일까? 그로부터 몇 주 뒤에 크리스토퍼 헤이즈Christopher Hayes는 『네이션』에 기고한 글에서, 웹이 전향하여 기업 지구화의 희생자인 노동계급에게 관심을 보인 사건이 민주당 내 진정한 대중주의적 흐름의 일부분이라고 주장하였다. 이 흐름의 주도자 중에는 의회 선거에서 승리한 히스 슐러(Heath Shuler, 노스캐롤라이나)와 초선 상원의원 셰로드 브라운(Sherrod Brown, 오하이오)도 포함되어 있다. 확실히 경제 애국주의를 향한 그들의 호소와(슐러는 경쟁자인 공화당 후보가 "미국의 가정들을 팔아치우고 있다"고 비난했다.) "국제주의자", "자유무역주의자"들에 대한 선정적인 비난은, 캐롤라이나 및 버지니아의 섬유 공업 도시들과 오하이오 주 애팔래치아 산기슭의 카운티에서는 진짜로 불똥을 튀겼다. 이들 지역은 1990년대에 산업 전체가 죽어 버린 곳이다. 2004년 존 케리가 애팔래치아와 피드먼트(그리고 골수 민주당 지지 주였던 웨스트버지니아) 지역에서 패한 이유는, 케리가 이 지역의 일자리 위기에 대해 거의 해 줄

말이 없었기 때문이다. 하지만 이번에 민주당이 이곳에 내세운 후보는 지역 사투리를 구사하는 일급 선동가였다.

그러나 헤이즈 자신도 유려한 말투로 강조했듯이, "경제적 대중주의는 어두운 측면을 지니고 있다." 그리고 헤이즈는 "경제적 권리 주장을 곧바로 인종적 국가주의로 연결시키는 '루 돕스'■ 유사 세력, 다시 말해 일자리를 아웃소싱하는 기업들과 국내에서 미국인의 일자리를 빼앗는 '불법 외국인'을 똑같이 비난하며, 팻 뷰캐넌Pat Buchanan처럼 미국 제일 고립주의를 근거로 이라크 전쟁에 반대하는 부류의 대중주의가 당내에서 출현하고 있다."는 다른 분석가들의 우려를 인정한다. 헤이즈는 웹과 슐러 같은 인물들에게서 진보주의의 흐름을 보고 싶어하지만, 나는 헤이즈가 그들의 정치를 돕스와 뷰캐넌 같은 인종주의적 미디어 선동가들에 빗대는 대목에서 가장 정확한 안목을 발휘했다고 본다.

예컨대 웹의 "계급투쟁" 칼럼을 주의 깊게 읽으면, 멕시코인 정원사들과 투자 은행가들이 똑같이 미국 본토의 노동계급을 착취하면서, 미국인의 임금과 가치가 "불법 이민으로 조성된 거대한 지하 노동력 풀" 속에서 익사하기만을 기다리고 있다는 그의 믿음이 바로 드러난다. "특정 이민자 집단이 '적합한 유전자'를 지니고 있으며 따라서 선천적으로 '특수 계층'에 진입한다."는 "암묵적 인식"을 비판하는 이상한 구절은, 웹의 발언의 배경을 이

■ Lu Dobbs, 미국의 경제 칼럼니스트이자 뉴스 앵커로, 강한 보호무역주의의 입장을 대변하고 있다

루는 "황색 공포"(87쪽 각주 참조) **판타지**와 관련된 것으로 해석될 수 있다. 해군장관 시절 웹은 중국과의 냉전을 지속할 것을 옹호하는 주요 인물 중 한 명이었으며, 나중에도 중국이 "무슬림 세계와 더불어 전략적 축을" 형성하고 있다고 보았다. 웹이 부시의 이라크 정책에서 떨어져 나온 이유는 럼스펠드가 어리석게도 진짜 적들(이란과 중국)에게 "힘을 실어 주고" 있는 데 위기감을 느꼈기 때문이다.

마찬가지로 미식축구 팀 워싱턴 레드스킨스의 스타 쿼터백 출신인 히스 슐러도 중부의 일자리 유출과 나프타에 반대하는 열렬한 장광설을 풀어서 많은 극보수주의자들을 자기편으로 끌어 모았다. 그러나 슐러가 불법 이민자들을 감싸는 엠네스티에 맞서 싸우는 외로운 영웅인 양 묘사한 텔레비전 광고에서 볼 수 있듯이, 슐러의 대중주의적 메시지에도 웹처럼 국수주의의 독소가 스며 있다. 최근 에즈라 클라인은 『아메리칸 프로스펙트』에서, 진보주의자들은 웹과 슐러의 배타적 애국주의, 혹은 게이와 낙태에 대한 반동적 입장을 너무 걱정할 필요가 없다고 역설했다. 클라인의 말에 따르면, 민주당이 지배하는 의회에서 "그들은 자신의 사회적 보수주의를 실현할 천금 같은 기회를 거의 얻지 못할 것이다. 반면 그들의 경제적 신념은 의회에서 의료, 실업, 불평등, 기업 규제, 기타 민주당이 간절히 다루고 싶어하는 국내문제들로 마침내 주의를 돌리는 데 요긴한 역할을 할 것이다."

민주당이 개혁적 의도로 충만해 있다는 클라인의 영웅적인 가정은 일단 제쳐두고, 클라인은 민주당 내의 경제적 국수주의자들이 야기히는 위험을 심각할 정도로 과소평가하고 있다. 칼 로브와 백악관 입장에서는 지난해 풀뿌리 보수 진영에서 반이민 히스테리가 폭발하면서 극적으로 허를 찔렸다. 한편 『아메리칸 프로스펙트』의 편집자들은 지금쯤 자신들이 민주당 내의 외국인 혐오증을 과소평가했음을 후회하고 있을 것이다. 민주당이 공화당에게 빼앗아 온 30석 중 최소한 절반은 이주민 문제에 대해 보수적 입장을 지닌 후보들로 채워졌다. 게다가 중남부 지역에서는 민주당 의원이 "불법 이민 문제에 안이하다"는 이유로 공화당 의원을 공격했으며, 한 민주당 상원의원의 선거운동 웹사이트에는 사람들이 국경 울타리를 타넘어오는 사진과 빈 라덴 · 김정일의 이미지를 나란히 올려놓기도 했다. 특히 "블루독 연합"은 대륙을 가로지르는 규모의 국경 장벽을 세우고 지역 경찰에게 연방 이민법의 집행 권한을 주자는 주장을 열렬히 지지하고 있다.

새로운 의회에서, 신민주당과 클린턴 세력이 신성시하는 자유무역 원칙에 대해 웹과 슐러가 소위 "프롤레타리아적" 공격을 어디까지 끌고 나갈 것인지 지켜보는 일은 흥미로울 것이다.(내 육감으로는, 그들이 '리서치 트라이앵글' 연구 단지의 부유한 첨단 기술 기업가들과 허심탄회한 대화를 몇 마디 나누고 나면, 숨겨진 노동계급의 피해는 양 진영 정치가들의 관심 밖으로 밀려날 것 같다.) 한편 그들의 대중주의에 들어 있는 반이민 및 중국 혐오적인 측면은 비슷한 성향을 지닌 공화당 의원들과 상승 작용을 일으켜 확대될 가능성이 크다. 민주당은 공화당의 "라틴계 대응 전략"이 파산한 여파를 잠시 동안 즐길 수 있겠지만, 자기 당에 존재하는 독소에서 면책될

수는 없다. 최악의 시나리오는 민주당 지도부가 계속해서 골드만 삭스와 제네테크의 꼭두각시 노릇을 하는 동안에, 많은 이들이 오랫동안 고대해 온 신대중주의가 의회를 '꼴통'과 '또라이'의 두 당파로 재편성하는 산파로 전락해 버리는 것이다.

(2007년 3~4월, 『뉴레프트 리뷰New Left Review』, 참고문헌은 원 글에 들어 있다.)▪

▪ 원래 『뉴레프트 리뷰』에 발표했던 글에는 참고문헌과 각주가 포함되어 있다. 참고문헌이 들어 있는 원고가 인터넷에 공개되어 있다. http://www.newleftreview.org/?view=2651

2부
미국은 전쟁 중

In Praise of Barbarians

야만인들이 죽는 모습을 지켜보는 일은
주된 기분 전환 수단이었다.

—피터 헤더Peter Heather, 『로마제국의 멸망*The Fall
of the Roman Empire*』 중에서

부시의 원대한 목표*

1951년 초여름, 이누이트 사냥꾼 한 무리가 프랑스인 인류학자를 안내하여 그들의 고향인 그린란드 북서부의 툴레에서 캐나다의 엘스미어 섬까지 용감한 탐험을 끝내고 돌아왔다. 그들이 탐험을 떠난 1950년까지 툴레는 지구상에서 가장 외진 마을 중 하나였다. 1910년 그린란드의 국민 영웅인 크누드 라스무센Knud Rasmussen이 그 유명한 인류학 탐험의 기지로 쓰기 위해 이곳에 20개의 이글루와 교역소를 지은 바 있다.

그들은 꽁꽁 얼어붙은 바다를 건너는 도중에 황홀한 "신기루"를 보고 넋이 나갔다.

■ 원문 제목은 '세상 끝의 툴레ultimate Thule' 였다. 툴레는 이 글에 등장하는 그린란드의 지명이지만 고대의 항해사들이 세계의 북쪽 끝에 있다고 상상한 나라의 이름이기도 하다. 'ultima Thule' 는 '세상 끝' 또는 '원대한 목표, 이상' 을 뜻하기도 한다.

"연기와 먼지가 자욱한 가운데 걸개와 천막, 금속과 알루미늄 판으로 이루어진 도시가 햇빛을 받아 반짝이고 있었다. 그것은 어제까지만 해도 허허벌판이었던 우리 앞의 얼음 평원 위에 솟아올라 있었다."

그들이 고향 땅을 비운 동안, 120척의 배와 1만 2천 명의 군인으로 이루어진 미국 함대가(오키나와 전투 이후 최대의 육해군 합동작전을 펼쳐) 그린란드의 노스스타 만을 점령했다. 펜타곤은 툴레 주민들의 양해를 전혀 구하지 않은 채, 그들의 여우 사냥터를 곧 닥쳐올 핵전쟁을 위한 폭격 기지로 바꾸어 버렸다. 당시에 한반도에서 미군과 중국군이 정면으로 충돌하여 핵전쟁은 시간 문제처럼 보였다.

1953년 신형 나이키 미사일 배터리를 저장할 땅을 확보하기 위해, 미군 지휘관은 툴레 사람들에게 나흘의 시간을 주면서 고향을 떠나라고 요구했다. 그들은 그곳에서 200킬로미터 떨어진 새로운 마을(몇몇 사람의 의견에 따르면 "즉석 슬럼")로 강제로 추방되었다. 덴마크와 미국 정부의 관료들은 이것이 "자발적인" 이주였다고 전 세계에 거짓말을 했다.(97) 이제 그로부터 반세기가 흐른 지금, 다수가 사회주의 성향의 이누이트 형제당(IA) 소속인 그 손자들은, 전 지구적인 전지전능의 군사력을 꿈꾸는 미국 정부의 "스타워즈" 판타지를 실현하는 데 최대 걸림돌이 되고 있다.

지구의 머리 꼭대기에 자리 잡은 덕분에 북극 너머로 중앙아시아와 중동을 엿볼 수 있는 툴레의 입지는, 냉전 시대 이래로 다시금 펜타곤의 가장 중요한 지정학적 자산 중 하나로 부각되었다.

부시 행정부는 국가미사일방어(NMD) 정책을 추진하기 위해 영국의 파일링데이스와 툴레에 위치한 "탄도미사일 조기 경보 체제(BMEW)" 레이더 기지의 업그레이드가 긴급히 필요하다고 주장하고 있다. 물론 영국 정부는 언제든지 납작 엎드려 도와줄 태세를 갖추고 있었고, 덴마크는 좀 더 신중한 자세를 취하기는 했지만 역시 (과거에 그러했듯이) 툴레를 몇몇 약소한 보답과 맞바꿀 용의가 있다는 신호를 보냈다. 그러나 칼라아릿 누나트(Kalaallit Nunaat, 현지 사람들이 그린란드를 부르는 말이다.)의 조그마한 자치 수도 누크는, 아직까지 "이 정신 나간 계획"에 징발되기를 거부하고 있다.

실제로 작년(2002년) 12월에 치른 역사적인 선거에서 대다수의 그린란드인은 반反NMD 연합을 표방한 사회민주주의 성향의 '전진당Siumut Party'과 급진 성향의 '이누이트 형제당'에 표를 던졌다. 이 두 정당의 후보들은 덴마크 정부가 툴레를 놓고 일방적인 거래를 하는 데 반대하고, 완전한 독립을 위한 전진에 박차를 가하겠다고 약속했다. 이처럼 그린란드인들이 덴마크와 미국 정부 양쪽에 도전하면서 좌선회한 것은 놀랄 만한 발전으로, 거의 알려지지 않은 쓰라린 식민지 경험에 뿌리를 둔 것이다.

18세기 초 덴마크인들이 그린란드 남서부에 신정神政주의적 식민지를 건설하기는 했지만, 동부 해안의 이누이트인들은 1880년대까지도 "발견되지" 않았으며 툴레 지역은 1930년대까지 (독자적인 우표까지 발행하는) 자치를 유지했다. 그런데 1930년대에 섬 전체에 대한 덴마크의 영유권 주장(덴마크는 오랫동안 이를 놓고 노르웨이와 다퉈 왔다.)이 외교적 인정을 받았고, 때마침 독일, 영국, 미국의 군사 계획가들이 그린란드 상공의 항공로를 정찰하기에 이른다.(이때 독일에서 온 "탐험가" 중 한 명은 바로 로자 룩셈부르크Rosa Luxemburg와 칼 리프크네히트Karl Liebknecht를 암살한 장본인이었다.)

1941년, 루스벨트 대통령은 그린란드에 대한 독일군의 침공만큼이나 캐나다군의 상륙을 걱정한 나머지 먼로 독트린의 적용 범위를 그린란드까지 확대하였고, 곧 B-17과 B-24 폭격기를 영국까지 공수하는 데 쓰인 유명한 직항로가 이 섬의 상공을 지나게 되었다. 몇 개월도 지나지 않아, 덴마크가 티베트처럼 바깥 세계로부터 고립시켜 관리하던 이 땅에는 17개의 기지와 수천 명의 미군들이 넘쳐나게 된다. 덴마크가 나치 독일의 위성국가로 떨어진 동안에 그린란드는 (아이슬란드와 더불어) 미국의 군사 식민지가 되었다.

전쟁이 끝난 뒤 펜타곤은 이 "세계 최대의 항공모함"에 대한 통제권을 유지하는 데 신경을 곤두세우고, 덴마크에게서 그린란드를 사들이라고 트루먼 행정부를 압박하였다. 결국 미국 정부는 차선책을 취하기로 결정을 내렸다. '1951년 조약'을 맺어 미 전략공군사령부(SAC)에게 툴레를 아마겟돈의 발사대로 사용할 무제한의 권한을 넘겨준 것이다. 1956년 가을, 툴레에 기지를 둔 B-47기들이 거듭하여 소련 영공 깊숙이까지 침입했는데(홈런 작전 Operation Hom Run), 이는 크렘린의 신경을 한계까지 밀어붙이기 위해 계획된 작전이었다. 당시 전략공군사령부 사령관으로서 기괴한 전쟁광이었던 커티스 르메이Curtis LeMay는 후에, "그때 조금만 운이 좋았어도 우리는 3차 대전을 일으킬 수 있었다."고 아쉬운 어조로 회상했다.

1961년에 기술적 결함으로 툴레와 교신이 끊어지는 일이 벌어지자, 전략공군사령부의 사령관들은 이를 소련의 기습 공격으로 오인하고 핵 공습 명령을 내릴 뻔한 적도 있다. 또 그로부터 7년 뒤에는 수소폭탄 4기를 탑재한 B-52B 폭격기가 불길에 휩싸인 채 툴레 앞바다에 추락했다. 공군 측은 폭탄을 전부 찾아내서 회수했다고 우겼지만, 수색 작업에 동원되었던 인근 노동자들은 폭탄 한 기가 끝내 발견되지 않았다고 끈질기게 주장했다. 2001년 영국의 『인디펜던트』지는 그들의 증언을 보강해서, 플루토늄 12킬로그램(분실된 폭탄의 고유 번호는 '78252'였다.)이 주변 생태계로 새나갔다고 추정하였다. 수색 작업에 투입된 그린란드인들을 대표하는 단체인 "툴레 노동자협의회"는, 이 지역에 암 발병률이 높고 털 없는 바다표범이나 발굽 기형인 사향소가 출현하는 등 기이한 현상이 일어나는 것은 바로 이 때문이라고 주장했다.

결국 베트남전쟁 중에 B-52기들이 이 지역에서 철수하고 나르사수아크Narsarsuaq와 칸제를루수아크Kangerlussuaq의 거대 미군 기지들이 문을 닫았지만, 펜타곤은 그 어질러진 잔해를 하나도 치우지 않았다. 또 펜타곤과 공모한 식민지 지주 덴마크도 미국이 남기고 간 쓰레기에 대해 전혀 항의하지 않았다. 그러나 그린피스가 작성한 문서에 따르면, 버려진 미 공군기지와 레이더 기지가 남아 있는 섬들에는 독극물과 환경오염 물질이 대량으로 존재한다고 한다.

펜타곤이 캐나다 북극권을 무장하는 대신에 1951년 맺은 "그린란드 상호방위조약"에 따르면, 미국인과 그린란드인의 접촉은 엄격히 금지되어 있다. 덴마크는 원주민에 대한 헤게모니를 영구화하기 위해 1953년 그린란드를 본국 일부로 귀속시켰다. 하지만 이러한 지위는 알제리가 "프랑스"의 일부가 되었을 때와 비슷하게, 불평등을 개선하기는커녕 오히려 악화시켰다. (툴레의 고향 땅에서 쫓겨난 사냥꾼들을 비롯한) 그 다음 세대의 그린란드인들은 억압적이고 가족주의적인 "근대화"의 지배를 받으면서 고유문화에서 급격히 단절되었다. 덴마크의 전략은, 외딴 어촌 마을과 사냥 야영지에 흩어져 살던 주민들을 대규모 통조림 공장과 행정 시설을 갖춘 몇몇 "효율적인" 중심지로 대거 집결시키는 것이었다.

억세고 독립적인 북극의 사냥꾼들은 이제 실업자 신세가 되어 콘크리트 고층 주택에 수용되었다. 그들의 자녀는 덴마크어를 배우고 아내는 청소부가 되거나 생선 가공 공장에 취직했다. 숙련 및 전문 노동은 주로 외지에서 유입된 고임금 계약직의 차지가 되었다. 덴마크 우익들은 그린란드로 들어가는 보조금이 너무 오른다고 불평하지만, 진짜 수혜자는 이런 외지 노동자 계층이다. 덴마크 정부의 정책은 미군 기지의 정치경제학(그들의 용역 노동 수요, 그들이 버리는 막대한 폐기물, 그들의 소비 유형)에 보조를 맞추어 집행되었고, 그 과정에서 이누이트 문화는 불과 한 세대 만에 폭력적으로 도시화되었다. 그렇게 정부가 부추긴 결과 중 하나가 바로 널리 퍼진 중독이다. 현재 그린란드에서는 1년에 5만 6천 명의 주민들이 1억 2천만 개비의 담배를 피우고 4천만 캔의 맥주를 마시고 있다. 그런가 하면 겨우 인구 5만 명인 그린란드의 수도 누크는, 성난 낙서들이 아파트 벽면을 메우고 골목에서 갱단들이 싸움을 벌이며, 마약 딜러들이 개조한 스노모빌을 타고 배회하고 있어 그 모습이 사우스센트럴 L. A.에 버금갈 정도다.

공동체적이었고 영웅적이었던 과거 자신들의 생활방식에 대해 자의식이 높은 그린란드인들은 미국과 덴마크의 양 식민주의에 맞서 격렬히 싸웠다. 1979년에 실시된 지방자치는 그린란드의 민족주의를 인정한 일보 후퇴이기도 했지만, 코펜하겐에서 교육받은 신이누이트 엘리트들을 진출시켜 덴마크 지배를 새롭게 식민화하려는 시도이기도 했다. 여기에 훼방을 놓은 장본인이 바로 "이누이트 형제당"이었다. 이는 베트남전쟁과 1970년대의 반식민주의 혁명에 고무된 이누이트 신좌파들이 창설한 정치조직이다. 이따금 이누이트 형제당(페터 회Peter Hoeg의 유명한 소설 『스밀라의 눈에 대한 감각Smilla's Sense of Snow』의 주인공 스밀라도 이 정당 소속이다.)을 온건 성향을 띠는 덴마크 사회주의인민당에 대응시키는 이들도 있지만, 전통주의, 범이누이트주의, 녹색과 적색을 동시에 아우르는 이누이트 형제당의 강령은 대단히 참신하다. 이누이트 형제당은 '이누이트 극지회의'를 창설하는 데도 주도적인 역할을 했다. '이누이트 극지회의'는 총 4개국에 거주하는 15만 2천 명 이누이트인들의 그림자 정부로 활동하며 원자폭탄과 중독, 오염이 없는 민중의 북극을 꿈꾸는 운동권 비정부기구다.

작년 12월, 많은 이들은 이누이트 형제당이 사회민주주의 성향의 전진당을 누르고 그린란드의 최대 다수당으로 발돋움하리라 예상하였다. 그러나 그린란드의 독립을 옹호하는 한스 에녹센 Hans Enoksen이 전진당 지도부를 접수하는 바람에 이누이트 형제 당은 아슬아슬한 표 차로 이에 실패하였다. 오랫동안 전진당 당 수를 지내 온 요나탄 모츠펠트Jonathan Motzfeldt 그린란드 총리는, 프라하에서 열린 나토 정상회담에 참석했다 돌아온 직후 에녹센 에게 자리를 내주었다. 그러나 에녹센이 이끄는 새로운 전진당· 이누이트 형제당 연립 정부는 구성되고 불과 몇 주 만인 올 1월에 깨지고 말았다. 외신들은 전진당 관료들이 정부 건물의 악한 기 운을 내쫓기 위해 전통 "주술사"를 채용했기 때문이라고 이 위기 를 풍자하였다. 하지만 이누이트 형제당은 (몇 해 전에도 그랬듯이) 정부 내에서 날로 늘어 가는 부패와 정실 관행에 반발하여 뛰쳐 나온 것이다. 전진당은 즉시 신식민주의 성향의 연대당Atassut party을 끌어들여 새 정부를 구성했다. 연대당은 스타워즈 계획을 놓고 미국 정부와 협상하는 데 대해 덴마크 정부와 뜻을 같이 하 고 있다.

　이누이트 형제당이 에녹센과의 연정을 깨고 나오면서, 그들의 주장은 이제 그린란드의 자결권을 외치는 단 하나의 진정한 목소 리로서 더욱 힘을 얻게 되었다. 게다가 이누이트 형제당은 북극 을 재무장하려는 미국의 계획에 계속해서 맹렬히 반대하고 있다. 이누이트 형제당의 지도부 중 한 명인 요한 올센Johan Olsen이 작 년에 유럽의회에서 발언했듯이, "그린란드는 툴레의 레이더를 업 그레이드하려는 미국의 바람을 실현시키는 내용이 포함된 그 어 떤 협상에도 참여해서는 안 된다. (…) 우리는 북극을 비무장지대로 선포할 필요가 있다고 생각한다."

(2002년 2월, 『소셜리스트 리뷰』, 동그린란드를 방문하고 돌아와서)

후기

2004년, 기후변화의 재앙과 전통적 사냥·어로 경제의 쇠퇴를
절박하게 우려한 그린란드 자치 정부는, 경제 원조 및 기지 내 일
자리 창출에 대한 막연한 약속을 대가로 미국의 툴레 기지 업그
레이드에 동의했다. 콜린 파월은 앞으로 닥쳐올지 모를 미국의
냉전과 핵전쟁의 최전선에 다시금 몸을 내던진 그린란드인들에
게 감사를 표하기 위해 누크에 잠깐 들렀다. 그러나 지금까지 툴
레에 새로 생긴 일자리 대부분은 이주해 온 덴마크인들에게 돌아
갔으며, 영웅적인 사냥꾼과 탐험가들의 자손인 그린란드인들은
만년설이 녹고 극지에 슬럼이 조성되며 자녀들이 비행에 빠져들
미래를 응시하고 있다.

11 | 머리 가죽단의 전쟁범죄

> 나는 동료들이 저지른 소름끼치는 행위에 너무도 충격을 받아서, 악몽
> 과도 같은 두려운 느낌에 사로잡힌 나머지, 낮에는 괴로워하고 밤에는
> 무시무시한 꿈을 연달아 꾸었다.
> —샘 체임벌린Sam Chamberlain, 『나의 고백My Confession』(1850)

소설가 코맥 맥카시Cormac McCarthy는 음침한 걸작 『피의 자오
선Blood Meridian』에서, 머리 가죽을 사냥한 양키 갱단에 대한 무
서운 이야기를 들려준다. 1850년대 초반에 이들은 치와와에서부
터 남캘리포니아까지 묵시록적인 살육의 흔적을 질질 끌고 다녔
다. 존 조엘 글랜튼과 사이코패스인 그의 부관 '홀든 판사'가 지
휘했던 이 떠돌이 군인과 죄수 무리는, 백인들을 습격하는 아파치
족을 사냥할 권한을 멕시코 정부에게 위임받은 뒤 곧바로 피 맛
에 도취되었다. 홀든(이 대머리 거한은 어린아이들을 상대로 비역질을
하지 않을 때는 동료들을 앉혀 놓고 난해한 지질학 강의를 하곤 했다.)의
끊임없는 교사 밑에서 이 무리는 적대적인 인디언은 물론 시골
농부와 목동들까지 몰살했고, 강간하고 살육할 무고한 사람들이
보이지 않을 때면 상어처럼 자기들끼리 물어뜯었다.

불에 구운 고문 희생자들의 두개골, 사람 귀로 만든 목걸이, 죽은 갓난아기들을 매달아 놓은 나무 등 맥카시의 섬뜩하고 극단적인 묘사에 많은 독자들이 움츠러들었다. 어떤 이들은 미국 서부가 학살에서 기원했음을 저자가 강조한 것, 그리고 이 책이 베트남전쟁의 "수색 및 섬멸" 작전을 명백히 은유하고 있는 것이 비애국적이라고 매도하기도 했다. 그러나 미국·멕시코 국경을 무대로 한 맥카시의 다른 소설과 마찬가지로, 『피의 자오선』역시 세밀한 조사에 근거한 것이다. 백인 야만인인 글랜튼과 홀든은 실존 인물이며, 이 갱단에서 끝까지 살아남은 극소수 중 한 명인 샘 체임벌린은 훗날 남북전쟁의 영웅이 되었고 매사추세츠의 교도소에서 간수로 일했으며 충격적인 회고록(『나의 고백』)을 남겼다. 맥카시는 이 회고록을 줄거리의 뼈대 삼아 소설을 썼다.(29) 실로 『피의 자오선』은, "명백한 운명"■의 극악무도한 역사에 대해 체임벌린이 직접 들려주는 이 으스스한 이야기와 나란히 놓고 읽어야 한다. 이 회고록에서 체임벌린은 학살, 불타는 교회들, 시체를 포식하는 독수리들을 묘사하며 섬뜩한 색채로 이 역사를 기록하고 있다.

그러나 글랜튼과 홀든은 대다수 미국인들(특히 서부 정복을 찬양하는 사람들)이 잊고 싶어하는 선조인 동시에, 피해 갈 수 없는 유

■ Manifest Destiny, 19세기 중반 미국의 서부로의 영토 확장을 옹호했던 표어다. 이 말은 "신이 마련해 준 이 대륙을 확장하는 것이 우리의 명백한 운명을 완수하는 것"이라는 존 오설리번의 말에서 비롯되었으며, 1845년 미국이 멕시코와 전쟁을 치르면서 유명해졌다.

령이기도 하다. 6주 전, 러스트벨트에 속한 오하이오 주의 한 용기 있는 지역 신문사(톨레도의 『블레이드』)가, 공식적으로 은폐되었던 베트남전 학살의 진실을 폭로했다. 그 구체적인 내용은 『피의 자오선』의 세세한 부분까지 참을 수 없을 정도로 오싹하게 재현하고 있다. 글랜튼이 이끌었던 머리 가죽단의 환생은 바로 "타이거포스Tiger Force"라는 101공수사단 소속의 정예 부대원 45명이었다. 『블레이드』지는 1967년 여름과 가을, 베트남 중부 고지를 무대로 벌어진 이 살육 행진을 낱낱이 재구성한 기사로 퓰리처상을 탔으며, 우리는 이 끔찍한 내용을 처음부터 끝까지 정독할 필요가 있다.(131)

기자인 마이클 살라Michael Sallah와 미치 와이즈Mitch Weiss는 백 명이 넘는 퇴역 미군 및 베트남 생존자들을 인터뷰했다. 타이거포스의 잔학 행위는 포로들을 고문하고 들판에서 처형하는 것으로 시작되어, 비무장한 농부들, 노인들, 심지어 어린아이들까지 일상적으로 살육하는 데까지 이르렀다. 한 퇴역 하사관은 『블레이드』에 이렇게 말했다.

"민간인인지 아닌지는 중요치 않았다. 사람이 있어서는 안 될 곳에 누군가 보이면 우리는 그냥 쐈다. 만일 그들이 공포를 이해하지 못하면 우리는 그걸 가르쳐 줬다."

타이거포스는 일찍부터 희생자들의 머리 가죽을 벗기고(그들은 이 머리 가죽을 M-16 소총의 끝에 매달았다.) 귀를 잘라 기념품으로 간직하기 시작했다. 한 부대원은(그는 나중에 갓난아기의 목을 자르기도 했다.) 귀들을 꿰어서 엽기적인 목걸이를 만들어 (마치 『피의 자오선』에 나오는 토드바인처럼) 걸고 다녔고, 어떤 부대원은 그것을 고향의 아내에게 소포로 부치기도 했다. 죽은 마을 사람들의 이를 발로 걷어차서 금니를 빼내 챙기는 사람들도 있었다. 타이거포스의 전직 하사관 한 명은 기자에게, "민간인을 너무 많이 죽여서 숫자를 기억할 수 없었다."고 말했다. 『블레이드』는 무고한 희생자의 수가 "수백 명"에 달할 것이라고 추산했다. 부대의 위생병이었던 또 다른 퇴역 군인은 한 달 동안에만 비무장 민간인 150명이 살해되었다고, 기억을 더듬어 증언했다.

이 학살을 교사한 이는 상급 장교들, 그중에서도 특히 글랜튼을 연상시키는 인물인 대대 지휘관 제럴드 모스(Gerald Morse, 그는 스스로를 "고스트 라이더"라 칭하였다.)였다. "움직이는 것은 전부 사격하라."는 명령이 떨어졌고, 모스는 이 부대에 사살할 적의 인원 수를 327명(이 숫자는 대대 번호와 일치했다.) 할당했으며, 타이거포스는 농부와 십대 소녀들을 미친 듯이 죽여서 할당량을 채웠다. 다른 부대에서 이 섬멸 작전에 항의한 군인들은 묵살당하거나 함구하라는 경고를 받았고, 타이거포스 내의 명령 기피자들은 곧바로 전출되었다.

1941년 우크라이나 서부에서 '아인자츠그루펜'*이 그랬듯이, 글랜튼 갱단의 잔학 행위는 그 자체로 여세가 붙으면서 만족을 모른 채 더해 갔다. 마침내 송베 계곡에서는 그 누구도 상상 못

---

* Einsatzgruppen, 2차 대전 중에 나치 독일이 조직한 인종 청소 부대. 독일군이 폴란드와 소련을 침공한 후 그곳에 살던 유태인 · 슬라브인(대부분 후방의 민간인들)을 무차별 학살하였다.

할 일들이 벌어지기에 이르렀다. 그들은 "열세 살 소녀를 성폭행한 다음 목을 베었"으며, 오두막에 불을 지르고 젊은 아기 어머니를 쏘아 죽였다. 또 어떤 소대 하사관은 비무장한 십대에게 마을에서 나가라고 명령한 다음 그를 등 뒤에서 쏘았다. 그리고 갓난아기 목에 걸린 목걸이를 빼앗으려고 목을 베기도 했다.

그중 아기의 목을 벤 이야기는 하도 널리 퍼져서, 결국 군 당국은 1971년 비밀리에 조사에 착수할 수밖에 없었다. 이 조사는 거의 5년을 끌었으며, 타이거포스 부대가 저질렀다고 전해지는 30건의 전쟁범죄를 규명했다. 또 소대원 중 최소한 18명의 기소를 뒷받침하는 증거들이 발견되었다. 그러나 가장 죄질이 무거운 군인 중 여섯 명이 군사재판에 기소되지 않은 채 제대를 허가받았고, 1975년 펜타곤은 조사 내용 일체를 조용히 묻어 버렸다.

『블레이드』에 따르면, "이 결정이 포드 행정부 내 어느 선까지 올라가서 내려진 것인지는 알려지지 않았다." 그러나 그 주역들이 누구누구였는지는 상기할 가치가 있다. 당시 국방장관은 바로 현재에도 국방장관을 역임 중인 도널드 럼스펠드였으며, CIA 국장은 조지 부시, 백악관 비서실장은 딕 체니였다. 밀라이 학살 사건▪을 폭로하는 데 일조한 바 있는 탐사 전문 기자 시모어 허시 Seymour Hersh는 최근 『뉴요커』에 기고한 글에서 재벌 언론, 특히 4대 메이저 텔레비전 방송사가 『블레이드』의 발견을 보도하지도 않고 정부가 은폐하는 문제를 자체적으로 파고들어 취재를 벌이

▪ 1968년 3월 16일, 미군 찰리 중대가 베트남 민간인 5백 명을 학살한 사건.

지도 않는 데 대해 힐난했다. 시모어 허시는 또 군 당국이 밀라이 인근의 '미케 4' 마을에서 1968년 같은 날 자행된 또 다른 대규모 민간인 학살 사건의 내용을 은폐하고 있다는 사실을 환기시키기도 했다.(71)

사실 타이거포스 사건은 지난 몇 년 사이 세 번째로 세상에 드러난 중요한 전쟁범죄다. 그때마다 언론은 냉담하게, 정부는 무관심과 경멸로 대응하였다. 1999년에도 AP 통신사의 탐사 기자팀이 참혹한 학살을 폭로하는 특종을 터뜨렸다. 1950년 7월, 4백 명이 넘는 한국의 비무장 민간인이 미군에 의해 살해된 것이다. 이 학살은 노근리 마을 근처의 돌다리에서 자행되었으며, 이에 연루된 부대는 인디언 토벌로 악명을 떨친 커스터 장군의 '제7기병대'의 후신인 제7기병연대였다. 한 참전 군인은 AP에 이렇게 증언했다.

"미친놈처럼 소리 지르는 한 중위가 있었다. 전부 불 질러라, 전부 다 죽여라. (⋯) 어린애들도 있었는데, 누구든 상관없었다. 여덟 살이든 여든 살이든, 장님, 불구자, 정신병자 할 것 없이 전부 다 쏘았다."

또 다른 퇴역 군인은 겁에 질린 한 어린아이의 기억을 머리에서 떨치지 못했다.

"그 아이가 우리 쪽으로 달려왔다. 그 어린 여자애를 기관총으로 쏘아 죽이려는 자들의 모습을 보았어야 한다."(30)

이 한국판 운디드니 학살에 대해 마지못해 조사를 벌인 펜타곤은 민간인 희생이 있었음을 인정했지만, 이를 "전쟁에 으레 뒤따르는 불행한 비극"으로 결론 내렸다. 미군이 피난민 행렬을 향해 고의로 폭격과 사격을 행했다는 증거가 넘쳐나고 있는데도 말이다.(퓰리처상에 빛나는 세 명의 AP 통신 기자가 쓴 책 『노근리 다리The Bridge at No Gun Ri』(2001)는 현재 아마존닷컴 판매 순위 200,000위권에 방치되어 있다.)

마찬가지로, 스스로 자백한 어느 전쟁 범죄자에 대한 분노 역시별로 오래 가지 못했다. 그는 바로 명성 높고 한때는 진보적이기까지 했던 뉴욕 뉴스쿨의 총장으로 군림하고 있는 밥 케리Bob Kerrey다. 네이비실 출신이며 네브래스카 주 상원의원을 지낸 밥 케리는 오랫동안 거짓말로 무마해 왔지만, 동성 무공 훈장을 받은 1969년의 영웅적 교전 중에 대부분 여성과 아이들인 비무장 민간인 수십 명을 학살한 사실이 있음을 2001년 어쩔 수 없이 시인했다. 밥 케리는 "이를 잔학 행위라고 기술하는 편이 진실에 아주 근접할 것이다."라고 인정했다. 그러나 케리의 지휘하에 탄퐁에서 벌어진 학살의 진실을 폭로한 네이비실 출신의 블루칼라 노동자는 주정뱅이에 배신자로 낙인찍혔고, (맥스 클릴랜드와 존 케리 상원의원을 위시한) 막강한 민주당 인사들은 더 이상의 조사나 고발에서 밥 케리를 방어하기 위해 보호막을 쳤다. 그들은 "전쟁을 비난하지 않고 전사를 비난하는 것은" 잘못된 일이며 "치유 과정"이 필요하다고 역설했다.

실로 미국의 잔학 행위를 은폐하는 일은 완전히 당을 초월한 사업이다. 현재 민주당은 베오그라드를 폭격한 전력이 있는 웨슬리 클라크 장군을 대통령 후보 경선에 백마 탄 기사로 영입할 것을 고려 중이다. 한편 부시 행정부는, 새로 설립되는 국제사법재판소의 관할권에서 미군을 면책해 주지 않으면 원조 삭감과 무역 제재로 보복하겠다고 세계를 협박하고 있다.

물론 미국이 1946년부터 1947년에 스스로 그 수립을 도운 '뉘른베르크 원칙'*으로부터 면책을 요구할 수밖에 없는 이유는 많이 있다. 예를 들자면 몇 년 전 북부동맹의 군벌들이 자행한 탈레반 포로 수백 명의 학살에 미군 특수부대가 공모했을 가능성이 매우 높다. 게다가 중동을 "민주화"하고 세계를 벡텔과 핼리버튼이 사업하기 안전한 곳으로 만드는 '백인의 새로운 사명'을 수행하는 과정에서 민간인의 "부수적 손실"은 필연적으로 일어날 수밖에 없다. 따라서 제국의 책략에는 아직까지도 글랜튼 일당이 꿰찰 자리가 건재하며, 한때 힐라의 황무지에서 짖어 댔던 머리 가죽단은 현재까지도 유프라테스 강둑과 힌두쿠시 산맥의 그늘에 이르는 도처를 헤매 다니고 있는 것이다.

(2003년 9월, 『소셜리스트 리뷰』)

후기

2006년 여름, 군사 전문가인 닉 터스Nick Turse와 『로스앤젤레

---

* 2차대전 이후 뉘른베르크에서 열린 국제 재판을 통해 인정된 국제법의 원칙들을 말한다. 전쟁 범죄와 반인도적 범죄를 국제법상 범죄로 취급하여 처벌한다고 명시하고 있다.

스 타임스』기자인 데버러 넬슨Deborah Nelson은, 기밀이 해제된 9천 페이지짜리 문서와 관련한 기사를 발표했다. 이 서류는 1971년 '전쟁을 반대하는 베트남 참전 용사들'이 "윈터 솔저Winter Soldier"라는 이름으로 디트로이트에서 공개 청문회를 개최했을 때 퇴역 군인들이 제기한 잔학 행위 의혹에 대응하여 펜타곤이 조사를 벌였던 결과물이었다. 이 조사 결과에 따르면 밀라이와 "윈터 솔저" 사건은, 군의 비인도적 만행이라는 거대한 빙산의 일각에 불과했다. 군 당국의 수사로 "베트남에서 작전을 수행했던 사단 전부"가 연루된 총 320건의 전쟁범죄가 그 실체를 드러냈다. 그 밖에도 입증되지 않았거나 고려에서 제외된 잔학 행위 의혹이 5백 건에 달했다.

밑 빠진 활화산, 이라크

> 무어인들은 비록 정의에 무지하기는 하지만 압제를 견디지 못한다. 그들
> 의 떠돌이 생활과 끝없는 황야는 군대를 무력화시키고 정복자의 사슬을
> 교묘히 피해 간다. —기번Gibbon

펜타곤에 "역사국bureau of History"이 있다고? 그 드넓은 미로 어딘가에, 수도사 같은 연구자들이 오래된 권력의 문서더미를 힘들게 뒤져서, 획득하고 잃어버린 식민지와 흥망한 제국들의 교훈을 발굴해 내는 방이 있다고? 나는 의심스럽다. 역사에 대한 펜타곤의 관심은 아마도 서핑에 대한 스위스의 열정이나 아이스하키에 대한 사우디아라비아의 열의에 상응할 것이다. 말 그대로 형용 모순이다.

통탄할 일이다. 도널드 럼스펠드가 (혹은 이 점에 있어서는 토니 블레어도) 좀 귀찮더라도 시간을 내어 거트루드 벨*의 편지와 윈스

---

* Gertrude Bell, 19세기 말부터 20세기 초까지 활동한 탐험가이자 인류학자다. 1차 대전 전후에 영국 정보국에서 중동 전문가로 일했다.

턴 처칠의 일기를 읽어 보았더라면, 엄청난 규모의 살육을 피할 수 있었을 것이다. 거트루드와 윈스턴은 '두 강 사이에 끼인 땅(메소포타미아, 즉 이라크를 가리킨다. 옮긴이)'에 대해 대단히 잘 알고 있었다. 그런데도 그들은 민족 구성이 이질적이며 번영을 누리고 있던 오스만제국의 세 지역을 하나로 합쳐서 영국의 비참한 종속 국가로 만들어 놓고 말았다.

"이라크? 우리가 왕년에 가서 한번 건드려 봤지, 친구. 우리 행동은 피비린내 나는 비극으로 끝났어. 이제 당신네 양키들이 파국으로 치닫는 광대극을 벌이고 있군. 유프라테스 강둑에서 역사가 반복되는 꼴이 참 기묘하지 않나? 그럼 또 보세."

늙은 제국이 그의 카우보이 후계자에게 어떤 식의 메모를 건넬지 한번 상상해 보자. 이를테면 과거의 점령 경험을 요점 정리한 내용 같은. 그것은 "교훈적인 이야기"는 아닐 것이다. 우리는 이미 강 상류로 너무 멀리 올라가서 암흑의 핵심에 닿아 버렸으며, 교훈과 인도주의 따위는 이미 시체 운반 부대 속에 쑤셔 넣어 버렸다. 그러나 선배인 영국은 제국의 오만이 대체로 어떤 궤적을 거치는지 보여 줄 수 있을 것이다. 영국인들 역시 포옹과 키스를 기대하면서 시작했지만, 결국 폭탄과 학살을 돌려주는 것으로 끝이 났다.

미스 벨의 티 파티

중동 입장에서 볼 때 "온갖 구역질나는 것들의 뒤범벅"이라고 훗날 우드로 윌슨Woodrow Wilson이 힐난한 것▪은 영국이 1914년 "메소포타미아"를 침공했을 때부터 시작되었다. 영국 육군성은 20세기가 석유를 동력으로 움직이리란 사실을 벌써 알았던 것이다. 영국이 성가신 튀르크나 독일의 눈길로부터 보호하고 있던 석유 자산은 공식적으로는 이웃한 페르시아에서 생산되는 것에 한했지만, 비공식적으로 그들은 바스라 주변 석유까지 시굴하고 있었다.

메소포타미아의 정복은 응당 튀르크의 산발적인 저항에 대한 승리의 연속이어야 했다. 그러나 그것은 열기와 먼지와 갈증과 죽음을 동반한, 유례없이 비참한 행군이었다. 찰스 타운센드 Charles Townshend 소장이 이끄는 군대는 수치스러운 퇴각에 돌입했고, 1916년 봄 쿠트 알 아마라에서 2만 명 이상의 영국인과 인도인 병사들이 전멸하기에 이르렀다. 갈리폴리 전투에 버금가는 치욕에 충격을 받은 영국 정부는, 대폭 규모를 늘려 두 번째 원정을 준비하기 위해 인도에 주둔 중이던 군대를 모조리 빼낼 수밖에 없었다. 그래서 1917년 마침내 벵골 창기병들이 바그다드에 입성했고, 미스 벨은 티그리스 강변에서 차를 마실 수 있게 되었다.

이제 나쁜 튀르크가 물러났으니, 나머지 주민들은 영국을 향해 애정을 퍼부을 것이라고 그들은 대체로 예상했다.

"주위 모든 사람들의 애정과 신뢰를 느낀다는 건 멋진 일이다."

▪ 1차 대전이 끝난 후 열린 산레모 회의에서 옛 오스만 튀르크의 영토를 처리한 방식을 가리키는 말이다.

점령 초반 몇 달 동안 벨은 감격했다. 영국 정부의 동양 전담 공식 비서였으며 박식하고 모험을 즐겼던 미스 벨은, 행복한 점령을 낙관하는 이념가라는 면에서 폴 울포위츠의 전신이었다.(11)

미스 벨의 청사진은 2003년 겨울에 국방부 차관이 밝힌 계획과 그리 다르지 않았다. 벨의 생각에 따르면, 이라크 점령은 완벽한 현금 장사였다. 석유를 채굴해서(1918년 영국이 모술 지역을 불법으로 합병하면서 이는 두 배로 증가했다.) 곤궁한 처지에 몰린 재무성의 부채를 변제할 수 있는데다가, 이라크인(당시에는 아직 '이라크인'이라는 명칭을 쓰지 않았지만)들은 영국의 감독하에 스스로 치안을 다스릴 수 있기 때문이다. 오스만제국의 철권통치에서 해방된 주민들은 서서히 민주주의 가치를 배워 갈 것이다. 비록 새로운 통치 기반이 한줌의 수니파 인사들과 손잡은 거만한 영국인 나리들에게 넘어갔으며, 쿠르드인 족장들은 체포되고 시아파 성직자들은 재판에 회부된 데다 석유가 매장된 부족 소유의 땅은 징발되었지만 말이다.

그러나 실제로 주민들은 지역의 자치를 편히 용인해 준 튀르크의 지배와, 효율성(특히 세금 징수)에 매진하는 영국의 지배를 서로 비판적으로 비교하였다. 미스 벨은 점점 힘에 부치기는 했지만 여전히 들뜬 상태였다. 1918년 미스 벨은 이렇게 썼다.

"이 나라는 개방되어 가는 중이며 대체로 사람들은 이를 반긴다. (…) 바스라는 평화로운 상황이고, 바그다드에서도 거의 문제가 없다."

벨의 상관이자 폴 브레머*의 선임자 격인 아널드 윌슨Arnold

Wilson 경도 비슷하게 낙관적이었다.

"바그다드에 있는 극소수 아마추어 정치가들과 달리, 보통의 아랍인은 앞으로 영국의 후원 아래 공정한 조치가 취해지며 물질적·도덕적인 진보가 이루어지리라 보고 있다."

그 이듬해, 베르사유에서 영국과 프랑스가 중동을 나누어 가지면서, 팔레스타인에 시오니즘의 교두보가 마련되었고 시리아는 프랑스에게 넘어갔다. 이로써 전쟁 초기 벨과 그녀의 동료인 로렌스 대령T. E. Lawrence이 부추겨 놓은 아랍의 민족적 명분은 완전히 배반당했다. 한편 로이드 조지Lloyd George 내각 안에서는 메소포타미아를 놓고 맹렬한 다툼이 벌어졌다. "인도파"들은 놀고 있는 영국 귀족들을 위한 종신 한직을 대량으로 마련해 줄 수 있는 구식 식민지를 원했고, 벨 같은 "아랍파"들은 다마스쿠스에서 외인부대에게 쫓겨난 하심 왕조를 달래 줄 왕위를 절실히 원했다. (어느 영국 관리는 다른 관리에게 보낸 편지에 이렇게 썼다. "통치하지 않고 군림만 하는 데 만족하는 왕이 필요하다는 사실을 당신도 이해할 것이다.")

일반 주민들이 식민 총독이나 외국 군주에 대해 어떤 생각을 품고 있는지에 대해서는 거의 관심이 없었다. 조급했던 쿠르드인들은 1919년 5월 영국에 대항하여 봉기했다가 짓밟혔다. 벨과 바그다드의 정부 관리들은 일이 이것으로 일단락되었다고 생각했

■ Paul Bremer, 이 글을 쓰던 당시인 2003년 5월부터 2004년 6월까지 미국의 이라크 선임 행정관이었다.

다. 런던에 있는 이들에게는 미국인들과 스탠더드오일 사社가 메소포타미아 땅의 일부를 요구하는 것이 더 큰 두통거리였다.

처칠 독트린

이 모든 음모들이 벌어지는 동안, 런던의 최고위급 인사들은 치솟아 오르는 점령 비용을 줄일 방법에 골몰하고 있었다. 1920년 2월, 육군장관 겸 공군장관이었던 윈스턴 처칠은 영국 공군(RAF) 원수 휴 트렌차드Hugh Trenchard 경에게 편지를 보내, 군 병력을 전투기로 대체하면 군비를 절감할 수 있는지를 물어보았다. 또 처칠은 영국 공군이 볼셰비키를 대상으로 사용했던 겨자가스 폭탄 같은 화학무기에 관심을 표했다. 이에 신이 난 휴 경은 메소포타미아에서 벌일 구체적인 공군 통제 계획을 3월에 작성해 보냈다. 이 답신은 제때 도착했다.

1920년 메이데이에, 이라크는 '산 레모 조약'에 의해 영국의 위임통치령으로 확정되었다. 그로부터 3주 후, 한 지역 족장을 체포한 영국 군인 네 명이 모술 인근의 텔 아파르에서 살해되었다. 질서 회복을 위해 장갑차 대대가 급파되었지만, 그 지역 반란군의 습격을 받고 전멸했다. 이는 미스 벨이 일컬은 바, "애정 넘치는" 피정복민들이 일으킨 총체적 반란의 시작이었다.

점령 정부가 이 나라 전체를 하나로 단결시켜 적으로 돌리는 데 성공한 것에 대해, 처칠은 사석에서 냉소적으로 경탄하였다.

"아랍인들이 수세기 동안이나 묵혀 온 수니파와 시아파 사이의 다툼을 제쳐 두고 힘을 합칠 정도로, 영국의 민사 행정이 그토록 짧은 시간 내에 나라 전체의 따돌림을 받는 데 성공한 것은 비범한 일이다. 현지에서 우리는, 우리 군수품을 싣고 강을 거슬러 올라가려면 터키 깃발을 올리는 것이 최선의 길이라는 조언을 받았다." (31)

반란 세력 지도부는 숙청된 옛 정권의 간부들(오스만제국의 장교와 관료들)과 남부의 분노한 시아 다수파들 사이에서 충원되었다. (왠지 익숙하지 않은가?) 7월 중순경에는 유프라테스 강 하류 인근으로 싸움이 확산되었다. 커닝엄 준장은 부대원 35명을 희생시키면서 반란군의 거점이었던 루마이타를 공격했지만, 반란군은 이미 키플로 이동하여 그곳을 장악한 뒤였다. 키플로 행군하던 맨체스터 연대는 야영지에서 기습 공격을 받아 거의 몰살당했다. 레슬리 소장이 이끌던 이 부대에서는 180명이 죽고 160명이 포로로 잡혔다. 영국군은 거의 공황에 빠졌다.

한편 런던의 내각은 아일랜드에서 벌어지고 있는 게릴라전과, 러시아에서 일어난 혁명 세력과 반혁명 세력의 내전 때문에 어수선한 상황이었다. 게다가 미스 벨 등의 "아랍파"들이 바그다드에서 장밋빛 보고서를 타전해 온 것이 불과 엊그제인데, 13만 주민들이 실제로 해방군에 맞서 무기를 들었다는 사실을 믿지 못하는 분위기도 있었다. 8월, 봉기가 유프라테스 강 상류와 바그다드 외곽까지 확대되면서 위기는 더욱 악화되었다. 곧 쿠르드족이 거주하는 북부에서도 소요가 일어났다. 반란군은 페르시아로 통하는 철로를 끊고, 바쿠바와 샤흐라반을 비롯한 상당수 핵심 도시를 장악했으며, 영국 관료들을 붙잡는 족족 살해했다.

처칠은 공군에 압력을 넣어 가스("특히 겨자가스") 폭탄을 쓰도록 했지만, 결국 인도에 주둔 중이던 예비 병력을 끌어들임으로써 예산을 초과할 수밖에 없었다. 전세는 반란군에 불리한 방향으로 역전되기 시작했다. 영국 육군은 독가스탄을 사용하는 야만적인 선례를 만들었고, 공군은 폭탄을 투하했으며, 역사가인 데이비드 오미시David Omissi의 말을 빌리면, "집밖으로 달아나는 여자와 어린이들을 겨냥하여 기관총을 쏘았다." 이런 살육은 무차별적으로 행해지곤 했고, 바그다드에서 정치범들을 교수형에 처하면서 절정에 이르렀다.(114)

9월, T. E. 로렌스는 『선데이 타임스』에 영국의 "우호적" 점령이 길을 잘못 들어 포학해지는 데 항의하는 훌륭한 서한문을 투고했다. 이 글은 지금 『뉴욕타임스』 지면에 다시 실어도 무방할 것이다.

"우리의 정부는 튀르크의 구체제보다 더 나쁘다. 이 지역에서 그들은 1만 4천 명을 징집하여 군에 편성했고 평화를 유지하기 위해 해마다 평균 2백 명의 아랍인을 죽였다. 우리는 9만 명의 병력에 비행기, 장갑차, 포함, 장갑 열차까지 동원하고 있다. 지난여름 우리는 반란을 진압하면서 아랍인 1만 명을 죽였다. (…) 행정 관료들 말고는 아무에게도 도움 될 것이 없는 식민지 정부를 위해, 우리는 앞으로 얼마나 오랫동안 수백만 파운드와 수천 명의 제국 군대, 수만 명의 아랍인을 희생시킬 것인가?"

(27, 114)

악마의 실험실

폭격기와 독가스와 장갑차에 힘입어, 영국은 1920년 9월 마침내 이 나라의 통제권을 다시 손에 쥐었다. 인도성印度省의 강경론자들은 카르타고식 화평(패자에게 혹독한 화평 조약을 가리킨다. 옮긴이)을 강요했다. 크리스마스 내내 반란 지역 전체에서 토벌이 행해졌다. 영국군은 마을에 불을 지르고 용의자를 처형하고 가축을 징발하고 벌금을 징수했다.

곧바로 식민장관으로 승진한 처칠은, 이라크와 여타 무슬림 식민지(그의 말마따나 "밑 빠진 활화산ungrateful volcano")를 지배하는 가장 저렴하고 효율적인 방법으로 공중 테러를 계속 주장했다. 1921년 영국 공군은 "공군 통제" 계획을 마무리 손질하고 있었다. 폭격기 2대가 포함된 8개 비행 중대와 6개 장갑차 중대로 정규 사단 대부분을 대체하는 계획이었다. 보복이 미지근해서는 절대 안 된다는 세미어 공군 중령의 말이 이 전략의 핵심이었다. 영국 공군은 공포를 불러일으켜야 했다.

"가능한 모든 비행기를 동원해야 한다. 그리고 가옥, 주민, 농작물, 가축에 대해 밤낮을 가리지 않고 지속적으로 가차 없이 폭격 및 기관총 공격을 행해야 한다."(31, 114)

미스 벨은 아랍 인사들과 함께, 영국 공군이 새로 개발한 소이성燒夷性 무기의 스릴 넘치는 시연회에 참석했다. 이는 범법을 자행한 마을과 완강하게 저항하는 부족을 대상으로 사용하자고 건의된 무기였다.

"이 시연회는 훨씬 현실감이 있었기 때문에 우리가 지난번에 에어 포스 쇼에서 본 것보다 더더욱 놀라웠다. 그들은 우리가 앉은 데서 4백 미터 정도 떨어진 곳에 가상의 마을을 지어 놓았다. 9백 미터 상공에서 투하한 폭탄 두 기가 곧바로 그 마을 한복판에 떨어져 점화했다. 굉장하고 무시무시했다. 그런 다음 마치 도망자들을 잡는 듯 사방에 폭탄을 떨어뜨렸고, 마지막으로 소이탄을 투하했다. 그것은 가장 밝은 햇빛 속에서도 밝은 사막의 화염을 내뿜었다. 그 화염은 쇠를 뚫고 들어가고 물에도 꺼지지 않았다. 끝으로 장갑차들이 나가서 도망자들을 기관총으로 에워쌌다."(11)

게다가 공중에서 투하하는 화염 무기는, 무장한 반란군뿐만이 아니라 세금을 내지 않은 사람들에 대한 처벌 수단일 때가 더 많았다. 처칠의 전기 작가 중 한 사람이 점잖게 썼듯이, 1921년 6월 초에 "유프라테스 강 하류에서 공중 작전이 행해졌다. 소요를 억누르기 위해서가 아니라, 몇몇 마을에 세금을 내라는 압력을 가하기 위해서였다." 처칠이 세금을 걷는 데 폭탄을 사용하는 행동의 적절성에 대해 질문하자 퍼시 콕스 경은, 자기는 그저 처칠의 독트린을 수행하고 있을 뿐이라고 대답했다. 그리고 국방장관과 공군장관이 정말로 "이제 맹아 단계에 있는 공군력을 짓누르기를" 원하는지 수사적 질문을 던졌다. 그러자 처칠은 즉시, "나는 공군력을 굳게 신뢰하며 모든 수단을 동원하여 그 발전을 도울 것"이라고 공언했다.(114)

그 결과 폭격과 기총소사는 군사 정책인 동시에 경제·행정 정책이 되었다. 말하자면 이라크는 공군력을 사용하여 민간인 주민을 공포로 몰아넣는다는, 식민성의 새로운 실험을 위한 악마의 실험실이 된 것이다. 지난 4월 조너선 글랜시Jonathan Glancey가 『가디언』 지의 독자들에게 일깨워 주었듯이, "테러 폭격, 야간 폭격, 중폭격기, 시한폭탄(이는 특히 어린이들에게 치명적이다.)은 모두 영국이 국제연맹의 위임통치를 하는 동안에 진흙, 돌, 짚 풀로 지은 마을을 공습하기 위해서 개발한 것들이다."

식민성에서 새로 높은 지위에 오른 처칠은, 1921년 후반에 "이제 비행기는 정말로 공포의 대상이 되었다."고 만족스럽게 말했다. 처칠은 이라크와 여타 지역에서 독가스를 사용하기 위해 계속 로비를 벌였다. 서부 전선에서 행해진 가스 공격의 공포에 대해 잘 알았던 마이너차겐Meinertzhagen 대령은 아랍 민간인에게 "야만적인 전투 방식"을 적용하는 데 이의를 제기했다가 처칠에게 호된 꾸지람을 들었다.

"나는 그런 폭탄의 제조를 즉시 허가할 준비가 되어 있다."

이 식민장관은 다른 자리에서도 분통을 터뜨렸다.

"나는 가스를 사용하는 데 그처럼 경기를 일으키는 태도를 이해할 수 없다. 나는 미개한 부족들에게 독가스를 사용하는 것에 강력히 찬성한다." (31)

"공군 통제"는 1920년대 내내 (토리당은 물론 노동당 정부하에서도) 공식 정책으로 건재했다. 그중 최악의 잔학 행위는 1923년부터 1924년까지의 늦가을에서 겨울에 걸쳐 일어났다. 이라크 사마와 지방의 바니 후차임 부족 집단이 세금을 내지 못했다. 혹독한 식수 부족과 기아로 허덕이고 있던 부족민들은 가난하기 때문에 세금을 낼 수 없다고 호소했다. 한 역사가가 강조했듯이, "이 지역에 심각한 불복종이나 무질서가 존재했다는 기미는 보이지 않는다." 그럼에도 그들은 48시간의 최후통첩을 받은 다음 바로 폭격기의 공격 목표가 되었다. 영국 공군은 여자와 어린이를 포함해서 144명이 사망했다고 공식 기록했다.

노동당 당수였던 조지 랜즈버리George Landsbury의 말마따나 "비무장한 사람들을 겨냥한, 흉노와 같이 야만적인 전투 방식"에 대한 비난의 소리가 이따금씩 본국에서 터져 나왔지만, 바로 그 야만적인 폭격이야말로 영국이 외국에서 데려다 앉혀 놓은 꼭두각시 왕좌를 지탱하는 수단이었다. 1921년, 하심 왕조의 왕자인 파이잘은 새로운 신민들로부터 96퍼센트의 지지를 얻어 "선출"되었지만(이는 미스 벨의 '아랍주의적' 대의의 승리였다.) 실제로 이는 영국 공군이 경비를 서고 부패한 족장과 명망가들이 획책한 부정선거였다. 진정한 승자는 이라크 석유회사, 그리고 첼시와 핌리코 같은 런던의 부자 동네에 사는 그 주주들이었다. 제국의 퇴역 군인이었던 어느 염세적인 역사가가 1925년에 썼듯이, "만일 파이잘 왕이 그의 왕국에서 실제로 권한을 휘두른다면 그것은 전적으로 영국의 비행기 덕분이다. 내일 당장 그 비행기들을 없애 버린다면, 체제 전체가 필연적으로 산산이 무너질 것이다."(114)

1941년 봄에 영국은 다시금 처칠의 충동질로 또 이라크를 폭격했다. 파이잘이 죽고(이를 영국 정보 요원의 소행으로 본 사람들도 있다.) 2년 뒤에 바그다드에서 권력을 장악한 "골든 스퀘어"파를 몰아내기 위해서였다. 민족주의 성향을 띤 이라크군 내부의 비밀 파벌 및 공군 장교들로 구성된 "골든 스퀘어"파는 이슬람주의자인 라시드 알리 엘 가일라니를 총리로 추대하였다. 그런데 설상가상으로 때마침 아프리카에 상륙한 에르빈 롬멜Erwin Rommel 장군의 '아프리카 군단'이 리비아에서 영국의 입지를 괴멸시키자, 이라크의 석유로부터 차단될 위협을 느낀 처칠은 2개 군대와 2백 기가 넘는 군용기를 이라크로 보냈다. 이 짧고도 무자비한 전쟁에서 영국 공군은 다시금 마을을 맹포격하여 파편 더미로 만들었고, 이라크의 소규모 공군을 전멸시키고 독일과 이탈리아 비행기 몇 대를 비시 정부 치하의 시리아로 내쫓은 다음, 무장 해제된 "골든 스퀘어"의 병사들을 학살하였다. 서부 전선의 연합군이 지중해·중동 전역에서 벌인 군사작전과 비교했을 때 처칠의 1941년 바그다드 공격은 잘 눈에 띄지 않는 부차적 사건으로 곧 잊혀졌지만, 평범한 이라크인들에게 이는 쓰라린 민족적 기억으로 남았다.

미국의 이라크 공격을 승인한 (공화당은 물론 민주당 소속의) 국회의원 내부분은 아마도 이런 역사에 무지할 테지만, 당연히 이는 모든 이라크인에게 불쾌한 기억으로 남아 있다. 더 노골적으로 말하면, 무슬림 세계의 일반인들은 유럽 식민 세력이 (1911년부터 1912년의 리비아를 시발로 하여) 자신들을 먼저 실험용 쥐로 삼아 민간인을 상대로 한 테러 폭격 기술을 완성했음을 기억하고 있다. 게르니카, 바르샤바, 드레스덴, 그리고 히로시마로 통하는 길은 티그리스 강변과 아틀라스 산맥 중턱에서 시작된 것이다. 1920년대에 영국 공군은 이라크뿐 아니라, 이집트, 팔레스타인, 소말리아, 수단, 예멘(아덴), 아프가니스탄 민간인을 상대로도 "처칠 독트린"의 쓴맛을 보여 주었다. 그리고 같은 시기 스페인과 프랑스는 모로코 리프 산맥 속의 반란군 마을을 폭탄과 가스로 공격하였다. 그때 "테러리스트"는 과연 누구였을까?

(비고 모르텐센Viggo Mortensen, 필라 페레즈Pilar Perez 엮음,

『제국의 황혼: 점령군에게 주는 대답Twilight of Empire: Responses to Occupation』,

Perceval: Santa Monica, 2004에 수록된 원고)

월마트, 펜타곤의 모델이 되다

제국의 수도 워싱턴은, 1930년대의 베를린과 비슷하게 절대 권력의 무리한 환상에 도취되어 있다. 그래서 중동에 새로운 친미적 지정학 질서를 창출하는 것으로 모자라, 이제는 펜타곤에서 가장 통찰력 있다는 인사들 입에서, 이라크 침공이 "지난 2백년 이래 가장 중요한 '군사 혁신(RMA)'"의 막을 열었다는 소리까지 나오고 있다.

혁명론을 주장하는 대표 인사인 해군 장성 윌리엄 오언William Owen의 말에 따르면, 1차 걸프전쟁은 "새로운 종류의 전쟁이 아니라 구시대의 마지막 전쟁이었다." 마찬가지로 코소보와 아프가니스탄에서 벌인 공중전 또한, 바트 정권을 상대로 선보인 탈근대적 전격전의 희뿌연 예고편에 불과했을 뿐이다. 그들은 순차적으로 벌어지는 구식 전투 대신 비선형의 "충격과 공포"를 약속했다. 물론 뉴스 언론에서는 여기 동원된 공상 과학적 장비들(열기압 폭탄, 전자파 무기, 무인 항공기(UAVs), 팩봇 로봇, 스트라이커 장갑차 등등)을 집중 조명하겠지만, 진정 근본적인 혁신은 전쟁의 구조와 개념 그 자체의 변화일 것이(라고 군사 마니아들은 주장할 것이)다. 펜타곤의 '전력 변혁실'(혁명 수뇌부)에서 구사하는 기괴한 은어를 빌리자면, "네트워크 중심전(혹은 NCW)"이라는 새로운 종류의 "전투 생태계"가 바그다드를 무대로 탄생하고 있는 중이다. 군사 미래 전문가들은 네트워크 중심전이 정확성을 높여 소모전을 대체함으로써 인명 손실을 절감하는 "최소주의적" 전투 형태라고 관측 중이다. 하지만 실제로 이는 핵전쟁으로 통하는 필연적인 길로 보인다.

물론 신기술에 기초한 군사적 "혁명"은, 줄리오 두혜Giulio Douhet, 빌리 미첼Billy Mitchell, 휴 트렌차드 같은 공군력 광신도들이 전통적 육군과 전함 해군의 쇠퇴를 처음 주장한 1920년대 초 이래로 여러 차례 휩쓸고 지나간 바 있다. 그러나 이번의 슈퍼무기는 장거리 폭격기나 무서운 수소 폭탄이 아니라 평범한 개인용 컴퓨터다. 그리고 인터넷을 통하여 온라인 장터뿐만이 아니라 "전투 공간battle space"에서 가상 구조를 창출하는 능력이다.

모든 훌륭한 혁명론자들이 그렇듯이, 펜타곤의 "군사 혁신 · 네트워크 중심전(RMA/NCW)" 주창자들은 구체제의 부패와 위기에 대응하고 있다. 1차 걸프 전쟁이 대외적으로는 기술과 동맹 정치의 완전무결한 승리로 찬미되기는 했지만, 속사정을 들여다보면 미군 지휘관들 사이에 지독한 내분이 벌어지고 자칫 재난을 불러

올 정도로 의사결정이 붕괴된 것이 사실이었다. 바그다드의 기반 시설을 겨냥한 "스마트 폭탄" 공격 같은 첨단 기술 전투를 옹호하는 이들은 전통적 중화기론자들과 격렬히 대립했으며, 그 와중에 전장의 최고경영자 노먼 슈워츠코프Morman Schwarzkopf는 짜증 끝에 노발대발하기도 했다.

혁명론자들(대부분 비밀 두뇌 집단에 은신하고 있는 기술 만능주의 외골수 대령들)이 펜타곤 안에서 앤드류 마셜Andrew Marshall이라는 막강한 원군을 찾아내면서 전투는 계속 이어졌다. 마셜은 펜타곤 내에서 연구 및 기술 평가 책임자였으며, 딕 체니와 민주당 양쪽에서 현자로 존경받았다. 1993년 마셜은 새로 들어선 클린턴 행정부에, 정밀 무기와 크루즈 미사일의 등장으로 니미츠급Nimitz-class 항공모함과 중전차 전투단 같은 **냉전 무기 "플랫폼**(platform, 무기를 탑재하고 발사하는 장비. 옮긴이)"이 폐물이 되고 있다고 경고하는 내용의 임시 보고서를 제출했다. 대신 마셜은, 미국 정보 기술의 우위를 십분 활용한 더 저렴하고 빠르고 똑똑한 무기로 전환할 것을 전도하였다. 하지만 마셜은 "미국이 이런 정밀 무기를 완벽하게 개량할수록, 적은 표적을 가려내기가 힘든 테러 행동에 점점 더 의존하게 된다."고 경고하기도 했다. 마셜은 펜타곤의 화석화된 명령 체계가 소위 "비대칭전"▪의 도전에 적응할 능력을 갖추고 있는지 여부에 회의적이었다.

▪ Asymmetric Warfare, 국가 대 국가, 정규군 대 정규군 사이에 벌어지는 기존의 전쟁과 달리 정규군에 대항하는 전쟁 행위자의 실체가 불분명한 전쟁을 가리킨다. 또 정해진 전선이 없으며 군인과 민간인, 군사시설과 비군사시설의 구분도 모호해진다는 특징이 있다.

혁명론자들은 한걸음 더 나아가, 19세기 수준의 군사 관료주의 때문에 21세기 군사 기술의 잠재력이 탕진되고 있다고 역설하였다. 새로운 군사적 생산력이 낡은 생산관계의 질곡을 깨고 나오기 위해 거세게 반발하고 있다는 것이다. 심술궂게도 그들은 펜타곤을 현대의 "신경제" 시장에서 멸종 위기에 몰린 ("뻣뻣하고 둔하고 육중한") "구경제" 기업에 비유했다.

그렇다면 그들이 내세운 대안은? 바로 아칸소■에 기반을 둔 거대 유통 괴물, '월마트'였다. 군살을 빼고 날렵해진 펜타곤의 모델로서 콘플레이크, 청바지, 엔진 오일 따위를 파는 체인점을 내세운 것이 기묘하게 보일지 모른다. 하지만 마셜 휘하의 두뇌들은, "자가 동기화된 실시간 거래 인식 분산 네트워크"라고 월마트를 벌써 미화해 놓은 경영 이론가들의 발자취를 좇은 것뿐이다. 이 말을 번역하자면, 판매 데이터가 매장의 금전 등록기에서 월마트의 납품 업체들로 자동 전송되고, 재고는 본사에서 총괄하는 전통 방식이 아니라 "수평적" 네트워크로 관리된다는 뜻이다.

1998년에 나온 "군사 혁신·네트워크 중심전" 진영의 선언서인 『네트워크 중심적 작전: 정보 우월성의 발전과 영향Network Centric Warface: Developing and Leveraging Information Superiority』은, 각주에 월마트의 애뉴얼 리포트를 참고 문헌으로 달고 있다.(2) 이 책의 저자는 "우리는 군사 분야에서 그에 상응하는 일을 하려고 한다."고 쓰고 있다. "전투 공간"에서 움직이는 군사 행위자

■ 월마트 본사가 있는 곳이자 '신경제' 붐을 일으킨 클린턴이 주지사를 지냈던 곳이기도 하다.

(여기에는 컴퓨터 해커에서부터 스텔스 폭격기 조종사까지 포함된다.)들은 월마트의 지능형 판매 지수에 대응할 것이다. 서류 지시와 답답한 명령 사슬에 의존하는 대신, 그들은 (부서를 초월한) "가상 협업"을 수립함으로써 정밀하게 정의된 목표물을 향해 가공할 공격을 집중할 것이다.

물론 여기서 연상되는 이미지는, 아프가니스탄의 특수부대 요원이 랩톱 컴퓨터로 탈레반 진지에 대한 공중 폭격을 호출하고 다른 요원이 레이저 지시기로 그 위치를 조명하는 모습일 것이다. 그러나 NCW 전문가들이 보기에는 이것도 〈강가 딘〉[*]에나 나올 법한, 한참 뒤떨어진 전술이다. 그들은 메뚜기 비슷한 초소형 감지 로봇과 날아다니는 비디오카메라를 적진에 대량 "살포하는" 편을 선호할 것이다. 이들 기기에서 전송해 오는 정보들은 하나의 파노라마 이미지로 조합되어, 카타르나 플로리다의 전투 지휘소에 있는 4성 장군들은 물론 장갑차 안에 탄 일반 보병들에게까지 똑같이 전달된다.

네트워크로 연결된 감지기의 도움으로 미국의 "전투 공간 인식" 수준이 급격히 높아질수록, 그에 대응하는 (하지만 훨씬 낙후된) 상대편의 "지휘 통제" 시설을 정밀한 공중 폭격으로 파괴하여 적의 눈을 멀게 하는 일이 중요해진다. 이는 곧 민간의 원거리 통신과 전력망, 데이터 회선 노드를 무차별 파괴한다는 뜻이다. 펜타곤 입장에서는 여기에 심리전 부대를 투입하여 주민들을 선동

---

[*] Gunga Din, 케리 그랜트가 주연한 1950년대 액션 모험 영화.

하거나 필요에 따라서 공포로 몰아넣는다면 금상첨화다.

"군사 혁신 · 네트워크 중심전"을 비판하는 사람들은 이를 광신적 근본주의나 (어떤 점에서 보면) 알카에다와 비슷한 천년왕국 신앙에 비유하였다. 실로 "메트카프의 법칙"에 의해 "네트워크의 가치"가 어떻게 "사용자 수의 제곱에 비례하여" 증가하는지를 열에 들떠 설명한 문건을 읽고 있자면, 도대체 이 사람들이 펜타곤 지하 사무실에서 무슨 약을 피우고 있는 건지 궁금해지게 된다.(말이 난 김에 한 가지만 더 이야기하면, 마셜은 행동을 수정하는 약물을 사용하여 터미네이터 비슷한 "생체공학 병사"를 만들어 낼 것을 옹호하기도 했다.) 그들이 내세운 가장 터무니없는 말은, 감지기와 네트워크와 스마트 무기만 충분히 있으면 클라우제비츠가 말한 저 유명한 "전쟁의 안개"(전장의 혼돈과 우연성을 일컬은 비유적 표현)를 깨끗이 걷어 낼 수 있다는 주장이다. 펜타곤 "전력 변혁실" 실장인 아서 세브로스키Arthur Cebrowski 제독은 "적국의 기술 역량이 현재 수준에 머물러 있다고 가정할 때, 미군은 앞으로 불과 몇 년 안에 전장에 대한 완벽한 지식을 효과적으로 장악할 수 있을 것"이라는 환각을 지껄이기도 했다.

딕 체니와 마찬가지로 (그러나 콜린 파월과는 달리) "군사 혁신 · 네트워크 중심전" 판타지에 단단히 중독되어 있는 도널드 럼스펠드는, 클린턴 행정부 시절인 1998년에 이를 이미 공식 독트린으로 모셔다 놓았다. 9 · 11이 터지고 국방 예산으로 막대한 돈이 쏟아져 들어오자(이는 세계 나머지 국가들의 군사비 지출을 모두 합친 것과 거의 맞먹었다.) 럼스펠드는 거칠 것 없는 혁명에 나설 수 있게 되었다. 럼스펠드는 서로 경쟁 중이던 신형 전략 전투기 세 종을 전부 사들이는 등 구식 무기 체계에 자금을 퍼부어서 복고주의자들을 매수하기도 했다. (민주당 의원들 대다수 역시 승인한) 이 타협의 비용은 교육, 의료, 지자체에 들어가는 연방 지출액을 대폭 삭감한 대가로 지불한 것이다.

"군사 혁신 · 네트워크 중심전" 광신도들의 눈에 비친 2차 이라크 전쟁은, 이제 미국의 군사적 우월성이 전례가 없으며 추종을 불허하는 수준에 이르렀음을 전 세계에 과시하는 무대다. 1993년 모가디슈의 악몽(이때 펜타곤 최고의 정예부대가 형편없이 무장한 소말리아 민병대에게 박살이 났다.)에서 아직 벗어나지 못한 전쟁광들은, 이제 네트워크화한 기술이 미로 같은 시가지 전투에서도 위력을 발휘함을 입증해야 한다.

이 목표를 이루기 위해, 그들은 전지적全知的 전투 공간, 스마트 폭탄, 전자파 펄스와 구토 가스 등의 신무기를 결합하여 바그다드 시민들을 집과 방공호 밖으로 내몰고 있다. 특히 작년 10월 모스크바에서 벌어진 인질극 참사에 비추어 보았을 때, 앞으로 민간인 주민들을 겨냥하여 "비살상" 무기를 사용한 전쟁범죄가 일어나는 일은 시간 문제다.

그러나 "군사 혁신 · 네트워크 중심전" 주창자들이 약속한 "전투의 재림"이 제때에 도래하지 않는다면 어찌 될 것인가? 이라크인들 혹은 미래의 적들이 초소형 감지기, 야시경을 착용한 특수 부대, 계단을 오르내리는 소형 로봇, 미사일을 장착한 무인 비행 물체 들을 무용지물로 만들어 버린다면 어쩔 것인가? 만약에 북한군 사이버 부대가(혹은 아이오와에 사는 열다섯 살짜리 해커가) 전장 팬옵티콘 뒤편으로 잠입해 들어와 펜타곤의 "시스템들의 시스템"을 궤멸시키는 데 성공한다면 어쩔 것인가? 만약 (1991년 2월에 부분적으로 그랬듯이) 미국의 전투 네트워크가 규명되기 시작한다 해도, (병참술에서 "적시성" 및 "전장에 남기는 발자취battlefield footprint"의 최소화를 강조하는) 새로운 패러다임은 전통적인 예비군이라는 의미에서의 지원 병력을 거의 남기지 않을 것이다. 이는 럼스펠드가 이끄는 펜타곤이 기회만 있으면 핵을 들먹이며 위협하는 이유 중 하나이기도 하다.

정밀 군수품들이 과거 전략 폭격기가 불러일으켰던 온갖 정신 나간 전능한 비전을 부활시켰듯이, "군사 혁신·네트워크 중심전"은 전자적 전투 공간에 전략 핵무기를 기능적으로 통합시킨다는 괴물 같은 판타지에 새 생명을 불어넣었다. 냉전 시기 미국이 소련의 재래식 무기 공격에 대해서도 핵무기를 "선제 사용"하겠다고 위협했다는 사실을 잊어서는 안 된다. 이제 그 문턱은 더욱 낮아져서 이라크의 가스 공격, 북한의 미사일 발사, 심지어 미국 도시에 대한 테러리스트 공격의 보복 수단으로도 핵무기가 거론되고 있다. 네트워크와 생태계 운운하는 온갖 전문 용어들이 난무하며 천년왕국 신봉자들이 최소주의 전투와 로봇전을 과시하고 있는 동안에도, 미국은 순수하고도 단순한 테러 국가(랩톱과 모뎀을 지닌 21세기의 아시리아)가 되어 가고 있다.

(2003년 3월, 『소셜리스트 리뷰』)

전 세계 슬럼의 군주, 펜타곤

젊은 해병대원은 의기양양했다. 팔루자 외곽에서 만난 그는 『로스앤젤레스 타임스』 기자에게 이렇게 말했다.

"저격수의 꿈이죠. 어떤 곳에서든 자기 위치를 들키지 않은 채 적에게 발사하는 방법이 수두룩하고 (…) 한 놈이 쓰러지면, 그 동료들의 사기를 꺾기 위해 잠시 비명을 지르도록 놔 둘 때도 있어요. 그런 다음에 두 번째 총알을 날리죠. (…) 나쁜 놈을 처단하는 건 이루 말할 수 없이 아드레날린이 솟구치는 일이에요."

그 해병대원은 인구 30만 명의 이 반란 도시에 대해 미군이 벌인 잔인한 살육의 시작 단계에서 "24명을 확인 사살"하였다고 자랑하였다.(117)

1968년 베트콩의 영웅적인 후에Hue 사수를 연상시키는 비타협적 대중 저항에 부딪친 해병대는, 다시금 무차별 테러를 저질렀다. 독립 저널리스트와 현지 의료진의 말에 따르면, 그들은 개전 2주 동안 최소한 2백 명의 여성과 아이들을 살육했다. 비슷한 시기 시아파 소도시와 바그다드 빈민가에서 벌어진 충돌과 더불어, 팔루자 전투는 미국의 이라크 정책의 시험대일 뿐만 아니라, 펜타곤 계획가들이 "미래의 핵심 전장"으로 여기는 곳, 즉 제3세계를 지배하는 미국 정부 능력의 시험대이기도 하다.

엘리트 특수부대가 동네 민병대와 맞붙어 60퍼센트가 궤멸되었던 1993년 모가디슈의 굴욕적인 참패를 계기로, 미국 전략가들은 펜타곤에서 '무트(Military Operation in Urban Terrain, MOUT)'라고 부르는 것, 즉 '시가지 전투'에 대해 재고할 수밖에 없게 되었다. 결국 국방정책토론회National Defense Panel는 1997년 12월 보고서에서, 지나갈 수도 없을 만큼 미로 같은 빈곤한 도시 거리에서 벌어지는 장기전에 대해 미 육군이 준비가 되어 있지 않다고 꾸짖었다. 그 결과 네 개 육군사단은 현실적인 제3세계적 조건에서의 시가전에 숙달하기 위한 단기 속성 프로그램에 착수했다. 육군대학에서 발간한 한 저널은 "전투의 미래는 전 세계의 파탄난 도시를 이루는 거리, 하수도, 고층빌딩, 난개발된 주택가에 놓여 있다."고 선언했다.(118)

이스라엘 방어군이 가자 지구와 요르단 강 서안에서 너무나도 무자비하게 활용했던 최신 전법(특히 저격수와 중무장한 파괴 부대와 압도적인 공군력의 정교한 협력)을 해병대와 특수부대와 네이비실에 가르치기 위해, 미군에서는 이스라엘인 자문관들을 조용히 초빙

했다. 또 바그다드나 포르토프랭스 같은 도시에서 인구가 밀집한 동네의 전투 환경을 모방하기 위해 모형 도시를 지었다. 그리고 "해병대 시가전 실험실Marine Corps Urban Warfighting Laboratory"에서는 오클랜드와 시카고에 현실과 유사한 전투 게임(어번 워리어 Urban Warrior)을 설치했고, 육군 특수작전본부Army's Special Operations Command는 피츠버그를 모의 침공했다.

현재 팔루자에 들어가 있는 해병대원 중 다수는 이런 '어번 워리어' 훈련을 수료하거나 "요다빌(Yodaville, 애리조나의 유마에 있는 시가전 훈련 시설)"에서 모의 전투를 경험했다. 그리고 사드르 시티와 나자프를 포위하고 있는 부대들은 루이지애나 포트포크에 새로 설치한 3천4백만 달러짜리 무트 시뮬레이터를 수료한 동기들이다. 이 같은 미군 전투 교의의 전술적 "이스라엘화"는, 펜타곤 세계관의 "샤론화"와 궤를 함께 하고 있다. 군사 이론가들은 이렇게 진화하는 첨단 전투 능력을 가지고, 날로 커지는 거대 슬럼의 절망에 뿌리를 둔 고질적 "테러리스트" 반란을 (분쇄하지는 못하더라도) 억제할 수 있을 것이라고 여긴다.

1990년대에 군사 계획가들이 시가전의 지정학적 틀을 확립한 곳은 바로 닥터 스트레인지러브의 옛 모교인 랜드 연구소RAND corporation였다. 1948년 공군에서 설립한 비영리 두뇌 집단인 랜드 연구소는 1950년대에는 핵전쟁 도상 훈련으로, 1960년대에는 베트남전쟁 계획을 거들어 악명을 떨쳤다. 요즘의 랜드 연구소는 도시를 (그것도 사활을 걸고) 연구한다. 이곳의 연구자들은 도시 범죄 통계, 도심 빈민가의 공중 보건, 공교육 민영화 등에 대해 숙고

하고 있다. 또 이곳에서 운영하는 '아로요 센터'에서는 도시 전투의 맥락과 역학에 관한 최신 연구를 담은 작은 총서를 발간하기도 했다.

랜드 연구소에서 1990년대 초부터 착수한 가장 중요한 프로젝트 중 하나는 "인구 변화가 미래의 분쟁에 어떤 영향을 끼칠 것인가"에 관한 연구다. 랜드 연구소에서 찾아낸 결론은, 전 세계적인 빈곤의 도시화와 더불어 "반란의 도시화"(사실 이는 그들이 펴낸 보고서의 제목이기도 하다.)가 이루어졌다는 것이다. 랜드 연구소의 경고에 따르면 "반란자들은 자기 추종자들을 따라 도시로 들어가고 있으며, 도시의 판자촌에 '해방구'를 건설한다. (…) 미군의 독트린도 훈련도 장비도 도시의 대게릴라전에 맞게 고안되지 않았다." 그 결과 슬럼은 미 제국의 가장 약한 고리가 되었다. 랜드 연구소의 연구자들은, 미국이 정부군에 엄청난 지원을 했는데도 "파라분도 마르티 민족해방전선(Farabundo Marti Liberation National, FMLN)" 게릴라들이 도시 전선을 개척하는 것을 막지 못했던 엘살바도르 사례를 반추하고 있다. 실제로 "만약 FMLN 반군이 반란 초기에 도시 내에서 효율적으로 작전을 수행했다면, 정부와 반란군 사이의 교착 상태만이라도 유지하는 데 미국이 과연 얼마나 기여할 수 있었을지 의문이다."(143)

좀 더 최근에 어느 유력한 공군 이론가도 『항공 우주력 저널 *Aerospace Power Journal*』에서 비슷한 점을 지적했다. 트로이 토머스Troy Thomas 대위는 "개발도상국이 급속히 도시화되면 무계획성도 함께 증가하기 때문에 전장 환경은 점점 예상하기 힘들어진다."고 썼다. 토머스는 공중 폭격(베오그라드)이나 테러 공격(맨해튼)을 통해 중앙 집중화된 기반 시설을 쉽게 무력화시킬 수 있는 현대의 "위계적" 도시 핵심부와, "분산된 비공식적 하위 체계에 의해" 조직되며 "청사진이 부재하고 시스템의 무게중심을 쉽게 분별할 수 없는" 제3세계의 팽창하는 슬럼 주변부를 대비했다.(148)

토머스는 카라치를 둘러싼 "누추한 판자촌의 바다"를 사례로 들어 "마디도 없고 위계도 없는" 도시 공간에서 "절망과 분노"를 추진력으로 "파벌에 기반하여 형성된" 민병대를 상대로 "비대칭전"을 벌이는 어마어마한 도전을 묘사하고 있다. 토머스는 악몽의 전투 현장이 될 수 있는 곳으로 라고스와 킨샤사의 팽창하는 슬럼을 들고 있다. 그러나 랜드 연구소처럼 토머스 대위(그의 논문 제목은 도발적이게도 "슬럼의 군주들: 시가전에서의 항공력"이다.) 역시 펜타곤이 무트 기술과 훈련에 막대한 돈을 새롭게 투자하기만 하면 프랙털 도형처럼 끝없이 가지를 치는 슬럼 전투의 복잡성을 전부 극복할 수 있으리라고 뻔뻔스럽게 자신하고 있다. 랜드 연구소가 발산한 매뉴얼 중 한 권(『도시 환경에서의 항공 작전Aerospace Operations in Urban Environments』)에는, 여러 가지 작전상·정치적 제약 아래서 "부수적 손실"(다른 말로 하면 아기 주검의 수)의 수용 가능한 임계치를 계산하는 표까지 제시되어 있다.

물론 부시의 이데올로그들은 이라크 점령이 중동에서의 "민주주의 실험실"이라고 말하고 있다. 한편 무트 전쟁광들에게 이는 다른 종류의 실험실이다. 도시 빈민을 상대로 새롭게 떠오르고 있는 세계 전쟁에서, 해병대 저격수들과 공군 조종사들이 새로운 살인 기술을 시험하는 무대인 것이다.

(2004년 5월, 『소셜리스트 리뷰』)

제국의 도시화

〔야만인들이〕 자연의 공평한 혜택과 정당한 사회생활의 교류를 황제의 신하들에게 박탈당하자, 그들은 제국 신민들을 향해 그 불의를 복수하였다. —기번

19세기와 20세기 초반의 거대 식민 제국들은 열대 구석구석에서 지대, 농작물, 광물 자원을 짜내는 무자비한 기계였다. 여러 식민 도시와 무역항들은 규모가 크고 역동적으로 팽창했지만 거주 인구로 따지면 그리 대단치 않았다. 에드워드 시대"의 절정기에 영국, 프랑스, 벨기에, 네덜란드 제국의 도시 인구는 아마 식민지 전체 인구의 3퍼센트에서 5퍼센트를 넘지 않았을 것이다. 쇠퇴해 가던 스페인·포르투갈 제국이나, 독일, 이탈리아, 일본, 미국 같은 신흥 부자 강대국들이 뒤늦게 점령한 지역에서도 이 비율은 비슷했을 것이다. 몇몇 중요한 예외(예컨대 아일랜드, 쿠바, 알제리, 팔레스타인, 남아프리카공화국)들이 있었지만, 이 경우에도 도시 거

▪ 영국 왕 에드워드 7세가 통치하던 1900년부터 1910년까지를 말한다.

주민들은 전체 인구의 6분의 1을 넘는 일이 드물었다.

식민지 도시가 원주민 저항의 용광로 구실을 한 것도 아니었다. 얼핏 생각하면 극단적인 불평등이 지배하고 토착 지식인들이 모여들고 노동운동의 싹이 튼 항구와 행정 중심지야말로 혁명적 민족주의의 주된 인큐베이터였을 것 같다. 과연 도시 환경은 민족주의·반식민주의 정치의 결정적인 선구 역할을 담당한 경우가 많았지만, 실제로 식민지 도시가 폭력적 봉기의 무대가 된 시기는 일시적이고도 짧았다.

실제로 카이로, 아바나, 봄베이, 마닐라, 더블린 같은 식민지 대도시를 통제하는 데 억압적 자원(특히 유럽의 군대)이 거의 필요치 않았다는 점은 인상적이다. 일부분 이는 식민 통치자의 매개역을 하는 중산 계급의 보수주의적 영향력이 반영된 것으로 볼 수 있다. 이들 중산 계급의 민족주의는(만일 그런 것이 존재했다면) 주로 조심스럽고 점진적이며 비폭력적인 형태를 띠었다. 하지만 도시 빈민들 역시(군인, 하인, 매춘부, 영세 상인 등으로) 많은 수가 식민지 대도시의 기생적 생태학에 편입되어 있었다. 예를 들어 1916년 더블린 슬럼가의 빈민들(그들의 자식 중 많은 수는 서부 전선에서 영국 국왕을 위해 싸우고 있었다.)은, '부활절 봉기'*에 가담했다가 체포되어 영국 감옥으로 끌려가는 이들의 행렬에 야유를 보냈다고 한다.

반식민 저항이 지속 가능했던 곳은 시골, 그중에서도 특히 수출 농업이 소농 및 전통적 농촌 공동체의 생존과 날카롭게 대립

---

* 1916년 4월 부활절 주간에 아일랜드인들이 영국에 대항해 일으킨 무장봉기를 일컫는다.

했던 지역이었다. 전 세계의 농촌 저항 운동을 비교 분석한 인상적인 책에서, 제프리 페이지Jeffery Paige는 만성 폭력과 간헐적인 폭동을 야기한 농업 체제로 식민 이주자의 토지 소유settler-based estates와 소작 제도 두 가지를 들었다.

"새로운 농업 조직을 소유한 외국인과 그들이 고용한 임금 노동자들, 새롭게 등장한 대지주와 그들에게 밀려난 산업화 이전의 지주들, 상업적 기업가로 변신한 지주들과 이제 임금과 지대로 묶인 옛 소작인 사이에 갈등이 전개되었다. 이러한 갈등의 정치적 표현은 식민지 · 제국의 정치적 통제로 인해 오랫동안 억제되었지만, 전후 식민 권력이 쇠퇴하면서 저개발 세계의 상업적 수출 부문이 혁명적 사회운동의 중심이 되었다."(116)

게다가 도시의 혁명 전위들이 튼튼히 뿌리박은 봉기의 전통을 지닌 농촌의 보루로 도주하는 것이야말로 바로 (18세기 후반 북아메리카와 아일랜드 혁명까지 거슬러 올라가는) 근대 민족주의 해방 운동에서 반복되는 유형이었다. 그래서 1860년대와 1950년대 쿠바의 민족주의자들은 도시를 버리고 반란 세력이 은신한 쿠바 동부의 산악 지대로 들어갔으며, 도시의 아랍 민족주의자들은 리프 산맥 또는 상上이집트의 작은 촌락들로 피신하였다. 신페인당은 더블린과 코크를 떠나 위클로와 골티 힐스로 옮겨 갔고, 간디는 인도 시골의 위대한 영혼에 몸을 의탁했다. 에밀리오 아기날도Emilio Aguinaldo는 마닐라에서 루손 섬의 바위투성이 산중턱으로 후퇴했으며, 중국, 베트남, 인도네시아의 젊은 공산주의자들도 모두 도시에서 외딴 시골 요새까지 기나긴 행군을 했다.

그래서 1940년대 이전의 제국들에게, 제국을 통제하는 일은 주로 농촌 반란에 대처하는 문제였다. 물론 이에 대한 고전적인 빅토리아식 대응은 징벌 목적의 원정군을 파견하여 오지의 반란군을 진압하고 그 생존 기반까지 초토화하는 것이었다. 그래서 제7기병대는 아메리카 들소를 도륙했고, 독일 군대는 헤레로족의 가축 떼를 닥치는 대로 죽였으며, 프랑스 해병대는 통킹의 쌀 창고들을 부쉈다. 그러나 제국 군대의 일처리는 대개가 불완전해서 다시금 공공연한 폭동으로 번지는 반란의 불씨를 남기곤 했다.

1890년대 제2차 쿠바 해방 전쟁 당시, 스페인의 발레리아노 웨일레르Valeriano Weyler 장군은 좀 더 극단적인 해법을 제안했다. · 웨일레르는 농촌 반란 진압에서 스페인 최고의 전문가였다. 그는 1860년대 산토도밍고와 쿠바에서 반란군과, 1870년대 나바라에서 카를로스파▪와 싸운 전력이 있었다. 다시금 스페인에 반기를 든 비타협적 농촌 봉기에 직면한 웨일레르 장군은, 농민과 농촌 노동자들을 악취 나는 "재집단화" 수용소에 강제로 몰아넣음으로써 "폭도insurrectos"들을 그들의 사회적 기반으로부터 단절시키려 했다. 그렇게 해서 "텅 비어 버린" 시골은, 보이는 것은 닥치는 대로 표적 삼아 쏘아 죽이는 킬링필드가 되었다. 열악한 위생 상태와 질병 때문에 "재집단 수용자reconcentrados"들이 (20만 명 가까이) 대규모로 죽어 나가자(24) 웨일레르의 전략은 미국 언론들에

▪ Carlists, 돈 카를로스가의 스페인 왕위 계승권을 주장한 정치 운동 세력. 특히 바스크와 카탈루냐 지방의 보수적인 농촌에 강한 기반을 지니고 있었으며 열렬한 가톨릭교도로서 자유주의 · 의회주의를 부정하고 20세기까지도 무장봉기로 정부를 괴롭혔다.

게 "야만주의적"이라는 비난을 받았고, 곧 이어 1898년 매킨리 대통령이 스페인에 선전포고하는 공식적 구실이 되었다. 그러나 곧 미국 군대도 루손 섬 남부와 비사야 제도에 필리핀 민족주의자들을 겨냥한 죽음의 수용소와 무차별 발포 구역을 설치했다. 영국은 트란스발에서, 독일은 서남아프리카에서 똑같은 짓을 했다. 에드워드 시대 식민지 전투의 무자비한 원칙은, 2차 아프가니스탄 전쟁과 보어 전쟁에 참전한 콜웰C. E. Callwell 대령이 1904년 펴낸 유명한 책 『소규모전: 그 원칙 및 실제Small Wars: Their Principles and Practice』에 정리되어 있다. 이 책은 요즘 이라크와 아프가니스탄에 복무하는 미군 장교 사이에서 다시 유행하고 있다.

그러나 보어 전쟁을 통해 드러났듯, 주민들의 집단 수용이나 징벌적 원정 역시 반항적이고 불만에 찬 시골을 위압하기에는 불완전한 전략이었다. 그 다음 단계는 농민이나 떠돌아다니는 반란군을 겨냥한 공중 폭격이었다. 그 최초의 실험은 1차 대전 전야에 이탈리아가 리비아를 침공하면서 자행한 것이지만, 식민지 폭격의 일인자는 바로 영국이었다. 1919년부터 1920년까지의 메소포타미아 점령 비용이 치솟아 오르자, 공군장관이던(그리고 곧 식민장관이 된) 윈스턴 처칠은 시골의 반란 중심지를 상대로 장갑차 유격대를 보강한 "저렴한" 공군력을 사용할 것을 부르짖는 전도사가 되었다. 이라크의 "밑 빠진 활화산"에 대한 앞의 글에서도 보았듯이, 처칠의 공군 통제 독트린은 특정 목표물을 타격함과 더불어 대중의 공포를 불러일으키기 위한 것이었다. 1920년대에 영국 공군은 메소포타미아, 소말리아, 아프가니스탄, 아덴의 시골

반란 세력, 그리고 이집트 도시의 시위대에게 폭격과 사격을 가했다.(114)

인도차이나에서 미국이 벌인 전쟁에서는, 징벌적 원정("수색 및 섬멸 작전"), ("전략촌"이라는 이름으로) 주민들의 집단 수용, 무차별 발포 및 출입 금지 구역(이제는 인구가 1백만 명이 넘는 지역에까지 이런 구역이 지정되었다.) 등 기본 전략들이 역사적으로 총 망라되어 광범위하게 재현되었다. 무엇보다도 공중 폭격의 잔인성은 유례가 없는 수준이었다. 이 전쟁에서 미군은 과거에 일어난 모든 전쟁에 사용된 폭탄 무게의 총합보다도 더 많은 양의 폭탄을 소모했으며, 농촌의 생태계와 사회 구조와 주민들 전체를 파괴해 버리거나 혹은 그렇게 하는 것을 목표로 삼았다.

추방된 프롤레타리아

21세기 초의 신제국주의 내에도 (이를 어떻게 정의하든 간에) 고전적인 유형의 분쟁 지역은 여전히 존재한다. 아프가니스탄 남부에 주둔 중인 미 육군 제10산악사단은 러시아 코만도와 벵골 창기병들의 발자취를 무의식중에 뒤따르고 있으며, 민다나오 섬에 파견된 대규모 미군 특수부대는 1세기 전에 "블랙 잭" 퍼싱▪의 순찰대를 급습했던 바로 그 반란군의 증손자들과 싸우고 있다. 한편

▪ "Black Jack" Pershing, 그는 인디언 전쟁, 미국·스페인 전쟁, 1차 대전 당시 미국 원정군의 총사령관이었다.

미국이 공식 통로와 은밀한 수단을 총 동원해 콜롬비아의 더러운 전쟁에 참견하고 있는 것은, 1920년대 니카라과와 아이티에 개입한 이래로 계속되어 온 역사의 일부다.

그러나 제3세계("실패한 국가"와 백인의 탈근대적 사명을 운운하는 신제국주의 담론의 주 무대)는 날이 갈수록 도시 슬럼 및 그 외곽 판자촌의 천지가 되어 가고 있다. 농촌이 도시를 포위하고 그 속으로 침투해 들어간다는 마오쩌둥의 구상은 이제 거꾸로 뒤집혀 버렸다. 인류는 1970년대 초 그 유명한 로마 클럽이 예견했던 것보다 훨씬 빠른 속도로 시대의 문턱을 넘어서고 있다. 5만 개 도시에 거주하는 주민의 수가 이제 2백만 개 이상의 촌락에 거주하는 주민 수를 넘어선 것이다.

실제로 유엔 인구 통계에 따르면 세계 농촌의 인구는 이제 정점인 30억 명에 다다랐고, 앞으로 의미 있는 정도로 증가하는 일은 없을 것이다. 한편 도시 인구는 해마다 6천만 명씩 불어나고 있으며, 다음 세대 세계 인구 증가분의 90퍼센트는 저개발국가의 도시 구역에 거주하게 될 것이다. 다른 말로 하면 2030년경에는 지금보다 20억 명이 더 늘어난 인구가 도시에서(그중에서도 사람이 붐비는 아프리카와 아시아의 거대 도시 복합체에서) 생존을 위한 투쟁을 벌이게 될 것이다.

유엔이 2003년 발표한 『슬럼의 도전 The Challenge of Slums』이라는 획기적 보고서에서 지적했듯이, 도시의 인구 폭발은 산업 성장 및 공식적 일자리 수급에서 거의 완전히 단절되거나 "탈락할" 것이다.(151) 소위 도시 비공식 경제에 대한 연구서들을 보면 아웃소싱된 다국적 생산 체제와 무수한 비밀 거래들이 등장하지만, 그보다 더 압도적인 실상은 새로 도시에 편입된 수억 명의 주민들이 사적 용역, 일용직 노동, 노점, 넝마주이, 구걸, 범죄 등 주변 경제의 틈새를 더욱 잘게 쪼개 나눠 가져야 한다는 것이다.

(현재는 15억 명이고 2030년까지 25억 명으로 불어날) 이 추방된 프롤레타리아는 지구상에서 가장 나이가 어리고 가장 빠른 속도로 성장하는 사회 계급이다. 어느 면으로 보아도 도시 비공식 노동계급은 (호황기 때는 파업에 대비한 예비 인력 구실을 했다가 불황기 때 다시 쫓겨나고, 다음 경기 팽창 때 재흡수되는) 19세기적 의미의 노동 예비군과 다르다. 반대로 이들은 구조적으로나 생물학적으로나, 전 지구적 축적 및 기업 매트릭스에 대한 잉여 인간 집단이다.

존재론적으로 보아 이들은 『공산당 선언Communist Manifesto』에서 진술한 역사적 힘과 비슷하기도 하고, 다르기도 하다. 이들은 사유 재산의 재생산에서 기득권을 거의 가지지 못한다는 의미에서 전통적 산업 노동자처럼 "근본적 사슬radical chains"을 지니고 있다. 그러나 이들은 사회화된 노동자 집단이 아니며, 자신들의 계급 문화를 근거로 현대의 산업 문화를 재조직하는 것은 고사하고 생산수단의 통제를 분쇄하거나 장악할 수 있는 의미 있는 힘을 갖지 못했다. 그러나 이들은 도시 질서를 전복하고 정보와 사람의 전 지구적 흐름을 붕괴시킬 수 있는, 아직 측정되지 않은 힘을 지니고 있다.

『슬럼의 도전』을 쓴 저자들은 비공식 프롤레타리아의 구성원이 계속해서 늘어나며 도시 위기가 더욱 심화되고 있는 것이 국

제경제 규제 때문이라고 강조한다. 채무 체제Debt regime는 개발
도상국의 공적 자금을 탈취하고 기반 시설을 세울 신규 투자의
목을 조른다. 외부에서 강제된 구조 조정 프로그램은 공공 부문
일자리를 대거 없애고, 수입 대체 산업을 파괴하며, 막대한 보조
금을 받는 부유한 나라의 농업 자본과 경쟁할 수 없는 수억 명의
농촌 생산자들을 퇴출해 버린다. 심지어 중국이 시장 기적을 이
루는 과정에서도, 기본 권리를 박탈당하고 멸시와 착취를 당하는
농촌 이주민 출신 도시 유민이 1억 명이나 양산되었다.

한편 공공시설 및 사회적 자산의 사유화는 나치가 유럽을 침략
한 이래 초유의 규모로 자행되고 있는 약탈 및 도적질의 완곡한
표현일 따름이다. 유엔이 지적했듯이, 왕년의 동구권 지역에서
수십 명의 억만장자가 탄생한 대가로 1988년에 3백만 명 이하였
던 절대 빈곤 계층이 1억 7천만 명으로 늘어났다. 이쯤 되면 이
"시장 민주주의의 승리"를 평화시에 일어난, 역사상 최대의 사회
적 퇴보라고 칭하고 싶어지지만, 사실 이 칭호는 식민지 해방 이
후의 사하라이남 아프리카에 가져다 붙여야 한다. 일례로 나이지
리아의 막대한 석유 수익은 빈곤층의 거의 기하급수적인 증가와
나란히 보조를 맞추고 있다. 이 나라에서는 1980년에 28퍼센트였
던 절대 빈곤층의 비율이 1996년에는 66퍼센트로 늘어났다. 실제
로 아비잔에서 이바단까지 이르는 도시 축은 5억 명 이상의 빈민
들이 거주하는, 지구상에서 가장 큰 슬럼 벨트가 될 것으로 예견
되고 있다.

이 유엔 보고서가 이끌어 내는 교훈은 침울하고도 정직하다.

"개발도상국에서 공식 도시 고용이 붕괴하고 비공식 부문이 떠오르는 현상은 자유화가 직접적으로 그 기능을 발휘한 결과로 보인다. (…) 구조 조정 프로그램을 받아들인 대부분의 국가에서 도시 빈곤이 증가하고 있다. 이런 프로그램 대부분은 본질상 계획적으로 반도시적이다."(151)

유엔 해비타트의 시각으로 보면, 통화 안정성이라는 금송아지를 위해 공식 일자리와 주택을 창출하는 국가 역량을 희생시킨 셈이다. 현재의 신자유주의적 세계화 체제에서(케인스주의 이후 예측 가능한 거의 모든 형태의 자본주의하에서) 새로 생겨나는 도시 빈민은 탈락된다. 즉 "잉여 인간"이 된다.

물론 이렇게 세계적으로 빈곤이 도시화하는 현상의 필연적인 결과는, 제3세계 도시 변두리에 슬럼이 엄청난 규모로 증식하는 것이다. 유엔의 보수적인 정의에 의하면, 현재 전 세계의 슬럼 인구는 청년 엥겔스가 맨체스터 빈민가에 처음으로 발을 들여 놓았던 1844년 당시의 세계 인구와 거의 맞먹는다. 2030년경의 세계는 대체로 다음과 같은 모습을 띨 것이다.

(1) 80억 명의 인구 중 50억 명이 도시에 거주할 것이다.

(2) 10억 명의 도시인들(사주, 경영자, 기술자, 정보 부문의 숙련 노동자)은 국제적 브랜드 생산품의 수요를 충당할 것이다.

(3) 15억에서 20억 명의 노동자들(여기에는 로스앤젤레스의 멕시코계 미국인 간호보조원에서부터 호치민의 노동 착취 공장에서 일하는 청소년들까지 포함된다.)은 (빠르게 노령화해 가는 부유한 사회의 노

인 복지 수요를 비롯하여) 세계 경제를 위한 대도시의 노동력을 충당할 것이다.

(4) 20억 명에서 30억 명의 비공식 노동자들(전형적인 슬럼이나 판자촌에서 살게 될 최소한 20억 명)은 어떻든 공식적 생산관계 바깥에 존재하게 될 것이다. 그들은 디킨스의 소설에나 나올, 혹은 그보다 더 불결한 환경에서, 신종 질병들에 유린당해 가며, 지구 온난화와 도시 식수 공급의 고갈로 인한 다양한 초대형 재난에 고스란히 노출된 채 살아갈 것이다. 이제는 인종뿐 아니라 연령도 사회적 주변화의 정도와 상응하는 변수로 떠오르고 있는데, 이 "대지의 저주받은 자들(프란츠 파농의 책 제목 "대지의 저주받은 자들The Wretched of the Earth"에서 따온 표현이다. 옮긴이)"은 평균 연령이 가장 어린 인류 집단이 될 것이다.

황혼의 투쟁

그러나 이 새로운 도시 빈민들은 어두운 암흑 속으로 순순히 걸어 들어가지는 않을 것이다. 실로 그들의 저항은, 새로운 세계 질서의 암묵적인 선별 작업에 맞서 인류의 통합이 유지될 것인지 여부를 결정짓는 중요한 조건이 되고 있다. 그러나 이 저항의 이념적·정치적 표현은 아직 전 세계적 단결이나 역사적 좌표를 이끌어 내지 못했다. 다시 말해 '공산주의 인터내셔널Communist International'이나 '삼대륙 운동Tricontinental movement' 같은 것과 멀게라도 대응하는 것이 없다. 도시 비공식 노동계급은 비록 주변으로 밀려나 방치되어 있다는 면에서 같은 처지를 공유하기는 하지만, 정체성, 신념, 운동에서 서로 놀라울 정도로 상이한 스펙트럼을 이루고 있다.

첫째, 빈민 중에서도 밑바닥 빈민은 언어적 · 민족적 · 종교적 소수자다. 일례로 남아시아 최대의 슬럼인 봄베이의 다라비는, 마라티어와 힌두어의 바다 한가운데서 타밀어가 통용되는 고립 영토다. 둘째, 대규모 노동자 집단에 소속되지 못한 비공식 노동계급은 전략적 · 사회적 힘은 물론 구심력을 지닌 조직 원리가 없다. 셋째, 슬럼 주민들은 중독과 폭력의 파괴적 영향 때문에 사회적으로 아노미 상태에 처할 확률이 높다. 로스앤젤레스, 콜롬비아의 메데인, 남아프리카공화국의 소웨토는 정신이 번쩍 나는 예들이다.(그러나 범죄 네트워크는 인상적인 조직을 거느린 빈민들의 준(準)정부를 만들어 낼 때도 있다. 나폴리의 '카모라'가 그 전통적인 예이고, 최근에는 리우데자네이루 빈민가의 갱단을 들 수 있다.)

그러나 가장 빈곤한 슬럼 공동체도, 맥이 끊긴 공장 및 광산 노동자 문화 등 옛 농촌이나 도시의 연대를 유지하고 전달할 수 있다. 일례로 카를로스 몬시바이스Carlos Monsiváis가 그의 탁월한 책 『자유의 길Estrada Libre』에서 보여 주었듯, 멕시코시티 슬럼가인 '콜로니아스 파퓰라레스colonias populares'는 빈곤과 비공식성을 시민사회의 붕괴와 기계적으로 연관시키는 태도를 무색하게 만든다. (예컨대 지진과 가스 폭발 같은) 초대형 재난에 직면하였을 때 '콜로니아스'는 비효율적이거나 부패한 국가 개입을 대신해 만만찮은 자기 조직 역량을 보여 주었다.(107) 마찬가지로 베네수엘라 카라카스 산중턱에 아슬아슬하게 걸쳐진 달동네들을 중심으로 일어난 차베스 지지 운동 또한 풍부한 역사적 전통을 동원해 냈으며, 볼리비아 라파스의 신흥 자매 도시 엘알토의 대중 운동 ■ 역시 예전 광산 노동자들의 혁명적 문화를 도시 저항으로 변형해 냈다.

그러나 도시 빈민들이 만든 가장 높은 수준의 시민 조직은 아마도 무슬림 세계에서 찾아볼 수 있을 것이다. 이슬람 시민사회의 복잡한 교육 및 자선 네트워크는, 슬럼의 삶에 다른 문화권에서는 유례를 찾기 힘든 윤리적 규제를 부여한다. 그 결과 범죄나 폭력이 발생하는 빈도가 극적으로 감소했는데, 카이로가 그 모범적인 예다. 이들이 압도적인 점령 세력에 대항하여 대단히 힘든 장기간의 저항을 지탱할 수 있는 것 역시 이 같은 제도의 힘이 크다.

그래서 첨단 기술을 동원한 이스라엘의 억압의 파도는 가자(레바논 남부의 헤즈볼라는 말할 것도 없고)의 바위 둑에 부딪쳐 번번이 무위로 돌아가며, 이라크의 미국 점령 세력은 바그다드 동부(사드르 시티)의 시아파 화산이 폭발하는 일을 가장 두려워하는 것이다. 세계 도처에 있는 무슬림 슬럼은 고도로 단련된 절망의 저수지다. 최근 터키에서 일어난 자살 폭탄 테러범들의 출신 지역이, 무질서하게 팽창하는 이스탄불의 바그실라 슬럼과 주민의 60퍼센트가 실업자인 우울한 지방 도시 빈괼이라는 사실은 놀랄 일이 아니다. 고전적인 중화기전이나 베트남전 시절의 농촌 반란 진압

■ 엘알토는 볼리비아 천연가스 국유화 및 정권 퇴진을 이뤄 낸 민중 봉기의 진원지였다.

에 대비해 훈련받은 군대가 차량 폭탄, 지뢰, 그 밖의 즉석에서 제조한 폭발 장치들을 상대하기란(특히 공격 당사자들이 목표물을 확실히 파괴하기 위해 자진해서 희생하는 경우) 대단히 힘들다는 것이 입증되었다. 밀집된 도시 환경에서는 공군력이 무기력해질 때가 잦은데다 많은 인구가 모여 있어 반란이 증폭되기 쉬우므로 더더욱그렇다.

그러나 궁극적으로(이것이 내 주된 주장이다.) 이것은 "문명 간의전쟁"이 아니라, 미 제국 권력과 공식적 세계경제에서 축출된 노동자 권력 사이의 간접 충돌이다. 이 새로운 "황혼의 투쟁"(twilight struggle, 한때 냉전을 일컬었던 말)이 미래에 어떤 궤적을 그릴지는 예측하기 힘들다. 이 흐름이 지속될 수도 있고, 미처 예측하지 못한 이념적 혼합물 등 완전히 새로운 현상이 출현할 수도있다.

예컨대 1900년에 과연 누가, 도시 태생의 맑시즘이 불과 25년뒤에 아시아에서 농촌 반란과 결합되리라고 예측했겠는가? 라틴아메리카, 아프리카, 아시아의 신흥 슬럼에서 현재 유행하고 있는성령 강림 운동이나 이슬람주의가 영구적인 헤게모니를 잡을 수도 있고, 또는 1890년대를 풍미했던 농민들의 천년왕국 운동"이나 반식민주의적 "유령 춤""이 도시 빈민 사이에서 다시 부활할수도 있다. 분명한 점은 현대의 거대 슬럼이, 전통적 지정학에는

■ 기존의 질서가 초자연적인 수단으로 전복되어 지상낙원이 온다는 신앙에 근거한 종교운동으로, 정치적 성격을 더불어 띨 때가 많다. 천년왕국millenium이란 기독교 전통에서 유래된 말로, 그와 접촉한 다른 여러 종교에 영향을 주었다.

미처 등재되지도 않은 독특한 문제를 제국의 질서와 사회통제에 제기하고 있다는 것이다. "테러와의 전쟁"의 요지가 적을 추격하여 그들의 사회학적 · 문화적 미로 속으로 쫓아 들어가는 것이라면, 개발도상국 도시들의 빈곤한 주변부야말로 21세기의 영구적인 전장이 될 것이다.

(2004년 겨울, 『소셜 텍스트Social Text』) (81)

■ ■ Ghost Dance, 19세기 말 아메리카 원주민 사이에서 유행했던 종교 운동. 백인을 휩쓸어 버리고 과거의 전통을 회복시킬 인디언 구세주가 나타난다는 예언을 믿었다.

3부
미국이라는
환상의 몰락

In Praise of Barbarians

거기서는 안 되는 일이 없다.

—5세기 골Gaul 지역에 대해 로마제국의 어느 작가
가 했던 말.

■ 로마제국 시대에 현재의 프랑스 지방을 일컫던 말

남캘리포니아의
지옥 같은 교통 체증

윤리적으로 볼 때 전쟁은 고속도로 운전에 상응한다. 아니, 그 반대인가? 내가 범주에 다소 혼란을 일으켰다면 부디 독자 여러분의 용서를 바란다. 하지만 내가 사는 곳은 남캘리포니아다. 우디 거스리Woody Guthrie의 노래 가사를 패러디하자면, "수브(SUV) 차량을 소유하고 있다면 살기에나 보기에나 낙원"인 곳이다. 지긋지긋하게도 아침저녁으로 140킬로미터씩 이동해야 하는 나의 출퇴근 시간은 날이 갈수록 그 유명한 엘알라메인 전차전▪을 닮아 가고 있다. 1920년대 어떤 작가가 "남캘리포니아 쾌락의 전차"라고 불렀던 것은 이제 천4백만 대 차량에 탄 천8백만 명의 통근자들이 미국 최악의 교통 체증과 사투를 벌이는 비정한 전쟁터

▪ 2차 대전 중이던 1942년 이집트의 엘알라메인에서 영국군과 독일군이 맞붙은 전투를 말한다.

가 되었다. 매일 아침 나는 개인 소유의 장갑차(외양도 사악한 4륜구
동 도요타 툰드라 픽업트럭 V8 모델)에 안장을 얹은 뒤, 주간州間 5번
고속도로의 중간 차선 중 하나로 비집고 들어간다. 이후 한 시간
반 동안 나는 고속도로 위의 생존권을 놓고 동료 시민들과 처절
한 싸움을 벌인다. 이 싸움에서는 아무도 자비를 베풀지도, 요구
하지도 않는다.

　지금은 "스포츠 유틸리티 차량(SUV)"이라는 기갑 사단이 고속
도로를 지배한다. 스테로이드와 필로폰을 맞은 구식 가족용 스테
이션왜건을 상상해 보라. 남캘리포니아의 고속도로에서 가장 안
쪽 차선은 언제나 거친 싸움판이었지만, 중후장대한 차들이 지배
하는 지금은 특히 무시무시하다. 러시아워 때 도로 전투의 기본
전략은 바로 앞에 가는 차를 겁주는 것이다. 특히 내가 셰비 서버
번이나 포드 익스플로러 같은 육중한 전투 무기를 몰고 있는데
앞에 가는 불쌍한 녀석이 코롤라나 포드 에스코트 따위를 탄 채
꾸물대고 있다면 일은 더없이 쉬워진다.

　가능하면 불시에 본때를 보여 주는 것이 가장 좋다. 정석은 소
리 없이 다가가 앞차 뒷 범퍼에 몇 미크론 차이로 바짝 들이대는
것이다. 경적을 울려 대는 것은 모양새가 나쁘다.(아니, 더 안 좋게
말하자면 뉴욕식 관습이다.) 앞차에 탄 사람이 별안간 백미러를 통해
맹렬한 적의를 확인할 때까지 기다리는 편이 낫다. 앞 운전자가
기겁해서 차선을 바꾸면, 내게 표해진 사회적 경의를 달콤하게 음
미하면 된다. 하지만 대개의 경우 수브 차량 앞에는 또 다른 수브
차량이 있게 마련이다. 계급적 특권이 상쇄되었으니 누군가가 신

경이 폭발하여 막나가기를 기다리는 것 외에는 대안이 없다. 전쟁이나 그 밖의 피비린내 나는 스포츠들이 그렇듯이, 스트레스 가운데서도 평상심을 유지하는 것이 최고의 덕목이다. 완전히 엉클어진 차들 사이로 거대한 닷지를 아슬아슬하게 들이밀면서, 너무나도 침착하게 카푸치노를 홀짝이고 휴대전화로 수다를 떠는 웨스트사이드의 용감한 아줌마를 누가 감히 존경하지 않을 수 있으랴?

회복기에 있는 심장병 환자들과, 고물 자동차를 모는 가난한 이민자들과, 갓난아기를 태운 겁 많은 엄마들과, 마하트마 간디의 추종자들은 고속도로에서 좀 더 느린 오른편 차선에 붙박혀 가는 것이 사실이다. 하지만 마치 워프하듯이 고속도로로 진입하는 수브 차량들이 바로 그 차선을 통과하는 데다, 20미터 길이의 대형 화물차 두 대 사이에 끼어 알루미늄 캔처럼 찌그러질 수도 있으므로 이는 어리석은 도피일 뿐이다. 도로 위에서 수브 차량이 패권을 쥐고 있다는 것은 필연적으로 방어적 재무장과 상호억지의 논리가 통용된다는 뜻이다. 물론 이론적으로는 나도 (급진적 환경 운동가들처럼) 생태 친화적인 전기 자동차를 몰거나 캘리포니아의 따뜻한 하늘 아래 자전거를 타고 출퇴근하는 편이 훨씬 좋지만, 조폭 같은 픽업트럭으로 나 자신을 방어하는 것 말고는 현실적인 선택지가 보이지 않는다.

하지만 우리는 아이들에게, 남캘리포니아에서도 도로가 언제나 이처럼 필사적인 전쟁터였던 것만은 아님을 알려 줄 필요가 있다. 대충 테일 핀*이 등장하고 수브 차량이 출현하기 이전, 그러니까 1973년 에너지 위기 직후에, 천재적인 일본인 엘프들이 만들어 낸 연비가 높고 야무진 소형차들이 잠시 고속도로를 지배했던 시절이 있었다. 그것은 곧 내연 기관의 중간계였다. 그런데 그것들이 1990년대 들어서 왜 돌연 사라진 것일까?

확신하건대 그것은 수브 차량이 1990년대 초 중산층의 불안과 병리적으로 완벽하게 맞아떨어졌기 때문이다. 이 디트로이트산 신세대 가족용 탱크가, 고속도로에서의 마구잡이 총질과 "자동차 납치"가 황금 시간대 뉴스를 도배한 바로 그 시기에 출현한 것은 우연이 아니다. 이때는 수십만 명의 건실한 시민들이 사설 경비 업체의 군대가 지키는 교외의 굳게 닫힌 철문 뒤로 은신하기 시작한 시기이기도 하다. 수브 차량 역시 황무지를 달리는 고속도로에서 중산층의 안전을 지켜 주는 강철 코쿤으로 인식되었다. 또 이 일본 및 한국산 강철로 만든 육중한 덩어리는, "너희 나라를 침공해서 너희 엄마를 죽이겠다."고 위협하는 새로운 공화당 정신의 강건한 상징이 되었다. 9·11 테러를 계기로 자동차 액세서리 품목에 소형 국기 게양대가 추가되었고, 성조기를 단 서버번과 익스플로러 들은 수 인디언족 마을로 돌격하는 제7기병대의 애국주의적 허세를 뽐내게 되었다.

결국 수브 차량은 길고 긴 통근 지옥을 위한 호사스러운 임시 대피소인 셈이다. 남캘리포니아의 교통 체증은 여전히 미국에서 최악이고(시애틀과 워싱턴 D. C.도 그리 많이 뒤지지는 않지만), 먼 교외

■ 1950년대부터 1960년대까지의 자동차에 유행한, 비행기 꼬리 모양의 장식적인 스타일.

에서 출퇴근하는 운전자들은 해마다 2주일치에 해당하는 노동 시간(75시간)을 교통 체증이라는 악마의 신전에 추가로 바치고 있다. 로스앤젤레스 지역에서 매년 통근자들이 부담하는 경제적 비용은 총 90억 달러, 즉 1인당 1,668달러 꼴로 추정된다. 게다가 교통량이 인구보다 훨씬 빠른 속도로 늘어나, 고속도로는 새로 개통한 지 4년만 지나도 정체되기 시작한다. 최근 한 연구에 따르면, 미국에서 주말 나들이 차량이 벗어나기가 가장 힘든 대도시 지역이 바로 로스앤젤레스다. 한때 이 지역은 물리적 이동성이 높고 주말에 멀리까지 드라이브를 즐기는 특유의 문화를 자랑했지만, 그것이 이제는 짜증과 폐소 공포증으로 바뀌어 버렸음이 과학적으로 확인된 셈이다. 최근에 남캘리포니아에서 시행된 권위 있는 여론조사에 의하면, 교통 문제는 일자리, 범죄, 교육, 주택 문제를 멀찍이 제치고 이 지역의 가장 시급한 과제로 떠올랐다.

국수주의적 히스테리의 배수구인 지역 라디오의 토크쇼와 우익 성향의 블로그 들은, 불법 이민자들을 교통 체증의 주범으로 비난하고 있다. 그러나 교통 혼잡의 진짜 주범은 인구 증가가 아니라 난개발과 땅값 폭등이다. 도심 폭력의 진원지에서 멀리 떨어져 있고 가격대가 알맞는 주택에 대한 수요는 끊이지 않았고, 그 결과 수백만 가구들이 사막 언저리나 그 너머로 이사했다. 하지만 대개의 경우 직장까지 이들을 따라서 옮겨 온 건 아니기에, 그들은 캘리포니안 드림을 만끽하기 위해 내륙의 집과 해안의 직장 사이를 매일 세 시간씩 왕복하는 대가를 치러야 했다. 그와 동시에 (한때 전 세계가 경탄하는 고속도로를 지녔던) 캘리포니아의 교통 기반 시설은 여타 선진 산업 국가의 기준에서 절망적일 정도로 뒤처져 있다. 1970년대 말의 조세 저항[*] 이후, 도심의 학교가 붕괴되고 전력망이 노후해졌을 뿐만 아니라 도로 역시 여기저기 구멍이 패이고 위험한 상태가 되어 버렸다. 지난 20년 동안 여러 차례 마지막 경고가 주어졌지만, 부가 편중되고 해안가의 집값이 뛰어오를수록 주 정부가 물리·사회적 기반 시설에 들이는 지출액과의 격차는 점점 더 벌어졌다.

지역 정치 시스템이 폭력을 억제하고 난개발을 통제하며 효율적인 대중교통에 투자하는 것을 방기한다면, 이미 거대한 주차장이 되어 버린 남캘리포니아의 고속도로는 우리 다음 세대에 더더욱 악몽 같은 체증을 겪을 것이다. 지금은 러시아워 정체가 매일 일곱 시간이지만 조만간에 스무 시간이 될 것이고, 고속도로의 평균 속력은 우마차 끌던 시대 수준으로 떨어질 것이다. 실제로 지역 정책 전문가들은, 향후 예상대로 교통량이 30퍼센트 더 늘어난다면 세계에서 열두 번째로 큰 이 지역 경제권은 말 그대로 질식사하고 말 것이라 우려하고 있다. 미래에 획기적인 교통 체계가 나타나 구원해 주기만을 기다리는 동안, 남캘리포니아는 교통 체증이 덜하고 통근 거리가 짧으며 삶의 질이 우수한 여타 대도시 지역에 수많은 중산층 일자리와 중산층 주민들을 빼앗기게 될 판국이다.

---

[*] tax revolt, 1978년 미국 캘리포니아에서 보수주의 운동가인 하워드 자비스의 주도로 일어난 납세 거부 운동. 그후 이와 유사한 운동이 다른 주까지 확산되었다

한편 수브 차량은, 비록 잠시 동안이지만 마법과도 같은 권력과 안락함으로 도로 위의 짜증을 보상해 준다. 정체된 도로 위의 음울한 민주주의 한가운데서, 이것은 운전자에게 노블레스 오블리제까지는 아니더라도 최소한 좌측 차선을 거만하게 질주할 수 있는 특권을 부여한다.(그러나 수브 차량을 소유한 사람들은, 자기 차가 크고 무게 중심이 높아서 소형차들에게 대단히 위협적인 동시에 그 자체로도 위험할 정도로 불안정하여 전복될 소지가 크다는 사실을 무시하는 경향이 있다.)

수브 차량이 이끄는 고속도로의 군사화는 이제 막을 수 없는 추세로서, 좀 더 보편적인 차원에서 도시 공간의 군사화 및 이동성의 붕괴와 더불어 진행되고 있다. 그 가장 노골적인 상징이 말 그대로 군용차인 험비가 가족용 최신 운송 수단으로 탈바꿈하여 대량 판매되고 있는 현상이다. 험비를 민간용으로 살짝 변경한 모델인 허머는 고속도로에 출현한 티라노사우르스 렉스이며, 이 차의 가장 열렬한 팬이자 판촉사원은 배우 아널드 슈워제네거다. 슈워제네거가 특별히 주문 제작한 허머들(그는 이 차를 네 대 소유하고 있다.)은 산타모니카의 관광 코스가 된 지 오래다. 한편 공화당의 떠오르는 스타인 슈워제네거는 유력한 캘리포니아 주지사 후보로 손꼽히고 있다. 환경 운동가들에게는 두려운 전망이다. 터미네이터 자신이 권좌에 오르고 "해방된" 이라크산 석유 수백만 배럴이 시장에 풀리는 한, 수브의 시대는 끝나지 않을 것이다.

(2003년, 『일 매니페스토』)

후기

2003년 11월 슈워제네거가 당선된 직후 그는 수브 운전자와 판매업자들(그의 선거운동에 기부한 가장 중요한 그룹 중 하나)에게 최근 신설된 면허세를 면제해 줌으로써 사례하였다. 그리고 그 결과 초래된 40억 달러의 예산 부족분은 저소득층에 대한 중요한 지원 사업을 삭감하여 충당하였다. 기름 값이 껑충 뛰는 바람에 나는 조폭 트럭을 처분하고 소형(이지만 그렇다고 그만큼 친환경적이지는 않은) 수브를 샀다. 하지만 5번 고속도로에서 여피들이 모는 대형 동물들에게 이리 치이고 저리 치인 끝에, 가능한 빠른 시일 내에 중장갑차로 (될 수 있으면 50구경 기관총을 주문 장착해서) 복귀하기로 결정했다. 납작 엎드리든가, 아니면 죽든가.

울어라, 캘리포니아여!

17

캘리포니아 주 소환 투표라는 블랙 코미디에 출연한 모든 후보들은 다음 질문에 대답할 의무가 있다. "듀로빌을 어찌 할 것인가?" "듀로빌"이란 캘리포니아를 방문하는 외지인들은 절대 보지 못하고, 세계 제6위 경제권의 미래에 대해 토론하는 전문가들은 무시하는 곳이다. 코첼라 밸리 내에 위치한 이 다 쓰러져 가는 황량한 동네는 4천 명이 거주하고 있지만, 공식적으로는 존재하지 않는다. 『분노의 포도』에 나오는 오키" 판자촌을 연상시키는 이곳은, 카후일라 인디언 부족의 일원인 하비 듀로Harvey Duro의 사유지에 집 없는 농장 노동자들이 일으켜 세운 빈민촌이다.

■ Okies, 1930년대 오클라호마에서 가뭄과 모래 폭풍으로 농토를 잃고 일자리를 찾아 떠돌아다니던 소작인 출신들을 가리키던 말이다.

코첼라 밸리는 캘리포니아의 보수주의자들이 주 전역에 세우기를 꿈꾸는(비버리힐스와 티후아나가 만나는) 미래의 견본 같은 곳이다. 밸리의 서쪽, 그러니까 팜스프링스부터 라퀸타까지는 완벽한 냉방 시설이 갖춰진 낙원이다. 이곳에는 인공 호수와 18홀 골프장이 들어서 있고 철문으로 경비되는 동네들이 즐비하다. 이 동네의 전형적인 주민은 골프 카트를 탄 65세의 은퇴한 백인 남성이다. 그는 자기를 시중드는 이민자들을 위한 세금, 소수계 우대 정책, 사회복지 정책에 반대하는 열성적인 유권자다.

밸리의 동쪽, 그러니까 인디오에서 메카까지는 리조트 잡역부, 접시닦이, 풀장 청소부, 농장 노동자 들이 사는 곳이다. 여기에는 로스앤젤레스에서 트럭으로 실어 나른 슬러지(하수 찌꺼기) 50만 톤이 쌓여 이루어진, 풀 한 포기 없는 인공 산이 있다. 듀로빌에서 가장 큰 호수는 바로 하숫물이 고인 연못이고, 동네 놀이터는 다이옥신으로 오염된 쓰레기 매립장이다. 이곳의 전형적인 주민은 열여덟 살이고, 스페인어나 미스텍(멕시코의 아메리카 인디언. 옮긴이)어로 말하며, 용광로 같은 사막의 열기 속에서 온종일 일한다. 그는 십중팔구 아직 시민권자가 아니기 때문에 투표권이 없다.

불결과 착취와 박탈은 캘리포니아의 농업 밸리들과 "들판 위의 공장들"▪에 한정된 예외적인 관행이 아니다. 로스앤젤레스 시내에서 서쪽으로 불과 몇 블록만 가면 어지러운 빈민 구역이 나오

▪ factories in the field, 이민자들을 착취하는 캘리포니아의 기업형 농장들을 가리킨다. 이주 노동자들의 현실을 고발한 캐리 맥윌리엄스의 1939년 논픽션 제목에서 따온 말이다.

는 것처럼, 도시에도 듀로빌들이 있다. 샌디에이고 북쪽 해변의 번드르르한 80만 달러짜리 트랙홈 뒤편에서는, 약 1만 명에 달하는 이민자 출신 일용직·용역 노동자들이 황량한 협곡 아무데서나 널브러져 잔다. 주 전체를 통틀어 수십만 명의 이주 노동자들이 불법으로 개조한 차고, 버려진 트레일러, 심지어 닭장 안에서 살고 있다.

캘리포니아, 특히 남부 지방의 경제적 불평등은 지난 한 세대 동안 급격히 심해졌다. 예를 들어 로스앤젤레스 지역에서는 상위 20퍼센트의 노동 인력이 하위 20퍼센트보다 평균 스물다섯 배나 더 많이 번다. 또 로스앤젤레스 주민의 3분의 1이 의료보험이 없기 때문에, 몇 안 되는 카운티 병원은 언제나 만원이다. 최근에 이 병원 의사들은 인력과 병상이 부족해서 불필요하게 죽어 가는 환자들의 수가 늘고 있다는 으스스한 증언을 했다. 더욱이 로스앤젤레스 시민 중 일시적으로라도 굶주림을 겪는 사람이 거의 1백만 명에 달하며, 그 비율은 2001년부터 2005년 사이에 (특히 임신한 여성들 중에서) 더욱 늘어났다. 실로 영양 상태가 너무 심각해서, "푸드뱅크" 로스앤젤레스 지부는 매년 4천5백만 파운드의 식량을 배급하고 있는데도 수요를 충당하기에는 턱없이 부족하다.

듀로빌이 통렬하게 상징하고 있는 이런 캘리포니아의 제3세계화는 우연한 현상이 아니다. 1970년대 후반의 그 유명한 조세 저항은 경제적 대중주의로 코드화된 인종주의 정치였다. 라틴계 인구가 급격히 늘어나자, 우익 선동가들의 부추김에 넘어간 백인 유권자들이 공공 부문에 대한 지원을 철회한 것이다. 그 결과 캘리포니아의 공립학교들은 다른 주에 비해 질이 떨어지게 되었고 평균임금도 상대적으로 낮아지고 있다. 콩나물 교실과 위험한 놀이터는 노동 착취 및 슬럼과 더불어 악순환의 일부분을 이루고 있다.

세대가 바뀌면서 새롭게 조직화되어 활기를 되찾은 캘리포니아의 노동운동은, 최저임금 고시, 교육 예산 확대, 부유층에 대한 세금 우대 중지 등을 통해 캘리포니아가 "미시시피화"되어 가는 은밀한 흐름을 막으려고 싸워 왔다.(미시시피는 미국에서 가장 가난한 주다. 옮긴이) 그렇게 몇 차례 (주로 교육 예산 지원 부분에서) 승리를 거두기도 했지만 진보 정치는 두 개의 커다란 구조적 장애물과 힘겹게 맞서야 한다. 첫째는 '주민 발의안 13' *의 잔재 때문에 대부분의 항목에서 세금을 인상하려면 압도적 다수의 동의가 필요하다는 것이다. 둘째로 더욱 기운 빠지는 일은, 새로운 이민자들이 참정권을 획득하는 속도가 너무 더디다는 것이다. 현재 앵글로계 주민은 소수인데도 유권자 명단의 70퍼센트를 점하고 있다. "캘리포니아 공공정책연구소"의 전망에 따르면, 2040년이 되어도 전체 투표권의 53퍼센트를 백인들이 가져갈 것이다. 이런 추세가 계속된다면, 이들 케케묵은 백인 소수계가 대다수 공직 과 세원까지 독차지할 것이다.

물론 보수적 세계관으로 보면 이런 현실은 역전된다. 전 주지

---

* Proposition 13, 1978년 조세 저항 운동의 결과 캘리포니아 주에서 통과된 주민 발의안으로, 재산세율을 1퍼센트로 묶어 놓고 그 인상률을 제한하는 내용이다.

사인 피트 윌슨Pete Wilson을 위시한 공화당원들은, 캘리포니아 주가 남쪽에서 올라온 게으르고 무식한 거지들의 쓰레기 하치장이 되었다고 주장한다. 윌슨의 악명 높은 선거 광고에서 ("그들이 몰려온다!"고) 외친 대로 멕시코가 앵글로 캘리포니아를 침공하고 있으며, 건실한 시민들의 등에 세금, 범죄, 오염이라는 막대한 짐을 지우고 있다는 것이다. 대지의 진짜로 저주받은 자들은 너무 많은 세금을 내느라 오랫동안 고생해 온, 골프 카트를 모는 백인들이라는 주장이다.

이는 이성이 비명횡사할 난센스지만, 캘리포니아 에이엠 라디오를 지배하고 있는 투견 같은 토크쇼 진행자들은 이런 논리를 하루 24시간 유포하고 있다. 그리고 이들은 점점 텔레비전까지 장악할 기세다. 이런 분노한 백인들의 정서는, 공화당 전략가들이 그레이 데이비스Gray Davis의 소환 투표에서 아널드 슈워제네거에게 주입하여 괴력을 발휘하게 만들고 싶어하는 스테로이드이기도 하다. 진보 성향의 평자들은 이 거대한 근육질 영화 스타가 중요한 쟁점들에 대해 특이하게도 명확한 입장이 없다는 점을 공격했다. 하지만 이런 비판은 공정치 못하다.

사실 이 터미네이터는 보수 정책에 오랫동안 이념적으로 헌신해 온 전력이 있지만, 그의 선거 운동가들은 전략적 이유에서 이를 드러내고 싶어하지 않기 때문이다. 가장 충격적인 사실은, 그가 미등록 이주민에 대한 의료 보장과 교육을 거부하고 영어를 배타적 공식 언어로 지정하려는 국수주의적 운동에 깊이 관여해 왔다는 점이다. 그 자신 알프스 오지 출신의 가난한 소년으로서 미국에 처음 왔을 때 몇 년 동안이나 불법으로 일했음을 스스로 인정했으면서도, 그는 1994년 반이민적 내용을 담은 '주민 발의안 187'을 승인한 핵심 인물이었다. 더욱 음흉한 것은 그가 오랫동안 'U. S. 잉글리시' * 간부를 지냈다는 점이다. 이 단체는 흰 두건을 쓰고 다니는 이들(백인 지상주의 비밀 결사인 KKK단을 가리킨다. 옮긴이)과 모종의 연계가 있는 것으로 악명 높은 전국 조직이다.

　하지만 어떤 경우건, 가장 많은 돈을 처들인 이 최신 영화의 진짜 스타가 아널드라고 믿는다면 그건 오해일 것이다. 새크라멘토의 도박꾼들이 지적했듯이, 이 영화의 진짜 제목은 "무덤으로부터의 귀환: 윌슨 3"이다. 윌슨 전 주지사는 이번 소환 투표의 배후에 유령처럼 어른거리고 있다. (최근 보리스 옐친의 재선을 도운 조지 고튼Georg Gorton을 비롯한) 윌슨의 베테랑 참모들이 슈워제네거의 주요 부분을 움직이는 모든 중요한 끈을 통제하고 있으며, 윌슨 자신은 세일즈 캠페인을 벌여서 캘리포니아 주의 억만장자 대부분을 포섭하는 데 성공했다. 그 결과 슈워제네거의 "대중주의적" 성전의 중추부(도널드 브렌Donald Bren, 조지 슐츠George Schultz, 데이비드 머독David Murdoch, 워런 버핏 등등)는 마치 "보헤미안 그로브"의 토가 파티 ** 처럼 되었고, 아래로는 토지 개발업자와 수브 판매업자들의 대규모 부대를 거느리게 되었다. 윌슨이 라틴계, 흑인, 노

■ 영어를 유일한 공식어로 제정할 것을 주장하는 미국의 단체다.
■■ '보헤미안 그로브'는 미국 특권층 남성들의 사교 모임인 '보헤미안 클럽'의 본거지로, 캘리포니아 북부에 있다. '토가 파티'는 고대 로마 시대의 의상인 토가를 흉내 내어 침대 시트 등을 걸치고 모여 노는 파티를 말하는데, 미국의 대학 캠퍼스에서 유행하였다.

동운동가들의 저주 대상임은 물론이다. 캘리포니아의 유권자들은 1998년 그가 뒤를 봐준 댄 런그렌Dan Lungren 검찰총장을 떨어뜨리고, 작년에 윌슨의 부자 클론 한 명을 또 퇴짜 놓으면서 분란만 일으키는 이 인종주의자의 관에 확실하게 못질을 했다. 이러니 그의 가슴에 박은 은 말뚝을 잊을 사람이 있겠는가?

침몰하는 배에서 도망친 쥐들이 이제 뭍으로 다 올라온 지금, 사면초가에 놓인 현직 주지사 그레이 데이비스를 유달리 불운했던 선택으로 간주하고 자리에서 끌어내리기란, 많은 민주당원들에게는 손쉬운 일이었다. 데이비스는 카리스마 없는 로봇이고, 그래서 3년 전 엔론이 에너지 위기를 조작하여 주 정부의 재정을 털어 가도록 무기력하게 방치했다는 것이다. 하지만 역시 공정을 기하기 위해 첨언하면, 데이비스는 "민주주의리더십회의"가 민주당을 구원해 줄 것이라고 오랫동안 권고해 온 바로 그 가치(친기업적이고 정치적으로 중도를 고수하며 법과 질서를 강조하는)를 모범적으로 따랐을 뿐이다. 또 데이비스의 몰락이 유달리 특이한 현상도 아니다. 대통령 후보 예비 경선의 출발 구간에서 전사한 여타 "온건한" 민주당 인사들을 보라.

캘리포니아 민주당 내의 노동계 세력이 이번 소환을 그들만의 쟁점을 밀어붙일 기회로 삼아야 하는 이유가 바로 여기에 있다. 노조 활동가들은 대체로 데이비스를 혐오했지만, 노동 총동맹 캘리포니아 지부는 (거의 홀로 끝까지 남아) 그레이 폐하께 딱할 정도로 충성을 바쳤다. 그리고 교활하고 파렴치한 크루즈 부스타만테 Cruz Bustamante 부지사가 당의 공천을 받아 가지고 내빼도록 손을 놓고 있었다.

슈워제네거라는 트로이 목마 속에 몸을 숨긴 피트 월슨보다야 부스타만테가 낫겠지만, 그 차이는 아마 민주당을 지지하는 대부분의 유권자들이 상상하는 만큼보다 적을 것이다. 몇 년 전에 부스타만테는 (주지사였던) 월슨과 설전을 벌인 일이 있다. 그들은 미성년자에 대한 사형 집행을 허용하는 쪽으로 주 법령을 개정하는 문제를 놓고 토론하던 중이었다. 월슨이 사형선고를 내릴 수 있는 범죄자의 연령을 열네 살로 낮추자고 제안하자, 부스타만테는 " '상습범' 일 경우 사형 집행 연령을 열세 살까지 낮추자는 쪽에 눈물을 머금고 한 표를 던지겠다."고 응수하였다.

이 아동 살인범들을 대신할 가장 유력한 대안은 캘리포니아 녹색당이다. 작년 주지사 선거에서 녹색당 후보였던 피터 카메조는 5퍼센트를 득표하여 수천 명의 진보주의자들에게 민주당 이후의 삶을 그려 볼 용기를 주었다. 1960년대에 미국 사회운동의 진앙지였던 버클리 대학에서 학생운동을 했고 여전히 뱃속의 불길이 꺼지지 않은 카메조는, 제너럴 모터스 사장을 졸졸 쫓아다녔던 마이클 무어처럼 그레이 데이비스를 쫓아 주 전역을 돌았다. 카메조는 노조와 라틴계에 의미 있는 영향력을 행사한 최초의 녹색당 후보다.

그런데 불행히도 무소속 후보로 나온 아리아나 허핑턴Ariana Huffington이 녹색당에게 향해야 할 언론의 관심을 상당 부분 가로채 버렸다. 텔레비전에 출연하는 전문 게스트이자 칼럼니스트이고 주에서 가장 부유한 축에 끼는 공화당 인사의 부인이었던 허핑턴은, 미국 정치의 사막에서 이례적인 여정을 감행했다. 바로 극우파에서 온건 좌파로 선회한 것이다. 일례로 허핑턴은 부시가 벌이는 '테러와의 전쟁'을 효율적이고 설득력 있게 비판한 바 있다. 하지만 녹색당 당원들의 투표로 선출된 카메조와 달리, 허핑턴은 할리우드의 자금 지원과 미디어에 접근할 수 있는 자신의 특권적 위치를 기반 삼아 순수한 프리랜서로 활동하고 있다. 게다가 그녀는 7백만 달러어치의 저택을 소유하고 있으면서도 최근 몇 년간 소득세를 사실상 한 푼도 내지 않은 사실이 밝혀지면서 대중적 신뢰가 떨어지기도 했다. 카메조와 조율을 거치겠다고 약속하기는 했지만, 허핑턴이 입후보함으로써 민주당 좌측의 표가 활성화되기보다는 오히려 더 위축될 가능성이 높다.

오는 11월의 선거 결과에 관계없이, 이번 소환전을 계기로 캘리포니아 정치의 몇몇 새로운 지형들이 이미 명확히 드러났다. 공화당 입장에서는 앞으로 세제 개혁이나 경제 정의를 추구하는 그 어떤 입법 활동도 훼방 놓을 수 있다는 엄청난 자신감을 갖게 되었다. 그리고 민주당은 당의 도덕적 부패로 얼굴을 더럽히고 말았다. 한편 듀로빌 주민들은 시궁창 호수 너머로 빠르게 멀어져 가는 풍요로운 삶, '캘리포니안 드림'을 그저 바라보고 있을 뿐이다.

(2003년 9월, 『소셜리스트 리뷰』)

18

터무니없는 일을 생각하자!

시스템을 소환하라

In Praise of Barbarians:
Essays Against Empire

한때 캘리포니아를 세계적으로 유명하게 만들었던 대담한 전망과 급진적인 꿈들은 다 어디로 간 것일까? 신자유주의 이론가들이 항상 주장하는 것처럼 정말 정치 시장이라는 것이 작동한다면, 그레이 데이비스의 소환 선거는 여러 아이디어들이 경쟁하는 축제의 장이어야 한다. 게다가 135명의 후보자들이 저마다 자기를 봐 달라고 아우성치고 있으니 다양한 정책과 실질적인 토론들이 홍수를 이루어야 할 것이다. 하지만 그러기는커녕, 이번 소환은 작년의 정규 선거와 거의 비슷한 수준으로 지루하고 그와 똑같은 수준으로 야비하다. 후보자는 너무 많은데 진짜로 새로운 아이디어는 너무 드물다. 소외된 수백만 비유권자들을 고쳐시켜 유권자 등록 사무소나 투표소로 발걸음을 옮기게 만들기에는 너무도 부족하다.

이런 정치적 공백 상태는, 슈워제네거의 선거운동과 결합하여 실로 새로운 황금률을 획득했다. 여기에 3천5백만 주민의 지도자가 되려고 하는 사람이 있다. 그런데 슈워제네거는 지적으로 너무나 허약해서, 그의 조련사들은 슈워제네거가 밖에 나가서 다른 후보자들과 어울려 놀지 못하게 한다. 우리는 슈워제네거가 피트 윌슨의 젖을 떼기만을 기다릴 수밖에 없다. 보수 진영에서 슈워제네거와 경쟁하는 후보인 폴 매클린톡Paul Mcclintok은 확실히 많은 의견을 후련할 정도로 거리낌 없이 제시했지만, 그 의견들은 주로 매킨리 시대의 것이다. 매클린톡은 공화당의 과거를 대표하는 유령에 불과하다.

한편 민주당 후보인 중도 성향의 크루즈 부스타만테 부지사는 사형 제도에 관해 야만적인 입장을, 농장 노동문제에 관해서는 기회주의적 자세를 띠고 있으며, 카지노 산업의 완전한 부속품처럼* 보인다. 부스타만테는 데이비스 선거 캠프의 가르마 정도는 바꿀 수 있겠지만 영구적인 자금줄을 확보하려는 중독, 혹은 강박은 손대지 않을 것이다. 부스타만테의 왼편에는 자기 홍보를 제외한 그 어떤 이상을 위해서도 장기간 헌신한 증거가 없는 전문 사기꾼과 세금 기피자들이 도열해 있다. 아리아나 허핑턴은 ("학교는 감옥이 아니다" 같은) 몇 가지 매력적인 슬로건을 내걸고 있지만, 노동계 민주당원 대부분은 산타모니카의 7백만 달러짜리

---

* 크루즈 부스타만테 부지사는 카지노 회사로부터 거액의 선거 자금을 받은 것이 드러나 파문을 일으켰다.

통나무집에서 흘러나온 이 대중주의적 견해를 지당하게도 회의
적 시선으로 바라보고 있다.

한편 아웃사이더 특유의 기상천외한 아이디어들로 멋진 카니
발을 벌여야 할 수십 명의 군소 후보들은 대체로 '애인을 구하는
고독한 중년'들이다. 그들은 이단적인 생각과 아직 알려지지 않
은 대의로 우리의 정치 세계를 풍성하게 살찌우기는커녕 데이트
상대(혹은 벤처 자본, 혹은 최근 자기가 찍은 포르노 영화의 팬들)를 찾아
어슬렁거리고 있다. 내 생각에 진정 대안적인 전망의 요소를 제시
하고 있는 이들은 오로지 녹색당뿐이다. 그들은 풀뿌리에서 수천
시간 토론을 벌여 태양 에너지, 노령림, 살 만한 수준의 임금livable
wage, 의료 보장, 교육 등에 대한 사려 깊은 입장을 내놓았다.

그러나 녹색당의 프로그램은 통합된 전망이 아니라 여러 대의
의 연합에 가까운 경향이 있다. 그 결과 피터 카메조의 선거운동
은 진심이 느껴지기는 하지만 도덕적 중심이나 강력히 내세울 테
마가 없다. 실제로 좌파는, 기생적인 공공 부문이나 외국인들의
침공을 경계하는 보수적 전망만큼 설득력 있는 우선순위를 규정
하는 데 대체로 실패했다. 그러나 선거전의 주변부에서 "쟁점들
중의 쟁점"이 우리를 향해 애타게 울부짖고 있다. 그것은 바로 캘
리포니아의 아동 빈곤이라는 추문이다.

확실히 모든 사회 체제의 가장 근본적인 윤리적 척도는 어린이
의 지위와 그 삶의 질이다. 하지만 캘리포니아 아동의 43퍼센트
(436만 명)가 연방 빈곤 선 부근, 혹은 그 아래에서 살아가고 있다.
이는 1960년대 수치의 거의 두 배에 달하며 현재 미국의 전체 평

균을 훨씬 웃도는 비율이다. 캘리포니아는 억만장자 수로는 전국 1위지만 어린이의 삶의 질에서는 37위(미국사회조사, ACS)를 차지했다. 특히 산호아킨 밸리(프레스노 카운티 36퍼센트, 툴레어 카운티 40퍼센트)와 로스앤젤레스 카운티(35퍼센트)는 장기적인 아동 빈곤이 고질화되어 있다. 이들 지역은 스타인벡과 디킨스가 묘사한 현실을 고스란히 재현하고 있다.

더욱이 요즘의 빈곤은 생활 보호 대상인 모자 가정이나 곤궁한 이민자 등 보수주의자들이 말하는 전형과 맞아떨어지지 않는다. 가난한 어린이의 5분의 4가 일하는 부모를 두고 있다. 이 아이들의 부모들은 게으름뱅이나 기생충이 아니라 대부분 땀 흘려 일하는 모범적 가장이다. 그들은 캘리포니아의 농업, 건설, 가내 용역, 관광, 경공업 제조 산업의 근간을 이루고 있는 탈근대 사회의 노예들이다. 경제 교과서가 맞다면, 1990년대 후반의 환상적인 닷컴 붐과 부의 폭발은 그들의 처지를 상당히 구제해 주고 그 자녀들에게 새로운 희망을 주었어야 했다. 하지만 그런 일은 일어나지 않았고, 오히려 만성적인 빈곤 아동의 수가 43만 명으로 늘어났다. '보이지 않는 손'은, 대공황 때 대량 실업을 해결하지 못했던 것처럼 지금 캘리포니아에서 일하는 빈민들의 고통을 덜어 줄 능력도 없는 듯하다. 시장의 힘은 저임금의 감옥 사방에 철문을 걸어 잠글 뿐이다.

"급진적radical"이라는 단어의 사전적 정의는 "뿌리로 돌아가다"라는 뜻이다. 그러므로 주의 미래를 위한 진정 "급진적"인 전망은, 이 만성 빈곤을 재생산하고 영구화하는 시스템을 리콜(소환)하는 것이다. 이는 가난한 아이들이 새로운 캘리포니안 드림에 동등하고도 실질적으로 참여할 수 있도록 보장해 줄 것이다. 이는 한때 훌륭했지만 지금은 실패해 버린 공공 교육 체계의 재건을 약속할 것이다. 흑인과 라틴계 학생의 40퍼센트가 고등학교를 졸업하지 못하는 것이 현실이다. 여기에 녹색당과 민주당 내 노동 진영이 참여해야 할 진짜 성전이 있다. 우리 공동의 미래에 먹구름을 드리우고 우리 미래의 번영을 위협하는 빈곤을 종식시키는 과제가 그것이다. 기업의 특권과 사치스런 라이프스타일이 아니라, 어린이들의 권리를 캘리포니아 주의 길잡이로 만들자.

이런 말이 이상하게도 친숙하게 들리지 않는가? 옛날 옛적에 우리는 (주의 모토를 빌리면) "우리 고장의 산맥만큼이나 커다란" 몽상을 품었다. 그들 중 한 명이 바로 사회의 추문을 폭로한 작가이자 대중 소설가인 업튼 싱클레어Upton Sinclair였다. 70년 전에 업튼은 '캘리포니아 빈곤 퇴치(EPIC)'라는 운동에 나섰다. 업튼은 유권자들에게, 캘리포니아처럼 풍요로운 땅에 대규모 빈곤이 존재한다는 것은 말도 안 되는 죄악이라고 말했다. 또한 실업자들을 정부의 구호 시설에서 빼내 일터로 돌려보내자고 제안했다. 놀고 있는 생산 수단과 원료를 사용해서 그들의 생존에 필요한 물자를 직접 생산하게 하자는 것이었다. 1934년 8월에 업튼은 남캘리포니아의 공화당원들에게서 1백만 표를 얻어 민주당 예비 경선을 휩쓰는 정치적 지각 변동을 일으켰다.

캘리포니아의 현대 정치는, 이어서 벌어진 싱클레어와 (전 대통령인 허버트 후버 계열의) 공화당 후보 프랭크 메리엄Frank Merriam의 주지사 선거전 중에 탄생했다. 유토피아적 정치 운동이, 풀뿌리에서 뿜어 나온 엄청난 열정에 힘입어 캘리포니아에서 가장 큰 기업 및 지주들과 팽팽하게 맞섰다. 대기업들은 EPIC가 부를 몰수하고 소비에트식 공산주의를 세우기 위한 트로이의 목마라고 주장했다. 이에 대해 싱클레어는 산상수훈을 정치적으로 적용한 것일 뿐이라고 응수했다.

정치 컨설턴트의 세계적인 선구격인 클램 휘태커Clam Whitaker와 리온 백스터Leone Baxter가 싱클레어와 EPIC에 대항한 캠페인을 조직했다. 그들은 루이스 메이어Louis B. Mayer 같은 할리우드 거물을 영입해서 캘리포니아에 "부랑자들이 침공"한다는 내용의 가짜 뉴스 영화를 찍고, 공화당이 지배하는 언론사(특히 『로스앤젤레스 타임스』)들을 이용해서 금욕적인 싱클레어가 여자들을 유혹하고 다닌다는 내용의 거짓 기사를 내보냈다. 결국 휘태커와 백스터가 싱클레어를 이겼다. 그러나 EPIC는 이것으로 끝난 게 아니었다. 이 운동이 일으킨 도덕적 에너지는 이후 20년이 넘도록 계속해서 캘리포니아의 진보 정치에 동력을 불어넣었다.

한편 휘태커와 백스터는 현대 캘리포니아를 무대로 한 정치 서커스의 바넘과 베일리˙가 되었다. 정치 컨설턴트와 정치 홍보의 시대는 1934년부터 시작되어 아직까지도 이어지고 있다. 그 주된 취지는 이상주의, 강령 원칙, 그리고 선거 정치의 틀을 벗어난 급

˙ Barnum and Baily, 19세기 미국의 전설적인 서커스 흥행사인 피니어스 테일러 바넘과 제임스 베일리를 말한다. 1876년 두 사람이 손잡고 '지상 최대의 쇼'라는 서커스단을 만들었으며, 나중에 '링링 서커스단'과 합병하여 오늘날까지 활동하고 있다.

진적인 사고를 선거판에서 몰아내는 것이었다. 휘태커와 백스터는 내부 관계자들을 상대로 정치 미디어 시대를 규정하는 냉소적 원칙을 다음과 같이 노골적으로 문서화하기까지 했다.

"평균적인 미국인들은 교육 대상이 되기를 원치 않는다. 지성을 향상시키고 싶어하지도 않는다. (…) 그들은 오락을 즐기고 싶어하고, 영화를 좋아한다. (…) 그러므로 만약 당신이 싸울 수 없다면 쇼를 보여 주어라!"

그래서 쇼는 끊임없이 계속되고 있는 것이다. (백만장자 후보자들이 성전에서 환전상을 몰아내겠다고 앞 다투어 약속하는 꼴보다 더 웃기는 오락거리가 있을까.) 지금의 소환 투표는 이 시스템의 복수가 아니라 그 축복의 기도일 따름이다.

그러나 EPIC와 여타 패배한 운동들이 남긴 불씨는 아직까지 살아남아 몇몇 정치적 상상에 불을 붙이고 있다. 최근에 주 상원의원 리처드 앨러콘Richard Alarcon과 글로리아 로메로Gloria Romero는 싱클레어에 대한 경의의 뜻을 담아 '캘리포니아의 빈곤 퇴치를 위한 상원 특별위원회'를 신설하였다. 그리고 로스앤젤레스 라틴계 지역 출신의 젊은 민주당원들이 이 위원회를 주 전체에서 '빈곤과의 전쟁'을 새롭게 벌일 것을 호소하는 훌륭한 연단으로 만들어 놓았다. 그러나 민주당 및 녹색당의 지도급 인사 중에는 그들이 연 비범한 청문회에 주목하거나 캘리포니아에서 일하는 빈민들의 요구에 맞춘 새로운 EPIC 운동이라는 개념에 반응한 사람이 거의 없다. 민주당 중도파(사실상 닉슨 성향의 공화당원들)는 법과 질서에 집착하는 편을 선호하며, 너무 많은 (독선적인 라이프스

타일에 고립되어 있고 투쟁에 우선순위를 매길 능력이 없는) 녹색당원들이 노동계급 문제를 전략적으로 이해하지 못하고 있다.

　캘리포니아는 활활 타오를 만반의 상태를 갖추었지만, 여기에 불을 붙이는 방법을 아는 사람은 우익들뿐인 것 같다. 앨러콘과 로메로는, 비록 다른 분야에서 흠결이 있기는 하지만, 이 점을 제대로 이해하는 듯하다. 그리고 EPIC의 선례를 되살림으로써 그들은 민주당이 근본적인 도덕적 열정을 결여했음을 역으로 드러냈다. 유토피아를 잃고 그 선지자들을 전부 파묻어 버린 고장에 애도를.

(2003년 9월, 『샌프란시스코 크로니클』)

19 누가 그들을 우익으로 만들었는가?

캘리포니아의 이리 떼가 또 한바탕 짖어 대는 바람에 워싱턴 포토맥 강변의 유리창들이 덜그럭거렸다. 이 이리 떼가 1970년대 말의 그 유명한 조세 저항 때처럼 동쪽으로 진군할 것인가, 아니면 전국적인 영향은 미미한 서부 해안 지역의 해프닝으로 끝날 것인가? 물론 슈워제네거의 승리가 갖는 더 큰 의미는, 이번 소환전에 엄청난 감정적 연료를 공급한 여러 가지 불만을 우리가 어떻게 해석하느냐에 달려 있다. 우선 이번 선거에 대한 분석 자체가 우리 감각을 마비시키는 역설과 모순 속에서 벌이는 모험임을 경고하고자 한다. 그렇기는 해도 이번 선거는 새롭게 출현 중인 미국 정치의 지형에 대해 아주 많은 것을 우리에게 알려 주었다.

'제로 정부'와 매킨리 시대의 정글 자본주의를 추구하는 골수 이념가들은, 민주당 주지사 그레이 데이비스의 소환이 1978년 하워드 자비스Howard Jarvis가 주도한 "주민 발의안 13"의 정신을 이어받은 새로운 대중주의적 혁명이라고 떠벌리고 있다. 그들은 거대 노조 및 복지 수혜 계층과 결탁한 부패한 민주당원들이 자유기업의 불을 꺼트리고, 열심히 일하는 중산층에게 불공평한 거액의 세금을 물려 그들을 애리조나 주로 내몰고 있다는 이 지역 공화당 인사들의 주장을 그대로 받아 읊고 있다. 요컨대 데이비스는 자신의 지지층인 초중고 교사, 불법 이민자, 카지노로 부자가 된 인디언들의 이기심을 동원해 캘리포니안 드림을 난파시킨 적그리스도였다는 것이다. 터미네이터는 "세금, 세금, 세금, 지출, 지출, 지출"의 지루한 심연에서, 말 그대로 캘리포니아를 구원해주었다고 그들은 장담한다.

  바깥에서 보면 이는 다소 웃기는 논리다. 우선 데이비스는 "민주주의리더십회의"의 노선에 충실한 자폐적 중도주의자로서, 지난 5년간 마치 모범적인 공화당원처럼 캘리포니아를 운영해 왔다. 교도, 교육, 기업 이윤의 활성화 정책은 물론이고 재정 정책에서도 그의 전임자(이자 슈워제네거의 스승)인 공화당 주지사 피트 윌슨의 패러다임에서 대단히 이탈한 것은 없다. 실제로 데이비스는 사형 집행과 교도소 건립에 너무나 광적으로 집착하여, 범죄나 형벌 관련 정책은 공화당이 내건 쟁점 목록에서 자취를 감추었을 정도다. 한편 캘리포니아 주민들이 엄청난 세금을 부담한다는 것은 공화당이 끝없이 되풀이하는 거짓말일 뿐이다. 실제로 주세와 지방세를 합쳐서 캘리포니아의 1인당 세금 부담액은, 공화당원들의 유토피아인 애리조나 주와 지독한 구두쇠 유타 주보다 순위가 뒤로 밀린다.

　게다가 캘리포니아 중산층이 최근 몇 년간 강탈당하고 약탈당했다고 느낄 만한 근거가 혹시라도 있다면 그 주범은 아널드의 배후인 피트 윌슨임이 분명하다. 윌슨은 엔론 등 부시 가문과 연계된 전력 카르텔과 공익 산업의 규제를 폐지해 주었고, 엔론은 2000년부터 2001년에 에너지 위기를 조작하여 캘리포니아 소비자들의 주머니를 털어 갔기 때문이다. 그리고 이라크에 생긴 블랙홀에 수십억 달러를 쏟아 부으면서도 파산한 주나 지방 정부를 찬밥 취급한 장본인은 바로 부시 행정부다. 바꿔 말하면 재정 위기는 오히려 민주당에서 먼저 문제 삼았어야 했을 쟁점이었다.

　머리부터 발끝까지 민주당에 속했던 이 거대한 주에서, 유권자의 거의 3분의 2가 피트 윌슨(아널드의 근육 밑에서 윙윙대며 돌아가는 두뇌)의 비밀스러운 귀환을 승인하거나 우익 야바위꾼인 톰 맥클린톡Tom McClintock에게 투표했다는 것은 이상한 일이다. 그처럼 이번 소환전은 자랑스런 '레프트 코스트'▪가 아니라 아이다호나 와이오밍 같은 공화당의 텃밭에서나 볼 수 있는 종류의 선거였다. 게다가 이번 소환전의 정서적 역학을 가까이 다가가 엿볼수록 이 모든 현상은 더더욱 이상해진다.

　내가 살고 있으며 소환이 처음 비롯된 이곳 샌디에이고에서 보기에, 슈워제네거의 전격전은 화창한 푸른 하늘에서 분노를 빨아

▪ Left Coast, 캘리포니아가 위치한 미국 서부 해안, 즉 '웨스트 코스트' 부근이 좌파 세력이 강한 지역이라는 뜻의 조어다.

들여 시작된 것 같았다. 결국 이 모든 일의 시발점은 영스타운이나 스톡턴이나 샌버나디노가 아니었다. 내가 아는 한 공화당을 찍은 유권자들은 맥맨션**에서 집단으로 퇴거된 것도, 굶주리는 아기를 위해 우유를 훔쳐야 하는 상황에 내몰린 것도 아니었다. 오히려 그 반대로, 작년 한 해에만 평균 집값이 거의 십만 달러나 폭등했고 이 지역에는 다시금 펜타곤의 자금이 몰려들었다. 고속도로는 허머와 대형 수브 차량으로 꽉 미어졌고, 사치스런 생활을 누리는 이들은 피부색 짙은 노동자 부대의 시중을 받았으며, 부시에게서 감세 혜택이라는 성은의 부스러기나마 주워 먹었다.

아널드의 "천만에, 더는 순순히 참지 않겠어" 부대에 지원한 조세 저항자들은 실제 경제적 고통과는 눈에 띄는 상관관계가 없다. 출구 조사에 의하면 샌디에이고를 포함한 주 전역에서 슈워제네거에 대한 지지도는 소득이 클수록 높았으며, 컨트리클럽을 갖추고 철문으로 봉쇄된 부자 동네에서 최고 수준을 기록했다. 그런데도 샌디에이고의 교외 지역은 지난 몇 주 동안 소위 사악한 주 정부를 향한 비이성적이고 독선적인 증오로 일그러졌다.

캘리포니아의 특권 계층은 짐짓 대중주의적 분노를 터뜨린 척한 데 불과했을까? 현실적인 경제적 어려움(물론 이는 친민주당 성향을 띤 도심의 라틴계·흑인 동네와 시골 지역에서 가장 심각하다.)과의 연관성이 희박한데도, 특히 부유한 백인 교외 지역에서 유권자들의 정서가 깜짝 놀랄 만큼 결집된 현상을 어떻게 설명할 수 있을

** McMansions, 맥도날드 체인점처럼 특색 없이 지어진 대형 저택을 가리키는 말이다.

까? 내가 사는 동네의 소우주에서는 에이엠 다이얼의 맨 아래 주파수를 맞추면 그 대답의 일부분을 찾을 수 있다. 지역 라디오 방송국인 "코고KOGO 600"에서 일명 "샌디에이고의 라디오 시장"으로 군림하고 있는 로저 헤지콕Roger Hedgecock은, 공식 선거운동이 시작되기도 전부터 자칭 "소환 라디오"를 주재하였다. 샌디에이고 시장을 지내다가 1980년대에 공모 및 위증죄로 고발된 전력을 지닌 그는 전국 규모로 방송되는 극우 라디오 프로그램에서 이따금 러시 림보Rush Limbaugh를 대신하여 진행하기도 하는데, 아널드 슈워제네거를 새크라멘토의 주지사 관저에 들여다 놓는 "힘든 일"을 해낸 것이 자기 공이라고 주장하고 있다. 공화당원들도 로저가 이번 소환 기간 남캘리포니아에서 가장 영향력 있는 목소리였다는 사실을 인정한다.

북쪽으로 샌타바버라까지 가청권에 포함되는 드넓은 라디오 시장에서, "로저"(30만이 넘는 고정 청취자들은 다들 그를 이렇게 부른다.)는 고속도로 오후 정체가 이어지는 오후 3시부터 6시까지의 시간을 지배한다. 물론 남캘리포니아의 교통 체증은 미국 최악이고, 날로 길어지는 출퇴근 시간은 막연한 분노를 끊임없이 부추기는 원천이다. 로저는 차 안에 꼼짝 없이 갇힌 오후의 짜증을 솜씨 좋게 요리한다. 로저는 4륜구동 닷지 픽업트럭과 포드 익스플로러를 모는 백인 남성들의 분노한 대변인이다.

지난 20년 동안 로저가 주로 집중한 문제는 캘리포니아에 "멕시코인들이 침공"한다는, 소위 "갈색 공포"였다. 로저는 국경을 넘어오는 이들에 대한 인근 지역 주민들의 감시 항의와 1994년

"반이민 주민 발의 187"을 선동한 핵심 인물이었다. 소환을 앞두고 로저는, 그레이 데이비스가 미등록 이주민에게 운전면허증 발급을 허용하는 법안에 서명함으로써 이제 멕시코의 위협이 최종 수위에 다다랐다고 청취자들에게 끊임없이 경고했다.

로저는 "이것은 미국 민주주의의 종말이자 공정한 선거의 종말"이라고 열변을 토했다. "엄청난 수의 행동대원들이" 새로 신분증을 발급받은 수십만 명의 이민자들을 유권자로 등록시켜서 불법 투표를 부추겨 데이비스의 자리를 보전하려 한다는 것이다. 나아가 로저는 로스앤젤레스 외지에서 몰려온 노조 활동가들이 샌디에이고를 "침공"해서, "소환에 찬성하는 현수막을 찢고" 동네에 공포 분위기를 조장할 것이라고 주장했다. 로저는 지역 주민들에게, "1776년의 독립 정신으로" 우리 고장을 사수하고 불법 이민자 무리와 로스앤젤레스의 노동 폭력배들에 맞설 것을 종용했다.

로저의 기나긴 연설과 그에게 간간이 휴대폰으로 전화를 걸어 할렐루야와 아멘으로 화답하는 합창을 몇 주일간 들어 본 결과, 불법 이민과 밀게나마 비슷하게 큰 목소리로 다뤄지는 유일한 생점은 바로 차량 등록세 인상이었다. 헤지콕은 차량세(차 값의 2퍼센트)가 자동 인상되는 법안이 바로 윌슨이 재임한 시기에 비롯되었다는 사실을 무시했다. 로저는 이 문제를 (터무니없게도) 불법 이민자와 바로 연관시켜서 "그들 때문에 캘리포니아 주에서 지출되는 비용이 주 정부의 재정 적자분과 거의 일치한다."고 주장했다. 그리고 "상황이 이렇게 나쁩니다. 신사 숙녀 여러분"이라고 읊조렸다. 차량세와 밀입국 멕시코인들이야말로 그의 그칠 줄 모르는 광란의 안주거리다.

주류 언론은, 풀뿌리 차원에서 로저(혹은 로스앤젤레스의 빌 한델 Bill Handel, 새크라멘토의 에릭 호그Eric Hogue) 같은 에이엠 라디오 진행자들이 수천 명의 새끼 터미네이터들을 자극하면서 소환이 조직되어 가는 과정을 제대로 보도하지 못했다. 그 결과 소환의 역학에서 "경제적 대중주의"의 정당성을 과도하게 부각했고, 해묵은 인종주의 선동과 '갈색 공포'를 부추기는 수사의 재연이 주요한 역할을 한 사실에 대해서는 어렴풋하게밖에 인지하지 못했다. 랩의 한 구절을 빌리면, "이 모든 건 갈색 행성의 공포 때문이다."

하지만 나는 이번 선거를 두고, 피트 윌슨의 "반이민 주민 발의안 187"이 경기 후퇴 및 전국 각 주의 재정 위기라는 국면을 맞아 또다시 재연된 것에 불과하다고 말하고 싶지는 않다. 아널드 슈워제네거는 이 혼란스런 잡탕에 진정 새로운 것을 하나 더 추가했다. 슈워제네거는 그저 정계에 뛰어든 그저 그런 배우들 중 한 사람이 아니라, (영화적 페르소나나 현실 삶으로 보나) 어둡고 성적인 전능함의 판타지를 불러일으키는 이상한 피뢰침이다.

타인의 굴욕에서 쾌락을 느끼는 것(슈워제네거가 일생 동안 지녀온 욕망)은 사디즘의 교과서적 정의다. 이는 또한 증오를 부추기는 극우 라디오의 일용할 양식이기도 하다. 주지사로서 슈워제네거는 (이를테면 로저 혜지콕의 사디즘 같은) 모든 작은 사디즘들의 합체가 되었고, 이로써 겉보기에는 풍족하지만 속으로는 고통 받는 수백만 통근자·소비자들 "내면에 도사린 파충류"를 조종하게 되었다. 캘리포니아의 인랜드 엠파이어와 철문으로 봉쇄된 교외 지구의 백인 유권자들은, 임상적으로 히틀러와 유사한 인격의 인물을 그들의 개인적 구세주로 세웠다.

물론 이 모든 것에 대한 최후의 말은 너대니얼 웨스트Nathanael West의 몫으로 돌아간다. 너대니얼의 소설 중 고전인 『메뚜기의 날*The Day of the Locust*』(1939)에서, 그는 팬덤이 파시즘의 초기 단계임을 명확히 예측했다. 할리우드 네온 벌판의 변두리에서 너대니얼은 캘리포니아 프티부르주아의 채울 수 없는 허기를 보았다. "그들은 야만스럽고 적의에 차 있다. 중년과 노년은 특히 그렇다. (…) 그들의 권태로움은 점점 더 지독해진다. 그들은 자신이 속았음을 깨닫고 불같이 화를 낸다. (…) 그들의 태만한 몸과 마음을 곧게 긴장시킬 만큼 폭력적인 것은 아무것도 없다."

(2003년 10월, 『새크라멘토 비*Sacramento Bee*』)

20 | 파업 중인 남캘리포니아

　　요즘 남캘리포니아에서 가장 흔히 볼 수 있는 풍경은 영화 촬영이나 해변 파티가 아니다. 그것은 바로 투쟁적인 피켓을 든 행렬이다. 말리부에서부터 멕시코 국경에 이르는 70만 명의 슈퍼마켓 노동자들(그들 중 3부의 2는 여성)은 지난 10월 11일 이후로 파업 중이거나 작업장 폐쇄를 당했다. 850개 이상의 점포가 이에 연루되었다. 이는 1946년의 할리우드 파업 이후로 미국 서부 해안의 민간 부문에서 발생한 최대의 노동 쟁의다. 더욱이 이번처럼 일반 대중들에게 광범위한 영향을 미친 파업은 (최근에 일어난 버스 운송 및 학교 휴업까지 통틀어도) 현대사에서 일찍이 없었다. 이 지역 2천만 명 주민 거의 전부가 개인적으로 피켓 라인을 넘을 것인가 말 것인가 하는 윤리적 결정과 씨름해야 한다.

　　쟁점은 명확하다. 식품상업노조(UFCW) 소속인 파업 노동자들은, 캘리포니아의 3대 슈퍼마켓 체인점이 단체 협약에 명시된 의료보험을 분쇄하고 신규 고용 인력의 임금을 인하하려는 기도에 저항하고 있다. 이번 파업은 국지적이지만 (특히 의료보험이라는) 쟁점은 전국적인 것이다. 노동사가인 넬슨 리텐스타인Nelson Lichtenstein이 『로스앤젤레스 타임스』에 말했듯이, "전국적 노동운동 세력은 확실히 이번 파업을 앞으로 미국 사회 정책의 행보를 정할 결정적 사건으로 보고 있다."

물론 미국은 모든 국민에게 보편적인 의료 수급권이 주어지지 않는다는 점에서 부유한 산업 국가 중 이례적이다. 그래서 전통적으로 시민권을 통해서보다는 노조에 가입함으로써 의료 보조에 접근할 수 있게 되어 있다. 하지만 민간 부문 노동자의 노조 조직률이 9퍼센트까지 떨어지고 의료비가 하늘을 찌르는 상황에서, 대부분의 가정은 가계 예산의 엄청난 몫을 떼어서 건강유지기구*에 가입하는 데 들여야 한다. 그나마도 소수자인 대다수 노동자 가정은 민간 건강유지기구에 가입할 형편이 안 되어 국공립 병원으로 발길을 옮겨야 한다.

미국 노동 착취의 심장부인 로스앤젤레스 카운티는 그 점에서 충격적인 사례다. 놀랍게도 5백만 명이나 되는 주민들이 보험이 없어서 가장 기본적인 의료 및 치과 진료를 받지 못하고 있다. 생명을 위협하는 상황이 닥치면 그들은 예산이 부족해서 다 쓰러져

---

* Health Maintenance Organization, HMO. 보험 회사가 관할하는 미국의 민간 의료보험 체계를 일컫는다.

가는 카운티 병원의 응급실로 몰려든다. 화가 난 의사들은 최근, 적절한 의료 장비나 간호 인력이 없어서 환자들이 예사로 죽어 나간다고 증언하기도 했다.

한편 소매 유통업 부문은 미국 경제 내부의 "제3세계"로서 저임금, 임시, 무보험 노동자의 비율이 가장 높다. 다만 노조에 가입된 슈퍼마켓 노동자들은 여기서 극적인 예외로, 그들의 임금·복지 혜택은 비조직 노동자들에게 강력한 횃불 구실을 했다. 그렇다고 식품상업노조 소속 노동자들이 특권층이나 노동 귀족이라는 말은 아니다. 대부분 시간당 12달러에서 14달러의 평균임금으로 발버둥치며 살아가는 사람들이다. 하지만 그들은 복지 혜택 덕분에 대부분의 비조직 노동자들은 꿈도 못 꾸는 안정된 의료보장을 온 가족이 받을 수 있었다.

하지만 요즘은 대기업이 의료보험 부담 의무를 헌신짝처럼 내던져 버리는 것이 미국 노사 관계의 주된 추세다. 대기업이 지향하는 모델은 바로 탐욕과 초과 착취의 현대판 거인인 월마트다. 실제로 슈퍼마켓 측이 식품상업노조에게 기득권 반환을 요구하면서 내세운 핑계는, 바로 월마트가 캘리포니아를 침공하려 하고 있다는 것이었다. 한 노조 관계자의 설명에 따르면, 이 무노조 유통 공룡은 "이제 모든 교섭 상황에서 명실공히 제삼자다." 3개 식료품 체인 업체는, 노조가 대대적으로 양보하지 않으면 2004년부터 2005년 사이에 월마트에서 새로 문을 열 계획인 40개소의 "슈퍼 센터"들과 경쟁할 수 없다고 주장하고 있다. 그들의 말에 따르면, 월마트의 종업원들은 노조원 임금의 절반만 받고 일하는 경우가 부지기수인데다 종업원이 분담해야 하는 보험료도 훨씬 비싸다는 것이다.(그래서 월마트 노동자 대다수가 아예 의료보험이 없는 것이다.)(92)

물론 월마트는 제너럴 모터스를 몰아내고 세계 최대 기업으로 우뚝 섰다. 아칸소 벤토빌에 본사를 둔 이 체인 업체의 창업주인 월튼 일가는, 빅토리아 시절 자본주의 · 식민주의의 가장 야만적인 특징과 "적시 생산just-in-time" 기술을 절묘하게 결합하여 미국에서 가장 부유한 가문(현재 총 재산이 1천억 달러를 넘는다.)이 되었다. 월마트는 미국 내에서도 1백만 명의 종업원에게 빈곤 임금을 주고 교묘히 초과 노동을 시키는 것으로 악명이 높지만, 해외에서는 더더욱 사악한 짓을 벌이고 있다. 방글라데시, 중국, 중앙아메리카에 산재한 수천 곳의 납품 업체들에게 노동비용을 삭감하고 노동자의 권리를 철폐하라고 부단히 압력을 넣고 있는 것이다. 실제로 월마트는 노동 착취 및 아동 노동의 뒤편에 도사리고 있는 세계 최대의 간접 고용주다. 그래서 "월마트화"는 노동 조건의 '밑바닥을 향한 경주race to the bottom', 다시 말해서 역사적 의미를 띠는 노동자의 권리와 사회적 시민권을 모조리 짓밟는 현상과 동의어가 되었다. 이는 또 이번 슈퍼마켓 체인 업체들처럼 다른 유통 기업들이 종업원에 대한 선제 공세를 취할 때 가장 편리하게 써먹는 변명거리이기도 하다.

다른 노조들도 이런 쟁점을 충분히 이해하고 있기에, 교사, 기계공, 건물 경비원, 병원 노동자들도 식품상업노조의 이번 파업에 연대하고 있다. 한번은 부두 노동자 3천 명이 로스앤젤레스 부두에서 인근 슈퍼마켓으로 행진하여 그 앞에서 시위를 벌이기도 했다. 그리고 최근에는 팀스터(Teamster, 전미트럭운송노조)도 주로 이기적인 행보를 보였던 관례를 깨고 물류 센터에서 식료품과 제품을 운송하기를 거부했다. 하지만 가장 놀랍고도 예기치 못했던 진전은, 바로 일반 대중들이 연대에 동참한 것이다. 남캘리포니아에서 수백만 명까지는 아니더라도 수십만 명에 이르는 주민들이 피켓 라인을 넘지 않기 위해 먼 거리를 이동하는 수고를 감수해 가면서 쇼핑 습관을 바꾸었다. 산별 노조 운동이 폭발한 1930년대에 맡을 수 있었던 상쾌한 기운이 느껴지는 듯하다.

하지만 휴일 매출과 이익이 엄청나게 떨어졌는데도, 불법적인 "상호 부조" 협정을 맺어 단합한 슈퍼마켓 체인 업체들은 의료보험료 상한 요구를 철회하기를 거부하였다. 그들은 최후까지 양보 없이 싸우고 있다. 따라서 파업은 다음 해까지 길게 이어질 가능성이 높다. 화창한 캘리포니아에서 벌어진 노동 쟁의가 미국 노동조합주의의 분수령이 된 것은 기묘한 일이다. 하지만 월마트의 노동 착취 제국에 노조를 조직할 기회를 잡으려면 어떤 대가를 치르더라도 식품상업노조가 파업에서 승리해야 한다는 사실을 모두가 통감하고 있다.

(2003년 12월, 『소셜리스트 리뷰』)

후기

대중들의 환상적인 지지와 평노조원들이 보여 준 끈질긴 지구력이 무색하게도, 지도력의 한계를 보인 식품상업노조는 2004년 3월 초 파업 19주 만에 백기를 들고 고용주들의 사실상 모든 요구를 수용했다. 파업 마지막 주에 민주당 후보인 존 케리가 피켓 행렬 앞에 잠깐 모습을 내비쳤지만, 로스앤젤레스 민주당이나 소위 할리우드 진보주의의 엄청난 영향력은 한창 전투 중인 슈퍼마켓 노동자들을 위해서는 거의 동원되지 않았다. 그리고 식품상업노조는 역시 의료보험 관련 계약이 파기된 시카고 및 다른 도시들로 파업을 확대하기를 거부했다. 이는 곧 거대 식품잡화 유통 업체들이 한 번에 한 곳씩 노조를 손쉽게 잡아 죽일 수 있다는 뜻으로, 자멸하겠다는 메시지를 보낸 것이나 마찬가지다. 식품상업노조가 항복한 결과 신규 고용 노동자의 임금 및 복지 혜택은 대폭 축소되었고, 체인 업체들이 종업원을 쥐어짜서 월마트와 경쟁할 수 있는 탄탄대로가 열리게 되었다. 그 결과 로스앤젤레스의 "중산층"은 궁극적으로 더욱 줄어들 것이다.

21 | 멜 깁슨의 나치 선전물

　아마도 지금껏 만들어진 가장 사악한 영화는, 1940년에 나치의 선전장관이었던 요제프 괴벨스Joseph Goebbels의 지령으로 만들어진 〈유대인 쥐스Jud Süss〉일 것이다. 이 영화는 소위 "최종 해결책"*을 수행하는 전날에 상영하여 인종적 증오를 부채질하기 위한 용도로 쓰였다. 몸을 잔뜩 움츠리고 다니는 강간범 쥐스의 이미지(더러운 수염, 매부리코, 낑낑대는 듯한 목소리) 속에는 수천 년을 이어 내려온 유럽인의 반유대 정서가 응축되어 있다. 관객들은 영화 끝부분에서 이 인간 이하의 괴물을 때려죽이는 장면을 보고 통쾌해하면서 선동에 물들었다.

　(대학에서 이 영화를 본 나처럼)『유대인 쥐스』를 관람한 경험이 있

---

* Final Solution, 유대인 말살 정책에 나치가 붙인 이름이다.

는 사람들이 보기에 멜 깁슨의 〈패션 오브 크라이스트The Passion Of The Christ〉에서 (변태적일 정도로 잔인한 장면들보다도) 가장 놀라운 부분은, 이 영화가 히틀러 선전 영화의 반유대주의적 장르 관습에 비상할 정도로 충실하다는 점이다. 실로 대제사장 가야바와 그 동료들은 쥐스의 캐릭터를 정확하고도 노골적으로 복제하고 있어, 내가 생각하기에 이것은 직접적인 차용이 틀림없다.(파시스트 미학에 대한 깁슨의 기호에 대해서는 이미 조너선 포먼Jonathan Foreman이 지적한 바 있다. 2000년 7월 『가디언』에 기고한 평에서 조너선은 "만약 유럽에서 나치가 전쟁에 승리했다면, 그리고 나치의 선전장관이 미국 혁명에 관한 영화를 만들기로 했다면, 〈패트리어트The Patriot〉야말로 바로 우리가 보게 될 부류의 영화일 것이다."라고 주장했다.)(55)

더욱이 〈패션 오브 크라이스트〉는 지금껏 만들어진 가장 독선적인 영화 중 하나다. 유대인 군중들이 그리스도의 고통을 보면서 기뻐하며 조롱하는 광경을 두 시간 동안 지켜본 많은 독실한 미국인 관객들이 (과거에 독일인 관객들이 그랬듯이) "나는 유대놈들이 싫어." 하고 중얼거리면서 극장을 나온다 해도 놀랄 일은 아니다. 한편 로마인들은 고귀한 제국주의자로 등장한다. 야비한 가야바와 대조되게도, 깁슨이 묘사한 본디오 빌라도는 예수를 깊이 동정하며 심지어 성인과 비슷한 면모마저도 보인다. 비극적이게도 빌라도는 (더 이상의 폭동은 용납할 수 없다는) 로마의 질서와 대제사장들의 무자비한 책동 사이에서 덫에 걸린 인물이다.

게다가 〈유대인 쥐스〉처럼 이 영화에서도 신체적 특성을 정형화하여 대비시켜 놓았다. 지중해 타입(두 명의 마리아, 빌라도와 그의 아내 등)은 부드러운 용모를 지닌 감수성 예민한 인물로 표현된 데비해, 유대인들(가야바, 향락에 빠진 헤롯 왕 등)은 상스럽고 음탕한 분위기의 인물로 묘사하고 있는 것이다. (물론 현대 미국이라는 맥락에서 이처럼 서툰 유대인 혐오적 인물 묘사는 은연중에 아랍인 혐오 감정을 함께 자극한다.)

순진한 관객들은 원어(아람어와 라틴어)를 사용한다는 깁슨의 고집에 감명을 받았으며, 〈패션 오브 크라이스트〉가 역사적 정확성이라는 측면에서 어느 정도 새로운 기준을 제시했다고 믿었다. 하지만 실제로 이 영화에서 역사(예수의 사후에 쓰인 복음서 신학을 제외하고 이 사건에 대해서 실제로 기록된 것은 거의 없다.)는 기괴하게 전도되었다. 물론 예수는 지극히 수수께끼의 인물이다. 예수의 삶에서 (로마와 유대 역사가들이 입을 모아 증언하는) 유일한 "사실"은 그가 생존했으며 로마인들에게 처형당했다는 것뿐이다. 한편 빌라도는 그보다 약간 더 많은 기록을 남겼다. 깁슨이 그려 낸 인정 많은 허구의 인물과는 달리, 역사에 기록된 빌라도는 제국의 3급 속주를 관할한 평범한 행정 장관으로서 휘하 군단을 쉴 새 없이 부려 유대인과 사마리아인 반란자들을 잔인하게 처형하는 데 여념이 없던 사람이었다. 그리고 팔레스타인 사람들은 지금과 마찬가지로 그때도 강철 군홧발 밑에서 살아가고 있었다. 〈패션 오브 크라이스트〉가 압제자와 피압제자를 혼동한 것은 윤리적으로 불쾌한 일이다.

그래도 미국의 일부 비평가들은 깁슨이 진짜로 혐오하는 대상이 유대인이 아니라 바티칸임을 강조하면서 〈패션 오브 크라이스트)를 변호하려고 노력했다. 실제로 깁슨은 자신이 어려서부터 믿어 온 맹렬한 가톨릭 전통주의 분파의 종교적 입장을 홍보하기 위해서 이 영화를 만들었음을 굳이 숨기지 않았다. ((패션 오브 크라이스트)에서 고문받는 예수 역으로 출연한 시애틀 출신의 배우 제임스 카비젤Jamed Caviezel 역시, 인터뷰 중에 툭하면 자기가 성모 마리아를 개인적으로 알현한다는 얘기로 기자들을 아연하게 만드는 근본주의 가톨릭 교도다.) 그러나 멜 깁슨이 그토록 열렬히 옹호하는 (그리고 홀로코스트를 부인하는 그의 부친에게서 물려받은) "전통"이란, 정확히 말해서 과거 스페인의 독재자 프란시스코 프랑코 장군과 교황 피우스 12세가 신봉하던 반유대주의적 가톨릭 파시즘이다. 그리고 깁슨이 고통, 신체 절단, 육체적 타락, 항상 존재하는 사탄의 유혹(사탄은 그의 영화 주변을 끊임없이 배회한다.)에 대해 보이는 병적이고도 끈질긴 집착은, 프랑코 및 그와 동시대를 살았던 크로아티아의 파시스트■가 지녔던 것과 똑같다.

요컨대 (패션 오브 크라이스트)는 유대인을 학살하는 중세적인 상상이 할리우드 특수 효과와 유명 스타의 날인에 힘입어 증폭된 것이다. 다만 잘생기고 약간 얼빠진 우리의 영웅이 정말로 그처럼 그로테스크한 반동주의자라는 사실을 도저히 믿을 수 없었던 평범한 깁슨 팬들이 아량을 발휘하고, (랍비 다니엘 래핀Daniel Lapin, 마이클 메드베드Michael Medved, 데이비드 호로비츠David Horowitz

---

■ 2차 대전 시기 나치에 의해 크로아티아의 권좌에 오른 파시스트 정치가 안테 파벨리치Ante Pavelić를 말한다. 테러 조직 '우스타제'의 수장으로, 교황 피우스 12세의 비호 아래 정교회 신자인 세르비아인들과 유대인 등 50만 명의 민간인을 잔인하게 학살했다.

같은 일부 보수적인 유대인을 포함한) 미국 내 종교적 우익이 열광적인 선전을 덧붙여서 이 영화에 막강한 보호벽을 쳐 준 것이다.

(2004년 2월, 톰디스패치닷컴Tomdispatch.com)

후기

이제는 왕의 모든 홍보 전문가와 왕의 모든 재능 있는 에이전트들도 부서진 멜 깁슨을 다시 붙여 놓을 수 없을 것 같다. 그가 2006년 8월 말리부에서 음주 운전으로 체포되었다가 유대인 경관에게 "X 같은 유대놈들"이라고 욕설을 퍼부은 이후로, 멜 깁슨이 편협한 꼴통이라는 혐의를 벗기기보다는 차라리 지구가 평평하다거나 부활절 토끼가 존재한다는 주장을 옹호하는 편이 더 쉬워졌다. "세상에서 벌어지는 모든 전쟁은 유대인들 때문이다."라는 깁슨의 과격한 주장에 비추어 보았을 때, 진보 성향의 비평가들이 〈패션 오브 크라이스트〉를 비판하여 불쌍한 멜을 불공평하게도 "십자가에 못 박았다"(이는 2004년 1월 마이클 메드베드가 『아메리칸 엔터프라이즈』 지에서 한 말이다.)고 그의 편을 들어 준 보수적인 유대계 인사들의 발언록을 다시 들춰 보는 건 흥미로운 일이다. 사실 이들 강경 시온주의자들은, 이스라엘과 기독교 우익의 동맹을 위해서라면 (노골적인 반유대주의를 왜곡되게 옹호하는 일을 비롯해서) 그 어떤 일이라도 할 준비가 되어 있음을 드러냈다. 이들 연합 세력이 아주 최근까지 깁슨을 공화당의 고위 공직자 후보로 천거하려 했음을 생각하면 정신이 번쩍 드는 일이다. 그런데 다시 돌이켜 생각해 보니, 캘리포니아인들은 이미 아돌프 히틀러를 존경했다고 스스로 공언한 인물(아널드 슈워제네거)을 주지사로 모시고 있다.

햇빛 찬란한 감옥 안에서

2004년 2월 초 켐 싱Khem Singh이 캘리포니아의 악명 높은 코코란 주립 교도소에서 단식하다가 굶어 죽었을 때, 싱은 쭈그러진 해골이나 다를 바 없었다. 영어를 거의 한마디도 못 하는 72세의 이 시크교 사제는, 2001년에 "젊은 여성의 몸에 부적절하게 손을 댔다"는 죄목으로 징역 23년이라는 가혹한 형을 선고받았다. 그는 몇 주일 동안이나 단식을 해서 몸무게가 40킬로그램 이하로 줄어들었는데도, 교도소 직원들은 쇠약해지는 싱의 상태를 살피지도 않았고, 병동으로 옮기지도 않았다. 간수들은 기자에게, 자신들이 "죄수가 말라 가는 것을 알아차리지 못했다."고 말했다.

이는 코코란 교도소에서 불과 2주일 동안에, 벌써 두 번째로 벌어진 "놀라운 일"이다. 이곳은 캘리포니아 센트럴 밸리의 중심부에 위치한 악명 높은 교도소 단지로, 날로 팽창하는 중이다. 2월 1

일에는 또 다른 재소자가 오작동을 일으킨 신장 투석 기계에 끼여 자기 감방에서 피를 흘리며 서서히 죽어 갔다. 다른 죄수들은 로널드 헤레라라는 이 58세의 죄수가 밤새도록 큰소리로 울부짖으며 도움을 청했다고 증언했지만, 가까운 곳에 있던 간수들은 텔레비전에 열중하여 대답조차 하지 않았다. 다음날 아침 임무 교대한 간수는, 마치 "라즈베리맛 쿨에이드"처럼 보이는 대량의 액체가 헤레라의 감방에서 새어 나온 것을 보았다. 감방 바닥에는 기괴할 정도로 창백한 헤레라의 시체가, 온몸의 피가 다 빠져 나온 채로 쓰러져 있었다.

다른 시설에서 두 십대 재소자가 목매달아 죽은 채 발견된 수수께끼 같은 사건이 벌어진 지 한 달밖에 안 되어 또 두 명의 재소자가 괴이하게 죽자, 의회는 캘리포니아 교도소의 비인간적 환경에 대해 전례 없는 규모의 조사에 착수했다. 글로리아 로메로 주 상원의원(Gloria Romero, 로스앤젤레스 출신인 진보 성향의 민주당 의원)이 의장을 맡은 이 청문회에서는, 영국과 서독의 교도소를 모두 합친 것보다 더 많은 재소자(17만 명)를 감금하고 있는 교정 시스템 안에서 벌어지는 부패, 음모, 간수와 행정관들의 살인에 대한 충격적인 증언들이 쏟아져 나오고 있다.

이 청문회는 1990년대 중반부터 인권 활동가들이 오랫동안 벌여 온 운동의 결과다. 당시 ("상어파"라는 갱단을 조직한) 코코란 교도소 간수들이 "여흥과 피 튀기는 스포츠"를 즐기기 위해, 재소자들끼리 마치 로마 시대 검투 경기처럼 목숨을 건 격투를 붙인 사실이 폭로된 바 있다. 교도소 내에서 서로 대립하는 갱단의 재소자들이 폐쇄된 운동장에서 서로 맞붙어 싸우는 것이 일과였고, 선수들이 서로를 죽이지 못하면 간수들이 감시탑에서 라이플총을 쏘아 일부러 처형하는 일까지 있었다는 것이다.

실제로 1990년대에 캘리포니아의 교도소에서 간수들이 다른 재소자들과 싸움을 붙여서 살해한 재소자의 수는 39명이나 된다. 이는 미국의 나머지 전 지역을 다 합친 것보다 많은 수다. 캘리포니아 상원에서 증언한 내용에 따르면, 간수와 행정관 들은 제도적 묵계를 통해 이런 잔학 행위를 은폐했다. 펠리컨 베이 교도소(레드우드 코스트에 위치한 악명 높은 "슈퍼맥스"▪ 시설)에서는 간수들이 위증을 했다는 주장이 제기되었다. 그들은 재소자들을 집단으로 편제하여 다른 재소자를 공격하거나 심지어 죽이도록 종용했다는 것이다. 살리나스 밸리 주립 교도소의 간수 갱단인 "그린 월 Green Wall" 역시 죄수 수십 명을 고문하고 구타했다. 마찬가지로 폴섬 밸리의 지방 관청은 간수들이 (24명의 재소자들이 심각한 부상을 입은) 유혈 폭동을 의도적으로 교사한 사실을 은폐했다는 비난을 받고 있다.

수감자들을 일상적으로 학대하고 살해하는 가학적인 간수 갱단이 주무르는 교도소 시스템을 의회가 조사하는 데 십 년이나 걸린 이유는 무엇일까? 캘리포니아의 감옥은, 정상적인 경우라면 가장 사악한 전체주의 사회에나 어울릴 규모의 잔학 행위들을 양

▪ 미국 교도소 중에서도 가장 경비가 삼엄한 교도소를 일컫는다. 재소자들을 하루 23시간씩 독방에 감금하는 등 '수감자들의 완전 고립'을 지향한다.

산하는 데 해마다 주 세입에서 70억 달러씩을 잡아먹는다. 진실을 말하자면, 새크라멘토의 주 정부는 교도소 간수와 민간 업체들을 옹호하는 막강한 로비스트들에게 완전히 매수되었다. 예를 들어 관직을 박탈당한 그레이 데이비스 전 주지사(민주당)는 선거 운동 기금으로 간수 노조 한 곳에서만 340만 달러를 받았다. 그에 화답하여 주 정부는 십여 개의 교도소를 신설하고 간수들의 봉급을 두 번째로 높은 주의 두 배 수준으로 인상해 주었다.(현재 연봉 7만 4천 달러)

현재 연방 판사가 임명한 특별 조사관은(민주·공화 양당과 오랫동안 밀월을 즐겨 온) 에드워드 알메이다Edward Almeida 전 교도소장과 부소장에 대한 기소를 밀어붙이고 있다. 상원 위원회 역시 거짓말을 한 교도소장과 깡패 간수들에 대한 직위 해제를 권고할 가능성이 높다. 캘리포니아에 새로 부임한 근육질 주지사 아널드 슈워제네거도 교도소 간수의 오만을 길들이겠노라고 공언했다. 플로리다에 본사를 둔 와켄허트 등의 경찰 파견 (및 파업 분쇄) 업체들에게서 상당한 선거 기부금을 받은 바 있는 슈워제네거는 캘리포니아의 교도소를 민영화하는 데 관심을 보였다. 교도소는 국제적인 고수익 산업이며 캘리포니아는 민간 교정 업체들의 잠재적인 광맥이다.

물론 재소자 입장에서는 간수가 공무원이건 사기업 용병이건 달라질 게 없을 것이다. 마찬가지로 위증한 간수들 몇 명을 처벌한다 해도 과밀한 데다 폭력이 만연한 캘리포니아 교도소의 끔찍한 하루하루를 개혁하기에는 어림도 없을 것이다. 근본적인 문제는, 무차별한 "삼진 아웃" 법, 파국으로 치닫는 "마약과의 전쟁", 재소자에게 교육이나 직업 훈련을 받을 기회를 전혀 주지 않는 장기 징역형 선고 등에 대해 양당이 정치적으로 합의하고 있다는 것이다. 게다가 캘리포니아에서는 전국에서 유일하게 수감자들을 인종별로 분리하는 관행이 일상화되어 있으며, 카운티 구치소나 교도소 내에서 사실상 그칠 새 없이 벌어지는 민족 간, 인종 간 충돌을 그대로 방치하고 있다. 누군가 이 초대형 감옥의 인종 편견과 계급 편견에 정면으로 도전하지 않는 한, 캘리포니아의 교도소들은 인권의 무덤으로 남아 있을 것이다.

(2004년 3월, 『소셜리스트 리뷰』)

후기

그로부터 2년 반이 흐른 지금, 33개 주립 교도소에서는 총 17만 2천 명의 죄수들이 3층짜리 침상이나 복도의 간이침대나 식당에서 쪽잠을 자고 있다. 캘리포니아는 "전국 최악의 과밀 감방, 수감자 중 상습범 비율 최고, 교도소 내 폭력 사건 최다"라는 타이틀을 여유 있게 유지했다. 단 한 가지 좋은 소식이 있다면, 막강한 노조 덕분에 6천 명가량 되는 교도소 간수들의 연봉이 이제 십만 달러를 넘어서서 (2005년에 한 경위급 간수는 초과 수당까지 포함해서 25만 2천 달러를 받았다.) 그들이 세계에서 가장 많은 돈을 버는 교정 공무원 자리에 등극했다는 사실이다.

2006년 10월에 슈워제네거는 1만 명 이상의 수감자를 당사자의 동의 없이 주 바깥으로 이감할 수 있는 권한을 발동하기 위해 "비상 상황"을 선언했다. 연방 법원은 이를 저지하려고 심한 압력을 행사했지만, 주지사는 수감자들을 받아들이기로 지정된 애리조나, 오클라호마, 테네시 주의 교도소 대부분을 운영하는 민간 교정 업체들에게 보상해 주는 데 정신이 팔린 나머지 재소자들의 비인간적 환경에는 별 관심을 기울이지 않았다. 예전에 그는 간수 노조의 오랜 반대를 무릅쓰고 경비 수준이 낮은 민간 운영 교도소 두 곳을 캘리포니아에 재개소한 적도 있다. 하지만 (수브차량 판매업자들과 더불어 아널드의 선거운동에 기부한 주요 세력인) 민간 교도소 부문에 보상해 줄 수 있는 가장 좋은 기회는, 뭐니뭐니해도 죄수들을 주 바깥으로 실어 나르는 (아니 팔아넘기는) 것이다.

전 주지사(좀 더 최근에는 오클랜드 시장)인 제리 브라운Jerry Brown이 검찰총장이라는 새로운 직분을 달고 새크라멘토의 주 정부청사로 귀환한 것 역시 캘리포니아에서 정의나 교정이라는 이름으로 통용되는 것의 야만성을 조금이라도 완화하는 데 악재로 작용할 것이다. 실제로 브라운 주지사는 1979년(그 당시만 해도 교도소 수감 인구는 2만 1천 명에 불과했다.) 재소자 갱생을 사회적 목표로 삼기를 포기하고 더욱 중한 형벌의 선고를 도입한 장본인이었다. 제리와 아널드는 실로 멋진 한 팀을 이룰 것이다. 논리도 일관성도 없지만 야심만큼은 하늘을 찌르는 두 인물이 의기투합하여 이 기적이고도 잔학한 2인조를 이룬 것이다.

23 | 미국의 대규모 주택 거품

지난 2월 할리우드에서는 한바탕 사이렌 소리가 울렸다. 로스
앤젤레스 시 경찰청(Los Angeles Police Department, LAPD) 증원부대
가 라 미란다 애버뉴 5600블럭으로 들이닥쳤다. 경찰 대장이 확
성기에 대고 명령하며 고함치자, 성난 3천 명의 군중이 야유로 화
답했다. 이 대결 장면을 본 행인들은 대작 영화를 촬영하고 있거
나 대규모 LA 폭동이 또다시 일어나려는 줄 착각했을지도 모른
다. 사실은 LAPD 대장 마이클 다우닝Michael Downing이 나중에
언론에 진술한 것처럼, 그들은 "대단히 필사적이어서 폭도 같은
상태가 된 사람들이었다. 마치 마지막 빵 한 조각을 잡으려 달려
드는 사람들 같았다."

사실 그 군중들은 집세와 대출금이 성층권까지 치솟아 오른 도
시에서 자기들이 들어가 살 여유가 있는 마지막 한 뼘의 거주지

를 요구하고 있던 것이지만, 빵을 구하려는 폭동이라는 비유는 적절했다. 소란의 쟁점은 다름 아니라 한 비영리 기관에서 건설 중인 미완공 아파트 56채였다. 개발 업자들은 많아야 수백 명이 올 것이라고 예상했다. 그런데 절박한 신청자들 수천 명이 모여들자, 모양새가 곧바로 일그러졌고 경찰이 개입했다.

할리우드에서 이 긴박한 대결이 벌어지고 나서 몇 주 뒤, 역시 초조한 군중들(이번에는 좀 살 만한 계층의 주택 수요자들)이 한 채의 집을 엄청나게 좋은 조건에 매입할 기회를 잡으려고 몇 시간 동안이나 길게 줄을 늘어섰다. 이 집은 기초에 금이 가는 등 상태가 별로 좋지 않았지만 이 집이 위치한 근린 교외 지역은 학군이 좋기로 유명했다. 『로스앤젤레스 타임스』의 칼럼니스트 스티브 로페즈Steve Lopez는, "캘리포니아의 공립학교들이 낙제자 제조소라는 증거가 최근에 드러난 판에, 이렇게 사람들이 몰려드는 것은 놀랄 일이 아니다."라고 썼다.

로스앤젤레스의 공립학교들은 예산 부족과 과밀 학급, 폭력에 시달리고 있다. 하버드 대학에서 최근에 발표한 보고서에 따르면, 로스앤젤레스의 학교에 다니는 흑인 및 라틴계 학생의 대다수와 백인 학생의 3분의 1은 끝내 졸업하지 못한다.(32) 또 캘리포니아대학교 로스앤젤레스 캠퍼스(University of California at Los Angeles, UCLA)에서 나온 다른 연구 자료에 따르면, 한 공립 학군은 학생들의 중퇴율이 말 그대로 비참한 수준으로, "9학년(고등학교 1학년에 해당. 옮긴이) 중에서 제때 졸업하는 학생 비율은 3분의 1에 불과하다."(70) 그래서 부모들은 엄청난 희생을 감수하고서라도 공립 교육이 그나마 제대로 기능하는 교외 지역으로 자녀를 이주시키려 한다. 이로써 부동산은 "위치가 전부다"라는 오래된 격언이 새롭게 힘을 얻게 되었다. 남캘리포니아의 주택 시장을 광고하고 등급을 매기는 기준은 바로 지역 교육구의 명성이다.

물론 남캘리포니아의 주택 위기에는 밝은 측면도 존재한다. 지난 5년 동안 주택 가치의 중간값*은 로스앤젤레스에서 118퍼센트, 그리고 이웃한 샌디에이고에서는 놀랍게도 137퍼센트나 올랐다. 캘리포니아 건설업협회의 2005년 보고서에 따르면, 캘리포니아 주택의 순가치** 총액은 2000년 이후 1조 달러나 증가했다. 중간값으로 치면 단독주택 소유자 한 사람당 놀랍게도 23만 386달러씩의 집값을 더 챙겼다는 계산이 나온다.(110) (2005년 3월 명성 높은 UCLA 앤더슨 (경영대학원) 경제 예측 연구소에서는 캘리포니아 주택의 순가치가 1조 7천억 달러 증가했다는 더욱 극적인 주장을 내세우기도 했다. "이는 2001년 이래 주의 개인 총 소득을 합산한 값의 35퍼센트에 해당하는 액수다.") 그 결과 가족 농장은 그 소유주에게 일하지 않고도 마법의 현금 흐름을 창출해 주는 개인용 현금인출기가 되었다. 이 돈으로 그들은 새 수브 차량을 구입하거나, 주말 별장을 구입하고 계약금을 지불하거나, 날로 오르는 자녀의 대학 등록금을 낼 수도 있다.

영국, 아일랜드, 네덜란드, 스페인, 오스트레일리아의 비대한

---

* median value, 분포 층이 가장 많은 값을 칭한다.
* equity, 부동산의 총 가치에서 담보 액수 등을 제외한 나머지 금액.

거품이 그렇듯이, 미국의 대규모 주택 거품 역시 고전적인 제로섬 게임이다. 땅값 인플레이션은 단 한 톨의 새로운 부도 창출하지 않은 채 부를 자산 수요자에게서 자산 소유자에게로 가차 없이 재분배하며 사회 계층 간·계층 내부 격차를 강화한다. 일례로 아파트 한 채에 세 든 샌디에이고의 한 젊은 교사는, 매년 집세로 들어가는 비용이 이제 연 수입의 3분의 2(시내 중심지의 침실 두 개짜리 집이 2만 4천 달러)에 육박하게 되었다. 반대로 같은 동네에 수수한 집 한 채를 소유한 한 나이든 스쿨버스 운전사는 집값 인플레이션 덕분에 거의 자기 정규직 연봉만 한 돈을 "벌어들이게" 되었다.

현재의 주택 거품은 1990년대 중반 주식시장 거품의 사생아다. (특히 미국 서부 해안과, 동부 해안에서 보스턴과 워싱턴 D. C. 사이 도시 지역의) 집값은 닷컴 수익이 부동산으로 재투자된 1995년 하반기부터 치솟아 오르기 시작했다. 깜짝 놀랄 정도로 낮은 수준의 주택 담보 대출 금리가 부동산 붐을 지탱했다. 이는 중국이 매우 낮거나 마이너스인 수익률을 감수하고 미 재무부 채권을 대량으로 사들인 덕분이었다. 중국 정부는 생산품을 수출할 수 있게 미국이 문을 열어 주는 대가로 미국의 주택 담보 대출자들을 보조해 줄 용의가 있었다.

가장 뜨겁게 달아오른 주택 시장(남캘리포니아, 라스베이거스, 뉴욕, 마이애미, 워싱턴 D. C.)에는 탐욕스런 순수 투기꾼들로 이루어진 개미 군단이 꼬여들어, 계속 가격이 오르는 장세에서 집들을 사고팔았다. 물론 가장 성공한 투기꾼은 바로 조지 W. 부시였다.

치솟은 집값은 불황인 경제를 떠받쳐 주었고, 안 그랬으면 막심한 피해를 초래했을 경제 정책에 대한 비판을 무디게 만들어 주었다. 와튼 경영대학원의 조사에 따르면, 부시가 2000년 선거를 탈취한 이후 소비자 지출에서 2차 저당과 주택 재융자로 새로 빠져나간 돈이 수조 달러에 이른다고 한다. 따라서 2004년 11월 부시의 재선이 어떤 "가치"에 힘입은 것이었다면 그것은 도덕적 원칙이나 종교적 편견이 아니라, 다름 아닌 재산 가치일 것이다.

민주당으로 말할 것 같으면 그들은 이제 집주인이 될 기회를 차단당한 수백만 가구의 위기를 전혀 진지하게 다루지 않았다. 소득이 땅값 인플레나 주택 가격에 비해 너무 심하게 뒤처져서, 일례로 지난 십 년간 캘리포니아 인구가 거의 1천만 명이 증가하는 동안 새로 짓거나 팔린 집은 1백만 가구에 불과했다. 캘리포니아 전체에서 저렴한 주택에 대해 담보 대출을 얻을 여유가 있는 주민의 비율은 2003년에 44퍼센트였지만 2년 뒤에는 24퍼센트로 떨어졌다. 샌디에이고, 산타애나, 새너제이처럼 거품이 심한 도시의 경우에는 큰 희생을 치르지 않고도 주택 시장에 참여할 만큼 충분한 돈을 버는 인구가 전체의 15퍼센트도 채 안 된다. 게다가 이처럼 집값이 엄청나게 부풀어 오른 지역의 저소득 가구들은 단독주택을 여러 가구가 나누어 쓰거나 주차장을 불법으로 개조한 숙소에서 지내는 경우가 늘고 있다. 이런 현상은 로스앤젤레스 카운티의 여러 지역에서 점점 만연하고 있다.

의료 비용 및 (멕시코 또는 중국으로의 공장 해외 이전 때문에. 옮긴이) 일자리 유출 문제와 더불어 이런 뒤틀린 추세에 직면한 케리 진영은 한마디로 역부족이었다. 그들은 현 상태에 대해 아무런 설득력 있는 대안도 내놓지 못했다. 그러나 공화당이 걱정해야 할 문제는 민주당보다 더 심각하다. 부동산 거품이 정점에 도달했을 때, 조지 부시는 자기가 쓰나미 위에 올라타 있으며 앞에는 깜깜한 절벽이 놓여 있음을 깨달을 것이다.

주택 순자산이라는 현금인출기가 정지되면 캘리포니아와 여타 거품 지역의 삶은 어떻게 될까? 주 내 취업 연령 성인의 2퍼센트가 면허를 소지한 부동산 대행업자 혹은 중개인인 캘리포니아의 경우, 현재 부동산업에 대한 의존도는 과거 주 재정을 닷컴 주식과 양도 소득세에 의존했던 것만큼이나 심각한 수준이다. 지난 수년간 캘리포니아에서 창출된 일자리의 절반(약 25만 개)이 부동산 관련 직종이었고, 따라서 이들은 거품이 터지거나 그저 줄어들기만 해도 소멸될 운명에 놓여 있다. 앤더슨 경제 예측 연구소의 대변인은 『로스앤젤레스 타임스』에 "주 내에서 주택 순자산이 누적되는 속도만 둔화되어도 소비 습관, 일자리 창출, 경제 신장을 심각하게 저하시킬 것이다."라고 말했다.

국가 경제 역시 자산 디플레이션에 취약한 상태다. 가벼운 동요만 일어나더라도 현재 미국의 경기 붐을 종식시키고 달러화에 연동된 모든 경제를 불경기로 몰고 가기에 충분할 터이기 때문이다. 모건스탠리의 스티븐 로치Stephen Roach를 비롯한 월스트리트의 몇몇 유명 경제학자들은, 해외에서 떠받쳐 주고 있는 주택 거품과 미국의 엄청난 무역 및 예산 적자 사이의 위험한 악순환 고리를 오래 전부터 경고해 왔다. 스티븐 로치는 "미국이 국가적 자금 지원을 필요로 하게 되는 것은 시간문제다."라고 썼다.

이제 미국의 군사적 패권은 (1950년대와 1960년대처럼) 그에 상응하는 경제적 우위에 의해 궁극적으로 보장되지 않는다. 그리고 주택 거품은 예전에 닷컴 붐이 그랬듯이 경제적 모순의 난장판을 일시적으로 감추고 있다. 거품이 심한 캘리포니아 같은 지역에서 땅값 인플레가 둔화되거나 역전된다면, 조지 W. 부시의 두 번째 임기에는 눈이 휘둥그레질 셰익스피어적인 사건이 닥칠지도 모를 일이다.

(2005년 4월 19일, 『로스앤젤레스 타임스』)

후기

부동산 인플레 때문에 캘리포니아가 입은 진짜 피해는 2006년 12월, 주 재무국과 캘리포니아 공공정책연구소의 연구를 통해 드러났다. 고용이 상당히 건전하게 증가하고 있는데도 불구하고, 1990년대 초반의 불경기와 폭동 이래 처음으로 주의 순인구가 유출되고 있었던 것이다. 전출 인구(2000년부터 2005년까지 44만 1천 명) 중 많은 비율이 상대적으로 부유한 앵글로계로서, 캘리포니아의 집을 현금화해서 그 돈으로 유타 주에 과시용 저택, 또는 하와이에 해변 별장, 또는 멕시코 바하 캘리포니아에 은퇴자용 콘도를 산 사람들이다. 하지만 이 연구에서는 라틴계 노동계급 역시 집값을 감당하지 못하여 캘리포니아에서 쫓겨 나가고 있다는 사실도 밝혀졌다. 다른 주에서 캘리포니아로 들어오는 인구보다 나가는 인구가 32만 명이나 더 많다. 예컨대 비버리힐스와 말리부 같은 초현실적인 시장에서 집값이 떨어지기 시작한다 해도, 저소득 세입자들, 특히 고급 주택이 급속히 들어서고 있는 로스앤젤레스, 샌디에이고, 새너제이 도심지의 세입자에게는 별 도움이 못될 것이다. 게다가 앞으로 예상되는 과시용 주택의 판매 부진은 양도 소득세에 과도하게 의존하고 있는 캘리포니아 주의 수익에 비정상적으로 큰 충격을 미칠 것이며, 이 여파는 다시 사회복지 및 교육 예산에 악영향을 끼칠 것이다. 캘리포니아의 "칼 맑스"라 할 수 있는 정치경제학자이자 사회파 선지자 헨리 조지Henry George는, 주의 민주주의와 평등의 미래는 바로 땅값 인플레이션의 사회적 통제에 달려 있음을 125년 전에 이미 예견했던 것이다.

24 | 자본의 거대한 장벽

   1989년 흥분한 군중들이 베를린 장벽을 헐어 버렸을 때, 많은 이들은 국경 없는 자유가 손에 닿을 듯 가까이 다가온 새천년의 환상을 보았다. 사람들은 전류가 흐르는 죽음의 철조망이 쳐지고, 국경 지대는 대인지뢰로 뒤덮이고, 장벽으로 도시의 허리가 잘린 암흑의 시대를 스스로 폐지했다. 따라서 세계화는 응당 전례 없는 물질적·가상 전자적virtual-electronic 이동의 시대를 열어야 했다.

   그러나 그러기는커녕 신자유주의적 자본주의는 오히려 장벽을 건설하고 국경을 요새화하는, 역사상 가장 큰 물결을 재촉했다. 지금의 물리적 현실은 로마제국 후기나 중국 송나라 때, 혹은 코브던과 글래드스턴으로 대표되는 빅토리아 자유주의의 황금시대와 더 닮아 보인다. 부유한 수십 개국을 지구상의 빈곤한 대다수

국가로부터 갈라놓는 자본의 거대한 장벽에 비하면, 과거 철의 장막은 차라리 왜소해 보일 지경이다. 이는 기존의 국경을 단순히 상징적인 차원에서 증축한 것이 아니라, 요새, 감시, 무장 경비, 감금 시스템을 서로 긴밀히 연동시킨 단일한 시스템이다.

이 장벽은 지구의 절반을 에워싸고 지상에 그어진 경계선 중 최소한 1만 2천 킬로미터를 차단하며, 이를 필사적으로 뚫고 들어가려는 사람에게 더더욱 치명적인 해를 입힌다. 중국의 만리장성과는 달리 이 새로운 장벽은 우주 공간에서는 일부분만 보인다. 물론 (미국의 멕시코 쪽 국경처럼) 전통적인 방어물과 철조망을 친 지뢰밭도 있지만, 오늘날의 세계화된 이민 단속은 해상이나 공중에서도 벌어지며, 경계선은 이제 지리적으로만이 아니라 디지털로도 존재한다.

예를 들어 "요새화된 유럽Fortress Europe"에서, 새로 창설된 '유럽 국경수비경찰'이 관할하는 공동 국경 경비 체계는 (스트라스부르에 설치된 셍겐 정보 네트워크를 업그레이드하여) PROSECUR ▪라는 사악한 약자로 재탄생한 통합 데이터 시스템에 기반하게 될 것이다. 유럽연합은 전보다 더 길어진 동쪽 경계선에 소위 "전자 장막"을 보강하고, 아프리카를 지브롤터 건너편에 묶어 두는 '해협 감시 시스템'을 정밀화하는 데 이미 수억 유로를 지출했다. 게다가 최근 토니 블레어는 유럽연합의 다른 지도자들에게, 백인 유럽의 경계선 방어를 제3세계 한가운데까지 확대할 것을 요청했

▪ 검찰관, 고발자라는 뜻의 prosecutor와 철자가 비슷하다.

다. 블레어는 난민들이 치명적으로 열악한 상태에 몇 년씩 고립될 수 있는 아프리카와 아시아의 핵심 분쟁 지역에 "보호구역"을 만들자고 제안한 상태다.

물론 블레어가 모델로 삼고 있는 곳은 우익 계열 총리인 존 하워드John Howard가 저주받은 쿠르드, 아프가니스탄, 티모르 난민들을 상대로 공개적인 전쟁을 선포한 오스트레일리아다. 작년에 오스트레일리아 남부의 우메라 등 사막 한가운데 위치한 지옥 같은 수용소에 무제한 억류된 이주민들이 폭동과 단식 투쟁의 물결을 일으킨 이후로, 하워드 총리는 공해상에 해군을 투입해서 난민들이 타고 온 선박들을 가로막고, 나우루나 말라리아가 유행하는 파푸아뉴기니 마누스 섬의 더더욱 악몽 같은 수용소에 난민들을 강제 수용한 바 있다. 『가디언』에 따르면 블레어 역시 해군을 출동시켜 지중해에서 밀입국 난민들을 색출해 내고, 공군을 투입하여 이주민들을 본국으로 추방하는 방안을 타진 중이라고 한다.

국경 단속의 손길은 이제 먼 바다까지 미치는 동시에, 평범한 사람들의 앞마당까지 치고 들어오기도 한다. 미국 남서부의 주민들이 실제 국경선에서 멀리 떨어진 '2차 국경'의 검문소를 통과하느라 긴 시간 교통 정체에 시달린 지는 이미 오래되었다. 이제 검문검색은 유럽연합 내부에서도 흔한 일이 되었다. 그 결과 국경 단속과 국내 치안, 또는 이주민 정책과 '테러와의 전쟁'을 구분 짓는 명목상 경계마저도 급속히 사라지고 있다. 유럽의 "국경 반대" 활동가들은, 유럽연합 비회원국에서 들어온 외국인을 추적하는 용도로 쓰이는 전체주의적 정보 시스템이 역내의 반세계화

운동까지 겨냥하게 될 것이라고 오래 전부터 경고해 왔다.

마찬가지로 미국의 노조와 라틴계 단체들은 지역 경찰과 보안관 1백만 명을 이민 단속반으로 훈련시키자는 공화당의 제안을 공포와 혐오가 뒤섞인 눈길로 지켜보고 있다. 실제로 의회는 이미 앨라배마와 플로리다에서 시범 프로그램을 인가했으며, 캘리포니아, 펜실베이니아, 그리고 남부의 여러 주 정부는 민병대와 국수주의 단체들의 압력에 굴복하여 일용 노동자들이 철물 매장 앞에서 일거리를 구하는 행위를 불법화하고 집주인들이 시민권 없는 세입자에게 집을 임대하는 것까지도 금지했다.

한편 법무부, 펜타곤, 국토안보부는 국경 감시 기술의 혁명을 추진하고 있다. 2002년 6월 존 애슈크로프트 법무장관의 요란한 팡파르와 더불어 출범한 "국가 안보를 위한 입출국 등록제"는, 외국인 방문객의 신원을 확인하고 추적하기 위해 생체 인식 기술을 사용하고 있다. 한편 샌디에이고-티후아나 지역은 연방 정부에서 지원을 하고 있는 "국경 조사 및 기술 센터(Border Research and Technology Center, 본부는 샌디에이고 도심 마천루에 있다.)"의 현장 실험실이 되었다. 이 센터에서는 국경 순찰대가 도입한 첨단 침입 탐지 시스템의 성능을 꾸준히 향상시키고 있다. 이 네트워크에는 위성으로 전송되어 중앙 사령 본부에서 원격으로 관찰할 수 있는 비디오 감시 카메라와 더불어 지진, 자기, 적외선 감지기가 숨겨져 있다.

펜타곤은 1989년 텍사스 포트 블리스에 "제6합동기동부대(Joint Task Force 6, JTF6)"를 설립하면서 그 동안의 오랜 공백을 깨고 국경 단속에 다시 개입하였다. (공식적으로 "국방부 전력을 동기화하고 통합하는" 기능을 하는) 제6합동기동부대의 원래 임무는, 남쪽 국경을 경유하여 대량의 코카인을 밀수하는 대규모 '마약 밀매단 narcotraficantes' 을 단속하는 데 한정되어 있다. 그런데 해당 카르텔들이 "인신매매에 관여하는 범죄까지 포함하여, 혹은 그런 조직과 얽혀 공작을 확대" 하고 있다는 판단하에, 의회에서는 기동대의 임무 범위를 넓혀 불법 이민을 감시하고 저지할 수 있게 허가해 주었다. "아프가니스탄이나 이라크에 배치할 부대를 준비시키기 위한 훈련을 하기에 미국 내에서 이보다 더 좋은 장소가 없기 때문에" 펜타곤은 이처럼 역할이 확대된 것을 내심 기뻐하고 있다.

국경이 재무장화되고 이주민과 난민들이 더욱 목숨을 건 위험한 루트로 내몰리면서, 세계 곳곳에서 사상자 수가 무자비하게 증가하고 있다. 인권 단체들에 따르면 1993년 이래 4천 명에 가까운 이주민과 난민들이 유럽 관문을 통과하다가(바다에 빠져서, 지뢰가 폭발해서, 화물 컨테이너 안에서 질식해서) 목숨을 잃었다. 게다가 모로코와 튀니지를 거쳐 이동하다가 사하라사막에서 숨을 거둔 사람만도 수천 명에 이른다. 한편 미국 · 멕시코 국경에서 벌어지는 살육 행위를 감시하는 단체인 "미국친우봉사회"의 추정에 의하면, 지난 십 년간 미국 남서부의 용광로 같은 사막에서도 그와 비슷한 숫자가 목숨을 잃었다. 이처럼 비인도적인 일들이 숱하게 벌어지는 상황에서, 최근 백악관이 미등록 이주민 등에게 임시 초빙 노동자 지위를 주자고 제안한 일은 얼핏 보면 유럽의 무자비한 정책이나 오스트레일리아의 파시즘적 행태에 비해 동정심이 깃든 제스처로 비칠 수 있다.

이민자 권리 단체들이 지적하듯이, 사실 이 발의에는 오만한 멸시와 냉정한 정치적 계산이 뒤섞여 있다. 부시의 제안은 1950년대 초에 실시된 악명 높은 '브라세로 프로그램'▪을 닮은 것으로, 이미 미국에 들어와 있는 5백 만 명에서 7백만 명의 미등록 이민자들이 영구 영주권이나 시민권을 얻을 수 있는 통로를 차단해 놓은 채 저임금 노동자라는 카스트를 합법화할 것이다. 물론 투표권도 없고 영구 주거지도 없는 일용 노동자 부대란 바로 공화당이 그리는 유토피아다. 부시의 계획은 월마트와 맥도날드에 거의 무제한의 시한부 노동력을 안정적으로 공급해 줄 것이다.

이는 또 국경 이남(멕시코를 말한다. 옮긴이)의 신자유주의에 구명 밧줄을 던져 줄 것이다. 북미자유무역협정이 발효된 지 십 년이 흐른 지금, 예전의 지지자들도 이제는 이 협정이 잔인한 속임수였음을 인정하고 있다. 협정 덕분에 생긴 일자리만큼 협정 때문에 사라진 일자리도 많다. 실제로 멕시코 경제는 4년 연속 고용이 줄고 있다. 백악관이 내놓은 이 신종 브라세로 프로그램은 비센테 폭스Vicente Fox 멕시코 대통령과 그 후임자들에게 결정적인 경제적 안전밸브를 마련해 줄 것이다. 일시적으로 합법 취업을 보장해 주겠다는 제안은 결국 미등록 노동자들을 양지로 유인하

▪ Bracero Program, 해외에서 농장 노동자를 임시로 임대하는 프로그램이다. 제2차 세계대전으로 인한 노동력 부족을 극복하기 위해 미국과 멕시코 정부 간에 체결되어 1942년 8월부터 1964년까지 운영되었다.

는 저항할 수 없는 미끼일 것이며, 그렇게 되면 국토안보부가 마음대로 그들의 신원을 조회하고 체포하고 감시할 수 있게 될 것이다. 이것이야말로 진정 음흉한 찬스다. 따라서 이 조치는 자본의 거대한 방벽에 틈을 내기는커녕, 방벽의 터진 곳을 메우고 더더욱 체계적이고도 강압적으로 인간 불평등을 사수할 것이다.

(2004년 2월, 『소셜리스트 리뷰』)

자경단원

> 그 지역 사람들은 억지로라도 잔인하게 되려고 스스로를 다그쳤다. 그런
> 다음 그들은 소대, 부대를 이루고 곤봉과 가스와 총으로 무장했다. 우리
> 가 이 고장의 주인이다. 오키들이 마음대로 하게 둘 수는 없다.
> ─존 스타인벡John Steinbeck, 『분노의 포도The Grapes of Wrath』

　자경단원이 돌아왔다. 1850년대에 그들은 아일랜드인을 린치
했다. 1870년대에 그들은 중국인들을 위협했다. 1910년대에 그
들은 파업 중인 노조 간부들을 살해했다. 1920년대에 그들은 "쪽
바리를 패라Bash a Jap"는 캠페인을 조직했다. 그리고 1930년대에
그들은 모래 폭풍 때문에 농토를 잃고 몰려온 난민들을 최루 가
스와 총탄으로 맞이했다. 미국 남부에는 케이케이케이단(KKK)이
있고 미국 서부에는 자경단이 있었다. 그들은 악의와 비겁과 편
협과 독선으로 뭉친 폭도 무리다. 거의 매십 년마다 애국자를 자
처하는 몇몇 집단이, 새로 들어온 국외자를 타도하거나 위협을
가하는 데 동원되고는 했다.
　그들의 분노는 거의 언제나 개중에서도 가장 가난하고 가장 힘
없고 가장 힘들게 일하는 사람들을 향했다. 바로 아일랜드 더니

골에서, 광둥에서, 오클라호마에서, (그리고 요즘에는) 멕시코 오악사카에서 갓 이주해 온 이들이다. 그리고 지금 캘리포니아와 남서부 전역의 에이엠 극우 라디오 프로 수십 군데에서 매일같이 틀어대고 있는 폭언은, 과거 스타인벡이 묘사했던 것과 똑같다.

"한 번도 배고파 본 적이 없는 사람들이 배고픈 사람들의 눈동자를 보았다. (…) 그들은 말했다. '저 천벌 받을 오키 놈들은 더럽고 무식하다. 저놈들은 타락한 색정광들이다. 저 천벌 받을 오키들은 도둑놈이다. 무엇이든지 훔쳐 간다. 재산권에 대한 개념도 없는 놈들이다.'"

오늘날의 자경단 중에서 가장 잘 알려진 것은 소위 '민병대 Minutemen' 다. 그들은 (적절하게도) 지난 만우절에 애리조나의 멕시코 국경 지대에서 무장 경비를 개시했다. 애리조나의 민병 조직인 '툼스톤Tombstone' 은 국경 인근 지역에서 벌써 십 년 넘게 유행하고 있는 반反이민 경비대 중에서 가장 최근에 출현한 집단이다. "갈색 공포" 에 맞서 국가 주권을 방어하겠다고 맹세한 이 수상쩍은 준군사 조직들은 우익 라디오 자키들의 선동하에 인종주의 성향의 목장주들과 자칭 "아리안 전사들" 이 이끌고 있으며, 애리조나와 캘리포니아의 가마솥 같은 사막을 건너는 이민자들을 괴롭히고 불법으로 구금하고 때리고 살해하고 있다.

'민병대 프로젝트' 는 어처구니없는 행태이기도 하지만, 동시에 자경단의 주의주장을 보수 정치의 주류로 올려놓으려는 용의주도한 기도이기도 하다. 이 프로젝트의 주동자들(한 명은 은퇴한 회계사이고, 한 명은 전직 유치원 교사인데 둘 다 남캘리포니아 출신이다.)

은 1천 명의 중무장한 초애국주의자들이 코치스 카운티 국경 부근에서 멕시코인 무리와 맞설 것이라고 큰소리를 쳐서 언론을 현혹시켰다.

여하튼 그들의 실상은 총기광 및 반사회적 이상 성격자 150여 명이 자기 집 앞마당에서 며칠 동안 라이플총을 닦다가, 기자들을 불러다 놓고 장광설을 편 다음, 눈에 쌍안경을 대고 (매년 수백 명의 이민자들이 열사병과 갈증으로 죽어 가고 있는) 선인장투성이 산들 사이를 들여다보는 시늉을 한 것이 전부였다. 미등록 이주민들이 다른 사람들만큼만 뉴스를 읽거나 듣는다면, 아무래도 국경에서 아마겟돈 전쟁이 발발할 것 같지는 않았다. 민병대(그리고 그들을 지키기 위해 따로 파견된 수백 명의 국경 순찰대)가 뜨면 라틴계 노동자들은 자경단원들이 햇볕에 벌겋게 타서 집으로 돌아갈 때까지 멕시코 쪽 영토에 머물러 참을성 있게 기다렸다.

하지만 이 사건이 공화당 정치에 끼칠 영향을 과소평가한다면 그것은 오판일 것이다. 처음으로 부시 행정부는 심각하게 포위된 기분을 느끼고 있다. 민주당한테 포위된 것이 아니라(그들은 그렇게 무례하지 않다.) 바로 자기 편 진영에서 초기 단계의 반란이 일어나고 있는 것이다. 부시가 시도한 사회보장 민영화는 인기가 없었고, 이는 소위 온건한 공화당 인사들(콜린 파월과 존 매케인을 떠올려 보라.)에게 2008년 대통령 승계를 놓고 경쟁할 먹잇감을 던져 주었다. 더 중요한 것은, 라틴계 유권자들에 대한 대통령의 구애 전략과 멕시코와 초빙 노동자 조약을 맺자는 제안을 놓고 당 내(특히 서부와 남부) 풀뿌리 운동가들이 발끈하고 나선 것이다.

혹마술사인 피트 윌슨 전 캘리포니아 주지사의 부채질 덕분에 1990년대 초부터 불기 시작한 반라틴계 역풍은, 칼 로브를 비롯한 공화당 전략가들의 소원대로 조용히 사그라들지 않았다. 반대로 이민자들의 사회적 권리와 학교에서의 스페인어 사용에 반대하는 운동은 캘리포니아에서 시작되어 지난 십 년간 애리조나, 콜로라도, 여타 라틴아메리카계 주민이 늘고 있는 남부 여러 주들로 확산되었다. (우익 테러리즘으로까지 치달은) 예전의 반낙태 시위가 그랬듯이, 이 자경단 운동 역시 언론의 주의를 붙들기 위한 극적인 전술을 구사하는 한편 반이민 정서를 자극하고 공화당 내 힘의 균형추를 옮기고 있다.

그들의 주요 동맹 세력은 라디오 토크쇼의 선동가들과 새끼 힘러[*]들이다. 그리고 그 대표적 인물 중 하나는 로스앤젤레스 지역에서 영어로 방송되는 라디오를 통틀어 가장 인기 있는 진행자인 케이에프아이 에이엠(KFI AM)의 빌 한델이다. 빌은 매일 아침 출근 시간대에 편협한 언사들을 게워 내고 있다. "로스앤젤레스는 변기 속으로 처박힐 것이다. 불법 외국인들이 국경을 넘어 꾸역꾸역 밀려드는 바람에 이 도시의 환경은 지난 20년 동안 갑자기 악화되어 버렸다."고 열변을 토한다. 로스앤젤레스에서 새너제이에 이르기까지, 교외에서 출퇴근하는 사람들이 꽉 막힌 도로에 꼼짝 없이 갇혀 있다면, 그리고 자경단을 찬양하거나 국수적인 언

---

[*] Himmler, 2차 대전 시기 나치 친위대와 게슈타포를 지휘했으며 유대인 대학살의 실무를 주도한 최고 책임자였다.

변에 경도된 청취자가 있다면, 어디든 가리지 않고 자동차 라디오에서 비슷한 설교들이 흘러나온다.

게다가 캘리포니아 주지사인 아널드 슈워제네거는 민병대를 (꾸준히는 아니더라도) 열렬히 찬양하는 발언을 해서 백악관을 곤혹스럽게 만들었다.

"나는 민병대가 훌륭한 일을 했다고 생각한다. 그들 덕분에 국경을 넘어오는 불법 이주민의 비율이 큰 폭으로 줄었다. 그러니까 그들은 우리가 가서 노력하면, 열심히 노력하면 된다는 것을 보여 주었다. 해 볼 만한 일이다."

분노한 라틴계 지도자들은, 슈워제네거가 "이민자들을 희생양으로 삼고 그들을 공격했다."고 비난했다. 그러나 슈워제네거는 캘리포니아 주 국경 인근에서 민병대의 도움은 언제나 환영이라고 으름장을 놓듯 되풀이해 말했다. (슈워제네거가 습관적으로 그러듯이, 주지사는 말끝에 자기가 "이민자들의 챔피언"이라는 말을 뜬금없이 덧붙였다.)

주지사가 자기 "내면에 숨은 나치"와 교신하고 있는 것처럼 들린다면, 그것은 슈워제네거가 지금 절박한 상황이기 때문이다. 그의 몸집 큰 유명세는 이제 더 이상 새롭지 않고, 요즘 슈워제네거는 그가 예산을 대폭 삭감한 데 성난 간호사들, 교사들, 소방관들에게 가는 곳마다 시달리고 있다. 최근 몇 달간의 여론 조사에서 그의 지지도는 20포인트까지 떨어졌으며, 그레이 데이비스의 유령이 그의 앞날에 어른거리고 있다. 그래서 아널드는, 2003년 그를 주지사로 만들어 준 극우 라디오와 픽업트럭을 모는 성난 백인 남성들의 음침한 늪으로 복귀했다. 당시의 쟁점은 불법 이민자들에게 운전면허증을 발급해 주는 문제였다. ('빈 라덴이 할리우드의 고속도로를 달리게 될지 어떻게 아는가?') 이제 이것은 외국인의 침입이라는 테마에 서부극의 정의를 대입하여, 시민들이 "국경 순찰을 도울 권리" 의 문제로 탈바꿈했다. 새크라멘토에 있는 주지사 관저에 자경단원이 버티고 있는 한, ("올 가을에는 수만 명의 자원 봉사자들이 멕시코 국경을 봉쇄할 것" 이라는) 민병대의 다음 도발은 익살극이 아닌 비극이 될 것이다.

(2005년 5월, 『소셜리스트 리뷰』)

후기

최근 캘리포니아의 한 저널리스트는 "이제 우리 모두가 민병대가 될 것인가?" 하는 질문을 던졌다. 이는 릭 페리Rick Perry 텍사스 주지사가 지원하는 웹사이트를 두고 한 말이다. 이 사이트에서는 웹 카메라로 주 내의 멕시코 국경 부근을 실시간으로 촬영하고 인터넷 이용자들이 국경 상황을 감시할 수 있도록 만들어 놓았다. 페리 주지사가 가상공간에 심어 놓은 자경단원이 만약 의심스런 사람이나 활동을 탐지해 낼 경우, 버튼을 누르기만 하면 바로 텍사스 경찰이나 국경 순찰대에 통보된다. 주지사 대변인의 말에 따르면, "텍사스 주는 총 5백만 달러를 투입하여, 범죄가 자주 일어나는 지점 및 많이 쓰이는 월경 루트를 따라 수백 대의 감시 카메라를 설치할 것이다. 주지사의 말씀에 따르면, 이 카메라들은 범죄 활동이 일어나는 국경 인근에 위치한 광활한 농장과 목장들을 경비해 줄 것이다." 이 사이트는 비상한 인기를 끌고 있으며 운영 첫 주에 히트 수 210만을 기록했다. 그러므로 이제는 무릎 위에 산탄총을 올려놓고 뜨거운 태양 아래 앉아 있을 필요 없이 누구나 자기 침실, 사무실, 수영장에 앉은 채 국경 감시에 일익을 담당할 수 있게 되었다. 실로 이 아이디어가 미래에 어떻게 적용될지를 생각하면 믿기지 않을 지경이다. 이민자, 죄수, 아이들, 그리고 자기 이웃들을 정탐하는 데 대중들이 열광적으로 자원하는 세상은, 한마디로 참여민주주의적 형태를 띤 조지 오웰의 악몽이다. 위성 데이터 시스템 SDS가 '1984년'과 조우한 것이다. 팬옵티콘을 전복하라.

26 미국인의 국경 침입

요즘 멕시코의 티후아나에서 미국 샌디에이고로 넘어오는 방문객들은, 곧바로 "국경 침입 금지!"라고 비명 지르는 거대한 광고판에 얼굴을 정통으로 얻어맞는 듯한 기분을 느끼고 있다. 이 광고판은 맹렬한 반이민 성향의 웹사이트 그래스파이어닷컴 (Grassfire.com, 자경단 민병대의 보수적 동맹 세력)에서 설치한 것이다. 전하는 바에 따르면 애리조나와 텍사스의 국경 검문소에서도 똑같은 공격적인 슬로건이 대중들을 욕보이고 있다고 한다. (하지만 샌디에이고의 광고판이 놓인 위치는 특히 더 끔찍스럽다. 1984년에 인종주의 살인범 제임스 휴버티James Huberty가 21명의 손님을 살육한 바로 그 맥도날드 매장이 있던 자리이기 때문이다. 당시 희생자 대부분은 멕시코인이었다.)

신문 만평에서 권총을 든 광대들로 묘사된 민병대와 그 분파

집단은, 이제 풀뿌리 보수 세력의 오만불손한 유명 인사가 되었다. 그들은 에이엠 극우 라디오는 물론 그보다 더욱 히스테리컬한 인터넷의 우익 블로그들을 지배한다. 국경 지역만이 아니라 중부 지역의 공화당 후보들도 그들의 승인을 받으려 앞 다투어 경쟁하고 있다. 바그다드와 뉴올리언스에서 벌어진 아수라장 때문에 유권자들이 이반되고 있는 와중에, '갈색 공포'는 공화당이 오는 11월 선거에서 의회 다수당 지위를 유지하도록 도와줄 '기계 장치의 신'으로 급작스럽게 등장했다.

9 · 11의 잔해와 사담 후세인이 지닌 상상의 무기를 너무 오래 우려먹은 나머지 비틀거리기 시작한 공화당의 헤게모니는, 이제 교외 주민들에게 먹혀들어가는 새로운 긴급 상황을 창출해 냈다. 접시닦이와 정원사로 취직하려는 악의 군대가 리오그란데 강에 집결하고 있는 것이다. 코피 아난이 검은 헬리콥터 부대를 보내 와이오밍을 위협하려는 음모를 꾸민 이후[*]로, 이처럼 분명하고도 급박한 위험이 공화당을 위협한 적은 없다.

이 선동가들의 말을 듣다 보면 쌍둥이 빌딩을 폭파시킨 자들이 과달루페의 성모를 신봉하는 사람들인가, 혹은 스페인어가 최근에 코네티컷에서 공식 언어로 채택되었나 하고 의아해질 것이다. 아프가니스탄과 이라크 침공을 통해 악의 세계에 징벌을 내리는 데 실패한 공화당은 일부 민주당 인사들의 지원을 받아, 이제 우

---

[*] 유엔의 군대가 미국을 침공하려 하며, 그 비밀요원들이 검은 헬리콥터를 타고 다닌다는 음모론을 비꼰 말이다.

리 스스로를 침공하자고 제안하고 있다. 국가의 주권이 공격당하고 있는 캘리포니아와 뉴멕시코의 험준한 사막에 주 방위군과 해병대와 그린베레를 파견하자는 것이다.

국수주의라는 편협한 신앙이 현실을 전도시키는 초현실적 희화라는 사실은 예나 지금이나 변함이 없다. 하지만 궁극적인 아이러니는, 실제로 "국경 침범"이라 일컬을 만한 것이 존재하고 있으며 그 민병대의 광고판은 고속도로 차선의 반대편에 세워져 있어야 한다는 사실이다. (적어도 멕시코 바깥에서는) 대부분이 굳이 알려고 하지 않는 사실은, 모든 유모와 요리사와 하녀들이 뿔난 공화당원들의 호화로운 생활을 시중들기 위해 북쪽으로 향하는 동안, 그링고(Gringo, 멕시코에서 미국인을 낮추어 부르는 말. 옮긴이) 무리들은 저렴한 별장에서 멕시코의 태양 아래 멋진 휴가를 즐기기 위해 남쪽으로 몰려들고 있다는 것이다.

그렇다. 전 캘리포니아 주지사인 피트 윌슨의 불멸의 발언을 빌리면, "그들이 계속 몰려오고 있다." 미 국무부의 추정에 따르면, 지난 십 년 동안 멕시코에 거주하는 미국인의 수는 20만 명에서 1백만 명(해외 체류 미국인의 4분의 1)으로 늘어났으며, 멕시코 부동산업협회의 보고서에 따르면 현재 미국인들은 멕시코에 무려 150만 채의 집을 소유하고 있다. 최근 미국에서 멕시코로 가는 송금액이 (불과 2년 동안 90억 달러에서 145억 달러로) 대폭 증가한 현상은 처음에는 불법 노동자의 수가 대폭 늘어난 현상을 반영한 것으로 해석되었지만, 이는 주로 미국인들이 멕시코에 집과 별장을 사기 위해 자기 계좌로 부친 돈인 것으로 밝혀졌다.

물론 그중에는 귀화한 미국 시민으로서 평생을 "건너편에서al otro lado" 힘들게 일하고 난 뒤 자기가 태어난 도시와 마을로 돌아오는 사람들도 있다. 하지만 멕시코 관광개발공사(FONATUR) 사장이 최근에 밝힌 바로는, 멕시코 부동산에 투자하는 사람들은 주로 "최초 주택 대출금을 상당 부분 갚고, 상속 재산이 생겨나고 있는" 미국의 "베이비 붐 세대"다.

실제로 『월스트리트 저널』에 따르면 "인구 변동의 물결이 닥치면서 땅 투자 붐이 일고 있다. 총 7천만 명이 넘는 미국의 베이비 붐 세대가 앞으로 20년 내에 은퇴하게 된다. (…) 일부 전문가들은 대규모 인구가 더 따뜻한 (그리고 더 저렴한) 환경으로 이주할 것이라고 예측하고 있다. 이런 사람들은 은퇴 10년 전에서 15년 전에 자산을 구매하고, 그 집을 휴가용 별장으로 쓰다가 결국 그곳으로 완전히 이주하여 여생을 보내는 경우가 많다. 이런 추세를 이용하여 철문으로 방비한 주택 단지와 콘도미니엄, 골프장을 건설하는 개발 업자들이 늘고 있다."(3) 그래서 『로스앤젤레스 타임스』의 보도에 따르면, "베이비 붐 세대가 은퇴 이후 국경 남쪽으로 이주함에 따라" 멕시코에 집을 소유한 미국인 수는 "20년 내에 천2백만 명으로 껑충 뛰어오르리라 예상된다."(75)

게다가 미국 선벨트 지대의 부동산 가치가 비정상적으로 뛰어오른 덕분에 미국인들은 막대한 경제적 이득을 누리게 되었다. 기민한 베이비 붐 세대들은 그저 다가올 은퇴에 대비하여 저축만 하는 것이 아니라, 멕시코 휴양지의 부동산에 투기하여 부동산 가격을 한껏 올려놓는 바람에 현지인들이 피해를 입는 경우가 늘고 있다. 그 자녀들은 결국 빈민가로 내몰리거나 다른 곳으로 이주할 수밖에 없게 된다. 멕시코뿐 아니라 아일랜드의 골웨이, 프랑스의 코르시카, (그 점에서는) 미국 몬태나도 마찬가지다. 자연과 가까운 아름다운 환경에서 새 삶을 사는 "세컨드 홈" 붐이 세계적으로 일고 있지만, 정작 예전부터 그곳에 살아온 주민들은 그런 환경을 누릴 돈이 없다.

미국인 이주자 중 많은 수는 산 미구엘 데 아엔데나 푸에르토 바야르타처럼 '노르테아메리카노스(Norteamericanos, 스페인어로 북아메리카인, 특히 미국인을 말한다. 옮긴이)'의 입맛에 맞게 잘 정비된 안식처를 선호하는 반면, 어떤 이들은 리비에라 마야나 퀸타나 루의 툴룸 같은, 좀 더 이국적인 환경을 실험해 보기도 한다. 이런 곳에 사는 노르테아메리카노스들은 여러 가지 면에서 마치 고국에 있는 것처럼 편안하게 지낸다. 예를 들어 푸에르토 바야르타에서 발행되는 영자 신문에는 최근 새로운 쇼핑몰의 이른 개장을 환영하는 기사가 실렸다. 이 쇼핑몰에는 후터스, 버거킹, 서브웨이, 칠리스, 스타벅스 등이 입점했는데, 다만 (소스를 곁들인?) 던킨도너츠만이 아직 빠져 있다고 이 신문은 불평하였다.

하지만 그링고들의 침입이 가장 대규모로 이루어진 곳은 (그리고 가장 의미심장한 지정학적 결과를 초래한 곳은) 바로 바하 캘리포니아다. 이곳은 아널드 슈워제네거가 다스리는 주에 부속으로 딸린 1,600킬로미터 길이의 사막이다. 바하의 부동산 사이트에 들어가 보면, 불법 이민자들의 보이지 않는 위협을 스토킹하는 사이트 못지않게 과장된 어구들이 넘쳐난다. 최근 『로스앤젤레스 타임스』

의 한 필자가 지적했듯이, 바하의 매력은 거의 저항할 수 없다. "바하에서는 여기서 북쪽으로 30분 떨어진 곳의 3분의 1 가격에 바다가 바라보이는 집을 살 수 있다."

요컨대 "알타 캘리포니아"*는 바하로 넘쳐 흘러들어가고 있다. 이 전대미문의 과정이 제대로 통제되지 않을 경우, 멕시코의 마지막 남은 이 미개척지는 용납하기 힘든 사회적 주변화와 생태적 참화를 겪을 것이다. 미국인들이 이 멋지고 "텅 빈" 남쪽 반도로 침입하면서, 후기 산업화에 들어선 캘리포니아의 온갖 모순들(해안 지역의 끝없는 땅값 폭등, 내륙 밸리와 사막 교외 지역의 난개발, 고속도로 정체와 대중교통의 결핍, 자동차를 이용한 여가 생활의 천문학적 성장 등등)도 고스란히 따라 들어간다. 사악하지만 지금과 관련 없지만은 않은 과거의 용어를 빌리면, 바하는 앵글로 캘리포니아의 '레벤스라움'**이다.

실제로 비공식적 합병의 첫 두 단계까지는 이미 진행되었다. 나프타의 깃발 아래, 수백 개의 노동 착취 공장과 유해 산업이 남 캘리포니아에서 티후아나와 멕시칼리의 마킬라도라***로 이전되었다. 미국 서부 해안의 해운 회사들을 대표하는 태평양 해사

---

* 상上캘리포니아, 현재 미국의 캘리포니아에 해당한다. 1846년부터 1848년까지의 멕시코 전쟁으로 이 땅이 미국에 귀속되기 이전에 칭하던 이름이다. 한편 '바하 캘리포니아'는 캘리포니아의 남쪽에 길게 인접한 멕시코 땅으로서 하下캘리포니아라는 뜻이다 .
** lebensraum, 나치가 주장한 정치 · 경제적 발전에 필요한 영토를 일컫는다.
*** maquiladora, 1965년 멕시코 정부가 이주 노동을 대체하려고 미국과의 국경 인근에 세운 공업 지대. 관세와 노동 · 환경 규제가 면제되는 경제 특구로 주로 미국 기업들이 입주해 있다. 1982년부터는 국경을 벗어나 멕시코 전역으로 확장했고, 나프타 체결과 함께 더욱 급성장했다.

협회는, 한국 및 일본 기업들과 합작하여 티후아나에서 남쪽으로 240킬로미터 떨어진 푼타 콜로넬에 대규모 컨테이너항을 새로 건설할 계획이다. 이렇게 되면 산 페드로와 샌프란시스코 항만 노조의 힘이 약화될 것이다.

두 번째로, 이제 이 반도 양안에는 수만 명의 그리고 은퇴자와 겨울 휴양객들이 몰려들어 있다. 최근 UCLA에서 주최한 한 컨퍼런스의 광고 문안에서는, 현재 티후아나에서 에세나다까지의 북서해안을 따라 도널드 트럼프 사의 부동산 개발 프로젝트를 비롯하여 "57건의 부동산 개발이 이루어지고 있다. (…) 총 30억 달러에 달하는 1만 1천 개의 주택·콘도가 지어지며 (…) 이 전부가 미국 시장을 겨냥하고 있다."고 자랑하고 있다.

한편 바하의 남쪽 끝 열대 지역에는, 카보 산 루카스와 산호세 데 카보 사이에 놓인 32킬로미터 길이의 좁고 긴 땅에 "황금 해안"이 출현하고 있다. 1960년대에 이곳은 인구 1천 명이 채 안 되는 어촌이었다. 하지만 지금 로스 카보스는 전 세계적인 부동산 과열 지역이다. 부동산 가격이 계속해서 두 자리 수로 폭등하여 전 세계 투기 자본을 빨아들이고 있다. 전설적인 페드레갈 같은 고급 거주지 안의 특급 빌라는 1천만 달러나 그 이상의 가격에 팔리기도 하지만, 평범한 미국인들도 콘도나 해변 별장의 지분을 공동으로 구매한 뒤에 되파는 방식으로 로스 카보스의 매력적인 도박판에 참여할 수 있다.

(인근 공항의 개인용 비행기 등록 현황으로 판단하건대) 캐나다 서부와 애리조나에서 온 투기꾼들도 이 바하의 최남단 곳에 커다란

발자국을 어지럽게 찍어 놓았지만, 로스 카보스는 특히 오렌지카운티의 교외 휴양지가 되었다. 오렌지카운티는 가장 맹렬한 민병대 지부의 본거지이기도 하다.(남캘리포니아 부유층들은, 뉴포트 마리나에서 보수적인 친구와 함께 "외국인 침입"을 놓고 씩씩거린 바로 다음 날 카보스로 날아가 바다 카약을 즐기고 연예인과 골프를 치는 데 아무 모순을 느끼지 못할 것이다.)

바하의 때늦은 식민화의 다음 단계는 최근 논란이 되고 있는 "에스칼레라 나우티카"▪ 프로젝트다. 멕시코 관광개발공사는 이 20억 달러짜리 "사다리"에 27개의 요트 정박지와 해변 리조트를 개발하여, 양쪽 해안에 아직 사람의 손길이 닿지 않은 구역을 요트 클럽에 개방하고 자동차 관광을 활성화하려 하고 있다. 관광개발공사의 목표는 에세나다와 카보 중간에 "육상 다리"를 설치해서 반도를 빙 돌지 않고도 태평양과 캘리포니아 만 사이로 선박을 예인할 수 있게 하여, 2014년까지 1백만 명의 관광객과 5만 척의 개인 보트를 추가로 더 유치하는 것이다. 스카몬스와 산 이그나시오 초호의 회색고래들이 맞이할 운명에 대해 환경 운동가들이 우려하는 것은 물론이고, 어장이 "고급 리조트화"할 것을 두려워하는 캘리포니아 만 어민들도 이 프로젝트를 반대하고 있다. 유명한 환경 운동가이자 시인인 오메로 아리드지스Homero Aridjis는 "이로써 정부의 통제를 넘어선 무질서한 개발의 문이 활짝 열릴 것이다. 총기 판매조차 규제하지 못하게 될 수도 있다."

▪ Escalera Nautica, 스페인어로 '바다의 사다리' 라는 뜻이다.

고 불만을 토로했다.(84)

한편 반도의 안쪽에 면한 아름다운 작은 도시 로레토에는 "트루먼 쇼"가 도래했다. 관광개발공사는 애리조나의 한 회사와 플로리다의 "신도시주의"▪ 건축가들과 합작해서 '로레토 베이 빌리지'를 개발하기로 했다. 이곳은 코르테즈 해에 면한 즉석판 산미구엘 데 아옌데로서, 미국인 이주자들이 거주할 식민지 복고풍의 주택 6천 가구가 들어설 예정이다. 30억 달러가 소요되는 로레토 프로젝트는 태양열 발전을 이용하고 자동차 사용을 제한하는 첨단 친환경 설계를 자랑한다. 하지만 동시에 이는 로레토의 인구를 향후 십 년 이내에 현재의 1만 5천 명에서 10만 명으로 늘려 놓을 것이며, 칸쿤을 비롯한 여타 초대형 리조트 주변의 슬럼에서 볼 수 있는 사회적·환경적 결과를 초래할 것이다.

물론 바하의 저항할 수 없는 매력은, 이곳이 서부의 다른 지역에서는 이미 사라진 원시적인 야생을 보존하고 있다는 데 있다. 매우 설득력 있는 원주민 환경 운동가들을 비롯한 바하의 주민들은, 이 반도의 작은 도시와 어촌들이 품고 있는 평등한 기풍만큼이나 견줄 데 없이 아름다운 이곳의 경치를 소중히 여기고 있다.

▪ 신도시주의New Urbanism는 1980년대 초에 일어난 미국의 도시 디자인 운동으로, 충분한 녹지를 갖추고 대중교통이나 도보 이동이 용이하며 다양한 소득 계층이 공존하고 인간적인 공동체가 복원된 근린 주거 설계를 지향한다. 영화 〈트루먼 쇼〉의 배경이 된 플로리다의 시사이드 등이 신도시주의 경향으로 설계된 대표적인 주택 지구로 꼽힌다. 그러나 좌파 비평가들은 신도시주의 건축이 과거의 미국에 대한 보수주의적 향수에 기반하고 있으며, 의도적이든 아니든 간에 재개발로 부동산 값을 올려 놓아 이를 감당할 수 없는 대부분의 하층민과 유색인 주민들을 그 지역에서 내쫓는 구실을 한다고 비판하고 있다.

그러나 북쪽의 베이비 붐 세대가 소리 없이 침입해 들어오면서, 다음 세대에는 바하의 자연사와 변경 문화의 많은 부분이 쓸려 없어질지 모른다. 세계에서 가장 멋진 야생의 해안 중 한 곳이, 던킨 도너츠의 개장만을 기다리는 난개발 관광지로 탈바꿈할 것이다. 따라서 현지 주민들은 지금 들어서고 있는 초대형 리조트와 가짜 식민지풍 주택가가 (그리고 관광개발공사가 추진 중인 관광 위주의 지역 개발 전략이) 미국이 "명백한 운명"을 실현하기 위해 가장 최근에 침투시킨 "트로이의 목마"라고 두려워할 만한 이유가 충분하다.

(2006년 10월, 『샌프란시스코 크로니클』과 『댈러스 뉴스』)

27 | 재프로그램된 슈워제네거*

터미네이터가 그의 적수, 무한히 유연한 무적의 사이보그 T-1000만큼이나 교묘하고도 쳐부수기 힘들어졌다. 어떤 때는 재정 적자와 민주당에 대항한 정의의 성전을 이끄는 열광적 보수주의 자였다가, 다음 순간에는 좀 더 많은 도로와 학교가 지어진 약속의 땅으로 민주당을 이끄는 팻 브라운**의 환생으로 변모하고는 한다. 예산을 깎는 공화당원을 쏘아 죽이면, 금세 큰돈을 쾌척하는 민주당원으로 탈바꿈해서 눈을 빛내고 입가에 미소를 띤 채 되살아난다. (2005년 11월에 교사와 간호사들이 그랬듯이) 못된 불량배

---

* 영화 〈터미네이터 2〉에서, 미래의 저항군이 터미네이터를 붙잡아서 재프로그램하여 기억 장치를 지우고, 미래의 지도자인 존을 죽이는 대신에 지키라는 임무를 새로 입력시킨 뒤에 다시 과거로 돌려보낸 것을 패러디한 제목이다.

** Pat Brown, 민주당 출신의 전 캘리포니아 주지사. 1959년부터 1967년까지 재임했다.

를 트럭으로 치어 죽이면, 곧바로 교육과 의료의 좋은 친구로 스스로를 재조립한다. 일부 민주당원들은 슈워제네거의 "표변"이 불공정하고 위선적이라 항의하지만, 이 '거버네이터' ***(아니 '모자 쓴 고양이' ****)는 미친 듯이 웃으면서 그들 머리 위로 가볍게 공중제비를 넘어, 여론조사에 맞추어 빨간 색에서 파란 색으로 자리를 바꾼다.

캘리포니아 바깥에 살거나 최근 집안에 틀어박혀 은둔했던 사람들을 위해, 아널드가 극단적인 변신을 거듭해 온 역사를 간추려 보겠다. 2003년 10월 치러진 특별 선거에서 천박한 캘리포니아 부지사 크루즈 부스타만테를 분쇄한 대중주의 영웅 아널드 슈워제네거는, 자신의 개인 트레이너 피트 윌슨(전 공화당 주지사)과 기업 로비스트, 할리우드 그루피 패거리를 이끌고 새크라멘토에 입성했다. 주 정부를 개혁하고 권력을 주민의 손에 돌려준다는 등의 평범한 취임 연설이 끝나자마자, (마치 부시 대통령이 체니 손아귀에 있는 것처럼 윌슨의 주문에 얽매인) 이 몸집 큰 배우는 주지사 집무실을 맑스주의식으로 거칠게 희화화된 지배계급의 "집행위원회"로 바꿔 놓았다.

주 정부를 개혁한다는 슈워제네거의 요란스런 계획(혹은 "비효율적인 정부 조직을 폭파해 버리겠다."는 시정 연설문)을 휴렛패커드, 이

*** governator, 주지사를 뜻하는 '거버너governor' 와 '터미네이터' 를 저자가 합성한 말이다.
**** Cat in the Hat, 미국의 그림책 작가 닥터 수스의 동명의 대표작에 나오는 주인공. 엄마가 집을 비운 사이 아이들 앞에 나타나 온갖 소동을 일으키다가 엄마가 오기 직전에 모든 소동을 마무리 짓고 갑자기 사라진다.

디에스(EDS), 마이크로소프트, 기타 거대 의료보험 회사 등 대기업의 로비스트들이 작성해 주었다는 건 공공연한 사실이었다.(이 계획서의 훌륭한 조항 중에는 보호소에 수용된 유기 동물들의 안락사를 앞당겨서 돈을 절약하라는 정신 나간 권고도 들어 있다. 주지사의 자녀들조차 이 제안에 항의했다.) 슈워제네거는 자동차 판매업자와 수브 차량 운전자들을 위해 면허세를 폐지해 주고, 그 때문에 발생한 수익 감소분을 초중등 교육 예산에서 빼내어 메움으로써 자기가 무엇을 우선시하고 있는지를 과감히 선언하였다. 그런 다음 학교 공무원들과의 협상 내용에 대해 뻔뻔스럽게 거짓말을 하면서, 교육 예산 삭감분 중 30억 달러를 나중에 다시 채워 넣겠다는 약속을 백지화했다.

교사와 아이들에 대한 전쟁 선포는 때맞춰 간호사, 소방관, 장애인, 라틴계 주민에 대한 공격으로 이어졌다. 스크루지와도 같은 열성으로, 슈워제네거는 빈민을 위한 주 정부의 의료 지원 프로그램을 겨냥했다. 하고 많은 기금 중에서도 직업이 없는 장애인들의 의료보험료를 겨냥하여, 그들에게 보험료의 일부를 부담하라고 요구한 것이다. 1990년대 초에 피트 윌슨이 미등록 이주민을 상대로 성전을 펼친 것을 우둔하게 재연하기라도 하듯, 슈워제네거는 국경 민병대의 반사회적 정신병자들을 "영웅"으로 환대했다.(부시 대통령은 그들을 "자경단원"이라고 비난했다.) 자기를 비판하는 이들을 "계집애 같은 남자들"이라고 비웃은 이 주지사 관저의 불량배는, 기업들이 다른 주로 달아날 것이라는 상공회의소의 주장을 앵무새처럼 되풀이하면서 최저임금을 1달러 인상하자는 대중주의적 법안에 거부권을 행사하기도 했다. 한편 슈워제네거와 동맹을 맺은 기업들은 "캘리포니아를 구하는 시민들"이라는 비영리단체로 슬쩍 가장하여, 상호 연관된 네 개의 주민 발의안을 추진하기 위한 거액의 선거 기금을 모금했다. 이는 공무원의 정치 기부에 재갈을 물리고, (학교 등에 대한) 공공 지출을 틀어막고, 교사의 고용 보장을 뒤흔들고, 선거구를 개편할 민주당의 입법 권한을 박탈하는 내용이다.

월슨을 치어리더로, 상공회의소를 광대로 거느린 슈워제네거는 2005년 11월 특별 선거에 모든 것을 걸었다. 그러나 유세나 집회가 있는 곳마다 성난 간호사와 소방관과 교사들이 몰려와 슈워제네거에게 비난과 조롱을 퍼부었다. 대중의 찬사에만 익숙해져 있던 슈워제네거는, 자기를 쫓아 주 전역을 돌면서 그의 가짜 대중주의자 이미지를 뒤흔드는 공무원들의 호전성에 눈에 띄게 동요하는 기색을 보였다. 선거 당일 밤은 완벽한 재앙이었다. 패배한 네 가지 정책의 잔해 속에서, 출구 조사는 주지사의 인기가 25퍼센트 이상 추락했음을 밝혀냈다. 여론조사에서는 이 슈퍼스타가 주 재무장관인 필 안젤리데스Phil Angelides 같은, 사실상 무명의 민주당원과 맞붙어도 재선에 패배할 것이라는 결과가 나왔다.

그레이 데이비스의 처참한 사례는 일단 접어 두고, 캘리포니아 역사상 이렇게 많은 지지율을 이처럼 빠른 시간 내에 까먹은(혹은 정확히 말해서 간호사와 계집애 같은 남자들에게 이처럼 창피하게 엿 먹은) 정치인은 별로 없었다. 과거 닉슨 일당이 이런 상황에 처했을 때, 그들은 뿌루퉁해졌다가 발끈 화를 내며 복수를 모의했다. 하지만 아널드가 한 일은 그보다 훨씬 비범했다. 특별 선거 결과에 대해 대중들에게 사과하고, 피트 윌슨한테서 빌려 온 공화당 수석 보좌관(패트리샤 클리어리Patricia Cleary)을 면직시키고, 믿을 수 없는 단 한 번의 곡예 도약을 통해 학교, 도로, 운하, 대체에너지에 거액을 쏟아 붓는 (중도파 민주당원이 꿈꾸는) 정책의 대변인으로 변신한 것이다. 실제로 도저히 자기 눈을 믿을 수 없었던 민주당 의원들은, 케인스주의적으로 좋은 일도 너무 많으면 의심하고 본다고 그가 처음 내놓은 680억 달러 지출 계획을 거부했다.

무대 뒤편에서는 미녀가 야수를 재프로그램하고 있었다. 다시 말해서 정치적으로 노련한 주지사 부인 마리아 슈라이버Maria Shriver가, 수직 낙하한 아널드의 인기를 되살리기 위해 그녀가 속한 케네디 가문의 마법을 총동원하고 있었던 것이다. 수석 보좌관 자리에 클리어리 대신 수전 케네디Susan Kennedy가 임명된 것은 캘리포니아 공화당을 지배하는 그로버 노키스트의 추종자와 대형 교회 근본주의자들이 경악할 일이었다. 수전 케네디는 레즈비언 민주당원으로서 과거 그레이 데이비스의 최측근 중 한 명이었기 때문이다. 하지만 슈라이버는 동시에 2004년 부시 진영에서 활약했던 공화당 일급 인사 두 명(매튜 다우드Mathew Dowd와 스티브 슈미트Steve Schimit)을 아널드의 재선 매니저로 고용했다.(말하자면 이들은 존 케리가 시시때때로 "표변"한다고 끊임없이 비난하여 그를 죽이는 데 앞장선 장본인들이다.)

『새크라멘토 비Sacramento Bee』의 대니얼 와인트라우브Daniel Weintraub나 블로그 '바디 폴리틱Body Politic' 을 운영하는 조 스콧

Joe Scott 같은 베테랑 정치 평론가들도, 우익과 좌익을 가리지 않고 여기저기서 부품을 가져다 남편을 재조립하는 슈라이버의 대담무쌍함에 감탄을 금치 못했다. 슈워제네거가 자신의 정치적 개조를 철저히 무심한 태도로 선언한 것은 참으로 인상적이었다. 슈워제네거가 외관상 의제를 급진적으로 전환한 데 대해 비판적인 사람들이 불만을 토로하자, 슈워제네거는 씩 웃고 어깨를 한 번 으쓱하면서 이렇게 말했다.

"나는 언제나 승리하고 싶을 뿐입니다. 이념에 얽매이지 않습니다. 어떤 대가가 따르더라도 나는 해내고야 맙니다."

캘리포니아 도서관의 사서였던 역사가 케빈 스타Kevin Starr가 지적한 대로, 공정한 시각으로 보면 슈워제네거는 1940년대에 얼 워런[*]이 선구 역할을 해서 그 유효성이 검증된 '초당적인 큰 정부' 의 처방으로 복귀한 셈이다. 이 처방은 1950년대 후반과 1960년대 초반에 팻 브라운이 완성하고 1970년대 초에 로널드 레이건(레이건은 주 역사상 세금을 가장 많이 올린 주지사였다.)[**]이 계승한 바 있다.(142) 실로 고속도로, 학교, 홍수 방제 둑을 새로 짓기 위해 주 정부 지출을 거의 10퍼센트까지 늘리고 거액의 채권을 발행하면서, 슈워제네거는 "황금시대로의 복귀"를 새로운 슬로건으로 내건 듯했다. 특히 교통 여건 개선에 2백억 달러를 투자한 것은 대형 건설 회사, 토지 개발 업자, 차량 판매업자들을 달래는 데 강

---

[*] Earl Warren, 공화당 출신의 전 캘리포니아 주지사로 1943년부터 1953년까지 재직했다.
[**] 로널드 레이건은 1967년부터 1975년까지 캘리포니아 주지사로 재직했다.

력한 구실을 했다. 안 그랬으면 그들은 아널드가 복지를 삭감하
고 노조를 분쇄하는 (피트) 윌슨식의 정치에서 후퇴한 데 대해 저
항했을 것이다.

한편 민주당은 그레이 데이비스나 크루즈 부스타만테에게서
기대할 만한 것을 다 얻게 되었다. 슈워제네거가 온실가스 배출
을 줄이고 지속 가능한 에너지 대안에 보조금을 지급하는 법안을
승인하고, 지구 온난화에 대응하기를 거부한 부시 행정부를 비판
한 것은 환경 운동가들(과 여기서 주로 이득을 볼 실리콘밸리의 벤처 자
본가들)이 기뻐할 만한 일이었다. 슈워제네거는 또 학교에서 빼앗
아 온 예산을 되돌려주기 시작했고, 최저임금 인상을 지원하겠다
고 공언했다. 또 포괄적인 이민 개혁안을 승인했고, 캘리포니아
주민 모두가 포괄적인 의료보험을 적용받도록 앞장서겠다는 의
사를 내비쳤다. 끝으로 기업들이 입김을 불어넣은 "정부 조직 폭
파" 계획에 대해 주립 도서관의 생쥐들이 나서서 비판하자 이를
조용히 철회했다.

이념적 성향의 공화당원들과 아널드의 공식적 적수인 민주당
도전자 필 안젤리데스가 당황한 눈으로 지켜보는 가운데, 2006년
선거는 초당적인 우정의 무대가 되었다. 돈 페럴타Don Peralta 상
원의장과 파비안 누네즈Fabian Núñez 하원의장(둘 다 민주당 지도급
인사)은 주지사와 동행하여 주 전역을 돌며 총 370억 달러를 들여
인프라를 확충한다는 아널드의 정책 발의안을 홍보하였다. 특히
누네즈는, 슈워제네거의 브렌트 우드 저택에서 몇 차례 만찬을 함
께 한 다음부터 민망할 정도로 그에게 홀딱 반해서 듣는 사람은

아무나 붙들고 주지사에 대한 자신의 존경심을 누설하고 다니기 시작했다. 한편 주에서 가장 카리스마 있고 높이 평가받는 민주당 인사인 안토니오 비야라이고사Antonio Villaraigosa 로스앤젤레스 시장 역시 기회 있을 때마다 주지사를 추켜세웠다. 안토니오는 논란거리가 되고 있는 학교 인수 법안에 대해 주지사의 지원이 필요했던 것이다.(또한 2010년 임기가 끝난 뒤 주지사 관저를 물려받으려는 야심이 있었으므로, 안젤리데스가 패배할 경우 얻을 것이 무척 많았다.) 마지막으로 2005년 11월 슈워제네거의 정책 발의안을 쳐부수기 위해 거의 8천만 달러를 지출한 공공 부문 노조는 1년 뒤 선거에서는 거의 떨쳐 일어나지 않았다.

한마디로 안젤리데스는 자기 당에서 고아 신세가 되었고, 그의 지지자들은 탈영한 민주당 저명인사들에 대해 거세게 불평했다. 또 주지사가 놀랍게 표변한 이후로 안젤리데스가 교육 같은 중요 쟁점에서 "견인력"을 발휘하는 데 실패하자 머리를 쥐어뜯었다. 그러나 아널드 선본의 가장 거대하고도 분명한 모순은, 정확히 안젤리데스가 건드릴 배짱이 없었던 쟁점에 놓여 있었다. 그것은 바로 그들이 새롭게 부흥시킨 "황금시대"의 정부 지출을 뒷받침할 재정 기반이 없다는 점이었다.

닷컴 붐이 한창이던 1990년대 후반에 그랬듯이, 2005년에서 2006년까지의 캘리포니아 정부는 다시금 구글의 공매라든가 (높은 회전율을 기록 중인) 수백만 달러어치 주택의 거래 등에서 발생한 일회성 양도 소득에 매기는 세금으로 재정을 충당하고 있었다. 뻔뻔스럽게도 슈워제네거는 자기 인기를 회복하는 수단을 카드로 결제하고 있었다. 거액의 채권을 발행하여 부채를 발생시킨 것이다. 앞으로도 부동산과 기업 이윤의 상당 부분에 대해 세금을 매기지 않고, "주민 발의안 13"(1978)이 족쇄로 남아 있는 한, 이는 필연적으로 주 재정을 파산 직전으로 몰고 갈 것이다.

안젤리데스는 방 안에 버티고 선 이 육중한 고릴라에 대해 언급할 용의가 없었다. 그러면 주의 새로운 인프라 확충을 반대하거나, 아니면 (이게 더욱 곤란한 일인데) 기업과 부자들한테서 세금을 걷어야 할 필요성을 인정해야 하기 때문이다. 물론 세금 인상은 모든 "중도파" 민주당원들이 다루지 않으려 필사적으로 몸부림치는 쟁점이다. 그 결과 슈워제네거가 다시금 압승하여 안젤리데스는 "제거terminated" 되었고, 이제 주지사와 민주당 의회 지도자들은 현재의 부동산 거품이 계속되어야만 유지가 가능한 과다 지출의 덫에 포위되어 버렸다. 다음 불경기가 찾아오면, 주 정부의 재정 적자가 소위 '황금시대'를 모래 구덩이처럼 순식간에 삼켜 버릴 것이다.

(거의 하룻밤 사이에 존 메이너드 케인스의 열렬하고도 박식한 추종자로 개종한 것처럼 보이는 아널드는, 주 정부가 구조적 적자를 무시하고 흥청대는 잔치를 계속하기에 충분한 금액보다 더 많은 돈을 빚내고 있다고 회의론자들을 안심시키고 있다. "건설 활동을 아주 많이 진행하여, 민간 부문이 빠져나간 자리를 공공 부문이 대신할 것이다. 기반 시설 채권을 가지고 다시금 경제를 자극할 것이다.")

이런 일들이 캘리포니아 바깥에 사는 사람들에게도 상관이 있을까? 아니면 "신경 꺼, 제이크. 거긴 차이나타운이야."■ 하고 말하면 그만일까? 슈워제네거는 자기의 재선이 전국적인 정치 흐름 (모든 차이를 중재하고, 칼 로브 시대의 유해한 당파적 적대를 끝내는 신중 도주의)을 미리 예고한 것이라고 주장했다. (이 '왕년의 공화당' 주지사는 민주당의 의회 정복 역시 비슷한 중도 주류로의 복귀라고 환영했다.) 물론 이런 말들은, 마리아 슈라이버의 간절한 부탁으로 부시 선거 진영의 전략가 출신들과 협력하여 일하고 있는 수전 케네디에게서(특히 양당이 짝짜꿍해서 정부 지출을 가지고 한창 질펀한 주연을 베푸는 와중에) 나올 법한 전형적인 방송용 멘트다.

하지만 정치에서 퓨전 음식은 (이것을 지탱하는 경제 거품과 마찬가지로) 일시적인 유행에 불과하다. 결국 끝까지 남을 것은 슈워제네거를 오스트리아의 시골 소년에서 할리우드의 초대형 스타로, 다시 이 나라에서 가장 크고 막강한 주의 수반으로 들어 올린 날 것 그대로의 (아니, 괴물 같은) 야심뿐이리라. 한 인터뷰에서 아널드는 자기가 "온 지구상의 왕이 되어 있는 꿈을 반복해서 꾼다."고 말한 적이 있다. 또 다른 우리의 괴물 같은 메시아들(힐러리 클린턴, 버락 오바마, 루디 줄리아니, 존 매케인)이 똑같은 꿈을 꾸지 않는다고 여길 만한 이유가 있을까?

(2006년 11월, 미발표 원고)

▪ 로만 폴란스키 감독의 영화 〈차이나타운〉의 마지막 대사다.

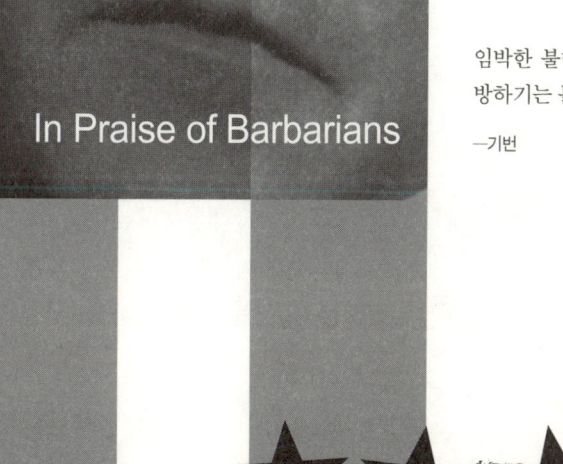

4부
버려진 빈민, 흑인,
그리고 좌파

In Praise of Barbarians

임박한 불행을 예견하기는 쉬웠지만, 예
방하기는 불가능했다.

—기번

5만 명이 사망한 여름휴가

(2003년) 7, 8월에 유럽에 밀어닥친 살인적인 더위로 최소한 3만 5천 명이 죽었다. 이는 (6만 명이 죽은) 1908년 메시나 대지진 이후 "자연" 재해로 인한 최다 사망 기록이며, 세계무역센터 재난의 열 배가 넘는 규모에 해당한다. (2006년 현재, 2003년 여름의 공식 사망자 수는 5만 명 이상으로 수정 집계되었다.)(90) 1만 5천 명이 죽은 프랑스 에서 이 해는 샤를마뉴 이후 가장 더운 여름이었다. 그러나 이 사 실만으로는 8월 초의 삼복더위에 사람들(주로 노인과 빈민들)이 매 일 2천 명씩 죽어 나간 이유가 설명되지 않는다. 유럽의 길고 무 더운 여름에 무슨 일이 일어났는지를 이해하기 위해, 우리는 8년 전 시카고에서 수많은 사람이 더위로 인해 (충분히 막을 수 있었던) 죽음을 당한 사건을 상기할 필요가 있다.

1995년 7월, 시카고의 리처드 데일리Richard M. Daley 시 정부는

7백 명이 넘는 노인들을 살해한 공범이었다. 기온이 섭씨 40도 넘게 치솟자, 도시에서 환기 상태가 나쁜 셋방과 싸구려 호텔들이 납골당으로 바뀐 것이다. 늙고 가난하고 주로 흑인인 노인 수천 명이 죽음 문턱까지 내몰렸다. 혹서가 이틀째에 접어들자, 병원은 환자로 초만원을 이루어 상태가 심각한 사람들도 더 들어갈 자리가 없었고 비상 전화가 쇄도하여 의료진이 일일이 응대할 수가 없었다. 의료 종사자들은 사람이 무더기로 죽을 것이라고 경고하고 도움을 간절히 청했다.

그러나 데일리 주니어 일당은 귀를 막고 거부와 무대응으로 일관했다. 그전 해 겨울에 눈이 많이 와서 (사람은 거의 죽지 않았지만) 교외에서 출퇴근하는 사람들과 도심 비즈니스가 큰 불편을 겪었던 때에 비하면, 잊혀진 빈민들이 열기 때문에 죽어 가는 사건은 별다른 주목을 끌지 못했다. 소방 부서는 구급요원과 구급차를 추가로 부르지 않았고, 경찰은 독거노인이 사는 집들을 점검해 달라는 요청을 무시했다. 한편 시청은 언론 취재를 방해했다. 보관소에 시신을 더 둘 자리가 없어 거리로 넘쳐 나오고 있을 때, 시장은 기자들에게 이렇게 불평했다.

"무슨 재난이요? 그냥 날씨가 더운 것뿐이지. 일을 가당찮게 부풀리지 맙시다. (…) 자연사하는 사람들은 날마다 있으니까 말이오."

물론 시카고의 (현재의 공식적인 명칭을 따르자면) "혹서 재난heat catastrophe"은, 전혀 "자연" 재해가 아니었다. 급진적 사회학자인 에릭 클리넨버그Eric Klinenberg가 2002년에 펴낸 뛰어난 책 『혹서:

시카고에서 일어난 재난의 사회적 해부*Heat Wave: A Social Autopsy of Disaster in Chicago*』에서 말한 것처럼, "이들의 죽음은 신의 섭리가 아니었다."(81) 그들의 죽음은 빈곤, 인종주의, 사회적 고립, 그리고 시 당국의 범죄적인 방치의 결과였으며 충분히 예방할 수 있었던 일이었다. 공공 보건 분석가들도 대체로 클리넨버그와 견해를 같이한다. 실제로 1995년 시카고에서 얻은 교훈은 미국 질병통제센터에서 펴낸 정부 연구 자료와 『뉴잉글랜드 의학 저널 *New England Journal of Medicine*』에 정식으로 기술되어 있다. 현재 북아메리카의 도시들이 널리 채택하고 있는 이 보고서에서는, 조기 경보 체계를 확립하고, 인근에 "폭염 대피소"를 즉시 개방하고, 아픈 노인들을 집집마다 방문하고, 여름휴가 기간에도 병원에 적정 수의 의료진을 대기시키고, 저소득 아파트에 에어컨을 보조해 주는 등의 대책을 제시하고 있다.(134)

이 문서는 학술적으로 공인된 자료이고, 인터넷으로 쉽게 접근할 수 있으며 유럽의 전문가들에게도 잘 알려져 있다. 즉, 시카고의 교훈은 서가에서 울부짖고 있었던 것이다. 이 소리에 귀를 기울이지 않았다면 그건 변명의 여지가 없다. 그러나 지난 8월, 1995년의 시카고와 유사한 사회적 조건과 비슷한 대응 때문에 취약한 빈민들이 다시금 학살당했다. 예를 들어 프랑스에서 우익 보건장관인 장 프랑수아 마테이Jean-Francois Mattei는 수천 명의 시민들이 죽어 가는 동안에도 계속해서 휴가를 ("테니스 칠 사람?"■) 즐겼다. 이탈리아 베를루스코니 정부의 대응 역시 무감각하기로는 남달랐다. 그들 역시 언론에 거짓말을 하고 더위로 인한 사망자 통계를 축소했다.

유럽의 우익들이 이 참사를 주 35시간 노동과 가족 가치의 붕괴 탓으로 돌리는 동안, 좌파들은 신자유주의적 정책의 책임을 가차 없이 물어야 한다. 사회주의자들은 세대 간 연대의 붕괴와 더불어, 빈곤, 감당할 수 없는 주택 가격, 공공 서비스의 예산 부족 등이 이 사태의 원인임을 폭로하는 (클리넨버그가 그 훌륭한 모델을 제시한) "사회적 해부"를 요구해야 한다. 더욱이 이처럼 시신들이 쌓여 작은 산을 이룬 마당에, 유럽의 신자유주의가 미국의 맹수 같은 신자유주의보다 더 "온정적"이라는 주장을 더 이상은 당연하게 받아들일 수 없다. 어쨌든 그들이 자랑하는 사회적 안전망 사이로 3만 5천 명이나 되는 사람들이 떨어졌다면, 여기에 아주 큰 구멍이 뚫려 있다는 말이다.

하지만 이 기묘했던 8월과 관련하여 아직까지도 검토되지 않은 문제가 있다. 사회주의 정치는 날로 폭력적인 양상을 띠는 환경 변화와 후기 자본주의 도시 사이의 상호작용을 어떻게 다루어야 할 것인가? 열기로 인한 스트레스와 교통 체증과 대기 오염이 서로 불길한 시너지를 일으킨다는 증거들이 쌓이고 있다. 시카고 참사에 대한 연구들은 주로 이상 고열과 탈수증에 초점을 맞추고 있으며, 대기의 질 자체에 주목한 경우는 거의 없다. 하지만 현재 프랑스 과학자들은, 높은 오존 농도가 3만 명에 달하는 사람들을

■ Tennis, Anyone?, 가난한 사람들의 비참한 삶 등 바깥세상에서 벌어지는 심각한 일들은 안중에도 없이 테니스 같은 유한 스포츠를 즐기며 노닥거리던 (특히 1920년대 영국) 상류층 사람들의 태도를 비꼬는 관용어구다.

죽음으로 몰고 간 핵심 변수라고 믿고 있다. 8월 휴가철의 교통체증이 치명적인 이유가 하나 더 추가된 것이다. 그린피스 같은 단체들이 대도시 중심부에 일시적인, 혹은 영구적인 차량 통행 중지를 다시금 요구하고 있는 이유가 이것이다.

더욱이 이번 참사는 우리가 앞으로 경험하게 될 "부자연스러운 자연사"를 생생히 보여 준 사례였다. 이는 빅토리아시대 자유주의자들의 일대기처럼 깔끔한 선형적 과정을 거치며 천천히 풀려 나가는 역사가 아닐 것이다. 지구 온난화와 신자유주의(특히 "지구상의 온갖 좋은 것들을 우리 생전에 다 써 버리겠다."는 부시 독트린)의 변증법은, 예기치 않은 재난과 재난 사이를 롤러코스터 타듯 휘청대는 비선형적인 곡예일 것이다. 전 지구적 자본주의는 우리 모두가 인질로 묶인 폭주 기관차다. 그리고 매년 여름 극심한 더위가 닥칠 때마다 우리는 환경 변화로 인한 파멸의 낭떠러지로 한 발짝씩 다가갈 것이다.

(2003년 10월, 『소셜리스트 리뷰』)

29 | 석유 정점에서 바라본 풍경

성난 트럭 운전사들이 로스앤젤레스의 고속도로와 오클랜드·
스톡턴의 화물 터미널을 봉쇄하면서 2004년 메이데이를 기념했
다. 최근 몇 주 동안 캘리포니아의 디젤 연료 가격이 기록적인 수
준으로 치솟으면서, 개인 화물 운송업자들의 수입이 빈곤선 밑으
로 떨어졌다. 대형 트럭 운송 회사들처럼 연료 가격 인상분을 소
비자에게 떠넘길 힘이 없는 항만 운전사들(그들 중 다수는 멕시코에
서 온 이민자들이다.)은, 고통의 일부를 공공에 분담시키는 것 말고
는 다른 선택의 여지가 없었다. 버려진 대형 트럭들이 로스앤젤
레스 도심 바로 남쪽을 통과하는 5번 주간州間 고속도로의 아침
출근길을 막았다. 수만 명의 운전자들이 기름 값 폭등의 일시적
인질이 되었다. 성난 출근 시민은 라디오 방송에서 "이건 진짜로
세상의 종말"이라고 불만을 토로했다.

어쩌면 그럴지도 모른다. 실제 기름 값은 1981년에 기록한 최고가를 여전히 밑돌고 있지만, 영국의 전 환경부 장관 마이클 미처Michael Meacher부터 『내셔널 지오그래픽』 매거진에 이르기까지, 값싼 기름의 시대는 끝났다고 입을 모아 외치는 목소리들이 날로 커지고 있다. 설령 석유수출국기구(OPEC)가 생산량을 늘려서 현재의 유가 상승이 둔화되거나 역전된다 해도, (석유 전문가들의 주장에 따르면) 이제 진짜로 "허버트 정점Hubbert's peak"에 다다를 날이 머지않았다. 1956년, 저명한 석유 지질학자였던 킹 허버트M. King Hubbert는 미국의 산유량이 1970년대에 정점에 다다른 뒤 줄어들 것이며 이 흐름은 되돌릴 수 없을 것이라고 예언했다. 1974년에 허버트는 다시 전 세계의 유전이 2000년에(허버트의 추종자들은 나중에 이 수치를 2006년 내지는 2010년으로 수정했다.) 최대 생산량에 도달할 것이라고 예측했다.

이들 전문가의 믿음대로 전 세계 석유 생산량 추이가 실제로 하강 지점에 근접했다면, 이는 세계경제의 한 시대를 마감하는 중요한 의미를 띤다. 지금보다 유가가 더 오르면 중국의 에너지 집약적 경제 붐이 약화될 것이고, 경제협력개발기구(OECD) 국가들은 나빴던 지난날의 스태그플레이션으로 복귀할 것이며, 환경을 파괴하는 저급 타르유와 셰일 채취가 가속화될 것이다. 무엇보다 석유를 수입하는 제3세계 국가들의 경제가 초토화될 것이다. 가난한 농민들은 인공 비료를, 가난한 도시 주민들은 버스 요금이나 겨울 난방비를 감당할 돈이 없을 것이다.(개발도상국 도시들은 이미 상승한 유가 때문에 고질적인 정전 사태를 겪고 있다.)

다가올 경제 혼란으로 확실히 이익을 챙길 유일한 세력은, 5개 거대 석유 회사와 그 부패한 동업자들(나이지리아의 장군, 사우디아라비아의 왕자, 러시아의 부정 축재 정객 및 그 일당)이다. 원유는 진짜로 검은 황금이 될 것이다. 자원이 희소해지면서 상승하는 가치는 독점 이윤의 형태를 띨 것이고, 원유 배럴당 50달러 (혹은 그 이상) 체제가 영구화되면 십 년에 적어도 1조 달러의 돈이 최종 소비자에게서 석유 생산자에게 이전될 것이다. 이를 평이한 말로 고치면, 이것은 불로소득 엘리트에 의한 세계 역사상 최대 규모의 약탈이 될 것이다.

물론 백악관의 석유 업자들은 '허버트 정점' 건너편의 지형을 가장 잘 볼 수 있는 위치에 있다. 따라서 '테러와의 전쟁' 의 지도가 유전 및 파이프라인의 지리적 위치와 그처럼 섬뜩할 정도로 정확하게 맞아떨어지는 것은 우연이 아니다. 카자흐스탄에서 에콰도르에 이르기까지, 미군의 군화 바닥에는 석유가 엉겨 붙어 끈적거리고 있다.

최근의 두 가지 사례를 들어 보자. 첫째, 지난 5월에 말레이시아 외무장관은 미국이 말라카 해협에 병력을 배치하는 행위를 정당화하기 위해 해적 테러의 위협을 과장하고 있다고 경고했다. 이곳은 동아시아 석유 공급의 요충지다.

둘째, 크리스천 밀러Christian Miller는 『로스앤젤레스 타임스』 보도를 통해, 미국 특수부대와 CIA, 미국 민간 보안 업체들이 콜롬비아 아라우카 지방에서 횡행하고 있는 테러에 깊숙이 연루되어 있다고 폭로했다. 이 "레드문 작전"의 목표는 로스앤젤레스에 본사를 둔 '옥시덴털 페트롤리엄Occidental Petroleum'의 유전과 파이프라인을 위협하는 좌익 게릴라 "민족해방군(ELN)"을 전멸시키는 것이다. 밀러는, 그 결과 대량 학살이 슬로모션으로 진행되고 있다고 보도했다.

"정치인과 노조 지도자들이 대규모로 체포되는 일이 일상이 되었다. 전쟁을 피해 달아난 난민들이 인근의 도시로 흘러들고 있다. 좌익 비판자들을 겨냥한 우익 준군사 조직의 살인 건수가 크게 치솟았다."(106)

라틴아메리카(멕시코, 베네수엘라, 콜롬비아, 에콰도르)는 미국에 중동보다 더 많은 양의 석유를 공급하고 있으며, 백악관은 '테러와의 전쟁'을 애초부터 서반구에서의 대게릴라전을 포함하는 개념으로 규정하였다. 여기에서 우리는 어떤 그림을 도출해 낼 수 있을까? 석유 공급이 줄고 가격이 폭등하는 시대에 미국은 석유를 통제하기 위해 어떤 계획을 가지고 있을까? 굳이 음모론자가 아니라도 충분히 품을 수 있는 자명한 질문들이지만, 그 해답을 민주당에게 기대하지는 말지어다.

가장 평범한 미국인들도 아무 어려움 없이 점과 점을 이어 피와 석유를 연결시킬 수 있는데, 민주당 의원들은 새로운 미 제국의 경제 구조에 대해 조금이라도 깊이 들어가거나 단도직입적인 질문을 던지기를 회피한다. 그래서 존 케리는 (캐나다와 멕시코의 석유 자원을 통합시켜서) 에너지를 가지고 '미국이라는 요새Fortress America'를 구축하자는 주장을 옹호했다가, 부시 행정부가 석유

수출국기구(특히 사우디아라비아)에게 생산량을 늘리도록 충분히 압박을 가하지 않는다고 불평했다가 하면서 횡설수설하고 있다.

상원 역사상 가장 부유한 의원 중 한 명인 케리는, 반기업적 대중주의나 (마이클 무어를 국제적인 반反부시 아이콘으로 만든) 대담하게 추문을 폭로하는 행위 같은 것에 선천적으로 알레르기 반응을 보이는 것 같다. 실제로 케리는 지금껏 부시의 대외 정책의 동기를 이루고 있는 경제적 이익에 대해 공개적으로 추궁하거나, 석유에 중독되고 수브 차량에 짓눌린 우리 사회의 미래에 대한 공적 우려를 논의할 모든 기회를 거부해 왔다. 그 결과 대통령 선거는 마치 케리가 '알코올 도수를 낮춘 부시'로 뛰는 공화당 예비 선거와 같은 참담한 모양새를 취하고 있다. 이 매사추세츠 상원의원이 끊임없이 강조하는 대로, 그에게 던지는 한 표는 당을 초월하여 '테러와의 전쟁', '애국자법', 이스라엘 강경 노선 지원, 쿠바와 베네수엘라 봉쇄, 이라크와 아프가니스탄 군사점령 같은 정책의 연속성을 고스란히 보장해 줄 것이다.

이 시점에서 진정 네이더 선거운동본부만이 미국의 이라크 철수를 요구하고, 더욱 포괄적인 군사 개입 의제에 이의를 제기할 수 있는 정치적 공간을 열어 주고 있다. 네이더만이 양당의 기업 꼭두각시놀음에 대해 공격을 감행할 수 있다. 그러나 그와 동시에, 값싼 석유의 시대가 저물고 지구 온난화의 시대가 밝아오면서 떠오르고 있는 멋진 신세계에 대한 일관된 비판을 네이더에게 기대하는 일은 비현실적일 것이다. 네이더는 왕년에 개혁당의 로스 페로나 제시 벤추라*를 찍었던 사람들에게

막 승인받은, 구식 진보주의자이기 때문이다. 이런 일들은 사회주의자의 직무다.

(2004년 5월, 『소셜리스트 리뷰』)

■ Jesse Ventura, 영화배우 및 프로 레슬러 출신으로, 로스 페로가 이끈 개혁당 간판을 달고 1998년 미네소타 주지사 선거에 출마해서 민주 · 공화당 후보들을 꺾고 승리했다.

30 | 문 앞에 들이닥친 괴물, 조류 독감

1950년대 고전 공상 과학 스릴러 영화처럼, 세계는 무서운 괴물의 위협을 받고 있다. 과학자들은 경고하려고 노력하지만 정치가들은 그 위협을 무시하여, 대처하기에는 너무 늦은 일이 되고 만다. 결국 무관심은 공황 상태로 바뀌고, 공황은 재앙으로 바뀐다.

그 괴물이란 바로 H5N1, 즉 1997년 홍콩에서 처음 출현하여 이제 동남아시아 여남은 국가 중 절반을 침범한 치명적인 조류 독감을 말한다. 최근 이 괴물은 감염된 새들과 직접 접촉한 농부와 가금 농장 노동자 수십 명을 살해했다. 지난 7년 동안 연구자들은, H5N1이 결국에는 병든 사람(혹은 돼지)의 몸속에서 인간 인플루엔자 바이러스와 사랑에 빠져 돌연변이 자손을 생산할 것이고, 이놈은 전염병이 유행하는 속도로 사람들 사이를 옮겨 다닐 것이라고 경고했다. 그러나 아이러니하게도 (부시 행정부가 테러리스트의 종말이 가까웠다고 끊임없이 장광설을 펴고 있는) 이 "공포의 문화" 속에서, 진정 가장 위협적인 위협에 대해서는 누구도 주목하지 않았다.

9월 14일, 세계보건기구(WHO)의 시게루 오미Shigeru Omi 박사는 조류 독감의 인간 대 인간 전염 "가능성이 높다"는 긴급한 경고로 안이한 분위기를 뒤흔들려고 했다. 그로부터 2주 뒤 태국의 정부 관리들은, 우려했던 바이러스의 도약이 이미 발생했음을 침울한 얼굴로 시인했다. 9월 20일 사망한 한 젊은 엄마가 병으로 죽어가던 자녀에게서 직접 바이러스에 감염되었음이 밝혀진 것이다.

이로써 사태는 중대한 문턱을 넘어섰다. 물론 태국 정부 관리들이 서둘러 지적했듯이, 한 건의 고립된 발병만으로는 전염병이 유행할 수 없다. 인간 대 인간으로 전염되는 조류 독감으로 세계 인구가 무차별 희생되기 시작되려면 최초 발병 건수가 일정한 임계치에 도달해야 할 것이다. 이 과정이 어떻게 촉발되는지 보기 위해 항상 드는 사례가 바로, 단일 사건으로는 인류 역사상 가장 높은 사망률을 기록했던 1918년부터 1919년까지의 인플루엔자 유행이다. 이 치명적인 조류 독감의 변종으로 불과 24주 동안 전인류의 2퍼센트에서 5퍼센트(5천만 명에서 1억 명)가 사망했다.

하지만 일부 연구자들은 H5N1이 실제로 H1N1(1918년 유행한 바이러스)보다 더 치명적일 것이라고 우려하고 있다. 무엇보다도, 이 (적어도 조류에서 사람에게 전염되는 형태의) 독감은 훨씬 더 악성 살인마다. 1918년부터 1919년까지 이 병에 감염된 미국인 중 사망한 사람은 2.5퍼센트에 불과했다. 반면 올해 조류 독감에 감염된 사람들 중에서는 70퍼센트 이상(42명 중 30명)이 죽었다. 게다가 H5N1은 시중에 나와 있는 항바이러스 약 4종 가운데 3종에 내성을 지닌 것으로 보인다.

둘째, 세계보건기구(WHO)에서 거듭해서 강조하듯이 조류 독감은 이제껏 없던 차원의 생태적 적소를 점령한 것 같다. 지난 십 년간 아시아에서 대거 출현한 공장식 가금 농장, 그리고 이런 농장과 가공 공장들의 위험할 정도로 열악한 위생 상태는 새로운 바이러스가 출현할 완벽한 인큐베이터 구실을 했다. 게다가 세계보건기구에서 감염된 새들을 살처분하여 조류 독감의 유행을 국지적으로 봉쇄하려 필사적으로 노력한 보람도 없이, 바이러스는 말 그대로 날개를 달았다. 죽은 왜가리, 갈매기, 해오라기, 매, 비둘기에서도 H5N1이 확인되었다. "서나일 바이러스West Neil virus" 처럼 이 바이러스도 대양을 건너 지구상 모든 곳에 있는 새들을 감염시킬 잠재력이 있는 날개를 달고 있는 것이다. 더욱이 8월에는 중국 정부가 조류 독감의 변종이 돼지에게서 발견되었다고 발표했다. 돼지는 조류 독감과 인간 독감에 둘 다 감염될 수 있으며 바이러스 간의 유전적 "재조합"이 이루어지는 용광로 구실을 할 가능성이 높기 때문에, 사태가 이렇게 진전된 것은 특히 불길한 징조다. 봉쇄 조치는 실패한 것 같다.

셋째, 새로운 전염병은 현대적 교통수단을 통해 퍼져 나간다는 점이다. 1918년부터 1919년까지는 원양 항해에 긴 시간이 걸리고 농촌 사회가 고립되어 있었기 때문에 바이러스 전파가 늦었다. 하지만 현재의 바이러스는 제트기를 타고 일주일이면 전 세계를 여행할 수 있다. 마지막으로 아시아, 아프리카, 라틴아메리카의 거대 슬럼은 H5N1의 불꽃이 터지기만을 기다리는 휘발유 구덩이와 같다.

이처럼 상상할 수 없는 재앙을 막기 위한 전선을 어디에서 찾을 수 있을까? 가장 시급한 일은 혹 있을지 모를 인간과 조류 유전자의 혼합을 예방하기 위해 가금류를 처리하는 동남아시아 노동자들에게 일반 독감 백신을 접종하는 것이다. 그러나 정기적인 독감 예방접종은 대부분 상대적으로 부유한 국가의 전유물이고, 태국의 정부 관리들은 기증받은 접종약이 체계적인 예방접종을 수행하기에 충분치 못하다고 불만을 토로했다. 게다가 최근에 제약 회사 카이런Chiron의 영국 생산 설비가 오염 때문에 폐쇄되면서 전 세계 독감 백신 비축분의 5분의 1이 폐기된 시점이, 공교롭게도 동남아시아의 예방접종 프로그램을 긴급히 강화해야 할 시기와 정확하게 맞아떨어졌다.

H5N1의 원형 백신이 개발 중이지만, 그 수량은 최전선에서 일하는 미국, 유럽, 일본의 공공 보건 및 방역 종사자를 보호하는 데만 한정되어 있다. 별로 위험하지 않은 병들을 치료하는 시장에는 맹렬히 뛰어드는 제약 회사들이, 생명과 직결되었으나 이윤이 없는 백신과 항바이러스의 생산량을 늘리는 데는 관심이 없다. 지난 9월 30일 『뉴욕타임스』에서 강조했듯이, "공공 건강의 수요와 백신 및 의약품 생산에 대한 민간 기업의 통제 사이에 심각한 괴리"가 존재한다. 실제로 지난 4월, 앞으로 발생할지 모를 전염병을 세계적 차원에서 예방하기 위해 세계보건기구가 소집한 역사적인 정상 회담에서 유수의 전문가들은 현재의 대비 상황에 대

해 비관적 견해를 표했다.

세계보건기구는 "회의 결과, 전염병이 시작되고 최초로 국제적으로 전파되는 시점에, 높은 질병 발생률과 사망률을 예방하기 위한 첫 번째 방어선인 백신 공급이 크게 불충분할 것이라는 결론이 나왔다."고 보고했다. "제한된 생산 능력이 그나마 유럽과 북아메리카에 크게 치우쳐 있기 때문에, 불평등한 접근이라는 문제는 더욱 악화될 것이다." 물론 "불평등한 접근"이란 인류의 대규모 죽음을 완곡하게 표현한 말이다. 제3세계의 공공 건강에 대한 무관심 탓에, 무자비한 선별 작업은 H5N1이 유행하기도 전에 이미 준비 중인 것이다.

이상이 현재 미국 대통령 선거가 H5N1의 위협에 대해 귀를 막고 침묵 중인 상황을 둘러싼 윤리적 맥락이다. 이 위협에 대해 깨어 있는 후보는 랠프 네이더뿐이다. 8월, 부시 대통령에게 보내는 편지에서 네이더는 "큰일"이 닥쳐오고 있다는 과학적 경고를 거듭하며 "수백만 명 사람들의 건강에 드리운 위협"에 대처하기 위해 "국지적·세계적인 독감 유행에 관한 대통령 회의를 소집할 것을" 촉구했다. 물론 일부 "진보계" 인사들 사이에서는 네이더가 후보로 뛰는 것 자체가 진보 진영을 분열시키는 이기주의의 소치라고 격렬히 비난하는 것이 유행이 되었다. 그러나 네이더가 아니라면 도대체 누가, 우리 문 앞까지 들이닥친 이 괴물에 대해 경고해 줄 것인가?

(2004년 11월, 『소셜리스트 리뷰』)

버려진 빈민, 흑인, 그리고 좌파

허리케인 '이반'이 닥쳤을 때 뉴올리언스의 대피 상황은 마치 스트롬 서먼드[*]판 "휴거"를 보는 듯했다. 부유한 백인들은 수브 차량을 타고 일찌감치 "빅 이지(Big Easy, 뉴올리언스의 별명. 옮긴이)"를 떴고, 늙고 무심한 이들(주로 흑인들)은 해수면보다 낮은 '엽총 주택'[**]이나 낡은 셋집에 남아 물벼락을 고스란히 뒤집어썼다.

뉴올리언스는 대형 폭풍우로 인한 불가항력의 침수 사태를 수십 년 동안 준비해 왔다. 민방위 관계자들은 최악의 시나리오에 대비하여 시체 운반 포대 1만 개를 확보해 놓았다고 시인했지만,

---

[*] Strom Thurmond, 1902~ . 미국 남부 주의 독자적 권리와 인종 차별 정책을 열렬히 옹호한 정치가다.

[**] Shotgun Shack, 집이 너무 좁아서 현관문과 뒷문 사이에 내벽이 없이 한 공간으로 뚫려 있는 주택. 현관문 밖에서 엽총을 쏘면 총알이 집을 통과해서 뒷문 밖으로 날아간다는 농담에서 유래한 명칭으로, 특히 미국 남부 뉴올리언스 지방의 빈곤의 상징으로 남아 있다.

이 도시에서 가장 가난하고 취약한 주민들을 대피시킬 계획을 세우는 데는 아무도 신경 쓰지 않는 듯했다. 허리케인이 멕시코 만 연안을 강타하기 하루 전, 뉴올리언스 지역 신문 『타임스 피커윤 *Times-Picayune*』은, "대부분 가난한 동네에 몰려 있는 대규모 인원"이 대피하고 싶어도 그럴 수 없는 상황이라는 놀라운 기사를 실었다. 레이 내긴Ray Nagin 시장은 마지막 순간까지도 손을 놓고 있다가 폭풍우가 폰차트레인 호를 강타한 그때서야 루이지애나의 슈퍼 돔과 몇몇 학교 건물을 절망적인 상황에 놓인 주민들에게 마지못해 개방했다. 레이는 하류층 피난민들이 슈퍼 돔의 기물을 파손하거나 낙서를 할까 봐 우려했다고 한다.

'폭군 이반'은 뉴올리언스의 명줄을 위협할 지경이었지만, 가난한 흑인들에 대한 관청의 냉담한 태도는 바뀌지 않았다. 지난 한 세대 동안 시 당국과 그와 결탁한 막강한 개발 업자들은 (그들이 이 도시의 높은 범죄율의 원흉으로 지목한) 시의 최빈곤층을 미시시피 강 건너편으로 밀어 버리려고 부단히 노력해 왔다. 흑인들의 역사적인 공공 주택 단지는 고소득 주민들이 입주할 타운하우스와 월마트를 지을 땅을 확보하기 위해 헐어 버렸다. 다른 공공 주택 단지에서도 자녀들의 통금 시간 위반 같은 사소한 문제를 트집 잡아 주민을 쫓아내는 일이 다반사였다. 당국과 개발 업자들의 궁극적인 목표는 고질적인 빈곤을 시 경계 바깥의 늪지와 트레일러촌과 교도소로 몰아내어 덮어 둔 채, 뉴올리언스를 ('가든 지구'™를 크게 확대한 것 같은) 관광객용 테마 파크로 만드는 것인 듯하다.

한때 닉슨 일당이 행했던 "온건한 무시benign neglect"의 정치를 보여 주는 사례는 비단 뉴올리언스뿐만이 아니다. 로스앤젤레스의 카운티 감독관들은 최근 왓츠 근방에 있는 마틴 루터 킹 주니어 병원의 외상 전문 센터를 폐쇄한다고 발표했다. 로스앤젤레스 갱단들의 전쟁터 한가운데 위치한 이 병원 응급실은, 미국에서 총상 환자들이 가장 붐비는 곳 중 하나다. 의료 종사자들 말에 따르면, 이곳의 외상 센터가 사라지게 되면 "환자를 다른 시설로 수송하는 데 족히 30분은 더 걸릴 것"이라고 한다. 그렇게 되면 살릴 수 있는 수많은 환자들이 죽어 갈 것이 거의 확실하다. 여기에서도 희생자는 역시 흑인과 라틴계와 빈곤층이 될 것이다.

1965년 민권법이 제정된 지 40주년 되는 해를 앞두고 있는 지금, 노예제와 분리주의에 희생된 이들의 후손에 대한 미국의 도덕적 관심은 원점으로 복귀한 듯하다. 가난한 흑인들이 살건 죽건 오만한 무관심과 냉담만이 뒤따를 뿐이다. 실로 아프리카계 미국인들에게 가장 큰 영향을 미치는 삶과 죽음의 문제(구조적 실업, 교도소의 인종별 대량 감금, 경찰 폭력, 소수계 우대 조치 소멸, 학교 교육 실패)라는 관점에서 볼 때, 지금의 대통령 선거는 마치 1920년대를 배경으로 치러지고 있는 것 같다.

하지만 이런 상황에 대해 펜실베이니아가街 맨 끝에 자리 잡은 옛 노예 소유주 저택의 현 주인**만이 모든 비난을 덮어써야 마땅하냐 하면, 그렇지도 않다. 예컨대 뉴올리언스 시장은 (비록

■ 아름다운 저택이 많아 관광 명소가 된 뉴올리언스의 거리.
■■ 백악관과 현직 대통령인 부시를 말한다. 백악관에 처음 거주했던 미국 3대 대통령 토머스 제퍼슨이 2백 명에 달하는 노예를 소유하고 있었음을 비꼰 말이다.

2000년 선거에서는 부시를 지지했지만) 흑인 민주당원이고, 로스앤젤레스 카운티도 민주당의 보루로 유명한 지역이기 때문이다. 유색인종의 정치적 비가시성은 엄밀히 말해 당을 초월한 현상이다.

민주당에서 볼 때 이는 민주주의리더십회의(DLC)가 1980년대를 풍미한 '레인보우 연합'의 유령을 쫓아내기 위해 벌여 온 긴 성전이 완성된 것이다. 닉슨 정권과 비슷한 꼴이 된 민주당에 백인 남성과 부유한 세력가들을 도로 불러들이는 것은 물론 DLC의 오랜 염원이었다. DLC는 인종 문제 때문에 민주당이 치명적으로 분열되었다고 주장하며, 민권 의제와 흑인 리더십을 주변으로 내몰아 당을 표백하려 했다. 아프리카계 미국인들은 당이 그들을 배신하더라도 어쨌든 민주당에 충성하리라고 냉소적으로 내다봤다. 사실상 그들은 인질이었다. '흑인 의원 모임'이 2000년 11월의 도둑맞은 선거에 대해 용기 있게 항의할 때, 백인 민주당 상원의원들은 (영화 〈화씨 9·11〉에도 나오듯이) 이를 돕기 위해 손 하나 까딱하기도 거부했다.

한편 케리의 선거운동 행보는 DLC를 곧바로 망각의 길로 이끌고 있다. 1968년의 유진 매카시Eugene McCarthy 이래로, 민주당의 가장 충성스럽고도 근본적인 사회적 지지 기반을 향해 그처럼 귀족적인 경멸을 드러낸 민주당 후보는 없었다. 콘돌리자 라이스가 입을 꾹 다문 채 '더브야'*의 곁을 변함없이 맴돌고 있는 반면, 케리 진영에서 최고위급에 있는 자칭 "아프리카계 미국인"은 바로

---

* Dubya, 부시 대통령의 별명. 그가 자기 중간 이름 W의 발음을 제대로 못하는 것을 꼬집은 말.

(모잠비크의 부유한 농장에서 태어난 백인인) 그의 부인 테레사 하인즈 Teresa Heinz라고들 한다. 이 서툰 농담은 케리가 반半자멸을 무릅쓰고 흑인 유권자를 동원하길 꺼려해서 생겨났다. 론 워터스Ron Waters처럼 과거 "레인보우 연합"에서 활동했던 인사들이 따끔하게 지적했듯이, 케리는 아프리카계 미국인 커뮤니티의 유권자 등록 운동에 기금을 지원하는 데 기막힐 정도로 인색하게 굴었다.

랠프 네이더는 최근 "민주당은 제시 잭슨과 아프리카계 미국인을 선거운동의 핵심에 놓지 않으면 백전백패한다."고 경고하면서 잔인하게 정곡을 찔렀다. 실제로 이라크에서나 그에 못지않게 황폐한 미국의 도시 빈민가에서나, 왕년의 전쟁 영웅인 케리는 기본에 충실하라는 소리로부터 있는 힘을 다해 멀리 도망치고 있다. 물론 형언할 수 없는 사회경제적 불평등, 새롭게 심화된 국고 횡령, 심각한 공장 폐쇄야말로 긴급한 국내문제지만, 이 불평등의 주조색은 여전히 흑색과 갈색이다.

유색인종에 대한 케리의 냉담하고 카리스마 없는 태도는 막판 연설이나 선거 참모 인사 같은 것으로 보완될 문제가 아니다. 또 메콩 강에서 싸웠던 옛날 옛적 전쟁담을 가지고 과거 레이건을 지지했던 민주당원이나 백인 남성들에게 구애하려는 간절한 노력으로도 보상할 수 없다. 모든 현실적·상징적 의미에서, 허리케인을 맞은 빈민들에게 쉼터를 내주기를 거절한 당이 조지 왕을 축출할 도덕적 열정을 동원해 낼 수는 없을 것이다.

(2004년 9월, 『소셜리스트 리뷰』)

32 전혀 자연스럽지 않은 '자연' 재해

후아나 타피아는 홍수와 그 잔해물이 들이닥쳐 판잣집이 폭발하듯이 산산조각 나는 바람에 두 딸(여덟 살 마르타와 열세 살 마리아)을 잃었다. 이 어린 소녀들은 비명을 지를 겨를도 없었다. 이웃 사람들이 달려와 잔해더미를 헤치고 후아나와 남편을 끄집어냈지만 아이들은 찾지 못했다. 나중에 '보베로스(boberos, 소방관)'들이 와서 구겨진 시신을 파냈다. 마을은 혼돈과 진흙과 위로할 길 없는 슬픔의 도가니였다. 몇 블록 떨어진 곳에서는 다섯 살 소년이 역시 물에 휩쓸려 익사했고, 수백 채의 집이 피해를 입거나 완전히 부서졌다.

수마트라나 스리랑카에서 일어난 일일 수도 있지만, 이는 지난 1월 중순 산 안토니오 드 로스 부에노스에서 벌어진 일이다. 이곳은 국경 도시 티후아나의 남쪽 언저리에 있는 가난한 '콜로니아'*다.

타피아 가족은 근처 시립 쓰레기장에서 넝마주이로 생계를 이었다. 그들은 산 안토니오에 9년간 살았는데, 정착한 지 얼마 안 된 이웃 사람들과 달랐던 점은 그들이 비를 무서워했다는 사실이다. 설날이 지나자마자 하와이에서 온 습기 찬 열대 기단으로부터 에너지를 얻은 강력한 일기계가 캘리포니아 남부와 바하 캘리포니아 북부를 공습했다. 2주 동안 맹공이 계속되면서 이 기간에 거의 일 년치 강수량이 쏟아졌다.

티후아나 사람들은 겨울 폭풍을 두려워한다. 150만 인구의 절대다수가 허물어져 가는 언덕 사면에 위태롭게 매달린 손수 지은 콜로니아에 살거나 황량한 대지를 무단으로 점유하고 있기 때문이다. 아직도 많은 미국인들에게 티후아나는 (금주법 시대에 미국 갱단이 들여온) 도박과 마약을 연상시키는 판타지 공간이지만, 현실 속의 이곳은 일본 및 한국 대기업들의 제조업 플랫폼으로 먹고사는 도시다. 마킬라도라(나프타 체제하에서 생산품을 미국에 수출하는 공장)들이 국경 건너편의 미국 공장들과 구분하기 힘들 만큼 현대적으로 잘 설계된 산업 단지 내에 자리 잡고 있으며, 널찍한 포장도로에 배수 설비도 잘 되어 있다.

반면 콜로니아에 상하수도 파이프가 들어오려면 수십 년은 기다려야 할 것이다. 포장도로는 평생이 걸릴 지도 모른다. 마킬라도라는 시에 내는 세금 액수는 보잘것없으면서도 시 예산의 상당 부문을 소모한다. 바꿔 말하면 티후아나의 노동계급이 부유한 외

▪ colonia, 멕시코와 미국의 접경지대를 따라서 형성된 슬럼 거주지를 가리킨다.

국 기업들에게 보조금을 주고 있는 것이다. 여기저기 움푹 팬 거리, 헐벗고 지저분한 언덕, 도시 상당 부분을 집어삼킨, 질식할 것 같은 먼지 구름 속에서 각자 알아서 살아가도록 방치된 "콜로노스(colonos, 콜로니아의 주민. 옮긴이)"들은 나름대로 최선을 다해 어려움에 대처해 나간다. 겨울비로부터 집을 지키기 위해 그들은 속을 흙으로 채운 낡은 타이어로 독창적인 테라스를 지었다.

하지만 십 년에 두세 번씩, 특히 엘니뇨가 발생하는 해마다 폭풍우가 들이닥쳐 가장 튼튼한 콜로니아의 방벽까지 무너뜨리곤 한다. 그럴 때면 티후아나의 헐벗은 언덕 사면은 무너져 내려 진흙탕의 급류로 바뀌고, 평소에는 말라붙어 있던 티후아나 강은 위험한 미시시피 강으로 변신한다. 지난 숱한 겨울을 거치는 동안 엄청난 수의 집들이 파괴되고 수십 명, 어쩌면 수백 명이 목숨을 잃었다. 1970년대 말에는 정부가 홍수 사태를 기화로 수천 명의 콜로노스를 퇴거시킨 다음 황폐화된 집터를 밀어 버리고 마킬라도라를 짓기도 했다.

비록 샌디에이고가 티후아나와 접하여 이례적이게도 두 나라에 걸친 대도시권을 형성하고 있기는 하지만, 영자 언론들은 타피아 가족 아이들의 죽음이라든지 하수로 막힌 티후아나 강에 몇 명이 익사한 사건에는 거의 주목하지 않았다. 그렁고들은 그저 자기 나라에서 벌어진 생생한 비극에 좀 더 정신이 팔려 있었을 뿐이라고 항변할 수도 있다. 이를테면 산타바바라 부근의 해안 마을이 산사태에 깔린 사건 같은 것 말이다. 지질학자들은 필시 이런 사태가 일어날 것이라고 오래 전부터 경고해 왔다. 하지만 솔직히 말해서, 우리는 티후아나 사람들이 먼지 구덩이 속에서 살고 진흙에 파묻혀 죽는 것이 당연하다고 생각하는 것이다. 그런 일은 해마다 일어나지 않았던가?

진짜 "전 지구적 재앙"의 스토리는 지진 단층이나 침입대나 활화산이나 거대 세포 스톰*이나 기타 지구의 일상적인 신진대사와는 별 관련이 없다. 그보다는 오히려 산 안토니오 드 로스 부에노스의 참상이 수십만 건씩 증식하는 현실과 관련이 있다. 2년 전 유엔 해비타트는, 현재 수십억 명이 개발도상국가 도시의 슬럼에 거주하고 있으며 그 수는 2020년까지 두 배로 늘어날 것이라고 주장하는 획기적인 보고서를 발표했다. 옛날에는 갓 상경한 사람들도 도시 변두리의 농촌 지역을 점유할 수 있으리라는 희망이 있었는데, 이제 배수 시설이 잘 된 평탄한 땅은 어딜 가더라도 희소하고 값이 비싸다. 그 결과 가난한 도시 이주민들은 오염이나 자연재해 위험 때문에 개발이 불가능하여 시장에서 퇴짜 놓은 땅에 자리 잡을 수밖에 없게 된다.

진보적인 도시 계획가들은, "위험 지역"을 지정하여 범람원, 습지, 불안정한 언덕 사면, 불붙기 쉬운 관목림 지대, 지진이 일어났을 때 땅이 액상화되는 지대 등을 개발 및 거주 구역에서 제외할 것을 주장한다. 그러나 제3세계의 자본주의적 도시화는 정확히 그 반대 방향으로 진행되고 있다. 즉 힘없고 가난한 주민들을 가장 불안정하고 위험한 장소에 엄청난 인구밀도로 우겨 넣고 있

---

* supercell storm, 격렬한 초대형 뇌우와 함께 형성되는 폭풍우.

는 것이다. 이런 비공식적 도시화 과정에서 도시 환경에 내재된 자연재해 위험은 수십 배, 아니 그 이상으로 증폭되고 있다.

세계는 사망자 수가 수천 명에 이르렀을 때만 그 결과에 주목하곤 한다. 1999년 베네수엘라에서 일어난 돌발 홍수, 2000년 마닐라에서 "쓰레기 산"이 붕괴된 사건, 2001년 구자라트 지진, 2002년 라고스의 무기고 폭발 사고, 그리고 2005년 인도양의 쓰나미 재앙 등이 그렇다. 하지만 그보다 소규모의 만성적 재난이 전 세계적으로 만연하는 현실은 시야에 드러나지 않는다. 이런 재해에는 대부분 "자연"이라는 형용사가 어울리지 않는다. 가난한 이들에게 사형선고를 내리는 장본인은 판구조론이나 엘니뇨가 아니라, 바로 전 지구적인 주택 위기다.

(2005년 2월, 『소셜리스트 리뷰』)

물에 잠긴 환상

뉴올리언스를 파괴한 폭풍우는 바하마에서 200킬로미터 떨어진 열대 바다의 사나운 대기 중에서 나타났다. 8월 23일 최초로 "열대성 저기압 12호"라는 이름이 붙은 이것은 곧 "열대성 폭풍 카트리나"로 바뀌었다. 이것은 역사상 허리케인이 가장 많이 출몰했던 지난여름에 열한 번째로 이름이 붙은 폭풍우였다. 카트리나는 24일 마이애미에 상륙해 시간당 풍속 125킬로미터의 소형 (사피어·심프슨 허리케인 등급으로 1급) 허리케인으로 성장했다. 이 과정에서 9명이 희생되고 백만 가구가 정전 피해를 입었다.

플로리다를 건너 멕시코 만에서 나흘간 머무르는 동안 카트리나는 대부분이 예상치 못했던 괴물 같은 변신을 거쳤다. 비정상적으로 따뜻한 (8월 평년 수온보다 섭씨 3도 높은) 멕시코 만의 바닷물에서 막대한 양의 에너지를 빨아들인 카트리나는 시간당 풍속

290킬로미터의 무시무시한, 최고 5등급 허리케인으로 급속히 발달하여 높이가 거의 10미터에 이르는 쓰나미 같은 폭풍해일을 일으켰다.(후에 『네이처』는 카트리나가 멕시코 만에서 너무 많은 열을 흡수한 나머지 "허리케인이 지나간 뒤에 일부 해역에서는 수온이 섭씨 30도에서 26도까지 뚝 떨어졌다."고 보도했다.)(132) 카리브 해의 허리케인이 이처럼 극적으로 위력을 보충하는 모습을 거의 보지 못했던 기상학자들은 경악을 금치 못했고, 연구자들은 카트리나의 폭발적인 성장이 지구 온난화가 허리케인의 세기에 영향을 미쳤기 때문인지 여부를 놓고 논쟁을 벌였다.

8월 29일 월요일 새벽, 카트리나가 미시시피 강 하구 부근에 있는 루이지애나의 플래크민 패리시**에 상륙했을 때는 4등급(시간당 풍속 210킬로미터에서 249킬로미터)으로 위력이 한 단계 떨어졌지만, 불운하게도 허리케인이 통과하는 길목에 놓인 유류 취급항과 낚시터, 케이준 마을 등에는 별 위안이 되지 못했다. 카트리나는 플래크민에 이어 미시시피와 앨라배마 주의 해안 지역을 차례로 지나가면서 강과 호수를 야수처럼 거칠게 휘저어 놓았고, 허리케인이 지나간 자리에는 마치 물에 젖은 히로시마 같은 초토화된 풍경만이 남았다.

인구 130만 명의 대도시 뉴올리언스는 원래 카트리나의 경로 한가운데 놓여 있었지만, 허리케인은 상륙 뒤에 오른쪽으로 방향을 틀어서 폭풍의 눈은 도심 동쪽 55킬로미터 지점을 통과했다.

■ Parish, 루이지애나 주에서 카운티에 해당하는 행정 단위.

그래서 '빅 이지'는 카트리나 최악의 바람을 피할 수 있었지만, 물은 피해 가지 못했다. 이 도시는 넓은 지역이 해수면 아래 있으며 (북쪽의) 폰차트레인 호와 (동쪽의) 보르뉴 호를 통해 멕시코 만의 바닷물에 둘러싸여 있다. MRGO■■라는 악명 높은 운하가 허리케인이 몰고 온 폭풍해일의 깔때기 구실을 해서, 역시 부실하기로 이름난 제방이 무너져 내렸다. 이 제방은 주민 대다수가 흑인인 뉴올리언스 동부와, 그에 인접한 세인트버나드 패리시의 백인 블루칼라 교외 지역을 방비하고 있었다. 사전 경고는 없었다. 미처 대피하지 못한 수백 명의 사람들이 빠른 속도로 올라오는 물에 갇힌 채 침실에서 죽음을 맞이했다. 희생자 중에는 요양원에 있던 노인 34명도 포함되어 있었다.

이윽고 (아마도 정오 무렵) 17번 운하의 홍수 제방이 무너졌고, 곧 런던 애버뉴와 올리언스 운하에도 금이 가기 시작하여, 결국 폰차트레인 호가 도시 중심 지구에 위치한 저지대로 범람해 들어왔다. 프렌치 쿼터와 가든 지구 등 뉴올리언스에서 가장 유명한 관광 자산과, 오듀본 파크나 레이크 쇼어처럼 귀족적인 동네들은 고지대에 세워져 침수 피해를 입지 않았지만, 도시의 나머지 지역은 지붕 꼭대기 혹은 그 위쪽까지 물에 잠겼고 총 25만 채의 가옥이 파손되거나 무너졌다. 지역 주민들은 새 둑을 지어 주지도, 둑이 터졌을 때 원조하러 오지도 않은 대통령의 이름을 따서 여기에 "조지 호수"라는 별명을 붙였다.

■■ 미시시피 강 출구 운하.

나중에 부시는 "폭풍은 무차별적"이라고 주장했지만, 실제로 계급과 인종 불평등은 이 재난의 모든 측면에 도사리고 있었다. 카트리나의 "충격과 공포"는 미국인들을 더욱 안전하게 지켜 준다는 국토안보부의 주장이 사기였음을 폭로함과 더불어, 흑인과 라틴계가 다수를 차지하는 대도시와 그들의 사활이 걸린 기반 시설을 연방 정부가 방치한 결과가 얼마나 파괴적으로 되돌아오는지를 드러냈다. 또 연방재난관리청(FEMA)의 경이적인 무능은, 정치적 배경으로 임명된 우둔한 인물들과 "큰 정부"에 이념적으로 적대적인 이들의 손에 삶과 죽음이 걸린 공공 책무를 맡기는 어리석은 행동이 어떤 결과를 초래하는지 똑똑히 보여 주었다. 그리고 정부가 건설 노동자들에게 시중 임금 기준을 보장해 주는 데이비스·베이컨법을 일시 정지시키고 (티그리스 강변에서 챙긴 전리품으로 이미 배를 불린) 핼리버튼, 쇼 그룹, 블랙워터 시큐리티 같은 기업 약탈꾼들에게 뉴올리언스의 문을 활짝 열어젖힌 가공할 속도는, 연방재난관리청이 루이지애나 슈퍼 돔의 악취 나는 지옥에 갇힌 군중들에게 물과 식량과 버스를 보내는 데 지독히 늑장을 부린 것과 불쾌한 대조를 이루었다.

그러나 뉴올리언스가 연방 정부의 무능과 방임 때문에 (이제는 많은 피난민들이 믿고 있는 대로) 사망 선고를 받는다 해도, 배턴루지의 주지사 관저와 퍼디도가街의 시청으로도 비난의 화살을 공평하게 돌려야 할 것이다. 특히 레이 내긴 시장(케이블 텔레비전 방송국의 간부를 지낸 부유한 아프리카계 미국인으로, 2002년 백인 유권자들로부터 87퍼센트의 지지를 얻어 당선되었다.)은 너무 가난하거나 취약해서 차를 갖지 못한 전체 시민 중 약 4분의 1의 안전에 대해 궁극적으로 책임을 져야 했다. 2004년 허리케인 "이반"이 위협했을 때 시의 서투른 대응으로 이미 경고 신호가 한 번 켜졌는데도, 차 없는 주민들과 병원 환자들을 대피시킬 자원을 동원하는 데 처참하게 실패한 것은 시장 개인의 어리석음의 소치로만 돌릴 수 없다. 이는 배후습지와 황폐한 공공 주택 지구에 거주하는 가난한 이웃에 대한 뉴올리언스 엘리트들의 무감각한 태도를 상징적으로 드러내는 것이다. 1965년 투표권법이 제정된 지 40주년을 맞이한 시점에 허리케인 카트리나가 멕시코 만 해안을 강타하면서 궁극적으로 폭로한 것은, (중앙과 지방 말단을 막론하고) 정부가 가난한 아프리카계 미국인들에게 평등한 권리를 부여하겠다는 약속을 얼마나 철저히 짓밟고 배신했는가 하는 것이었다.

기병대는 어디 있었는가?

물론 뉴올리언스의 죽음은 사전에 경고된 일이었다. 미국 역사상 이처럼 정확하게 미리 예고된 재난은 없었다. 나중에 국토안보부 장관 마이클 처토프Michael Chertoff는 "폭풍 규모가 관련 부서에서 예측할 수 있는 수준을 뛰어넘었다."고 주장했지만, 이는 사실과 전혀 다르다. 과학자들은 카트리나가 초특급 폭풍으로 갑작스럽게 발전한 데 놀라기는 했지만, 대형 허리케인이 상륙했을 때 뉴올리언스에 어떤 일이 닥칠지에 대해서는 부동의 확신을 지니고 있었다. 카트리나가 지나간 뒤 한 연구자는, "슬픈 사실은,

우리가 그것을 백 퍼센트 확신했다는 것"이라고 탄식했다.

1965년 9월 허리케인 "베시"의 쓰라린 경험 이후(이 2등급 폭풍으로 올리언스 패리시 동부의 많은 지역이 범람했고, 카트리나가 찾아왔을 때 똑같은 지역이 다시 침수되었다.) 뉴올리언스가 바람에 의한 폭풍해일에 취약하다는 사실이 널리 알려졌고, 이에 대해 강도 높은 연구가 행해졌다. 1998년에 허리케인 "조지"로 다시 한 번 위기 일발을 넘기고 난 뒤 연구는 한층 박차를 가했고, 루이지애나 주립 대학에서 수행한 복잡한 컴퓨터 리서치에 따르면 4등급 폭풍이 남서쪽에서 접근할 경우 도시가 "사실상 파괴"될 것이라는 결과가 나오기도 했다.(23) 뉴올리언스의 제방과 둑은 3등급 허리케인까지만 방어할 수 있게 설계되었지만, 2004년에 미 육군 공병대에서 수행한 컴퓨터 시뮬레이션 결과 그 보호선마저도 착각에 불과했음이 드러났다. 루이지애나 남부의 연안 사주와 배후습지가 꾸준히 잠식되어 (해마다 해안선이 60킬로미터에서 100킬로미터씩 줄어든 것으로 추정되었다.) 뉴올리언스에 도달하는 폭풍해일의 파고가 더욱 높아진 데다 도시 자체가 제방과 더불어 서서히 밑으로 가라앉고 있었던 것이다. 그래서 3등급 허리케인이 천천히 움직이더라도 도시 대부분이 잠길 수 있었다.(147) 더구나 지구 온난화와 해수면 상승은 "큰일"(로스앤젤레스 사람들과 마찬가지로 뉴올리언스 사람들도 자기 고장에 닥치는 재앙을 이렇게 일컫는다.)을 더욱 크게 키울 것이다.

이 예측이 시사하는 바를 혹시 정치가들이 이해하기 힘들어할까 봐, 허리케인이 정통으로 닥칠 경우의 정확한 홍수 범위와 예

측되는 사상자 수까지 모델링한 연구들도 행해졌다. 슈퍼컴퓨터
는 무시무시한 숫자들을 거듭 토해 냈다. 도시에서 160제곱킬로
미터, 혹은 그 이상의 면적이 침수되고 8만 명에서 10만 명이 사
망하는, 미국 역사상 최악의 재앙이 될 것이라는 결과였다. 이들
연구 결과에 비추어, 2001년에 연방재난관리청은 뉴올리언스의
허리케인 홍수가 가까운 미래에 미국에 닥칠 가능성이 가장 높은
3대 초대형 재난 중 하나라고 경고했다.(나머지 두 개는 캘리포니아
의 지진과 맨해튼의 테러 공격이었다.) 그리고 얼마 지나지 않아 홍수
위험을 다룬 『사이언티픽 아메리칸』의 기사(「물에 잠기는 뉴올리언
스Drowning New Orleans」)와, 이어서 2002년 『타임스 피커윤』에 연
재되어 여러 곳에서 기자상을 받은 시리즈 기사(「물에 휩쓸리다
Washing Away」) 또한 다가올 재난을 섬뜩할 정도로 정확하게 예고
했다.(51, 103) 허리케인 활동이 크게 고조될 것이라고 기상학자들
이 예측하자 연방 당국은 상세한 시나리오(허리케인 "팸")에 의거
한 재난 대비 훈련을 지난해에 실시했고, 사상자가 수만 명에 이
를 가능성이 높음을 재확인했다.

　이런 무시무시한 예측에 대한 부시 행정부의 대응은, 홍수 대
비책이 더 필요하다는 루이지애나의 긴급한 요청을 무시해 버린
것이었다. 홍수 완충 작용을 하는 습지를 되살리기 위해, 십여 년
간의 연구와 협의 끝에 '해안Coast 2050' 프로젝트가 입안되었지
만, 이 중대한 계획은 보류되었다. 게다가 제방을 보강하고 폰차
트레인 호수 주변에 수방 시설을 완공하는 데 드는 충당금 역시
계속 삭감되었다. 공병대가 신청한 예산이 삭감된 이유는 일부분

정부의 우선순위가 바뀌었기 때문이다. 즉 부자들에게 막대한 세금을 감면해 주고 이라크 전쟁과 (아이러니하게도) "국토 안보"에 돈을 쏟아 붓느라 그럴 여유가 없었던 것이다. 그러나 여기에 뻔뻔스러운 정치적 동기 역시 도사리고 있었음은 의심의 여지가 없다. 뉴올리언스는 흑인이 다수를 차지하는 골수 민주당 도시로, 이곳 유권자들이 주 정부 선거에서 세력 균형추 역할을 할 때가 많기 때문이다. 무자비한 당파 전쟁에 총력을 쏟고 있는 행정부가, 무엇하러 25억 달러(공병대에서 5등급 폭풍에 대한 방재 시스템을 뉴올리언스에 건설하는 데 소요된다고 추정한 액수)를 승인해서 칼 로브의 눈엣가시 같은 도시에 좋은 일을 해 주겠는가?

실제로 지난 2002년, 정부가 홍수 통제 계획을 무시한 데 대해 (전 공화당 의원을 지낸 바 있는) 미 육군 공병대장이 항의하자 부시는 그를 직위에서 해임했다. 작년에도 행정부는 대규모의 허리케인 시즌이 임박했다는 경고에 아랑곳없이, 공병대가 신청한 뉴올리언스 지역 예산에서 720만 달러를 삭감하라고 의회에 압력을 넣기도 했다.(공정을 기하기 위해 밝히자면, 워싱턴은 루이지애나에 많은 돈을 쏟아 부었지만 이는 대부분 해운업자와 공화당 골수 지지 지역 등 허리케인과 관련 없는 부문에 들어갔다.)

백악관은 해안 복구와 제방 건설에 충분한 재원을 대 주지 않았을 뿐 아니라, 연방재난관리청을 분별없이 분탕질해 놓았다. (내각 각료급 대우를 받은) 제임스 리 위트James Lee Witt 청장 휘하의 연방재난관리청은 클린턴 행정부의 걸작품으로, 1993년 미시시피 강 홍수와 1994년 로스앤젤레스 지진 때 수색·구조팀을 효율적으로 배치하고 연방 정부의 원조 물품을 신속히 공급하여 당을 초월한 찬사를 받았다. 그러나 2001년 재난관리청을 접수한 공화당은 이곳을 마치 적진처럼 취급했다. 부시의 선거 참모였던 조 올보Joe M. Allbaugh 신임 청장은 재해 지원을 "과도한 복지 후생 프로그램"이라고 깎아내리면서 미국인들에게 구세군이나 종교 단체에 더 의존할 것을 종용했다. 올보는 핵심적인 여러 홍수 및 폭풍 완화 정책들의 예산을 때맞춰 삭감해 놓은 다음 2003년에 사임하고, 이라크에서 입찰에 뛰어들려는 기업을 상대하는 고소득 컨설턴트로 이직했다.(구급차를 쫓아다니는 악덕 변호사의 전형이라 할 수 있는 올보는, 최근 카트리나 이후의 고수익 재건 사업에 눈독을 들이는 기업을 위한 내부 브로커로 변신하여 루이지애나에 다시금 모습을 드러냈다.)

2003년 신설된 국토안보부로 흡수된 (따라서 내각에서의 대표성도 상실한) 이후, 연방재난관리청은 계속 조직이 축소됨과 동시에 새로운 관료주의와 임명권의 층위에 포섭되었다. 지난해 재난관리청 직원들은 "정치적 연줄을 타고 들어온 업체 관계자나, 관련 배경과 식견이 일천한 초심자들이 재해 관리 전문직을 꿰차고 있다."는 내용의 서한을 의회에 보냈다.(136) 그 단적인 예가 올보의 후임자이자 피후견인인 마이클 브라운Michael Brown이다. 이 공화당원 변호사는 재해 관리 경험이 전혀 없는데도 이력을 위조하여 청장 자리에 올랐으며, 아라비아 종마를 소유한 부자들의 대표가 그의 전직이었다. 브라운 휘하의 재난관리청은 "모든 위험"에 대처한다는 원칙에서 오로지 테러리즘만을 강조하는 쪽으로 꾸준히 변신했다. 과거 재난관리청이 지역의 지진, 폭풍, 홍수 방재를 지원하는 데 썼던 연방 재해 대책 기금의 4분의 3이 이제는 갖가지 대테러 시나리오로 빠져나갔다. 부시 행정부가 알카에다의 가상 위협에 대한 마지노선을 쌓는 동안, 제방과 폭풍 방벽과 펌프는 사실상 뒷전으로 밀려났다.

그러므로 8월 28일 일요일, 마이애미에 있는 국립허리케인센터의 맥스 메이필드Max Mayfield 소장이 (아직 텍사스에서 휴가 중이던) 부시 대통령과 국토안보부 관료들에게 카트리나가 뉴올리언스를 초토화할 태세라고 화상회의를 통해 경고했을 때, 허둥댈 정도는 아니더라도 우려할 이유는 충분했다. 그러나 브라운 재난관리청장은 (지역 주민 십만 명이 죽을 지도 모르는 상황에서) 숨 막힐 정도로 거만한 허세를 부렸다.

"우리는 만반의 준비가 되어 있다. 우리는 뉴올리언스에 대해 예나 지금이나 잘 알고 있으므로, 이런 종류의 재난에 대비해 오랫동안 계획을 세워 두었다."

지난 몇 달 동안 브라운과 그의 상관인 마이클 처토프 국토안보부 장관은, 새로 수립한 '국가대응계획National Response Plan' 덕분에 대형 재난 시 정부 기관 사이에 공전의 조율이 이루어지게 되었다고 떠벌리고 다녔다.

하지만 일단 큰물이 뉴올리언스와 그 외곽 지역을 집어삼키자, 구호 활동을 책임진 부서는 말할 것도 없고 전화 받는 사람을 찾기조차 힘들었다. 성난 공화당 하원의원은 『월스트리트 저널』에 이렇게 말했다.

"내가 사는 구의 구역장이 허리케인에 정통으로 피해를 입은 구민들에게 나눠 줄 구호품을 받으려고 도움을 청하는 전화를 걸었다. 구역장이 45분이나 전화통을 붙들고 기다린 끝에 한 공무원에게 들은 말은, 상관에게 메모를 남기겠다는 답변뿐이었다."

'국가대응계획'은 최신 정보통신 기술에 기반한 것이었을 텐데도, 당황한 구조 요원과 시 공무원들은 전화선이 불통되고 인터넷이 끊겨 어려움을 겪었다. 게다가 중요한 물품이란 물품은 전부 부족했다.(배급 식량, 식수, 모래주머니, 발전기 연료, 위성 전화, 이동식 화장실, 버스, 보트, 헬리콥터) 모두 재난관리청에서 사전에 뉴올리언스에 갖춰 놓았어야 했을 것들이었다. 가장 결정적인 문제는, 뉴올리언스가 침수되어 재난이 "국가적 중대 사건"으로 격상(연방 정부가 최우선적으로 대응해야 하는 법적 선결 조건)된 뒤에도 처토프 국토안보부 장관이 특별한 이유 없이 꼬박 24시간 동안 손을 놓고 있었다는 사실이다.

휴가를 즐기던 대통령과 저택을 보러 다니던 부통령, 맨해튼에서 구두를 쇼핑하던 국무장관이 일선에 복귀하는 데 늑장을 부린 것도 사실이지만, 그토록 많은 사람들이 자기 집 지붕에 매달리거나 병원 침대에 묶인 채 죽음을 선고받은 가장 큰 원인은 무엇보다도 국토안보부 수뇌들이 재난의 중대성을 인식하는 데 공룡처럼 더뎠기 때문이었다. 그들의 영웅적인 수고에 대한 대통령의 때 이른 민망한 칭찬에 한껏 부풀어 오른 처토프와 브라운은 마치 몽유병자들 같았다. 목요일(9월 2일)에 처토프는 국립공영라디오(NPR)에 출연해서, 슈퍼 돔 안에서 펼쳐진 (이미 전 세계가 텔레비전으로 지켜본) 죽음과 절망의 현장이 "루머와 괴담"에 불과하다고 주장하여 인터뷰어를 놀라게 했다. 한편 재난관리청장인 브라운은 대부분의 죽음이 "대피 경고에 유념하지 않은 사람들"의 잘못이라며 희생자들에게 책임을 떠넘겼다. "유념"하는 것과 자동차가 없거나 휠체어에 묶여 있는 것과는 별개의 문제임을 그 자신이 더 잘 알았으면서도 말이다.

도널드 럼스펠드 국방장관은 이라크와 카트리나가 아무 관련이 없다고 주장했지만, 루이지애나 주 방위군의 3분의 1과 그 중장비 중 다수가 이라크로 차출되었기 때문에 구조와 원조 작업은 처음부터 차질을 빚었다. 또 재난관리청은 구조를 원활히 하기보다는 오히려 훼방 놓는 일이 잦았다. 병원 환자들을 대피시키는 데 민간 항공기를 이용하지 못하게 했고, 다른 주 방위군과 구조팀이 뉴올리언스 지역으로 들어오도록 허가하는 데 늑장을 부렸다. 실제로 완전히 파괴된 세인트버나드 패리시의 한 지방의원이 『타임스 피커윤』과의 인터뷰에서 격분하여 토로했듯이, "미군보다 캐나다의 원조가 먼저 도착했다."

보수주의적인 '새 예루살렘'

어쩌면 뉴올리언스 시청도 캐나다의 원조를 받았을지 모른다. 시청 9층에 위치한 비상 본부는, 비상용 발전기를 돌릴 디젤 연료가 부족하여 사태 초반부터 가동이 중단되었다. 실제로 내긴 시장과 휘하 직원들은, 유선 연락망과 휴대 전화가 모두 불통되는 바람에 외부 세계로부터 이틀 동안 차단되어 있었다. 이처럼 도시의 지휘명령 체계가 붕괴된 것은 의아한 일이다. 2002년 이래로 뉴올리언스는 정확히 이런 사태에 대비하기 위한 실전 훈련을 하는 데 연방 보조금을 천8백만 달러나 썼기 때문이다. 더더욱 이상한 것은 내긴과 주·연방 정부 관계자들 사이의 관계다. 시장이 나중에 요약 설명한 바에 따르면, 이 도시의 재해 대처 계획은 "사람들을 고지대로 옮긴 다음, 연방 정부와 주 정부의 보급품을 항공기로 공수한다."는 것이었다. 그러나 국토안보부 뉴올리언스 지부장인 테리 에버트Terry Ebbert 대령은, "시장은 주 정부의 재해 청사진에 대해 재난관리청과 이야기한 적이 한 번도 없다."고 고백해 기자들을 놀라게 했다.

나중에 내긴은 재난관리청이 보급품을 사전에 배치하거나 버스와 의료용품을 슈퍼 돔으로 신속히 운반하지 못한 데 대해 호통치고 비난하면서 자신을 정당화했다. 하지만 대피 계획은 누구보다 첫째로 시의 책임이었다. 그리고 사전 훈련과 조사를 통해, 주민 전체의 최소한 5분의 1은 외부 도움 없이 뉴올리언스를 빠져나갈 수 없다는 사실이 이미 밝혀져 있었다. 실제로 2004년 9월에 3등급 허리케인 "이반"이 왔을 때도 내긴은 가난한 주민들을 대피시키려는 노력을 하지 않아서 호된 비판을 받은 바 있다. 그보다 잘사는 이웃 동네 주민들은 허리케인이 닥치기 전에 차를 타고 빠져나갔던 것이다.(이 허리케인은 다행히 마지막 순간에 도시를 비껴갔다.) 이에 대응하여 시에서는, 가난한 지구 주민들을 대상으로 "시 당국을 기다리지 마십시오, 주 정부를 기다리지 마십시오, 적십자를 기다리지 마십시오. (…) 그냥 떠나십시오."라고 종용하는 내용의 비디오를 3만 개나 제작했다.(그러나 배포하지는 않았다.) 대피용 버스(혹은 기차)를 대절할 공식적인 계획도 세우지 않고 이런 충고를 한다는 건 가난한 사람들은 걸어서 탈출하라는 말이다.(슈퍼 돔의 위생 상태와 질서가 붕괴되고 난 뒤에, 정말로 수백 명의 사람들이 걸어서 다리를 건너 도시를 탈출하여 그레트너의 백인 교외 지역으로 들어가려고 했다. 그러자 혼비백산한 지역 경찰들은 그들 머리 위로 총을 쏘며 들어오지 못하게 제지했다.)

침수 지구에 남겨진 많은 사람들이, 시청의 비양심적인 무관심을 무자비한 경제·인종차별로 해석하는 것은 당연한 일이다. 뉴올리언스가 미국에서 가장 비극적인 도시로 전락한 것은 바로 이 때문이었다. 뉴올리언스의 기업 엘리트 및 그들과 결탁한 시 정부가 (그들이 시의 높은 범죄율의 원흉으로 지목한) 최빈곤층 주민들을 도시 바깥으로 몰아내고 싶어한다는 것은 비밀이 아니다. 역사적인 공공 주택 단지는 고소득 주민들이 입주할 타운하우스와 월마트를 세울 땅을 확보하기 위해 헐어 버렸다. 다른 공공 주택 단지에서도 자녀들의 통금 시간 위반 같은 사소한 문제를 트집 잡아 주민들을 쫓아내는 일이 다반사였다. 그들의 궁극적인 목표는 고질적인 빈곤을 시 경계 바깥의 늪지와 트레일러 촌과 교도소로 몰아내어 덮어 둔 채, 뉴올리언스를 관광객용 테마 파크(미시시피 강 유역의 라스베이거스)로 만드는 것인 듯하다.

더 희고 안전한 뉴올리언스를 옹호하는 일부 사람들이 카트리나에서 신의 섭리를 발견한 것은 놀랄 일이 아니었다. 루이지애나의 한 유력한 공화당 인사가 워싱턴의 로비스트들에게 "마침내 우리는 뉴올리언스에서 공공 주택을 쓸어 냈다. 우리가 못한 일을 신께서 하셨다."고 귀띔한 말이 언론에 새어나가기도 했다. 내긴 시장 역시 텅 빈 거리와 황폐한 동네들을 보면서, "처음으로 이 도시에서 마약과 폭력이 사라졌다. 앞으로 이 상태를 쭉 유지할 것"이라고 큰소리쳤다. 실제로 현재 전국 곳곳의 이재민 쉼터에 흩어져 있는 수만 명의 가난한 세입자들에게 저렴한 주택을 제공하기 위해 지방 및 연방 정부가 대대적인 노력을 기울이지 않는다면, 뉴올리언스의 부분적인 인종 청소는 기정사실화될 것이다. 이미 최빈곤층이 거주하던 저지대 일부를, 도시의 부유한 지구를 물난리에서 보호할 유수지로 만드는 방안을 놓고 격렬한 논쟁이 벌어지고 있다. 『월스트리트 저널』이 정확하게 지적했듯이, "이는 곧 뉴올리언스에서 가장 가난한 주민 중 일부가 자신이 살던 동네로 영영 돌아오지 못한다는 의미다." (22)

모두가 알고 있듯이 뉴올리언스와 피해를 입은 연안 지역 재건은 대규모 정치적 혼전이 될 것이다. 내긴 시장은 시민의 75퍼센트 이상을 차지하는 아프리카계 미국인을 무시하고, 최고재건위원회 위원 16명을 흑백 동수로 지명하겠다고 발표해 벌써 이 지역 중상류층의 이해를 역성들고 나섰다. 한편 "도심에서 탈출한 백인들"이 거주하는 뉴올리언스 교외 지역(1990년대 초에 신나치주의자인 데이비드 듀크는 이 지역을 발판 삼아 주 의원으로 당선되고 주지사 선거까지 출마하는 무서운 정치적 약진을 선보였다.)은 자기들의 명분을 관철하려 열띤 로비를 벌일 것이다. 또 미시시피의 막강한 공화당 주류파는, '빅 이지'의 민주당에게 앞으로 단역에만 머무르지 않겠다고 벌써 경고해 놓은 상태다. 이렇게 피할 수 없는 이해 집단의 충돌 와중에 전통적인 뉴올리언스의 흑인 동네들(이 도시 특유의 낙천적 감성과 재즈 문화의 진정한 요람)이 큰 영향력을 발휘할 수 있을 것 같지는 않다.

한편 부시 행정부는 무분별한 케인스주의적 재정 운용과 근본주의적 사회 공학을 결합하여 활로를 찾으려 하고 있다. 물론 카트리나가 포토맥 강변을 강타한 직접적인 결과로 대통령의 (그와 더불어 미국의 이라크 점령에 대한) 지지도는 급락했고, 공화당 헤게모니 자체도 갑작스런 위험에 직면했다. 1992년 로스앤젤레스 폭동 이후 처음으로 빈곤, 인종 불평등, 공공 투자 같은 "구민주당" 이슈들이 잠시 공적 담론을 주도했다. 그리고 『월스트리트 저널』은, 테드 케네디Ted Kennedy 등의 진보주의자들이 멕시코 만의 홍수 통제와 해안 복구에 연방 정부가 대대적으로 개입하는 뉴딜 비책을 되살리기 이전에 공화당이 "정치적 · 지적으로 공세적인 위치로 복귀해야 한다."고 경고했다.

그래서 헤리티지 재단에서는 회의를 소집했고, 여기에는 보수 이념가, 의회의 중견 의원, 그리고 (닉슨 휘하에서 법무장관을 지낸 에드윈 미즈Ediwn Meese 등) 과거 공화당의 유령들이 모여 재난관리청이 뒤집어쓴 치명적 망신살에서 부시를 구해 낼 전략을 밤늦게까지 논의했다. 그리고 9월 15일, 뉴올리언스의 잭슨 스퀘어에서 허리케인 재건에 관한 대통령 연설이 행해졌다. 연설의 배경이 된

텅 빈 광장에 조명이 떨어져 으스스한 분위기를 풍긴 것은 비상한 연출이었다. 부시는 2백만 명에 달하는 카트리나 희생자들에게, 총 2천억 달러로 추정되는 홍수 피해액 대부분을 백악관에서 충당하겠노라고 밝게 약속했다. 케인스마저 현기증으로 쓰러질 규모의 적자 지출이었다.(그러면서도 대통령은 초부유층에게 막대한 세금을 추가로 감면해 주겠다는 제안을 철회하지 않았다.) 이어서 부시는 오랫동안 꿈꾸어 온 보수적 사회 개혁(학교 및 주택 바우처, 교회의 주도적 역할 회복, 일부 저소득층에게 추첨을 통해 집을 선사하는 "도시 농장Urban Homestead" 복권, 기업에 대한 광범위한 세금 우대, 경제 특구인 "걸프 기회 지대Gulf Opportunity Zone" 창설, 성가신 정부 규제의 유보. 이 규제 중에는 건설 노동자의 시중 임금 보장과 석유 시추 때의 환경 규제도 슬그머니 포함되어 있음이 드러났다.)들을 열거하여 자신의 정치적 지지 기반을 유인했다.(156)

부시의 연설에 통달한 전문가들은 잭슨 스퀘어 연설에서 절묘한 기시감을 느꼈다. 유프라테스 강둑에서도 비슷한 약속이 행해지지 않았던가? 폴 크루그먼Paul Krugman이 잔인하게 지적했듯이, 이라크를 "보수적 경제 정책의 실험실"로 바꾸려다 실패한 백악관은, 이제 재해로 충격에 빠진 빌록시와 로어 나인스 워드 주민을 상대로 실험을 하려 들고 있다.(86) 막강한 '공화당연구그룹'의 리더이며 대통령의 재건 의제 초안을 잡는 데 참여한 마이크 펜스Mike Pence 의원은, 공화당이 폭풍의 잔해를 자본주의의 이상향으로 바꾸어 놓을 것이라고 강조했다.

"우리는 멕시코 만 해안 지역을 자유 기업을 유인하는 자석으로 만들고자 한다. 우리가 가장 원치 않는 일은 뉴올리언스가 과거에 그랬듯이 워싱턴처럼 되는 것이다."

최근 『뉴욕타임스』가 지적했듯이, 뉴올리언스 공병대장으로 새로 부임한 인물이 과거 이라크에서 방위산업체 계약을 감독했던 관료라는 사실은 앞날을 예견하는 징후다.(11) 로어 나인스 워드는 앞으로 다시는 존재하지 않겠지만, 프렌치 쿼터의 바와 유흥가 주인들은 이미 호황을 기대하며 군침을 흘리고 있다. 핼리버튼의 직원들과 블랙워터의 용병들과 벡텔의 엔지니어들은 연방정부에서 받은 수표를 버본 스트리트에 뿌리고 나올 것이다.

(2005년 10월, 『르몽드 디플로마티크Le Monde Diplomatique』)

뉴올리언스는 두 번 살해당했다!

34

심하게 침수되어 아직까지 폐쇄되어 있는 딜라드 대학 캠퍼스
에서 몇 블록 더 가면, 바람에 꺾인 표지판이 휴머니티와 뉴올리
언스의 교차로를 알리고 있다. 밤에 여기서 보면 멀리 포이드라
스와 캐널 스트리트 도심의 마천루들이 이미 환하게 불을 밝히고
있는 반면, 딜라드 대학 주변의 젠틸리 구역을 포함한 도시 북쪽
과 동쪽 블록은 어둠에 싸여 있다.

지금 이곳은 여섯 달째 불이 꺼져 있다. 언제 다시 켜질지, 아
니 과연 켜지기는 할지 아무도 모른다. 뉴올리언스를 통틀어 약
12만 5천 가구가 파손된 채 텅 비어 있다. 광대한 유령의 도시가
어둠 속에서 썩어 가는 동안, 대부분이 부유하며 침수 피해를 입
지 않은 강 주변 동네에는 '좋은 시절'이 돌아왔다. 흑인 인구 중
너무 많은 수가 떠나 버려서, 일부 라디오 방송국들은 펑크와 랩

에서 소프트록으로 장르를 바꾸고 있다.

레이 내긴 시장은 프렌치 쿼터에 다시금 관광객이 어슬렁거리고 매거진 스트리트의 술집에 튤레인 대학 학생들이 복작대기 시작한 것을 가리키며 "뉴올리언스가 돌아왔다"고 큰소리치고는 한다. 그러나 미시시피 강 서안 쪽 뉴올리언스의 현재 인구는 플로리다에 있는 디즈니월드의 평상시 하루 입장객 수와 동일하다. 내긴의 선거구민 중 60퍼센트 이상(그리고 아프리카계 미국인 주민 중 약 80퍼센트)이 아직까지도 집으로 돌아올 기약 없이 타지에 흩어져 있다.

이들의 부재를 틈타, 보수적 두뇌 집단과 "신도시주의" 건축가와 신민주당 인사들의 조언을 받아들인 지역 비즈니스 엘리트들은, 선거로 선출된 정부의 거의 모든 기능을 강탈해 버렸다. 시 의회는 심의를 거의 휴업한 상태고, 시장이 임명한 (대부분은 백인 공화당원인) 위원회와 외부 전문가들은 이 흑인이 다수를 이루는 민주당 도시를 과격하게 축소하고 재편하라고 제언하고 있다. 공립학교 체계는 지역 유권자들의 동의 없이 사실상 이미 폐지되었고, 그와 더불어 노조에 가입된 교사와 교직원의 일자리 역시 사라져 버렸다. 또 루이지애나 공공 의료의 본부였던 자선 병원이 문을 닫아 수천 개 정규직이 추가로 사라졌다. 그리고 부시 대통령과 캐슬린 배비노 블랑코Kathleen Babineaux Blanco 주지사가 임명한 인사들로 채워질 감시 위원회가 발족하게 되면, 시의 재정 자치권도 물 건너가 버릴 것이다.

한편 "작업을 신속히 마무리 짓고" "지금껏 세계가 목격한 최대의 재건 사업"에 착수하겠다는 부시의 약속은, 예전에 그가 폭격으로 파괴된 이라크의 기반 시설을 재건하겠다고 장담했을 때처럼 겉만 번지르르한 허언으로 입증되었다. 그러기는커녕 행정부는 젠틸리 등지의 주민들 대부분을 일자리도, 긴급 피난처도, 홍수 대책도, 부채 탕감에 대한 세금 감면도, 소규모 사업 대출도, 재건을 위한 조정 계획도 없이 연옥에 내팽개쳐 두었다.

기약 없이 방치된 채 한 주 한 주가 지나갈 때마다 (바니 프랑크 Barney Frank 하원의원은 이를 일컬어 "무위에 의한 인종 청소 정책"이라고 했다.) 대부분 흑인인 뉴올리언스 주민들이 집에 돌아갈 수 있는 가능성은 점점 희박해졌다. 2006년 2월 초 『뉴욕타임스』에서 지적했듯이, 대통령의 연두교서에서 카트리나는 "거의 언급조차 되지 못했고" "뉴올리언스는 국가적 우선순위에서 누락된 것이나 마찬가지"였다. 내긴 시장은 원조가 너무나 절박한 나머지 프랑스와 요르단 등의 외국에 도움을 구걸했다.

전문가연하는 자들은, 해수면보다 낮은 고향 마을로 다시 돌아가지 못해 안달하는 지역 주민들의 어리석음을 야단쳤다. 뉴올리언스 시민들을 죽음으로 내몬 가장 큰 원인은, 진노한 자연이 아니라 연방 정부의 무관심이라는 것이 확실해졌다.

임무의 방기

"인간적 실수만 개입된 것이 아니다. 분명히 부정행위가 있었을 것이다."

—제방 파열과 관련하여 법공학자의 말(133)

휴머니티 스트리트는 8월 29일 (훨씬 서쪽의 올리언스 운하와 17번 스트리트 운하와 마찬가지로) 런던 애버뉴 운하가 파열되면서 침수되었다. 이 운하는 원래 습지였던 젠틸리 등 저지대의 주거 구역에서 폭풍우로 고인 빗물을 퍼올려 호수로 내보내던 역할을 하던 것이다.

카트리나가 지나간 이후에 공병대와 올리언스 패리시 제방위원회는, 허리케인 때문에 노아의 홍수 이래 최대의 폭풍해일이 홍수 방제벽을 훌쩍 넘어와 도시 북부 지역이 침수되었다고 주장했다. 뉴올리언스 운하를 따라 세워져 있던 이 방제 벽은 여러 기관에서 합동으로 건설하고 유지해 온 것이었다. 9월 2일 공병대의 지휘관인 칼 스트럭Carl Strock 중장은 "폭풍의 세기가 이 제방의 설계 용량을 초과한 것일 뿐"이라고 말했다.(125) 미국토목학회 조사 결과 실제 수위는 (3등급 허리케인까지 버티도록 설계된) "홍수 방제 벽의 최고 높이보다 훨씬 낮았"으며 제방이 파열된 것은 극악무도한 파도 때문이 아니라 설계와 시공 결함 때문이라는 증거가 나왔는데도, 두 관료 대표는 나중에 의회 증언에서도 계속해서 "4, 5등급의 해일" 탓만 했다.(113)

이제는 전미과학재단(NSF)에서 지원한 법공학 팀의 추가 연구와 언론 폭로 덕분에, 시의 제방 체계가 무능한 설계와 조잡한 시공, 그리고 고질적인 예산 부족의 불운한 합작품이며, 시의 재해 방어에 중대한 구멍이 뚫려 있음을 연방 당국이 잘 알고 있었다는 증거가 드러났다.

예컨대 17번 스트리트와 아마도 런던 애버뉴 운하의 경우, 위험할 정도로 불안정한 습지 토탄층을 무시하고 제방을 쌓았다. 토양 분석에 결함이 있었던 탓에, 프로젝트 엔지니어들이 건설한 방제 벽은 너무 약한 데다가 토양층의 유실에 버틸 수 있는 지지력도 부족했다. 공병대의 빅스버그 사무소(미시시피의 최상위 엔지니어 당국)에서는 1990년 설계를 검토하던 도중에 자칫 재난을 초래할 수 있는 이런 결함을 발견했지만, 뉴올리언스 공병대는 경고를 노골적으로 무시해 버렸고 불안정한 구조물을 수리하려는 어떤 노력도 하지 않았다.(99)

전미과학재단(NSF) 조사관들이 "폭풍이 닥치기 전에 근본적으로 문제가 있었다."고 기술한 올리언스 운하 방제 벽의 경우는, 낡고 오래된 펌프장의 벽이 수압 때문에 터지는 것을 막기 위해 커다란 틈을 남겨 놓았는데, 이것이 치명적인 결과를 초래한 것이었다. 공병대와 제방위원회의 다급한 요청에도, 부시 행정부는 펌프장 재건 및 홍수 방제 벽 준공에 소요되는 1천만 달러의 승인을 거부했다.(뉴올리언스는 루이지애나 주 선거에서 세력 균형의 한 축을 이루는 민주당의 거점이기에, 공화당이 집권한 백악관에서 특별히 선심을 쓸 만한 지역은 분명 아니었다.)

한편 모두가 예측했듯이 (공병대에서 큰돈을 들여 유지하고 있지만 정작 이용하는 선박은 거의 없는) 악명 높은 미시시피 강 출구 운하(MRGO)가 깔때기 구실을 하여, 인더스트리얼 운하와 로어 나인스 워드로 밀려든 카트리나 폭풍해일의 위력이 40퍼센트나 더 증폭되었다. 2004년 허리케인 "팸"이라는 이름으로 실시된 부처 간 합동 훈련에서도 이런 시나리오를 재확인하고, 도시의 동부 지역 전체가 광범위하게 침수될 것임을 정확히 예측한 바 있다. 그러나 공병대는 해운업자들을 의식하여, 출구 운하 MRGO를 폐쇄해야 한다는 지역 주민들의 긴급한 요구를 오랫동안 무시해 왔다.(65)

공병대가 임무를 방기했다는 증거는 날로 쌓여 갔지만, 그들은 전미과학재단 팀에서 보내 온 중요 문서들을 공개하지 않고 제방이 파열된 현장에 계속 접근을 차단하여 의혹을 더욱 부채질했다. 공화당 의원들 역시 마찬가지로 의회 청문회에서 카트리나 방재의 대실패와 관련하여 공병대에 대한 비난의 화살을 '올리언스 패리시 제방 관리 구역'으로 돌리려 애썼다. 공화당 의원들은 제방 관리 구역을 홍수 통제보다 요트 선착장이나 놀이 공원, 선상 도박장 등 짭짤한 부수적 이권에 더 관심 있는 부패한 관료 집단으로 몰아붙였다. 이 주장은 대체로 사실에 가깝겠지만, 홍수 방재와 시 제방 및 홍수 방벽의 설계 기준에 대한 최종적인 법적 책임은 공병대와 그 최고 지휘관인 도널드 럼스펠드 국방장관에게 있기 때문에 이는 별로 적절치 못한 비난이다. 전통적으로 공병대는 미국 토목공학의 표준을 대표해 왔지만, 이제는 오히려 (실패한 "이라크 재건"에 수십억 달러를 낭비한 것과 더불어) 뉴올리언스를 잃어버린 치욕을 겪고 있다.

거짓말과 핑계들

"정책 입안자들의 가장 무서운 악몽이 현실로 이루어졌다. (…) 관료주의적 지체 때문에 복구 작업이 소름끼치도록 느리고 비효율적으로 된 것이다."

—톰 코번 상원의원(Tom Coburn, 공화당, 오클라호마)(74)

거짓 약속은 부시 왕조의 전통이다. 조지 H. W. 부시 대통령은 1992년 봄 로스앤젤레스 폭동 직후 사우스센트럴의 불타 버린 잔해를 돌아보고 난 뒤, 정부가 "절대적인 책임을 지고 도심 빈곤 문제를 해결하겠다."고 주민들을 안심시켰다. 로드니 킹 폭동*과 관련하여 백악관은 로스앤젤레스와 기타 방치된 대도시를 돕기 위한 주요 정책을 발의하겠다고 약속했다. 그러나 대통령의 동정심은 곧 무관심으로 바뀌었고, 공화당 의원들은 "폭도들에게 상을 주는 것"이라면서 이 문제를 해결하려는 노력을 사사건건 방해했다.(140)

아들 부시도 마찬가지였다. 미숙했던 카트리나 초기 대응 이후, 아들 부시는 9월 15일 잭슨 스퀘어 연설에서 "우리는 [뉴올리언스의] 빈곤에 대담한 행동으로 맞설 의무가 있다. (…) 우리는 필요한 일을 다 할 것이며, 시민들이 도움을 필요로 하는 한 그들의 공동체와 삶을 재건하기 위해 머무를 것"이라고 큰소리치면서 프랭클린 루스벨트와 린든 존슨 흉내를 냈다.

그러나 백악관은 정부의 한계에 대한 설교를 웅얼거리면서 가을이 다 가도록 대통령이 한 약속을 깔고 뭉갰다. 한편 의회의 보

---

* 역시 로스앤젤레스 폭동을 가리킨다. 이 폭동은 흑인 청년인 로드니 킹이 경관에게 구타를 당한 사건으로 촉발되었다.

수주의적 투견들은 저소득층의 의료 보장과 식품권, 그리고 대학생들의 학자금 대출 예산을 총 4백억 달러나 삭감하여 멕시코 만 연안 지역의 원조 비용을 벌충했다. 또 공화당은 미국 내의 제3세계로 외부에 비쳐졌으며 국가적 가치에서 뒤떨어져 아이티처럼 '실패한' 주에 원조를 해 줄 수 없다며 딴죽을 걸고 나섰다. 아이다호 주 상원의원 래리 크레이그Larry Craig의 말에 따르면, "루이지애나와 뉴올리언스 주 정부는 우리나라에서 가장 부패해 있으며 원래부터가 그러했다. (…) 이라크인들은 사기와 협잡이 문화에 배어 있다. 나는 루이지애나 역시 그렇다고 본다."

이런 반격을 되받아치거나 부시에게 잭슨 스퀘어에서 한 약속을 지키라고 압력을 넣기 위해서, 흑인 의원 모임을 제외한 민주당 의원들이 한 일은 한심할 정도로 거의 없었다. 도시 빈곤에 대한 국가적 토론을 벌이겠다는 약속은 지켜지지 않았다. 뉴올리언스는 백악관의 위선과 보수주의자들의 경멸이라는 불안한 물결 위를 마치 버려진 거선처럼 정처 없이 표류했다.

존 스노John Snow 재무장관이 뉴올리언스 시 공채를 보증해 주기를 거부한 것은 때 이른 치명타였다. 그 여파로 내긴 시장은, 이미 일자리를 잃은 수천 명의 교육·의료 종사자 외에도 시에서 고용한 3천 명을 추가로 해고할 수밖에 없었다. 부시 행정부는 카트리나 이재민들을 위해 메디케이드* 수급 범위를 넓히고, 멕시코 만 해상에서 석유 및 가스를 시추하여 발생하는 수익의 일부

* Medicaid, 저소득층을 위한 미국의 의료 보장 제도.

를 (향후 몇 년간 세입이 약 80조 달러 줄어들 것으로 추정되는) 루이지애나 주에 돌려주는 초당적 조치마저 가로막았다.

그보다 더 기가 막힌 일은 미국중소기업청(SBA)에서 흑인 지구에 레드라이닝▪ 조치를 취하여, 현지 사업체와 주택 소유주의 대출 신청을 대부분 거부해 버린 것이다. 12월 중순 『뉴욕타임스』의 분석 결과, "현재까지 〔미국중소기업청에서〕 승인한 대출은 뉴올리언스의 부유한 지구로 흘러들어가고 있으며 가난한 지구로는 가지 않은 것 같다."(44) 동시에 긴급 단기 대출로 소기업체를 살리는 내용의 초당적인 상원 법안을 부시 행정부의 관료들이 사보타주하는 바람에 수천 명이 파산과 차압을 당하게 되었다.

결과적으로 백악관에서 내리고 딕 체니, 앤드류 카드Andrew Card, 칼 로브의 국내 정책 3인방이 감독했을 용의주도한 결정에 의해, 이 도시에서 (공공 부문 및 소규모 자영업에 종사하던) 아프리카계 미국인 중산층의 경제적 기반은 쓸려 없어져 버렸다. 또 재난관리청이 시 바깥 멀리 떨어진 곳에 임시 거처를 설치한 탓에, 배턴루지, 휴스턴, 애틀랜타 등지로 흩어지게 된 블루칼라 주민들이 고향으로 돌아와 재건 현장이나 부활한 관광 산업에서 일자리를 얻는 것이 원천 봉쇄되었다. 지난 6개월 동안 재난관리청은 뉴올리언스에 약속한 트레일러 숙소의 7분의 1밖에 설치하지 않아서 경찰관들마저도 아직 노숙자 신세다.

▪ redlining, 가난하고 소외된 계층이 모여 사는 특정 지역에 적색 선을 그어 놓고 대출을 해 주지 않는 행위.

연방 정부 혹은 주 정부가 나서서 현지 주민을 고용하거나 적절한 임시 거처를 제공하지 않은 탓에, 저소득층 흑인들은 건설이나 서비스 부문의 일자리를 좀 더 기동성을 갖춘 외지인들에게 아마도 영영 빼앗기게 될 것이다. 지난해 가을 크리스틴 하우저 Christine Hauser는 다음과 같이 보도했다.

"일자리가 사라지고 뒤섞여서 많은 이들이 일자리를 찾아 헤매고 있다. 노동력의 위기는 뉴올리언스의 인구 구성 자체를 변화시키고 있다. 예를 들어 학교들은 아직까지도 휴교 중이고, 가족들은 일자리와 안정성을 찾아 다른 주로 이주했다. 이 지역에 새로 들어온 노동자들은 상대적으로 젊고 미혼이어서 한 아파트에 둘씩 입주할 수 있다. 더 유복하고 기동성을 갖춘 노동자들(그중 일부는 인근 지역에서 출퇴근한다.)이 차를 소유할 여력이 없는 기존 노동자를 대체하기 시작했다."(66)

현지 원조를 방기한 것과 노골적으로 비교되게도, 백악관은 자기 기반인 대기업과 정치적 내부자를 챙기는 데는 어마어마한 노력을 기울였다. 하원 중소기업위원회 소속인 니디아 벨라스케스 Nydia Velazquez 의원은 중소기업청이 연방 입찰에서 현지의 소규모 업체를 배제하고 대기업들에게 20억 달러를 발주했다고 지적했다. 마찬가지로 소위 "걸프 기회 지대" 역시 주로 재해 지역 바깥에서 온 큰 회사들에게 특혜를 주었다. 루이지애나의 베테랑 정치 분석가인 존 매기니스 John Maginnis에 따르면, "배턴루지와 라파예트의 아파트 개발 업자"들이 그 전형적인 예다. 그들은 "집을 잃은 주민들의 수요가 밀려들자 집세를 올렸고, 그 돈으로

다시 더 많은 집을 지을 수 있었다." (96)

그러나 카트리나 원조를 통해 가장 큰 이득을 챙긴 집단이 친
공화당 성향의 거대 토목 회사인 KBR(핼리버튼의 자회사)과 쇼 그
룹이라는 데 놀랄 사람은 없을 것이다. 이는 전직 재난관리청장
이자 2000년 부시의 선거 매니저였던 조 올보가 이들 기업을 위
해 로비스트로 뛰어 준 덕분이었다. 재난관리청과 공병대는 작년
가을 루이지애나에 할당된 예산의 정확한 지출 내역을 블랑코 주
지사에게 설명하지 못했으며, 전란으로 찢긴 유프라테스 강 유역
과 비교해도 깜짝 놀랄 정도의 폭리를 묵인했다. 물론 이 이윤의
일부는 공화당 선거 기부금으로 재활용될 것이 분명하다.

예컨대 재난관리청은 뉴올리언스에서 폭풍으로 손상된 건물
지붕에 방수 설비를 하는 데 쇼 그룹에 100제곱피트당 175달러를
지불했다. 그러나 실제로 설비 기술자들이 받은 돈은 100제곱피
트당 2달러에 불과했으며, 방수 설비는 재난관리청에서 대 주었
다. 마찬가지로 공병대는 폭풍 잔해물 수거 비용으로 원청 업체
에 입방야드당 20달러를 지불했지만, 불도저 기사 가운데는 단돈
1달러를 받은 사람들도 있다. (게다가 잔해물 수거 작업이 너무 느리게
진행돼서, 올 2월까지 도시 전체에서 업체들이 수거한 분량은 총 5천만 입
방야드 중에서 600만 입방야드에 불과했다.)(128)

다시 말하면, 실제 작업이 이루어지는 맨 밑바닥만 제외하고
하도급 먹이 사슬의 각 단계에서 기괴할 정도로 배를 불리고 있
다는 말이다. '부시의 친구들'이 뉴올리언스의 잔해더미 속에서
금덩어리를 캐내는 동안 (다수가 멕시코나 엘살바도르 이주민 출신으

로 시립 공원이나 버려진 쇼핑센터에서 노숙해 가며 일하는) 복구 노동자들은 기대와 달리 거의 수지를 맞추지 못하고 있다.

주민들에게 내려진 사형선고

"국회의원들은, 뉴올리언스 사람들에게 '의회에 계류 중' 이라는 말은 곧, 서명이 필요 없는 사형 집행 영장과도 같음을 이해해야 한다."

—『뉴욕타임스』(112)

서로 으르렁대고 타협을 모르는 루이지애나 정치판에서, 이해관계가 널리 일치하는 사건은 평상시에는 늪지의 바윗돌만큼이나 드문 일이다. 하지만 카트리나는 5등급 허리케인 방재와 파손된 주택의 담보 대출 상환금 지원이라는 두 가지 요구와 관련하여, 당을 초월한 공전의 합의를 이루어 냈다. 제방 건설과 해안 복구, 그리고 실제 피해에 대해 보험 적용을 받지 못하는 약 20만 주택 소유주들의 재정 구제를 위해 연방 정부가 얼마나 투자해 주느냐에 이 지역의 회생이 달려 있다는 데는 보수적인 공화당원부터 진보적인 민주당원까지 누구도 이의를 달지 않는다. (반면 카트리나가 닥치기 이전에 주민의 53퍼센트를 차지했던 세입자들의 권리와, 공공 주택 세입자들이 도시로 복귀하는 문제에 대해서는 그에 상당하는 합의도, 관심도 없다.)

5등급 허리케인에 대비한 뉴올리언스 지역의 종합적 방재 대책은, 1965년 허리케인 "베시"로 뉴올리언스 일부가 침수된 이후 존슨 행정부에서 지시한 바 있다. 그러나 운하가 폰차트레인 호수로 이어지는 길목에 수문을 설치하는 방안 등 계획의 핵심 부분이 나중에 폐기되었고, 올리언스 운하 홍수 방제 벽 같은 기타 계획들도 미완공인 채로 방치되었다. 1990년대 초까지, 매년 허리케인 방제 비용으로 승인되는 예산은 항상 공병대와 지방 정부에서 다급하게 요청하는 액수보다 적었다.

그러나 루이지애나 남부에 대한 연방 정부의 관심이 끊긴 동안, 방파제 구실을 하는 삼각주가 멕시코 만으로 쓸려 내려가면서 뉴올리언스의 폭풍해일 위험은 서서히 증가하고 있었다. 24분당 약 4천 제곱미터라는 가공할 속도로 해안이 침식되는 현상은, 공병대에서 엄청난 댐을 건설하고 하천 흐름을 효율화하여 삼각주로 상시 유입되는 중요한 퇴적물이 줄어들었기 때문이기도 하지만, 석유와 가스 회사들이 끊임없이 강바닥을 준설하고 운하를 굴착한 부작용이기도 하다.(51) 두 경우 모두 지역과 무관한 (상류의 농기업, 해운 업체, 에너지 회사들의) 경제 이익을 위해 뉴올리언스와 주변 패리시의 궁극적 안전을 타협한 결과다. 해안 복구 및 도시의 홍수 통제에 수익을 환원하여 보상하는 메커니즘은 없었다.

1998년 허리케인 "조지"로 일촉즉발의 상황을 넘긴 이후, 공병대, 환경보호국(EPA), 해안에 면한 20개 패리시를 비롯한 기관과 정부 조직이 연합하여 '해안 2050'을 수립했다. 이는 총 140억 달러를 들여 연안 사주를 재건하고 사라져 가는 습지를 복원하는 광범위한 계획이다. 전문가들은 뉴올리언스를 보호하려면 여기에 더해 시의 홍수 펌프를 현대화해서 이전하고, 호수에 대형 수

문을 설치하며, 진짜로 튼튼한 제방을 건설하고, 악명 높은 MRGO를 폐쇄해야 한다는 데 의견을 같이 했다. 해안을 복구하고 허리케인 방어벽을 새로 구축하는 데는 약 한 세대에 걸쳐 3백억 달러가 소요될 것으로 추정되었다.

카트리나가 닥치기 전까지, 공화당이 장악한 백악관과 의회에서 남부 깊숙이 자리 잡은 골수 민주당 도시를 보호하기 위해 그처럼 막대한 돈을 퍼붓는 안을 고려할 여지란 그야말로 손톱만큼도 없었다. 그 큰 물난리가 난 이후 대통령이 행한 잭슨 스퀘어 연설은, 정부가 새로운 관리 방식을 채택할 것이라는 신호인 듯했다. '해안 2050'과 5등급 제방이 갑자기 주요 논제로 떠올랐다. 루이지애나 주의 양당 합동 의원단이, 해안 방재에 대한 정말로 진지한 국가적 헌신의 성과물을 보러 네덜란드로 급히 날아갔다.

그러나 예전에 로스앤젤레스 주민들이 이미 경험했듯이, 루이지애나 사람들 역시 주식회사 부시에게서 받은 것은 빈말과 몇 병의 가짜 만병통치약뿐이었다는 것을 곧 깨달았다. 11월 초가 되자, 뉴올리언스를 구하는 일은 더 이상 (그런 적이 한 번이라도 있었다면) 행정부 의제 윗줄에 놓여 있지 않다는 사실이 분명해졌다. 대통령이 5등급 제방을 지원할 것인지 여부를 기자들이 물었을 때 대변인들은 노골적으로 즉답을 회피했다. 습지 지대의 부패한 "블랙홀"에 수십억 달러를 쏟아 붓는 데 의회가 별로 열의를 보이지 않는 가운데, 워싱턴은 "카트리나 피로증"을 앓고 있다는 소문이 돌았다. 홍수 방재를 위해 로비하는 루이지애나 의원들을 본 기자는 이렇게 썼다. "그들은 회의론과 무지와 노골적인 적의에 부딪히는 경우가 비일비재하다." 부시에게 거액을 기부한 텍사스의 은행가이며 멕시코 만 연안 복구 사업의 책임자로 새로 임명된 도널드 파월Donald Powell 같은 인물 역시 이런 태도를 불식시키는 데 장애물이 되었다.

물론 현지인들이 보기에 워싱턴은 (더욱이 공병대의 임무 태만이 드러난 마당에) 뻔뻔스럽게도 희생자들의 책임을 묻고 있었고, 『타임스 피커윤』이 불만을 토로했듯이 "그들〔의회〕은 우리가 너무 짧은 치마를 입었기 때문에 불행을 자초했다는 듯이 행동"했다. 뉴올리언스의 몇 안 되는 거리낌 없는 동맹군 중 하나였던 『뉴욕 타임스』 사설은 뉴올리언스를 보호하기 위한 '30년 법안'에 소요되는 예산이 "바로 지난주에 하원에서 통과된 감세분 950억 달러의 3분의 1"에도 못 미친다는 사실을 지적했다.(112) 또 루이지애나 사람들은 멕시코 만에서 석유와 천연가스를 시추하는 기업들로부터 (캘리포니아와 텍사스 같은 주가 예로부터 지상 유전에서 징수해 온 몫만큼의) 로열티만 받아도 다른 곳에 구차하게 손 벌릴 필요가 없을 것이라고 덧붙였다.

그러나 두 가지 지적 모두 추상적인 논의에 머물렀다. 의회의 크리스마스 휴회가 다가오자 루이지애나 주 의원들은 전전긍긍하기 시작했다. 5등급 계획은 진지한 논의에서 증발해 버렸고, 손상된 제방을 다음 허리케인 시즌이 돌아올 때까지 수리할 수 있을지가 의심스러워졌다.(3월 초에 공병대의 작업 진행 상황을 점검한 엔지니어들은, 약한 사질토를 사용한데다 콘크리트 "피복"을 입히지 않아서 대형 폭풍이 오면 제방이 또다시 무너질 것이 확실하다고 불평했다.)

의회는 최종적으로 멕시코 만 연안 복구에 290억 달러를 지원하기로 표결했다. 그러나 『워싱턴포스트』가 보도했듯이, "전체 액수 중 60억 달러를 제외하면 이전에 승인한 허리케인 카트리나 원조 예산의 일부를 단순 재편성한 것에 불과하다. 나머지는 임의의 정규 정책들의 예산을 일괄적으로 1퍼센트 삭감해서 조달한 것이다."(73) 펜타곤은 기지 수리 및 기타 카트리나와 관련된 명목으로 44억 달러라는 엄청난 액수의 예산을 따냈지만, 의회는 해안 침식을 막는 데 할당된 2억 5천만 달러를 삭감했다. 한편 미시시피 주의 막강한 공화당 3인방(헤일리 바버Haley Barbour 주지사와 트렌트 로트Tent Lott, 태드 코크란Thad Cochran 상원의원)은 공화당 동료 의원들을 설득해서 루이지애나에 62억 달러, 미시시피에 53억 달러의 임의 주택 지원금을 지원하게 만들었다.

루이지애나 주 민주당 의원들은 미시시피 주의 동료들에게 얼굴을 붉히며 감사를 표했지만, 사실 이는 악마의 거래였다. 피해 가구당 액수로 따지면, 빨간색 주인 미시시피가 핑크색 주*인 루이지애나보다 다섯 배나 더 많은 원조금을 가져갔기 때문이다. 행정부는 제방 지출을 두 배인 31억 달러로 늘렸다고 자처했지만, 그중 14억 달러는 루이지애나 지역개발보조금(CDBG)을 홍수 통제 비용으로 돌린 것이기 때문에 이는 순전히 교묘한 눈속임에 불과했다. 그리고 이 모두가 (『타임스 피커윤』이 지적했듯이) "카트리

---

* 지지 정당이 고정되어 있지 않아 어떤 때는 공화당을 지지하고, 어떤 때는 민주당을 지지하는 주라는 의미.

나로 인해 시스템의 구조적 부적격성이 드러나기 이전에 뉴올리언스 지역에 구축되어 있었어야 할" 3등급 허리케인 방재 체제를 지원하는 명목이었다.

1월 23일에 루이지애나는 또 한 방 얻어맞았다. 연방 정부가 보증하는 '루이지애나 재건 협회'를 설립하여 피해를 입은 부동산을 사들인 다음, 이를 대량으로 묶어서 개발 업자에게 되팔아 집주인들을 구제하자는 리처드 베이커Richard Baker 공화당 하원 의원의 계획안을 부시가 거부한 것이다. 현지의 공화당원과 민주당원 모두가 분개해 마지않았고, 루이지애나 남부의 미래는 혼돈 속에 내던져졌다. 결국 행정부는 추가로 42억 달러의 주택 원조금을 약속했지만, 텍사스 등 조바심을 내는 다른 주들이 이 예산을 놓고 계속 혈투를 벌이고 있다.

케케묵은 중상모략

"나는 언론에서 우리를 묘사하는 방식이 싫다. 그들은 (식량 보따리를 들고 가는 똑같은 상면을 보고도. 옮긴이) 흑인 가족이 니오면 상점을 약탈하고 있다고 하고, 백인 가족을 보면 식량을 찾고 있다고 한다."
—카니예 웨스트Kanye West

물론 뉴올리언스에 대한 공화당의 적대감은, 단순히 시의 청렴성을 우려한 발로라 볼 수 없을 정도로 깊고도 음흉하다. (사실 미국에서 가장 부패한 도시는 미시시피 강이 아니라 포토맥 강변에 있다.) 이 온갖 에두른 표현 밑에는 130년 전 '재건' 통치＊의 폭력적인 전복을 정당화하는 데 쓰였던 케케묵은 편견과 고정관념이 도사리고 있다.

여기서 잠시 뉴올리언스와 휴머니티의 의미심장한 교차로로 돌아가 보자. 휴머니티 스트리트와 그에 인접한 610번 고속도로는 이 지역을 사회적으로 분리하는 경계선이다. 여기서 남쪽으로는 주로 침울한 목조 단층집과 "엽총" 연립주택으로 이루어진 오래된 노동계급 지구다. 하지만 휴머니티 북쪽으로는 매력적인 벽돌집들이 늘어선 주택단지가 펼쳐져 있다. 이곳은 인더스트리얼 운하 너머 홈디팟과 데이즈인＊＊이 있는 뉴올리언스 이스트의 교외, 그리고 골프장과 컨트리클럽을 갖춘 폰차트레인 공원과 더불어 흑인 중산층 생활권의 일부다.

흔히 도시 재난의 여파 속에서 눈에 띄지 않는 부류는 주로 빈민들이지만, 뉴올리언스의 경우 그 희생자는 바로 아프리카계 미국인 전문직 중산층 및 숙련 노동계급이었다. (미국 인종 의식의 로르샤흐 테스트였던) 카트리나의 혼돈과 괴로움 가운데서 대다수 백인 정치가와 언론인들이 취사선택하여 본 것은 바로 자기 자신들이 지닌 편견의 악령이었다. 이 도시의 복잡한 역사와 사회 지리학은, 무기력하고 범죄 성향을 지닌 최하층민들이 모여 사는 광대

＊ Reconstruction, 1865~1877. 남북전쟁 이후 전쟁에서 패배한 남부 11개 주에 대해 북부가 군정을 실시한 기간, 이때 연방 정부는 흑인을 포함한 모든 남자에게 보통선거권을 주었다.
＊＊ 홈디팟Home Depot은 인테리어 용품을 취급하는 대형 할인점이고, 데이즈인Days Inn은 중저가 호텔 체인이다.

한 슬럼 풍경으로 환원되었다. 그들은 좀 더 백인이 많은 다른 도시에 사는 외지인들이 친절을 베풀어 구제해 주어야 할 존재였다. 젠틸리의 붉은 벽돌집들(혹은 집주인들의 자부심, 그리고 풍부한 시민운동 전통)로 대변되는 정상태의 불편한 진실은, 흑인 도시 문화는 본질적으로 병리적이라는 구공화당과 신민주당 인사들의 고정관념을 침범할 수 없었다.

그래서 전국 언론들은 폭력배와 강간범과 좀비들이 지배하는 침수된 도시의 광경을 뻔뻔스럽고도 무비판적으로 실어 날랐다. 공정하게 말하면, 이는 내긴 시장과 경찰 수뇌부들의 히스테리에서 비롯된 환상이었다. 사납게 날뛰는 하층민들의 무시무시한 이미지는, "군대 투입 계획을 바꾸고 의료 후송을 지연시켰으며, 경찰관들을 내쫓고 헬리콥터의 발을 묶은" 데다 여론에 악영향을 끼쳤다. 지역의 대중교통 책임자인 제임스 리스James Reiss처럼 잔뜩 겁을 집어먹은 뉴올리언스 유지들은, 기관총을 멘 이스라엘 출신 경호원들을 헬리콥터에 태워 오듀본 플레이스에 늘어선 저택들 주위를 순찰 돌게 했다.(34) 그러나 무차별 폭력 사태는 거의가 도시 전설이었다. 9월 하순 뉴올리언스 경찰 본부장인 에디 컴패스Eddie Compass는 『뉴욕타임스』에 "살인이 일어났다는 공식적 보고가 없다. 강간이나 성폭행이 발생했다는 공식 보고 역시 한 건도 없다."고 시인했다.(41)

그러나 진실은 카토연구소의 데이비드 보아즈David Boaz 같은 보수적 근본주의자들의 갈증을 덜어 주지 못할 것이다. 그는 카트리나 재앙의 책임을 "뉴올리언스 사람들의 부와 자립심을 파괴하여 위기 때 자신을 돌볼 수 없게 만든" 복지 정책에 돌리느라 여념이 없었다.(14) 또 조엘 코트킨Joel Kotkin은 『아메리칸 엔터프라이즈』에 쓴 글에서 "아프리카계 미국인의 고립되고 고정된 유풍은 도시 빈곤이라는 진창에 처박혀 있다."고 비방했다. 데이비드 브룩스David Brooks는 "우리가 예전 지구에 건물만 새로 짓고 다시 똑같은 사람을 들인다면, 뉴올리언스는 도로 예전처럼 황폐해지고 제 기능을 상실하게 될 것"이라고 독단적인 확신에 차서 주장했다.(18, 83) 이들이 뱉은 말 앞에서 진실은 힘을 쓰지 못했다.

이런 중상모략은 1870년대 뉴올리언스의 잔학했던 '백인 동맹White League'이 재건 통치에 대한 반대 음모를 꾀하면서 유포시켰던 케케묵은 희화(정숙하게 자제할 능력이 없이 미친 듯 날뛰는 흑인들)를 재생산한 것이다.(백인 동맹은 강령에서 "백인종이 지배하는 곳의 흑인들은 평화롭고 행복하지만, 흑인이 지배하는 곳의 흑인들은 굶주리고 억압받는다."고 선언하였다. 또 "우리 주의 일을 관할하는 정부에서, 우월한 책임, 우월한 숫자, 우월한 지성에 의하여 응당 우리에게 주어진 올바르고 정당한 우월성"을 회복하겠다고 다짐했다.)(61) 실제로 일부 베테랑 민권운동가들은 1874년의 캐널 스트리트 전투가 다시 벌어질까 두려워하고 있다. 이는 흑인들이 투표에 참여하여 선출된 공화당 정부에 동맹이 조직적으로 반기를 든 피비린내 나는 폭동이었다. 아마 옛날처럼 창과 총을 들고 덤비지는 않겠지만, 뉴올리언스 흑인들의 경제적·정치적 힘을 박탈하려는 근본주의적 목표는 똑같을 것이다. 분명히 도시 내 인종적 세력 균형의 전면적 변환은 일부 인사들이 오랫동안 품어 온 의제였다.

뉴올리언스 재배치의 배후 세력들

"내가 원하는 것이 있으면, 나는 그대로 명령한다."

─코머스 크루Comus Krewe의 표어

　뉴올리언스에서의 권력과 지위는 언제나 비밀스런 마디그라 "크루"＊와 사교 클럽의 멤버십으로 규정되었다. 이런 사교 클럽의 맨 꼭대기에는 '코머스 크루'와 보스턴 클럽, 루이지애나 클럽이 있었다. 역사가 존 배리John Barry는 "뉴올리언스는 아마 미국의 어느 곳보다도 내부인들의 비밀스런 결사에 의해 운영되는 도시였을[일] 것이다. (…) 이 내부인들은 마치 반투명 거울 뒤에 숨어서 보는 것처럼 모든 것을 감시하고 판단하고 결정했다."(9)

　1990년대 초에 괄괄한 지방의회 의원 도로시 메이 테일러 Dorothy Mae Taylor를 위시한 민권운동가들은 마침내 마디그라에서 명목상의 인종차별 철폐를 이끌어 냈고, 일부 클럽들은 아프리카계 미국인 백만장자 몇 명의 입회를 마지못해 받아들였다. (흑백을 통합하느니 차라리 퍼레이드를 관둔 코머스처럼) 타협을 거부한 일부 보수파들이 있었지만, 업타운의 기득권층은 (속마음은 어땠든 간에) 흑인의 정치적 영향력이라는 현실에 적응하는 듯했다.(61) 그러나 카트리나 이후에 벌어진 사건들을 통해 난폭하게 분명해

＊ krewe, 지역 축제나 퍼레이드를 후원하고 준비하는 단체를 말한다. 그중 대표적인 것이 해마다 재의 수요일 전날에 열리는 뉴올리언스의 마디그라 축제를 후원하는 "크루"다. 이 중에는 역사가 매우 오래된 것도 있는데 일례로 '코머스 크루'는 19세기 초까지 거슬러 올라간다.

졌듯이, 과두정이 죽자 다음 과두정이 그 자리를 승계했다.

혹인 선출직 공직자들이 주변부에서 무기력하게 항의하는 동안, 백인 엘리트들은 도시를 어떻게 재건할 것인가에 대한 논의의 지배권을 빼앗아 왔다. 이 사실상의 지배 크루들을 열거하자면, 뉴올리언스 『타임스 피커윤』지의 주필인 짐 아모스Jim Amoss를 비롯해, 재개발 업자이자 신도시주의 후원자인 프레스 카바코프 Pres Kabacoff, 조선소 소유주이자 부시 추종자로 유명한 도널드 볼린저Donald Bollinger, 부동산 투자가이며 '광역 대중 교통국(RTA)' 국장인 제임스 리스(참고로 이 사람은 주민들을 대피시킬 버스를 대지 않은 데 책임이 있는 인물이다.) 혹인이 소유한 가장 큰 규모의 은행 중 한 곳의 최고경영자인 올던 맥도널드 주니어Alden McDonald Jr., (애초에 업타운 엘리트들이 휴이 롱▪의 대중주의에 반대하여 설립한) 정부 조사국Bureau of Government Research의 재닛 하워드Janet Howard, 호전적인 야심가인 튤레인 대학 총장 스콧 코웬Scott Cowen 등이 있다.

그러나 이들을 지배하는 우두머리는 바로 부유한 부동산 개발 업자인 조지프 카니자로Joseph Canizaro다. 카니자로는 부시의 주요 후원자 중 한 명으로 백악관 측근 그룹과 개인적으로 긴밀한 연줄이 있다. 카니자로는 또 내긴 시장 막후의 실력자이기도 하다. 내긴은 2000년 대선 때 부시를 지지했던 유명무실한 민주당

▪ Huey Long, 1893~1935. 미국의 정치가로 루이지애나 주지사와 상원의원을 지냈다. 현란한 선동가였으며 빈민을 위한 포퓰리즘적 복지 정책으로 대공황기에 큰 인기를 누렸지만 독재적인 정치 스타일로 정적을 많이 양산했고, 결국 암살로 생을 마감했다.

원으로, 2002년 백인들로부터 85퍼센트의 몰표를 얻어 시장으로 당선된 바 있다. 도시토지연구소Urban Land Institute의 소장을 지낸 적이 있는 카니자로는 결국 전국에서 가장 힘 있는 개발 업자들과 유명한 도시계획 전문가들의 지원을 동원해 냈다.

유서 깊은 부자들이 앤 라이스의 뱀파이어처럼 은둔해 지내는 도시에서, 카니자로는 쓰라리지만 피할 수 없는 진실을 서슴없이 내뱉는 시의 용감한 지도급 인사로 자리매김했다. 작년 10월, 카니자로는 카트리나 때문에 주민들이 뿔뿔이 흩어진 것과 관련하여 에이피 통신에 이렇게 말했다.

"실용적 관점에서 볼 때, 그 가난한 사람들은 과거에 우리 도시를 떠날 수단이 없었던 것과 마찬가지로 지금 우리 도시로 다시 돌아올 수단도 없다. 그러므로 모든 사람이 돌아올 수는 없을 것이다. 이것은 단순한 사실이다."(6)

실제로 카니자로가 지금 세력을 떨치는 도그마를 건설하는 데 기여한 것 역시 "사실"이다. 타지로 흩어졌다가 도시로 복귀하는 주민의 숫자는 그들에게 주어질 자원과 기회에 따라서 변화할 여지가 큰 함수임이 분명하다. 하지만 지금 이루어지는 재건 논의는, 이 도시가 앞으로 3년 후에 2005년 8월 인구의 절반 수준만 회복한다는 수상쩍은 계획안(이 수치는 랜드연구소에서 내놓고 내긴 과 카니자로가 수도 없이 반복하였다.)을 전제로 하고 있다.

많은 뉴올리언스 사람들은 이 계획안도 실제 목표가 아닐 것이라고 냉소적으로 의심하고 있다. 카니자로와 리스와 카바코프 같은 부류들이 도시에 "우글대는 하층민들과 그 때문에 높아진 범죄율", 그리고 공공 주택 입주민의 비율과 유기되고 버려진 집들의 확산에 대해 오래 전부터 불평해 왔기 때문이다.(145) 교외에 위치한 제퍼슨 패리시와 세인트태머니 패리시로 백인들이 탈출한 데다 지난 30년에 걸쳐 도시의 산업이 축소되면서 경제가 위축되자(이로써 뉴올리언스는 휴스턴과 애틀랜타보다 뉴어크에 더 가까운 경제 구조를 띠게 되었다.), 그들은 도시가 교육 수준이 낮고 불완전 고용된 아프리카계 미국인을 수용한 인간 창고가 되었으며, 다른 도시로 가는 그레이하운드 버스 티켓이야말로 그들의 진정한 이익에 더 부합할 것이라고 주장했다. 2003년에 카바코프는 "도시를 튼튼하게 만들려면 가난을 분산시키고 부를 집중시켜야 한다. 그런데 뉴올리언스에서 우리는 가난을 집중시키고 부를 분산시키고 있다."고 주장했다.(146)

이들 엘리트의 시각에서 보았을 때, 카트리나는 뉴올리언스가 빈곤의 짐에서 벗어나 부흥할 수 있는 거의 이상적인 기회를 마련해 주었다. 한 부동산 재벌은 유럽에서 온 기자에게, "허리케인이 범죄와 가난한 사람들을 도시 바깥으로 몰아내 주었다. 우리는 빈민들이 다시 돌아오지 않기를 바란다. 범죄자와 빈민을 위한 파티는 끝났다. 이제 그들은 다른 데서 살 곳을 찾아야 할 것"이라고 의기양양하게 말했다.(59) 카니자로와 카바코프는 이처럼 노골적인 표현을 쓰지는 않았지만, 둘 다 세인트토머스(로어 가든 지구)와 (프렌치 쿼터 건너편에 있는) 아이버빌의 중심부에 자리 잡은 오래된 공공 주택 단지를 없애고, 그 자리에 다양한 소득 계층이 혼합된 신도시주의 경향의 주택 단지를 들이려는 계획을 오랫동안 도모해 왔다. 확실히 도시 재활성화에는 거추장스러운 빈민들을 선별해 내는 작업이 수반된다.

2003년에 카바코프가 세인트토머스의 공공 주택 지구를 가짜 크리올풍 주택 단지인 리버 가든으로 재개발하여 시장 가격으로 분양한 예는, (도시계획위원회 위원장인 카니자로와) 내긴 시장의 '뉴올리언스 되찾기' 위원회에서 건설을 제안한, 좀 더 규모가 작고 부유하고 백인 위주인 도시의 모범 사례가 되었다. 11월에 『타임스 피커윤』은 "레이 내긴 시장은 그가 흔히 하는 즉석 대중 연설을 통해, 신도시주의의 브랜드를 단 리버 가든이야말로 '빅 이지'에서 곧 철거될 구역의 재건축 모델이 되어야 한다고 제안했다."고 보도했다. 알폰소 잭슨Alphonso Jackson 주택도시개발부 장관 역시 내긴 시장의 주장을 받아, 침수된 공공 주택들을 철거한 자리의 재건축 모델은 리버 가든이 될 것이라고 말했다.(102)

세인트토머스는 오랜 저항 끝에 결국 지난 2000년 철거되었고 이곳의 세입자 천7백 명은 다른 지역으로 이주되었다. 연방 HOPE VI 프로그램* 기금으로 건설된 리버 가든은, 다루기 힘든 흑인 빈민 집단을 분쇄하는 클린턴 시대의 접근법을 상징하였다. 그것은 공공 주택을 불도저로 밀어 버린 다음 주민들에게 주택 바우처를 쥐여 주고 '권한을 부여하여' 도시 다른 지역(흔히 더욱 빈곤한 지구의 더욱 열악한 주택)으로 이주하게끔 만드는 것이다. 원

---

* Housing Opportunities for People Everywhere, 저소득층이 밀집 거주하는 낙후된 공공 임대 주택을 소득 계층이 혼합된 형태로 재개발하고, 기존 세입자에게 바우처를 지급해 인근 저빈곤 지역으로 이주시키는 것을 의도한 프로그램. 1992년부터 미국 주택개발부에서 추진하고 있다.

래 HOPE VI는 공공 주택을 일 대 일로 교체해 주는 프로그램으로 설계되었지만, 곧 카바코프처럼 정치적 연줄이 닿는 개발 업자들에게 엄청난 개발 잠재력을 지닌 부지에 접근할 권한을 넘겨주는 은밀한 재개발 전략으로 탈바꿈했다.(전국적으로 HOPE VI로 인해 총 5만 가구의 저렴한 주택이 사라진 것으로 추정된다.)(121) 리버 가든의 경우 원래 세입자 중 국가에서 보조하는 주택의 입주 기준에 부합하는 사람은 극소수에 불과했으며, 인접한 로어 가든 지구의 땅값은 폭등했다.

리버 가든의 신도시주의 근저에는, 대를 이은 "빈곤의 문화"에 갇혀 있으며 자기 개선의 능력이 없는 저소득 흑인 지구가, 공적 투자만 소모하고 의미 있는 사회적 자본을 창출하지 못한다는 독선적인 고정관념이 자리 잡고 있다. 만약 비버리힐스에서 전체 주택의 10퍼센트 내지 30퍼센트를 저소득층에 할당한다면 그것은 혁명적 처사겠지만, 뉴올리언스의 주택 계획이라는 맥락에서 "다양한 소득 계층의 혼합mixed-income"이란 곧 대량 퇴거를 의미한다. 이를 완화하는 길은 약자인 (빅토리아시대 용어를 쓰자면) "구제할 가치가 있는 빈민들deserving poor"을 위한 신규 주택뿐이다. 카바코프는 가난한 세입자의 비율을 낮게 묶어 놓는 것이 재건축된 지구의 발전성을 보장하는 필수 조건이라고 열심히 주장하고 있다. "(가난한 모자 가정을 위한) 저렴한 주택이 30퍼센트면 한계에 근접한 것이다."(94) 다.

도시의 계획적 축소

"대규모 레드라이닝은 대대적인 토지 약탈 행위를 은폐하기 위한 조처다."

―마크 모리얼Mark Morial 전 뉴올리언스 시장

BNOB('뉴올리언스 되찾기Bring New Orleans Back'의 어색한 약어)는, 1946년의 유명한 "콜드 워터 위원회Cold Water Committee" 이후로 뉴올리언스의 엘리트들이 주도한 가장 중요한 운동일 것이다. (카바코프의 부친 역시 그 일원이었던) "콜드 워터 위원회"는 뉴올리언스를 오랫동안 지배해 온 정치 세력인 "올드 레귤러"*를 타도하고 개혁가인 드레셉스 모리슨deLesseps Morrison을 시장으로 선출하기 위해 소집된 것이었다. BNOB는 내긴 시장과 ("40인의 도둑"이란 별명이 붙은) 뉴올리언스 기업 대표들의 악명 높은 회동에서 비롯되었다. 이 모임은 카트리나가 도시를 초토화하고 12일 뒤에 리스가 댈러스에서 주선한 것이다. 뉴올리언스에서 선출된 흑인 의원들은 이 수뇌 회동에서 대부분 배제되었다. 리스가 『월스트리트 저널』에 말한 표현을 빌면, 이 자리에서 논의의 초점은 "좀 더 서비스가 훌륭하고 가난한 사람들이 적은" 도시 재건 기회에 맞추어졌다고 한다.(34)

9월 말에 시장은 시를 재건할 종합 계획을 준비하는 임무를

---

* Old Regulars, 뉴올리언스의 보수 정치조직인 정규민주당기구Regular Democratic Organization의 별명이다. 130년의 역사를 지니고 있으며 1960년대에 민주당이 진보적 방향으로 전환하면서 영향력이 급속히 줄어들었다.

BNOB에 맡겼고, 시에서 쿠데타가 진행 중이라는 우려는 수그러들지 않았다. 총 17명의 위원으로 구성된 위원회는 인종적 안배가 이루어져 있었고 시의회 의장인 올리버 토머스Oliver Thomas와 재즈 뮤지션인 윈튼 마살리스(Wynton Marsalis, 윈튼은 맨해튼에 머물면서 컴퓨터로 재택 근무했다.)도 여기 포함되어 있었지만, 진짜 영향력은 분과 위원회 위원장들, 특히 카니자로(도시 계획), 코웬(교육), 하워드(재정)의 손아귀에 들어 있었다. 위원장들은 매주 소집되는 위원회의 정규 회의가 시작되기 전에 시장과 사적으로 점심을 함께했다. 이처럼 내밀한 재가가 필요했던 이유는, 전원이 참석한 회의에서는 "민감한 인종과 계급 이슈"에 대해 솔직한 토론이 불가능했기 때문이라고 전해졌다.(127)

카니자로의 발 빠른 행보가 아니었더라면 BNOB는 곧 해체되었을 것이다. 카니자로는 도시토지연구소(ULI)를 초청해서 위원회와 같이 일하도록 내긴을 설득했다. 과거 카니자로는 세인트토머스 주민들에게 HOPE VI 기금을 청구하도록 종용하는 데 도시토지연구소를 끌어들인 적이 있으며, 결국 이는 카바코프의 리버가든 재개발과 세입자들 대부분의 퇴거로 이어졌다. 도시토지연구소는 기업과 토지 개발 업자들의 목소리를 전국적으로 대변하는 이익단체인데도, 내긴과 카니자로는 개발 업자와 건축가와 전직 시장들의 대표단을 마치 도시를 구하기 위해 말 달려온 전문가 영웅들의 기병대를 맞이하듯 쌍수를 들고 환영했다. 요약하면 도시토지연구소의 권고는 엘리트들의 역사적인 숙원을 재구성한 것이었다. 그것은 곧 도시에서 흑인 빈민들(과 흑인 정치권력)의 사회경제적 족적(흑인 주민들의 물리적 족적을 그에 상응하는 공공 안전 및 도시 기반 시설로 구현하기 위해 그들이 들인 노력)을 축소하는 것을 말했다.

이런 미심쩍은 전제하에, (미국에서 가장 큰 부동산 회사들의 대표와 기업 소속 건축가들로 구성된) 외부 "전문가"들은 미국 도시에서 전례가 없는 수준의 구역 선별 작업을 제안했다. 그러면 저지대 인근의 주거지는 대규모 매수 대상으로 전락하여 뉴올리언스를 침수에서 보호하기 위한 그린벨트로 전환될 것이다. 외지에서 온 한 개발 업자가 BNOB에 말했듯이, "이 집들은 이제 공적 자산이다. 더는 이를 사유 재산으로 취급할 수 없다."(25)

대중적 저항을 피할 수 없음을 예민하게 의식한 도시토지연구소는, '초승달도시재건축공사Crescent City Rebuilding Corporation'를 제안하기도 했다. 이 공사는 토지 수용권과 시 재정을 감독할 권한을 지닌 감시 위원회를 갖추어 시의회를 무시하고 일을 추진할 수 있었다. 이미 뉴올리언스 학교에 대한 통제권도 주 정부에 빼앗긴 상황에서, 도시토지연구소의 제안대로 전문가 및 엘리트가 지명한 인사들이 독재를 행한다면 대의민주주의는 사실상 무너지고 지역 주민들이 자기 삶에 대해 결정할 권리 역시 무위로 돌아갈 터였다. 1960년대 민권운동의 주역들이 보기에 이는 말 그대로 공민권을 박탈하고 식민지 시대의 권위주의paternalism로 회귀하는 낌새를 역력히 풍겼다.

시의회는 도시토지연구소의 계획을 완강히 거부했다. 놀랄 만큼 많은 수의 백인 주택 소유주들과 그 대의원들이 시의회 입장을 지지했다. 내긴 시장(실로 그는 뜨거운 양철 지붕 위의 고양이였다.)
은 양 진영 사이에서 조바심을 내며 오락가락 춤을 췄다. 그 어떤
지역도 포기하지 않겠노라 공언하는가 하면 시에서 모든 지역에
봉사할 여력이 없다고 통보하는 등, 한 입으로 두 말을 하고 다녔
다. 그러나 알폰소 잭슨 주택도시개발부 장관을 비롯한 주 정부
와 중앙 정부의 관료들은 도시토지연구소의 계획에 박수를 보냈
다. 『타임스 피커윤』의 사설란과 막강한 영향력을 지닌 정부조사
국도 이에 동참했고, 미국기업연구소American Enterprise Institute의
제임스 글래스먼(James Glassman, "이들 지역은 늪지로 되돌려야 한
다.")과 헤리티지 재단의 론 우트(Ron Utt, "뉴올리언스를 더 발전 가능
성이 있는 원래의 핵심으로 복귀시키는 데 대해 생각해 보아야 하지 않겠는
가?"), 맨해튼연구소의 니콜 젤리너스(Nicole Gelinas, "나는 선출된 교
육 위원회의 구조 전체를 해체해야 한다고 본다.") 같은 워싱턴의 정상
배들도 지지를 보냈다.(13) 뉴올리언스는 마치 미국 내의 아이티
처럼 실패한 국가 취급을 받았다.

이처럼 재산가, 신문 주필, 정책 전문가, 심지어 뉴올리언스의
축소에 찬성하는 환경 단체와 남부 각주에 산재한 그 풀뿌리 회
원들까지 가세한 막강한 연합이 형성되자, (지역 교회, 노조, 그리고
에이콘(ACORN)▪ 같은 활동가 그룹 등) 도시토지연구소에 반대하는
이들은 자신들의 목소리를 전달하는 데 대단히 큰 어려움을 겪었

▪ 개혁을 위한 지역 공동체 연대Association of Community Organization for Reform Now,
ACORN. 미국의 대표적인 지역 주민 운동 단체로 30년 이상의 역사와 35만 명의 회원을 가지고
있다.

다. 『타임스 피커윤』과 메이저 전국 신문들은, 선출된 시의회의 무책임과 무질서냐, 아니면 카니자로와 도시토지연구소 원로들의 지혜냐를 놓고 뉴올리언스가 선택의 기로에 놓여 있다고 혹독하게 훈계했다. 그러나 위원회가 최종 보고서 작업을 한 12월 내내, 시의 재개발을 처음 선동한 당사자들은 혹시라도 BNOB가 여론에 몸을 숙이고 약한 모습을 보일까 봐 적지 않게 불안해했다.

크리스마스 직전에 정부조사국에서는 「현실적 개발 전략을 요구함」이라는 제목의 의견서를 발표했다. 이는 시 당국이 "시의 정확히 어느 부분을 언제 재건할지"를 결정하는 데 있어 물리적 · 인구 통계적 현실보다도 정치를 우선한다면 또다시 재난을 맞을 것이라고 경고하는 내용이었다. "시 당국이 처음부터 좀 더 집중된 지역으로 개발을 유도함으로써 시의 범위와 그 인구 분포 사이의 불일치에 역점을 두어 다루지 않는다면, 황폐하게 펼쳐진 넓은 지역의 중간 중간에 무작위적이고 산만한 개발이 이루어지게 될 것이다."(21)

1월에 카니자로가 발표한 BNOB의 권고 사항은 도시토지연구소가 제시한 틀을 충실하게 준수하였다. 이 중에는 (시의회의 통제를 받지 않는) 재개발 업체가 토지 개발 은행 역할을 하여 큰 피해를 입은 주택 및 구역들을 연방 기금으로 대량 매수하고, 저지대를 그린벨트로 전환하거나(이를 일러 "흑인 동네를 백인 공원으로 만든다."고 말하는 사람도 있었다.) "틈새in-fill" 부지를 다양한 소득 계층이 통합된 리버 가든풍의 주택 지구로 개발하며 이 과정에서 필요할 경우 토지 수용권을 행사한다는 내용이 들어 있었다.(17) 다른 위원회들은 선출된 정부 권한의 과격한 축소를 권고했다. 예컨대 기획 위원회의 결정을 시의회가 뒤엎을 수 있는 권한을 없애고, 세금 사정관은 7개의 선출직을 하나의 임명직으로 통합하고, 시의 재정 관리를 (1970년대 뉴욕을 호령했던 펠릭스 로하틴Felix Rohatyn의 자치체원조공사"처럼) 한 명의 은행가가 지배하는 감시위원회로 이관하는 등의 내용이었다.

어느 구역을 재건축하고 어느 구역을 철거할지를 어떻게 결정할 것인가 하는 중대한 질문에 대해, BNOB는 강제 매수에 동의했지만 시간이 지날수록 정확한 입장을 얼버무렸다. 정부조사국에서 바란 무자비한 계획 대신에, 카니자로와 그 동료들은 일시적으로 건설 유예 기간을 두고 지역 도시계획 회의를 열어 집주인들의 의견을 투표에 붙인다는 루브 골드버그""식 해결책을 제안했다. 만약 카트리나 이전에 거주하던 주민들의 절반 이상이 돌아올 의사를 표시한다면 그 지역은 지역개발보조금"""등의 재정 원조 후보로 진지하게 고려한다는 것이었다.

1월 11일, 카니자로는 공개 석상에서 내긴에게 보고서를 제출

" Municipal Assistance Corporation, MAC. 1975년 금융기관들이 뉴욕시의 채무 만기 연장을 거부하는 바람에 뉴욕시가 파산 위기에 몰렸을 때 이를 모면하기 위해 '자치체원조공사' 가 설립되었고, 금융가인 펠릭스 로하틴이 이 공사의 사장 자격으로 채권단과의 협상을 중재했다.
"" Rube Goldberg. 미국의 풍자만화가로, 밥을 떠서 입으로 가져가는 데 온갖 도르래와 줄을 동원하는 등 단순한 일을 해결하기 위한 대단히 복잡한 장치를 설계하였다.
""" Community Development Block Grant, CDBG. 중·저소득층에게 적정 수준의 주거를 보장해 주기 위한 포괄적 보조금으로, 세부적인 계획 수립 및 집행 권한은 지방 정부가 갖고 있으며 연방 정부에서는 감독 권한만을 가진다.

했다. 시장은 "계획이 마음에 든다."고 말하고 위원들에게 "일이 잘 되었다."고 칭찬했다. 『타임스 피커윤』은 (12월 27일자와 1월 15일자 사설란에서) "살던 동네를 없애 버린다는 생각은 많은 이들에게 불편하게 다가올 것이며 이는 충분히 이해할 만하지만, 카트리나의 여파로 이는 불가피할 것"이라고 장황하게 설교했다. 그러나 "그것이 뉴올리언스의 가치가 이전보다 줄어든다는 것을 의미하지는 않는다. 재건된 도시 역시 변함없는 매력을 자랑할 것"이라고 논설위원들은 덧붙였다.

그러나 지역 주민 대부분은 카니자로의 보고서에서 별다른 매력을 발견하지 못했다. 1월 14일 열린 주민 회의에는 많은 사람들이 모여들어 시 의사당을 꽉 메웠는데, 여기서 한 주민은 "엽총을 들고 집 대문 앞에 버티고 앉아 있을 것"이라고 경고했다. 또 다른 주민은 "일부 개발 업자, 사기꾼, 땅 도둑놈들이 우리 땅과 우리 집을 빼앗아 디즈니월드로 개조하도록 놔둘 것인가?" 하고 묻기도 했다. 충분히 예상할 수 있었던 일이지만, 당황한 내긴은 결국 건설 유예 기간을 둔다는 계획을 부인했다. 이윽고 백악관에서 베이커 계획안을 무위로 돌려 버리자, 뉴올리언스에 여남은 개의 리버 가든을 추가로 건설하여 이들을 고속 경철도로 묶는다는 BNOB의 야심찬 비전을 지원할 예산은 주 정부의 통제를 받는 지역개발보조금밖에 남지 않게 되었다.

그러나 카니자로는 심하게 낙담한 것 같지는 않았다. 카니자로는 후원자들에게, 필요하다면 지역개발보조금만 가지고도 ULI/BNOB 계획을 추진할 수 있다고 재차 확언했다. 게다가 카니자로는 지역의 정치적 분위기와 상관없이, 레드라이닝 조치가 취해진 지구에 살던 주민들의 귀향을 막는 막강한 외부적 힘(예컨대 그들은 보험 적용이 안 되었고, 연방재난관리청에서 갱신한 홍수 지도상의 침수 구역에 이들 지역이 포함되었으며, 대출 기관들은 담보 대출의 재융자를 거부했다.)이 존재한다는 것을 알고 있었다. 더욱이 현대 루이지애나의 현실 정치에 정통한 사람이라면 알겠지만, 배턴루지의 몇몇 '굿 올 보이(와 걸)'*들이 한마디 하기 전까지 뉴올리언스에서는 아무것도 최종적으로 결정되지 않는다.

권력 이동

"우리는 토지 강탈과 권력 강탈이 함께 진행되고 있음을 우려하고 있다."
—미국유색인지위향상협회(NAACP)(53)

악취가 풍기는 물에서 퉁퉁 불어 오른 시신들을 다 건져 내기도 전에, 보수적 정치 분석가들은 벌써 루이지애나 흑인 민주당 권력의 죽음을 기쁘게 선언하는 글을 쓰고 있었다. 헤리티지 재단의 로널드 우트는 "민주당이 승리한 표 차는 지금 휴스턴의 애스트로 돔(카트리나 이재민들이 수용된 대형 경기장. 옮긴이) 안에 모여 있다."고 말했다. 신이 나서 새로운 셈법을 들이민 이들도 있었

---

* good ol' boy, 지연·혈연 등으로 서로 얽혀 있으며 인종차별 성향을 띤 남부 촌놈들, 특히 남자들을 가리키는 말이지만 주지사가 여성이기 때문에 저자가 비꼬는 의미로 '걸girl'을 덧붙였다. 이 글에서는 루이지애나 지방 정계의 고위층에 포진한 토호들을 가리키고 있다.

다. 뉴올리언스에서 나인스 워드를 빼면, 메리 랜드류 상원 의원을 비롯한 수많은 대소 민주당 인사들은 실업자가 될 것이라는 계산이었다.(53) 공병대의 제방 결함 덕택에, 공화당은 상원 한 석과 하원 두 석, 아마도 주지사 자리 하나를 더 챙기게 될 것 같다. 또 민주당은 1992년에 빌 클린턴이 정확히 뉴올리언스에서 승리한 만큼의 표 차를 가지고 루이지애나를 채 갔던 묘기를 재연하기가 불가능해진 것 같다. 칼 로브 같은 무자비한 선거 공학자들이 백악관에 버티고 있는 마당에, 도시 재난에 대한 부시의 뻔뻔스런 대응에 그런 계산이 영향을 미치지 않았으리라고는 도저히 생각할 수 없다.

하지만 이런 마키아벨리적 축배는 주 정부가 있는 배턴루지에서도 예외가 아니었다. 시골인 르콩트가 지역구이고 민주당 내 보수파인 찰리 드위트Charlie DeWitt 하원의원은 캘리포니아에서 온 기자에게 들뜬 얼굴로 이렇게 말했다.

"이 주는 정치적으로 완전히 바뀌었다. 내 생각에는 남부에서 가장 보수적인 주 축에 끼게 될 것 같다."

슈리브포트 출신의 정치 분석가는 이렇게 덧붙였다.

"선량한 사람들마저도 뉴올리언스의 재건에 도움의 손길을 내밀지 않은 채 가만히 뒤로 물러서 있다. 주위에 보이는 거라고는 온통 숨죽여 웃으며 눈짓을 보내거나 고개를 끄덕이는 사람들뿐이다."(8)

아마도 "숨죽여 웃으며 눈짓을 보내는" 사람들 중 일부는 패리시 경계 바로 건너편에 살고 있을 것이다. 흑인 도심에 대한 백인 교외의 폭력적인 반감으로 따지면 뉴올리언스는 언제나 디트로이트와 수위를 다투어 왔으므로, (1989년에 케이케이케이 단장인 데이비드 듀크를 주 의원으로 뽑았던) 제퍼슨 패리시와 세인트태머니 패리시의 대의원들이 카트리나 이후에 도심 인구 구성과 선거 권력이 이동하는 상황을 내심 즐기고 있는 것은 놀라운 일이 아니다. 지금 두 패리시에서는 주택 붐이 한창인데, 이는 뉴올리언스의 공동화와 쇠퇴를 더욱 강화할 것이다. 예를 들어 지난 12월에 캘리포니아의 대규모 주택 건설 업체 케이비 홈스는, 쇼 그룹과 동업 계약을 맺고 제퍼슨 패리시의 웨스트 뱅크에 2만 가구를 건설하는 사업의 제1단계에 착수하겠다고 발표했다. 이는 침수로 파손된 강 건너 화이트칼라 거주지의 재건축 선취권을 따내기 위한 수순임이 명백하다. 또 폰차트레인 호수 건너편에서도 향후 몇 년 내에 인구가 30퍼센트까지 솟구칠 것으로 예측된 세인트태머니의 "필사의 (부동산) 시장"을 놓고 "먹잇감을 먼저 물어뜯으려는 광란"이 펼쳐졌다.(63) 마찬가지로 이미 빈 방을 찾기 힘든 배턴루지에서도, 하류 쪽에서 올라온 수만 명의 이주민을 수용할 택지와 아파트와 사무실을 짓느라 분주하다.

민주당 소속의 블랑코 주지사로 말할 것 같으면, 그녀는 루이지애나 대도시 지역의 이런 근본적인 재구성에 거의 관심을 표하지 않았다. 실제로 카트리나에 대해 블랑코가 즉각 내놓은 대응은 부시와 비슷하게도, 뉴올리언스의 공립학교들을 주 관할로 이전시키는 계획을 거들고, 주 정부 지출을 5억 달러 감축하는 한편, 수익이 넘쳐 나는 석유 회사들에게 (경기 회복을 위한다는 명목으로) 세금 우대 혜택을 주는 것이었다. 흑인 의원 모임은 "비전과 리더십을 완전히 결여"한 블랑코의 처사에 분개했고, 의원들과 상의 없이 예산을 삭감할 권한에 이의를 제기하여 재판정까지 갔다. 그러나 시골의 보수주의자들과 기업 로비스트의 지원을 받는 블랑코는, 자기가 왕년에 지지를 호소했던 흑인 민주당 의원들에게 비타협적인 데다 심지어 대놓고 적대적인 태도를 고수했다. 흑인 의원 모임의 의장인 세드릭 리치먼드(Cedric Richmond, 민주당, 뉴올리언스) 하원의원은, 이 대결 국면을 카트리나 이후 정치적 재편이 이루어지고 있다는 증거로 해석했다.

"행정부가 오른편으로 이동하고 있는 듯 보인다."

그러나 세드릭은 흑인 의원 모임이 "목소리를 무시당한 사람들을 대신하여 발언을 계속할 것"이라고 약속했다. "목소리를 무시당한 사람들이란 가난한 이들을 말한다. 아프리카계 미국인만이 아니라, 주 전역의 가난한 사람들 전부를 가리키는 것이다."(8)

그러나 루이지애나 경제회복국(LRA) 안에 가난한 사람들의 목소리는 없다. 블랑코가 임명한 대학 총장들과 기업인들로 구성된 이 패거리는, 뉴올리언스의 흑인 유권자들과 그들이 뽑은 대의원에게 카니자로의 크루보다도 더 빚진 것이 없다. 대기업 대표들이 지배하는 경제회복국 위원회의 멤버 29명 중에는 노조 지도자가 딱 한 명 들어가 있고, 풀뿌리 흑인을 대표하는 위원은 단 한 명도 없다. 게다가 내긴 시장의 위원회와 달리 경제회복국은 단순한 조언자 역할만 하는 것이 아니라 결정 권한까지 쥐고 있다. 이 위원회는 의회에서 재건을 위해 조달한 연방재난관리청 기금과 지역개발보조금의 배분을 통제한다.

『타임스 피커윤』의 인터뷰에 따르면, 경제회복국의 주요 멤버들은 경제적 유인을 억제하기만 해도 도시토지연구소가 제안한 밑그림대로 도시가 축소될 것이라 여기고 있다.(129) 그래서 경제회복국은 안전하지 않다고 여겨지는 지역에 재해 완화 기금 지급을 일체 거부했고, 아마 지역개발보조금을 할당하는 데도 똑같이 완고한 태도로 나올 것이다. 의회 특별 회기에서 블랑코 주지사는, 보조금과 융자금의 용처를 결정할 권한을 지방 정부나 지구 기획위원회가 아닌 주 정부가 보유해야 한다고 강조했다. 블랑코는 지역개발보조금 중에서 44억 달러를 따로 떼어 주 전역의 주택 소유주들을 지원하는 데 쓰고, 10억 달러는 저렴한 주택에 투자하기를 희망한다고 발표했다. 그렇게 하고 남은 돈은 뉴올리언스를 재건하는 데는 턱없이 적고, 해안에 면하여 큰 피해를 입은 여남은 개 패리시의 상처를 치유하는 데는 더더욱 부족한 액수다. 연방 정부의 추가 원조가 없는 상황에서, 시골 및 교외 지역 의원들이 좌지우지하는 선별 작업의 위협이 도시 전체에 불길하게 드리워져 있다. 배턴루지의 광고 회사 중역이자 경제회복국 위원인 션 라일리Sean Reilly는 『뉴욕타임스』(1월 8일자)에 이렇게 말했다.

"누군가는 일어나서 진실을 말하는 악역을 맡아야 한다. 뉴올리언스의 모든 지구가 탈 없이 복구될 수는 없을 것이다."

그러나 엘리트들은 로큰롤 가수 팻츠 도미노Fats Domino라는 변수를 간과했다.

언제까지 나약하게 대처할 것인가?

"이제 뉴올리언스를 지키는 투쟁은 블록별로, 가구별로 싸우는 게릴라전이 되었다."

—에이콘(ACORN) 창립자 웨이드 래스키Wade Rathke(124)

침수 피해를 입었지만 구조는 건재한 수백 가구들이 그러하듯, 팻츠 도미노의 집 밖에도 "우리 동네를 구하자. 불도저는 안 돼!"라는 도전적인 문구가 걸려 있다. 뉴올리언스 홀리 크로스의 노동계급 동네라는 자신의 뿌리 곁에 언제나 머물렀던 이 리듬앤블루스(R&B) 음악의 선구자는, 강변의 자기 동네를 포함한 로어 나인스 워드 전체가 도시를 축소하려는 자들의 첫 번째 목표물이라는 사실을 알고 있다. 실제로 크리스마스 당일 『타임스 피커윤』은 ("커뮤니티를 재건하기 이전에 우선 꿈을 꾸어야 한다"고 선언하면서) 더 작아졌지만 더 나아진 뉴올리언스가 어떤 모습을 띠게 될지 미리 예측해 보는 기사를 실었다.

"관광객과 초등학교 학생들이 과거 팻츠 도미노의 집과 성십자가 고등학교 터가 남아 있는 살아 있는 박물관을 둘러본다. 몇 블록에 걸친 황폐화된 지구가 이제 카트리나 기념관이 되었다."(26)

"살아 있는 박물관"(혹은 한 흑인 친구의 신랄한 논평에 따르면 "홀로코스트 박물관")이라니 마치 악랄한 농담처럼 들리지만, 이것이야말로 아프리카계 미국인들의 뉴올리언스가 가야 할 미래를 보는 엘리트들의 시각이다. 카니자로와 카바코프의 멋진 신도시주의 세계에서 흑인(과 역시 유색인종 소수자 그룹인 케이준)들은 엔터테이너와 구경거리로만 명맥을 유지할 수 있다. 한때 주크박스가 놓인 술집들과 공공 주택 단지와 세컨드 라인 퍼레이드▪를 뒤흔들었던 격렬한 에너지는, 이제 센트럴 비즈니스 지구에 들어설 '루이지애나 음악 체험장'에서 안전하게 방부 처리된 채로 관광객들에게 선보일 것이다.

그러나 이 '민스트럴 쇼'▪▪식의 미래를 실현하려면, 먼저 이 지역의 놀라운 풀뿌리 조직화의 역사를 무너뜨려야 할 것이다. 이 '초승달 도시'▪▪▪의 (최소한 주류 언론에서는) 가장 알려지지 않은 비밀은, 바로 1990년대 중반 이후 이 지역에서 노동조합과 지역 공동체 조직이 부활했다는 사실이다. 실제로 남부에서 총파업을 선언할 수 있을 정도로 노동운동이 강력한 유일한 도시인(4) 뉴올리언스는 새로운 사회운동의 중요한 용광로가 되었다. 특히 이곳은 노동계급 주택 소유주와 세입자들의 전국 조직인 에이콘(ACORN)의 본거지로, 뉴올리언스에만 회원이 9천 가구 이상이고 그중 대다수는 선별 작업의 위협을 받고 있는 흑인 지구에 모여 있다. 시내 중심가 호텔의 노동자들이 노조를 결성하기 위해 십

▪ 뉴올리언스 흑인들이 장례식이나 퍼레이드 등의 행사를 벌일 때, 행사의 공식 참가자 외에 두 번째 줄에서 악기를 들고 자유롭게 뒤따르는 행렬을 말한다.
▪▪ minstrel-show, 백인이 흑인처럼 분장해서 춤을 추고 노래를 부르는 쇼.
▪▪▪ Crescent City, 미시시피 강이 도시 주위를 둘러싸고 돌아가는 모양이 초승달과 닮았다고 하여 뉴올리언스에 붙은 별명.

여 년이나 격렬한 투쟁을 지속하고, 2002년에 전국 최초로 시정부 차원에서 최저임금을 법제화하기 위한 주민 투표를 성공적으로 이끌어 낸(나중에 우익 성향의 주 대법원이 이를 뒤집어엎었다.) 동력의 배후에는 바로 에이콘 회원들이 있었다. 카트리나 이후에 에이콘은 도시를 축소한다는 ULI/BNOB 계획의 주요 반대 세력으로 떠올랐다. 에이콘 회원들은 예전에 호텔 노조 결성과 최저임금에 반대했던 바로 그 엘리트 인사들과 또다시 싸우게 된 것이다.

에이콘의 창립자인 웨이드 래스키는 흑인 대다수가 도시를 포기할 것이라는 랜드연구소의 전망에 코웃음을 치고 있다. 지난 1월에 그는 뉴올리언스의 명물 카페 뒤 몽드du Monde에서 이곳의 명물 도넛 '베녜이beignet'를 먹으면서 내게 이렇게 말했다.

"그런 엉터리 통계를 믿지 마세요. 우리가 휴스턴과 애틀랜타에 쫓겨 나가 있는 회원들을 대상으로 설문 조사를 해 봤는데, 돌아오고 싶다는 의견이 압도적으로 많았답니다. 하지만 이것이 힘든 투쟁이 될 거라는 사실은 그분들도 알고 있어요. 집을 복구하면서 일자리도 되찾아야 하고, 동시에 두 개의 전선에서 싸워야 하니까요. 또 이건 시간과의 싸움이기도 해요. 뿌린 만큼 거둔다는 게 힘든 점이죠. 그래서 우리 회원들은 발을 놀려 의사를 표시하고 있어요."

에이콘 회원들은 지역개발보조금이나 재난관리청의 홍수 지도 갱신이나 카니자로의 허가를 기다리지 않는다. 현재 에이콘의 스태프와 전국에서 모인 자원 활동가들은 가장 위협받는 지역에 위치한 1천여 회원 가구들의 집을 수리하기 위해 밤낮으로 일하고 있다. 이는 도시를 축소하려는 세력에 대해, 동네의 핵심부가 이미 다시금 주민들로 채워지고 있으며 생명력을 회복하고 있다는 부인할 수 없는 사실을 들이대며 맞서려는 전략이다.

에이콘은 미국노동총연맹-산별노조협의회(AFL-CIO) 및 전미유색인종지위향상협회(NAACP)와 동맹을 맺고, 복구 현장에서 노동자들의 권리를 존중하고 지역 주민들을 고용하라는 압력을 넣고 있다. 1981년 레이건 대통령이 파업한 항공 관제사들을 해고한 이후, 노조에 대한 가장 잔인한 공세가 정부의 지원하에 진행 중이며 카트리나는 이 탄압의 구실이 되고 있다고 래스키는 지적했다. "첫째가 〔연방 정부에서 시중 임금을 보장하는 내용의〕 데이비드·베이컨 법을 유보한 것이고, 둘째가 공립학교를 주 정부에서 인수하고 교사 노조를 분쇄한 것이고, 셋째가 바로 저겁니다." 그는 덜덜거리면서 잭슨 스퀘어를 지나가는 낡은 녹색 청소 트럭을 가리키면서 말했다.

"원래 프렌치 쿼터의 쓰레기 수거 작업은 서비스노조연맹(SEIU)에 소속된 시 정규직 노동자들의 일이었어요. 그런데 지금 연방재난관리청은 이 일을 외지의 악덕 회사들과 계약했습니다. '뉴올리언스 되찾기'가 이런 뜻입니까?"

에이콘은 거의가 흑인이고 타지로 나앉아 있는 뉴올리언스 이재민들이 4월 22일로 예정된 시 선거에 참여할 수 있도록 주 바깥(특히 휴스턴과 애틀랜타)에도 투표소를 마련해 달라는 소송을 제기하기도 했다. 이 제소를 연방 판사가 각하하자 에이콘 조직가인 스티븐 브래드베리Stephen Bradberry는 "이곳을 백인 도시로 만들려는 계획이 공모되고 있다는 것은 너무도 명백하다."고 말했다. NAACP도, 이 선거에서 카트리나 덕분에 인위적으로 형성된 백인 다수에게 권력이 이전될 공산이 크다고 보고 법무부에 이를 막아 달라고 청원했지만 역시 기각되었다.

에이콘에서 회원들을 집으로 다시 데려오기 위해 동분서주하는 동안, '허리케인 원조 인민 기금'(이 조직의 연원은 학생비폭력조정위원회(SNCC)와 블랙팬더당 뉴올리언스 지부까지 거슬러 올라간다.), '커먼 그라운드Common Ground' 공동체, 뉴올리언스 녹색당 등 좀 더 소규모 그룹들과 전국에서 모인 진보적인 법대생 및 활동가들은, 서로 연합하여 그들이 제안한 로어 나인스 워드의 해체에 맞서 싸웠다. 크리스마스가 지나자 시 당국은, 집주인을 수소문하거나 그들에게 고지하려는 노력조차 생략한 채 총 백 채가 넘는 "공해 주택"을 슬그머니 밀어 버리려고 했다. 지역 운동가와 자원 활동가들이 달려가서 불도저 앞에 드러누워 시간을 버는 동안, 빌 퀴글리Bill Quigley 같은 베테랑 민권 변호사들은 정당한 법 절차를 노골적으로 위반한 시를 상대로 집단 소송을 준비했다. 양측이 날카롭게 인지하고 있었듯이, 이는 대규모 철거와 지구 선별 작업에 맞선 임박한 투쟁의 첫 번째 전초전에 불과했다.

뉴올리언스에서 가장 최근에 벌어진 이 전투에서 민권운동이 새로 탄생하는 (혹은 부활하는) 진통을 목격하는 것은 가슴 뛰는 일이지만, 이 불굴의 지역 운동은 노동운동이나 소위 진보적 민주당 세력, 심지어 흑인 의원 모임으로부터도 의미 있는 연대를 통한 반향을 얻지 못하고 있다. 그들은 문제를 언급하고 언론 발표문을 내고 가끔씩 대표단을 파견하기도 하지만, 전국 차원에서 단호하게 분개하거나 긴박감을 느끼는 것 같지는 않다. 투표권법이 제정된 지 40주년을 맞이한 해에 뉴올리언스가 살해당할 위기에 처했다면 응당 그런 반응이 뒤따라야 하는 것 아닌가? 역사가 테드 터널Ted Tunnell이 지적했듯이, 1874년 북부의 공화당 급진파가 뉴올리언스의 백인 폭동에 대해 무장 반격을 가하지 못했던 것은 결국 1차 "재건 기간"의 파국을 거듭고 말았다.(149) 허리케인 카트리나에 대한 우리의 무기력한 대응은 이제 두 번째 반동으로 이어질 것인가?

(2006년 2월, 『네이션』 4월호에 요약본이 수록되어 있다.)

후기

젠틸리 지구에는 여전히 대부분 불이 꺼져 있다. 2007년 새해까지 뉴올리언스의 집주인들 중 연방의 재건축 보조금을 받은 사람은 모두 합쳐서 백 명 미만이다. 전문가의 토목 검증 및 상하 양원의 위원회에서 양당 합동으로 행해진 청문회 보고서를 통해, 홍수 방재 벽의 파열에 대한 공병대의 책임이 확인되었고, 국토안보부가 모든 측면의 대응 과정에서 저지른 끔찍한 직무 태만에 대한 공적 이해가 깊어졌다. (대부분의 경우 연방 정부는 법적 소송에서 면제되기 때문에, 일체의 개선 조치는 새롭게 의회의 다수당이 된 민주당의 추가 청문회만을 기다리고 있는 실정이다.) 한편 2001년 시 인구의 절반 이상이 아직도 타지를 떠돌고 있으며(그들 중 다수는 이제 임시 쉼터에서도 쫓겨났다.), 최근의 설문 조사에 따르면 귀환한 사람 중에서도 3분의 1이 최대한 빠른 시일 내에 이곳을 뜰 계획이다. BNOB의 계획은 주민들의 맹렬한 반대에 부딪혀 보류되었고, 그 대신 주 정부나 연방 정부의 지원이 보장되지 않는 상태로 국지적 차원에서 땜질식으로 계획을 진행하게 되었다. 외지에서 온 수백 명의 건축가와 도시계획가와 잡다한 전문가들이 수십 건의 설계와 기획을 통해 뉴올리언스를 "재구상"했지만, 한심할 정도로 더딘 정부 반응 때문에 현장 진행은 차질을 빚고 있다. 미시시피(혹은 그 점에서는 교외의 제퍼슨 패리시와 세인트태머니 패리시)의 재건축 붐과 비교해 볼 때, 뉴올리언스(아프리카계 미국인 선거 파워의 거점)가 용의주도하게 살해되었다는 인식은 더더욱 강해질 뿐이다.

35 | 북극해의 얼음이 사라진다면

멕시코 만에서 5등급 허리케인 두 개(카트리나와 리타)가 연달아 발생한 일은 유례가 없고도 우려스러운 사건이었다. 하지만 대다수의 열대 기상학자들이 진짜로 놀란 "십 년 만의 폭풍"은 2004년 3월에 발생했다. 이 허리케인 "카타리나"(브라질 남부의 산타카타리나 주에 상륙했기 때문에 카타리나라는 이름이 붙었다.)는 남대서양에서 역사상 최초로 기록된 허리케인이었다.

교과서의 정설은 오랫동안 이런 사건이 일어날 가능성을 배제해 왔다. 전문가 견해에 따르면 대서양 적도 아래는 해수온이 너무 낮고 바람이 너무 강해서 열대성 저기압이 사이클론으로 진화할 수 없었다. 실제로 기상 위성이 이 금지된 위도에서 전형적인 소용돌이 원반과 그 한가운데 완벽한 모양을 갖춘 태풍의 눈 이미지를 처음 송신해 왔을 때, 기상 관측가들은 도저히 자기 눈을 믿을 수 없었다.

최근에 잇따라 행해진 회의와 발표에서 연구자들은 카타리나의 기원과 의미를 놓고 논쟁을 벌였다. 그 핵심 질문은 다음과 같다. 카타리나는 남대서양 기상의 정상적 종형 곡선에서 벗어난 (예컨대 스티븐 제이 굴드에 의해 유명해진 비유를 들면 1941년 조 디마지오의 믿기 힘든 56경기 연속 안타와 같은 의미의) 단순히 희귀한 사건인가, 아니면 기후 체계의 근본적이고 돌연한 상태 변화를 신호하는 "임계적" 사건인가?

환경 변화와 지구 온난화에 대한 과학적 논의에 비선형성이라는 유령이 따라다닌 지는 이미 오래다. 계량경제학 모델이 그렇듯이 기후 모델도, 원인과 결과가 일관된 비례 관계를 이루는 잘 정량화된 과거 행동을 단순히 선형적으로 추론하는 것일 때 가장 만들기 쉽고, 이해하기도 쉽다. 그러나 실제로 지구 기후를 이루는 모든 주요 요소(대기, 물, 얼음, 식생)는 비선형적이다. 다시 말해 특정한 임계점에 이르면 한 조직 상태에서 다른 상태로 바뀌며, 그 결과로 과거 환경에 너무 훌륭하게 적응한 종은 재앙을 맞기도 한다. 1990년대 초반까지만 해도 과학자들은, 이런 대대적인 기후변화가 완료되려면 수천 년까지는 아니더라도, 수백 년은 걸릴 것이라 생각했다. 그러나 빙핵과 해저 토양에 새겨진 미세한 흔적을 해독한 결과, 이제 우리는 지구의 온도와 해양의 순환이 갑작스럽게 (십 년 혹은 그보다도 짧은 시간 안에) 변할 수도 있음을 알게 되었다.

그 전형적인 사례가 일명 '신드리아스기' 사건이다. 지금부터

1만 2천8백 년 전, 거대한 빙벽이 무너지는 바람에 로렌시아 빙상이 녹은 엄청난 양의 물이, 그 자리에서 형성된 세인트로렌스 강을 통해서 대서양으로 쏟아져 들어갔다. 그러자 북대서양이 담수화되면서 북쪽으로 향하는 멕시코 만류의 컨베이어 순환이 억제되었고, 그로 인해 유럽은 천 년 동안 빙하 시대로 복귀했다.

기후 체계가 갑작스럽게 전환되는 메커니즘은, 이를테면 해양염도 같은 변수의 비교적 미세한 변화가 쌓여 인과 고리를 통해 증폭되면서 이루어진다. 아마 그 가장 유명한 예는 해빙海氷의 알베도(물체가 빛을 받았을 때 반사하는 정도. 옮긴이)일 것이다. 희게 꽁꽁 언 북극해는 태양열을 반사하여 우주 공간으로 내보냄으로써, 지구를 식혀 줄 정도의 피드백을 창출해 낸다. 그런데 해빙이 줄어들수록 흡수되는 열도 증가하여 우리 행성의 온난화는 더더욱 가속화된다.

임계점, 전환, 증폭, 혼돈. 현대 지구물리학의 대전제는 지구 역사가 본래부터 혁명적 특성을 띠고 있다는 것이다. 그래서 많은 저명한 연구자들, 특히 빙상의 안정성과 북대서양의 해류 순환 같은 주제를 연구하는 이들이, 지구 온난화의 세계적 권위 기구인 '기후변화에 관한 정부 간 패널(IPCC)'에서 합의한 프로젝트에 대해 도무지 불안감을 떨치지 못하는 것이다.

지구가 평평하다고 고집하는 부시 주위의 무리들이나 석유 산업의 이익을 대변하는 야바위꾼들과 달리, 그들의 회의적 견해는 IPCC 모델이 신드리아스기나 허리케인 카타리나 같은 비선형적 재앙을 적절히 예측하지 못한다는 우려에 근거하고 있다. 또 고

온기(Altithermal, 현생 홀로세에서 가장 온난했던 시기로 약 8천 년 전이다.)나 에미안 간빙기(지금보다 더 온난했던 이전번의 간빙기로 1만 2천 년 전에 해당한다.)의 전례에 비추어 21세기 후반의 기후를 모델링하는 연구자들은, 온난화가 폭주하여 지구에 팔레오세-에오세 최고온기(PETM, 5천5백만 년 전)의 혼돈이 다시금 닥쳐 올 가능성을 타진하고 있다. 이 시기에는 해수온이 급격히 상승하여 대량 멸종 사태가 벌어졌다.

　(무섭고도 상상을 초월하는 팔레오세-에오세 최고온기로 돌아가지는 않더라도) 우리가 IPCC에서 추정한 것보다 훨씬 심한 경착륙을 향해 가고 있다는 극적인 증거가 최근 새롭게 떠올랐다. 3주 전에 나는 루이지애나의 카트리나 참사 현장으로 향하는 비행기 안에서, 미국 지구물리학회의 뉴스레터인 『에오스*EOS*』 8월 23일자를 꼼꼼히 읽고 있었다. 그때 "빙하가 없는 계절이 출현하는 새로운 상태로 향하는 북극권"이라는 기사에 바로 눈이 꽂혔다. 이는 총 20개에 달하는 대학과 기관에 소속된 21명의 과학자들이 공동 집필한 기사였다.(115) 그로부터 이틀 후 로어 나인스 워드의 잔해 한가운데를 걷고 있던 나는, 지금 내 주위를 둘러싼 재난보다도 그 『에오스』 기사를 더 걱정하고 있었다.

　그 기사는 『뉴욕타임스』 화요일자의 과학 섹션을 읽는 독자들이라면 익히 알고 있는 추세를 열거하면서 서두를 떼었다. 거의 지난 30년 동안 북극의 해빙이 얇아지고 줄어드는 속도가 너무도 급격하여, "향후 1세기 내로 여름의 북극해에 얼음이 사라질 가능성이 현실화되고 있다." 그런데 이 기사는, 이 과정이 아마도 비가역적일 것이라는 새로운 언급을 덧붙였다.

　"놀랍게도, 북극해에서 이 시스템이 현재 취하고 있는 경로를
변경할 잠재력이나 속도를 지닌 피드백 메커니즘을 단 한 개도
찾아내기 힘들다."

　얼음 없는 북극해는 적어도 지난 1백만 년 동안 존재하지 않았
다. 저자들은 지구가 "최근 지구 역사를 지배해 온 빙기·간빙기
파동의 범위를 벗어난" "초간빙기" 상태를 향해 무자비하게 전진
하고 있다고 경고하고 있다. 그들은 앞으로 1세기 내에 지구 온난
화가 에미안 간빙기 때의 최고 기온을 넘어설 것이고, 따라서 이
를 가능한 시나리오로 채택한 모든 모델의 예측치를 능가할 것이
라고 강조한다.

　다른 말로 하면, 지금 우리는 "고온기"와 "에미안 간빙기"라고
표시된 역을 지나쳐 점점 속도를 더해 가는 폭주 기관차 위에 살
고 있다. 나아가 "빙기·간빙기 파동의 범위를 벗어난"이라는 말
은, 지금 우리가 홀로세의 운 좋은 기후 변수(농경의 폭발적 성장과
도시 문명의 발달에 유리하게 작용했던 지난 1만 년 동안의 온화하고 따뜻
한 기후)뿐만 아니라 동아프리카에서 호모사피엔스의 진화를 싹
틔웠던 플라이스토세 후반의 기후와도 결별하고 있음을 뜻한다.
물론 곧 다른 연구자들이 『에오스』 기사의 결론을 반박하고, 해빙
알베도의 재앙을 상쇄해 줄 (우리가 간절히 바라는) 또 다른 힘을 제
시할 것임은 의문의 여지가 없다. 그러나 최소한 지구의 변화에
대한 현 시점의 연구는 최악의 시나리오를 가리키고 있다.

　물론 이 모두는 산업자본주의와 착취적 제국주의의 지질학적

위력을 드러내는 사악한 증거다. 그 위력이 너무도 가공하여, 그들은 채 2백 년도 안 되는 시간 내에 (사실상 거의 지난 50년 내에) 지구 기후의 근간을 파괴하고 미지의 비선형적 재앙을 향해 지구를 몰아붙이는 데 성공했다.

내 마음속의 꼬마 악마는 이렇게 속삭인다. 파티를 벌이고 흥겹게 놀자. 교토의정서에 대해, 알루미늄 캔의 재활용에 대해, 화장실 휴지를 너무 많이 쓰는 것에 대해, 뉴잉글랜드의 뜨거운 사막이나 알래스카의 열대우림에서 몇 명이나 되는 수렵채집민이 생존할 수 있는가를 놓고 논쟁하는 날이 언제 곧 오게 될지에 대해 지금 걱정할 필요는 없다. 그러나 내 안의 좋은 부모는 이렇게 부르짖고 있다. 우리가 지금, 우리 자녀들의 자녀들이 과연 자녀를 가질 수 있을지에 대해 과학적으로 진지하게 걱정해야 한다니 도대체 어찌된 노릇인가? 엑손모빌 사는 그 경건한 체하는 광고들을 갖고 이 질문에 답해야 할 것이다.

(2005년 10월 7일, 『로스앤젤레스 타임스』)

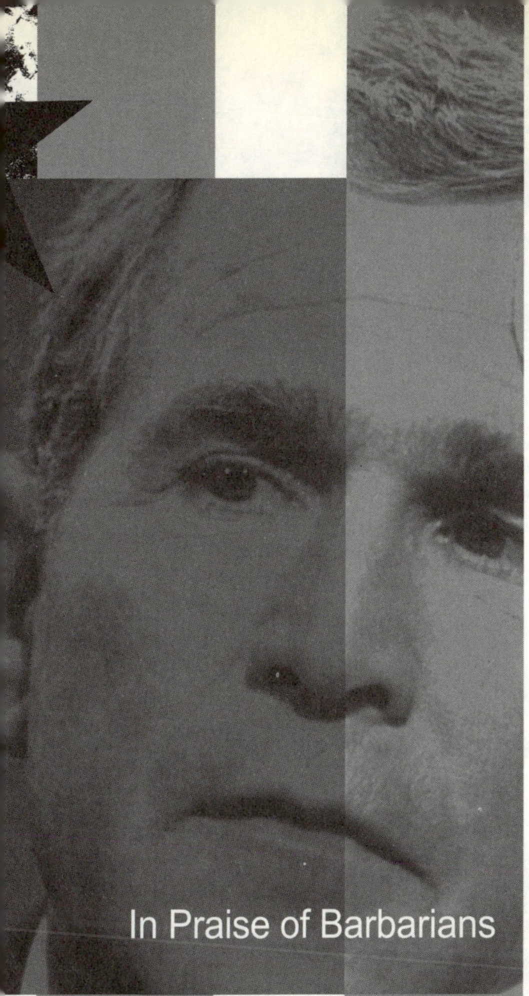

5부
세계인을 인질로 묶은 폭주 기관차, 자본주의

그는 이제 막 진화된 노예 전쟁에 새로이 불을 지피고 싶어했다. 약간의 연료만 있어도 이를 다시 불타오르게 할 수 있었다.

—플루타르크, 스파르타쿠스의 반란에 대해서

In Praise of Barbarians

테러의 숙련공들

『래디컬 히스토리*Radical History*』의 존 위너Jon Wiener가 마이크 데이비
스를 인터뷰했다.

존 위너(이하 위너): 선생님께서 테러리즘에 대한 책을 작업하고 계
　시다는 소문을 들었습니다.

마이크 데이비스(이하 데이비스): 현재 저의 본업은 1960년대 로스앤
　젤레스의 풀뿌리 역사 연구입니다. 하지만 (「어머니 대지Mother
　Earth」라는 시의 한 구절에서 따)"지옥의 영웅들Heroes of Hell"이라
　는 제목의 가외 프로젝트를 하느라 바쁘기도 하죠. 이 프로섹
　트를 통해 1878년부터 1932년까지 혁명적 테러리즘의 세계사
　를 쓸 작정입니다.

위너: 왜 하필 그 특정한 연도를 기준으로 택하셨나요?

데이비스: 1878년은 테러리즘의 "고전"시대가 개막된 해입니다.
　그로부터 반세기 동안, 부르주아의 상상계Imaginary는 폭탄을
　던지는 악랄한 허무주의자Nihilist나 아나키스트들의 유령에 시

달리게 되죠. 실제로 몇몇 나라의 바쿠닌주의자들과 그들의 사
촌인 러시아 인민주의자Narodniki들이, 전제정치에 대항한 투쟁
에서 암살을 (비록 최후 수단이기는 하지만) 가능한 무기로 받아들
인 것이 바로 1878년부터입니다.

　그해의 달력을 보면 굉장합니다. 1월에는 베라 자술리치Vera
Zasulich가 인민주의자들을 잡아 가둔 새디스틱한 경찰청장 트
레포프Trepov 장군에게 부상을 입혔습니다. 4월에는 알렉산드
르 솔로베프Alexander Solovev가 차르 암살을 시도합니다. 이로
써 '황실 사냥'이 시작되었는데, 이는 1888년 "인민의 의지
Narodnaya Volya"단이 알렉산드르 2세를 암살하면서 절정에 이
르죠. 5월과 6월에는 아나키스트 회델Hödel과 노빌링Nobiling이
노쇠한 독일 황제를 잇달아 공격했습니다. 이는 비스마르크에
게 지극히 무고한 독일 사회민주당을 억압할 (오랫동안 찾아 헤매
던) 구실을 마련해 주었죠. 한편 가을에는 몬카시Moncasi가 스페
인의 알폰소 12세를 살해하려 했고, 지오반니 파사난테Giovanni
Passanante가 붉은 깃발 속에 단검을 숨겨 들어가 이탈리아 움베
르토 왕을 베었습니다. 이 해는 "공산주의라는 치명적인 역병"
에 대한 교황 레오 13세의 신경질적 회칙으로 막을 내립니다.

　근대적 테러리즘의 등장은 러시아, 안달루시아, 메초조르노■
에서 대중 봉기의 희망이 좌절된 이후에 뒤따른 것임을 강조해

■ Mezzogiorno, 이탈리아 남부에 있는 지역. 경제적으로 저개발된 곳으로 옛 나폴리왕국의 영역
과 대체로 일치한다.

야 합니다. (이탈리아 바쿠닌주의자들은 1877년 나폴리 위쪽의 마테제 산맥에 체 게바라식의 게릴라 '포코'**를 몇 주 동안 세우기도 했습니다.) 다른 말로 하면 테러리즘은, 도시의 구식 블랑키주의***와 농촌의 가리발디주의가 둘 다 실패로 돌아간 데 대한 하나의 반응이었던 셈이죠. 이는 그와 동시대 '아일랜드 혁명 형제단Irish Revolutionary Brotherhood'의 경험과도 확실히 유사합니다. 페니언단****의 대규모 모의 이후 배신과 억압을 경험한 이 조직의 비밀 간부들은, 노선을 대중 봉기에서 개개인의 암살로 전환하고 영국의 도시들을 무대로 최초의 다이너마이트 테러를 벌이게 됩니다.

위너: 그러면 1932년은 어떤 의미를 지닌 해인가요?

데이비스: 1932년은 파사난테의 직계 후손인 이탈리아 아나키스트들이 무솔리니를 암살하려고 마지막으로 기도한 해입니다. 그들은 여러 차례 필사적으로 무솔리니의 암살을 시도했지만 결국 성공하지 못했죠. 파시즘과 스탈린주의는 (구체제와는 달리) 이나키즘(과 러시아에서는 강력했던 사회혁명당(SR) 세력)을 멸종

** foco, 스페인어로 '초점' 혹은 '중심'을 의미한다. 체 게바라가 주창한 전략으로, 소수의 헌신적인 게릴라 세력이 시골과 산간 지역에 세운 작은 거점을 말한다.

*** 19세기 프랑스의 사회주의 혁명가인 오귀스트 블랑키가 내세운 혁명 이론으로, 소수에 의한 폭력적 봉기를 주장한다.

**** Fenian, 아일랜드의 민족주의 비밀 결사로 1860년대에 주로 아일랜드·미국·영국에서 활발히 활동했다. '아일랜드 혁명 형제단'은 페니언단의 아일랜드 지부를 부르던 명칭인데, 후에 '아일랜드 공화파 형제단Irish Republican Brotherhood'으로 이름을 바꾸었다. '아일랜드 공화파 형제단'은 20세기 초까지 활동을 계속했다.

직전까지 내모는 데 성공했습니다. 고전적인 '아탕타'[*]는 현대 전체주의 국가 앞에서 무력해지고 말았죠. 물론 스페인 무정부주의연합(FAI)의 희미한 깜부기불이 1950년대를 견디고 살아남아, 1960년대에 폭발하면서 '행위에 의한 선전'[**]의 재점화를 거들기는 했지만 말입니다. 하지만 이건 또 다른 책에서 다뤄야 할 얘기입니다.

위너: 선생님께서 말라테스타Malatesta와 라바숄Ravachol, 두루티 Durruti의 발자취를 쫓게 된 동기는 무엇입니까? 9·11에 대한 정치적·지적 응답입니까?

데이비스: 공교롭게도 그 사건이 먼저 터진 것뿐이고, 지금은 마지 못해 그렇게 됐습니다. 이 프로젝트를 시작하게 된 진짜 계기는 피에르 브루에Pierre Broué가 쓴 『국제 공산주의의 역사Histoire de L'Internationale Communiste』(1997)를 읽은 것이었습니다. 빅토르 세르주Victor Serge와 아이작 도이처Isaac Deutscher처럼, 브루에도 이제 거의 멸종되다시피 한 '좌익 반대파'[***]의 언어로 글을 쓰는 사람이죠. 브루에가 쓰는 역사는, 스탈린과 히틀러의 손에 무차별 학살당했던 혁명 세대의 셰익스피어적 비극에 열정적으로 (그리고 때로는 참을 수 없을 정도로 신랄하게) 참여합니다. 그는 비범했던 수백 명 남녀들의 기억(과 용기와 도덕적 원대함)을

---

[*] attentat, 프랑스어로 테러 행위를 의미한다.
[**] propaganda of the deed, 19세기 아나키스트들의 행동 원칙으로, 대중을 고무하고 혁명을 일으키는 수단으로서 정적에 대한 물리적 폭력을 옹호하는 관념.
[***] Left Opposition, 트로츠키가 이끈 공산당 분파로 스탈린주의에 반대했다.

발굴해 냈습니다.

　나는 브루에에게 영감을 얻어, 그들보다 더 유행에 뒤떨어진 데다 정치적 공정성도 갖추지 못한 집단을 들여다보게 되었습니다. 바로 손에 단검을 쥐고 왕과 악덕 자본가들의 뒤를 쫓던 복수의 천사들 말이죠. 그들은 우익에게는 악의 화신이고 좌익 (과 "명망 있는" 아나키즘) 내에서는 불가촉천민 취급을 받는 경향이 있습니다. 저는 그들의 행동이 끼쳤던 파문은 물론 그들 세계의 도덕적 구조를 이해하고 싶습니다. 물론 그러는 과정에서 온갖 잡다한 것을 끌어들이는 사악한 범주, 즉 테러리즘에 대한 논쟁의 주변부로 끌려가게 되는 것은 어쩔 수가 없습니다.

위너: 선생님께서는 기존의 역사 서술을 수정하려고 하시는 겁니까, 아니면 새로운 분야를 개척하려 하시는 겁니까?

데이비스: 다행히 저는 거인들의 어깨 위에 올라서 있습니다. 아나키즘(과 그 폭력적인 분파)을 다룬 뛰어난 국가사학자들이 많지요. 아벨 파스(Abel Paz, 스페인), 장 메트롱(Jean Maitron, 프랑스), 폴 애브리치(Paul Avrich, 미국), 오스발도 베예르(Osvaldo Bayer, 아르헨티나) 등이 그들입니다. 메트롱의 『프랑스 아나키스트 운동사*Histoire du movement anarchiste en France*』와 베예르의 『파타고니아의 반란*La Patagonia Rebelde*』은 어떤 이유인지 영어로 번역되지 않았습니다만, 급진적 역사가라면 모두 그들의 작업에 친숙할 것입니다.

　우리는 이런 업적들을 대하는 데 있어 지극히 겸허해야 합니다. 그런데 한편으로 보면, 아나키즘적 · 사회혁명적 테러리즘에 대해 세계적인 범위에서 망라한 개설서가 아직 없습니다. 그 핵심 주동자들은, 스스로가 자본과 국가에 대항한 공동의 전투에 참여하고 있다고 생각하는 열렬한 국제주의자였습니다.(에스페란토를 그들끼리의 제1언어로 선언하는 경우도 있었답니다! "그들이 어디 있든지 간에 부르주아에게 복수를!"이라는 인기 있는 구호도 있었는데, 파리 벵센느 숲에서 자폭한 어느 러시아인이 내걸었던 것이라고 합니다.) 일례로 중국과 일본의 아나키즘적 테러리스트들은 러시아 영웅들에게 직접 영감을 받았고, 유럽 지하운동의 베테랑들은 종국에는 신세계로 건너와서 폭탄을 설치하거나 은행을 털었지요. 또 미국의 아나키스트들은 거꾸로 대서양을 건너가 구세계 폭군들에게 복수했습니다. 제 프로젝트는 시카고에서 광둥까지, 라트비아에서 파타고니아까지 아우르는 전 지구적인 결산입니다.

위너: 월터 라쿠어Walter Laqueur가 폭넓은 국제적 시각에서 테러리즘의 역사에 대해 쓰지 않았나요?

데이비스: 실로 라쿠어는 고전적·현대적 테러리즘에 관한 독보적인 역사가 혹은 역사 해석자로 명성을 지니고 있습니다. 그러나 그의 주요 저작인 『테러리즘의 시대The Age of Terrorism』(1987)는, "테러리즘 연구"와 결부된 온갖 지적 천박성(혹은 달리 말하자면 후버연구소의 패러다임이라고 부를 수 있는 것)의 축소판입니다. 우선 라쿠어는 유치한 자기모순에 빠져 스스로 자폭하고 있습니다. 라쿠어는 "심리학적으로 볼 때 흥미롭게도, '테러의 시대ere des attentats'는 정치적으로 전혀 큰 의미를 띠지 못했

다."고 주장하면서, 또 다른 부분에서는 20세기에 벌어진 대부분의 참사들(예를 들어 러시아에서 소위 "평화로운 개혁peaceful reform"의 실패, 이베리아에서 독재정치의 부상, 아르메니아인의 대학살 등)을 바로 그 "행위에 의한 선전가"들 탓으로 돌립니다. 테러리즘에 관한 대개의 "전문가"들이 그렇듯이, 라쿠어는 지배계급과 국가 폭력을 추상화함으로써 좌익에 대한 폭력을 구현하고 있습니다. 테러리즘은 거의 언제나 지배계급과 국가의 폭력에 대한 반작용이었는데도 말입니다. 완전히 자율적인, 자기 추동적인 테러의 이미지(아마 숭배의 정치적 등가물)에서는 항상 어떤 숭고함이 느껴지지만, 그것은 신화입니다. 혁명적 테러리즘은 십여 년마다 반복되는 계급투쟁과 진압의 순환 고리 속에, 그리고 하층계급의 분노의 문화 속에 완전히 내재되어 있었습니다. 세기말에 콘래드나 헨리 제임스 같은 작가들을 사로잡았고, 라쿠어 같은 학자들에게 계속 봉급을 제공해 주고 있는 허무주의자란 순수한 유령에 불과합니다.

위너: 그 계급 폭력의 상호 악순환에 대해 좀 더 이야기해 주시죠.

데이비스: 이 분야에 대해 작업하려는 사람은 누구나 에릭 홉스봄 Eric Hobsbawm과 아르노 메이어Arno Mayer의 경고에 조심스레 귀를 기울여야 합니다. 홉스봄은 「정치적 살인Political Murder」이라는 에세이에서, "폭력"이란 주로 지배계급의 행정적 · 법률적 입장에서 정의되며 빈곤과 착취라는 거대하고도 일상적인 폭력을 배제하는, 아주 미심쩍은 개념임을 일깨웁니다. 또 메이어는 자신의 책 『분노The Furies』에서 선동적인 반혁명과

그 반작용인 혁명적 폭력의 변증법적 관계를 회복하려고 시도하는데요. "테러(리즘)에는 독단적이고 단일 요인에 치중하며, 테러리스트를 악마로 낙인찍는 훈계조의 해석이 따라붙게 마련이다."라고 썼습니다.

위너: 알겠습니다. 그건 역사 서술의 상식이라는 말씀으로 들리는군요. 그렇다면 "고전적 테러리즘"이 태동한 구체적인 역사적 현장은 어디입니까?

데이비스: 한마디로 말하자면 "코뮌 전사들의 벽"입니다. 이것은 페르 라셰즈 묘지에 있는 유명한 벽으로, 파리 코뮌 최후의 전사들이 이 벽 앞에서 처형되었습니다. 동시대에 "인터내셔널가"를 작사한 외젠 포티에Eugene Pottier는, "부르주아들이여, 너희의 역사가 이 벽에 써 있다. 이는 해독하기 어려운 글이 아니다." 하고 시를 읊었습니다. 당시 티에르 정부가 중산 계급 여론의 거의 보편적인 지지를 업고 총 3만 명의 노동계급과 보헤미안 파리 시민들을 학살한 사건은 유럽 노동사의 도덕적 분수령을 이루었습니다. 메이어가 강조하듯이, 이는 무대만 본국이었을 뿐이지, 본질적으로 식민지 학살이었습니다. 이 사건과 뒤이어 일어난 잔학 행위들(러시아에서의 대규모 처형, 1873년 스페인의 카디스에서 국제공산주의자들이 살해된 사건, 1877년의 미국 총파업에 대한 폭력적인 진압, 그리고 헤이마켓 사건의 주모자로 지목된 노동운동가들의 교수형)을 계기로, 많은 혁명가들은 테러에는 테러로 맞서야 한다고 확신하게 되었습니다. 승리가 불가능하다면 차라리 복수가 낫다는 거죠. 노동사가들은 노동자들이 희생자가 아

니었던 시기, 즉 그들이 개별 고용주 및 지배자에게 당한 만큼 갚으려고 들이댄 사례를 다루기 불편해하는 경향이 있습니다.

전제군주와 공화파 양쪽이 휘두른 계급 폭력의 수위가 점점 높아진 것이 새로운 테러리즘이 탄생하는 **필요조건**이었다면, 앞에서도 말했듯이 지중해와 러시아 농촌에서 대규모 봉기를 기대했던 바쿠닌주의자들과 인민주의자들의 희망이 좌절된 것은 테러리즘이 탄생하는 충분조건이었습니다. 파리 코뮌이 붕괴된 뒤부터 1890년 최초의 국제적인 메이데이 행사가 열리기까지의 세대에 속하는 혁명주의자들은, 대규모 계급투쟁을 지탱할 만한 사회 조건이 미성숙한 현실에 속이 탔지요. 유럽의 수공업 노동자들은 팔레에서 시칠리아까지 마지막 단말마의 고통을 겪고 있었지만, 근대적 산업 프롤레타리아는 영국을 제외하고는 아직 온전히 태어나지도 않았으니까요. 파업은 보통 짓밟히거나 에밀 졸라가 『제르미날Germinal』에서 묘사한 것 같은 소규모의 폭력적인 격변으로 이어지고는 했습니다. 한편 획득한 참정권은 반사회주의 법이나 (스페인과 미국의 경우) 부패 때문에 손쉽게 부용지물로 돌아가고 밀았고요. 이런 상황에서 사회민주주의적 전략(끈기 있게 조직하고 점진적으로 힘을 축적하라는 맑스와 엥겔스의 조언)은, 특히 굶주림과 이민과 범죄 중 하나를 선택해야 하는 지경에 몰린 젊은 숙련공들의 입장에서 보기에는 미칠 정도로 더뎌 보였습니다.

워너: 그렇다면 테러리즘은 구조적 이행 과정에서 근대화가 지연되어 생긴 병리적 현상이었던 건가요?

데이비스: 문제를 단순화시켜서, 1880년대부터 1900년까지의 아나키즘적 테러리즘은 유럽 수공업 노동자들의 유령 춤이고, 라바숄은 워보카*나 마흐디**라고 말하고픈 유혹이 드는 게 사실입니다. 실제로 이것은 안달루시아의 대중적(이고 가끔씩 폭력적으로 변하는) 아나키즘을 이해하는 전통적인 접근법이었습니다. 하지만 템마 카플랜Temma Kaplan의 중요한 수정주의적 연구를 통해 드러났듯이, 이런 종말론적 해석은 주의 깊은 검토나 (적어도) 좀 더 합리적인 행위자 모델 앞에서 맥을 못 추고 맙니다.

그와 비슷하게, 아나키스트를 범죄적 광인이나 명성에 굶주린 과대망상증 환자로 그리려는 시도(이는 1890년대에 이탈리아의 범죄학자 롱브로소가 처음 시작했습니다.) 역시 (움베르토 왕을 암살한) 브레치Bresci나 두루티(그는 로빈후드 같은 행적 때문에 오히려 쉽게 믿기가 힘들었지요.) 같은 멀쩡하고 모범적인 인물을 반례로 들 수 있습니다. 심지어 역사가들이 한결같이 "미치광이"라고 기술하는 매킨리 대통령 살해범 촐고츠Czolgosz도 지극히 제정신이었을 뿐만 아니라 행동거지가 겸손하고 당당한 사람이었답니다. 제임스 클라크James Clark가 썼듯이, 촐고츠는 그로부터 몇 년 전 펜실베이니아의 래티머에서 슬라브 출신 광부 19명(21명으로 나와 있는 자료도 있습니다.)이 집단으로 몰살당한 일에 대해

---

* Wovoka, 19세기 말 인디언들의 종말론적 종교 운동인 유령 춤ghost dance의 창시자. 멸족 위기에 몰려 절망에 빠진 인디언들에게, 백인들이 인디언 땅에서 물러나고 버팔로 떼가 되살아온다고 예언했다.
** Mahdi, 이슬람 시아파에서 말세에 재림한다는 구세주.

복수할 기회를 노리고 있었습니다.(부상 당한 이들 중 몇몇이 물을 달라고 하자 광산의 보안 위원들은 "물 대신 지옥 맛을 보여 주마, 이 헝키놈들!****"이라 대꾸했다고 합니다.)

비록 아나키즘 연구에서 범죄학적인 접근법이 파산하기는 했지만, 테러리즘과 빅토리아시대 후반의 밑바닥 암흑가 사이에 의미 있게 겹치는 부분이 없다고는 할 수 없습니다. 하지만 1880년대와 1890년대 초반의 폭력적 아나키스트들은, 노동운동이 범죄화한 것이라기보다는 오히려 도시 프롤레타리아 범죄 계층이 이례적으로 정치화한 결과로 보입니다.(이는 1960년대 블랙팬더당Black Panther Party의 뒷골목 프롤레타리아 지향성과 흥미로운 유사성이 있습니다.) 메트롱 등이 보여 주었듯이, 1871년 이후의 몽마르트르와 벨빌에는 아나키즘과 보헤미아와 프롤레타리아 하위문화와 범죄성 사이를 잇는 매혹적인 연속체가 존재했습니다. 1890년대의 카바레에서 가장 유행한 노래 중 하나가 〈라바숄La Ravachol〉이었답니다. "빠르게 춤추는 레이디 다이너마이트, 우리 같이 노래하고 춤춰요. (…) 그리고 폭파해요!'

이것은 맑스가 1848년부터 1950년까지 보나파르트주의의 돌격대라고 비난했던 파리 룸펜들과는 매우 상이한 계급적 위치와 정치학의 표현이었습니다.(그 시기 아나키스트 주간지인 『페레페나르Pére Peinard』****와 지하 언론에서 썼던 온전한 의미에서의)

**** Hunky, 동유럽계 미숙련 이주 노동자들을 경멸적으로 이르던 말.
**** '세상일에 달관하여 초탈한 영감'이라는 뜻.

'아탕타'는 계급적 압제자들에 대한 혁명적 복수 행위와 함께, 일상화된 반강제적 수금 행위(말하자면 라바숄은 그 돈으로 새 옷도 사고 책도 사고 할 수 있었던 거죠.)를 둘 다 아우르는 말이었거든요. (분명히 파리 노동계급 중의 의미 있는 소수가 받아들였던) 공동의 도덕 경제가, 암살은 물론 자기 계급 기반에 대한 절도 행위를 정당화해 준 것입니다.

위너: 하지만 이 파리 사례를 일반화할 수 있을까요?

데이비스: 아니죠. (특히 1920년대의) 베를린, 바르셀로나, 부에노스아이레스에도 이에 상응하는 멋진 실례들이 있기는 하지만요. 저는 테러리즘의 잠정적인 유형 분류와 시대 구분을 중심으로 연구를 구축할 것입니다. 제가 읽은 바에 따르면 혁명적 테러리즘은, 때때로 이상을 위해 목숨을 바치는 경우도 있지만 대개는 보복의 성격을 띱니다. 소수 엘리트가 휘두르는 혁명적 폭력을 네 가지 유형으로 구분해 보면 유용합니다. 첫째로 도덕적·상징적 테러리즘의 전형적인 주인공은 라바숄이나 브레치 같은 외로운 늑대(솔리타리오스solitarios)들입니다. 이들은 친구 몇 명 혹은 조직원이 총 스무 명을 넘지 않는 독립적인 세포 조직(소집단 혹은 그루피토스grupitos)의 지원을 받습니다. 이런 규모로는 장기간의 운동을 지탱할 능력이 없었으므로, 테러리스트의 거사는 보복 행위, 당사자의 처형, 다시 그의 죽음에 대한 복수 순으로 이어지는 것이 보통이었습니다. 이 순환 고리가 반복되는 경우도 있었죠.

예를 들어 1892년 파리에서 라바숄은 검사와 판사들에게 잇달아 폭탄을 던져 푸르미에서 학살된 노동자들의 복수를 합니다. 라바숄이 처형되자 뫼니에Meunier는 '레스토랑 베리'를 폭파하고, 로티에르Leauthier는 길에서 처음으로 마주친 부르주아를 칼로 찌르고(그 사람은 세르비아의 장관으로 밝혀집니다.) 바이양Valliant은 하원 의사당에 폭탄을 던집니다. 바이양이 단두대에서 죽자 앙리Henri가 카페 '테르미누스'를 날려서 복수를 대해 줍니다. 앙리가 체포되자 미술평론가인 페네옹Feneon이 격분하여 당시 상류층들이 많이 모이던 카페 '포요트'에 폭탄을 설치합니다. 아이러니하게도 그 테러로 다친 사람은 아나키스트 시인인 타일라드Tailhade 한 명뿐이었는데, 타일라드는 그럼에도 불구하고 이 공격의 정당성을 인정하죠. 마지막으로 카세리오Caserio가 바이양과 앙리를 위한 정의를 외치면서 사디 카르노Sadi Carnot 프랑스 대통령을 칼로 찔러 죽입니다. 이와 비슷한 복수의 악순환이 동시대 바르셀로나에서도 일어났는데요, 이건 1892년 헤레스에서 일어난 봉기의 억압에 대한 항의로 출발했습니다. 하여튼 두 경우 모두 (작가와 편집자 들을 비롯하여) 아나키스트에 동조하는 인사들에 대한 내내적인 재판과 억압적인 법 제정으로 이어졌습니다. 바르셀로나에서는 피고인들이 악명 높은 몬주익 요새에 구금되어 끔찍한 고문을 당해야 했고요. 물론 이는 복수의 불길에 기름만 더 끼얹었을 뿐이었습니다.

위너: 마치 오늘날의 요르단 강 서안 얘기를 듣는 것 같습니다.

데이비스: 수요와 공급 측면에서 볼 때 확실히 유사성이 있습니

다. 실제로 1890년대 이래로, 지배계급이 범죄를 저지를 때마다 "지옥에서 온 영웅들"이 나타나서 죽은 파업 노동자들이나 처형된 혁명가들의 복수를 해 주고는 했죠. "죽음에는 죽음으로smert za smert"라는 무자비한 표어가 러시아 아나키스트들의 슬로건이었으니 말입니다. 그래서 이를테면 강철왕 프릭Frick은 홈스테드 파업 당시 목숨을 잃은 노동자들을 대신해 총을 맞았고, 카노바스 델 카스티요Canovas del Castillo 스페인 총리의 살해는 죽은 아나키스트들과 처형된 필리핀의 애국주의자 호세 리잘Jose Rizal의 복수였습니다. 또 움베르토 왕은 1989년 식량 폭동 때 그의 군대가 앗아 간 수백 명의 목숨을 대신해 암살되었고, 매킨리 대통령은 래티머의 광부들을 대신해 죽었습니다. 1900년 영국 왕세자가 브뤼셀에서 저격당한 것은 보어인人 여성과 어린이 수천 명이 죽은 데 대한 아나키스트들의 응답이었으며, 1902년 벨기에의 레오폴드 왕이 총에 맞은 것도 콩고에서 저지른 잔학 행위 때문이었죠. 아이다호 주지사를 지낸 스튜넨버그Stunnenberg가 폭사한 것은 쾨르달렌의 광부들이 격분했기 때문이고, 스페인의 한 아나키스트는 1907년 칠레 초석 광산에서 광부들 2천5백 명을 살육한 레나르드Renard 장군을 겨냥했지요. 1909년 부에노스아이레스에서 메이데이 시위대 무리를 죽인 팔콘Falcon 대령은 정확히 제시간에 아나키스트들의 배웅을 받았고, 그로부터 13년 후 파타고니아의 도살자 바렐라Varela 장군 역시 같은 운명을 맞았습니다. 뉴욕에서는 네 명의 아나키스트가 폭탄을 품고 죽었는데 그들은 러드로 대학살*을 대신해 록펠러를 겨냥한 것이었죠. 슈튀르크Sturgkh 총리는 반전 항의의 일환으로 비엔나에서 (한 사회주의 지도자의 아들이 쏜) 총에 맞아 죽었습니다. 정부 징집에 대해서 세계산업노동자동맹(Industrial Workers of the World, IWW)의 오스트레일리아 지부는 방화로 맞섰고, 미국에서는 이탈리아 출신의 공산주의 아나키스트 갈레아니Galleani의 추종자들이 편지 폭탄을 썼습니다. 1920년 월스트리트에 폭탄이 터진 것은 "파머 검거 사건"** 때문이었고, 우크라이나의 유태인들을 학살한 페틀류라Petlura는 1926년 파리에서 아나키스트의 총탄에 쓰러졌지요. 그로부터 1년 뒤 부에노스아이레스의 보스턴 은행에 폭탄이 터졌습니다. 이는 사코Sacco와 반제티Vanzetti***가 전기의자에 앉은 데 대한 보복이었죠.

이는 수많은 사례의 일부분에 불과합니다. 아나키스트들은 오스트리아의 여제도 죽였고, 스페인 수상들도 몇 명 더 죽였으며, 다른 군주들에 대해서도 수없이 암살을 시도했습니다. 페르시아의 샤와 일본 천황도 예외가 아니었죠. 러시아제국에서는 "눈에는 눈" 식의 악순환이 셀 수 없을 정도가 되었습니다. 비록

---

* Ludlow Massacre, 1914년 록펠러 가가 경영하는 콜로라도 주 남부 지방의 탄광 노동자들이 파업을 일으키자, 민병대를 동원해 어린이와 여성을 포함한 민간인 53명을 학살한 사건이다.
** Palmer Raids, 1919년 검찰총장인 미첼 파머를 비롯하여 기업계 거물들에게 폭발물이 우송되었다. 파머는 이를 기화로 연방 수사기관인 FBI를 창설했고, 그 책임자로 임명된 에드거 후버는 수만 명의 요시찰인 카드를 작성하고 수천 명의 외국 국적자들을 체포하였다.
*** 1920년대 아나키즘을 신봉하는 이민 노동자였던 사코와 반제티를 정치 재판으로 처형한 사건을 말한다.

수만 명의 반란자들이 코사크 기병대 손에 베여 죽고 교수대에서 죽었지만, 1902년부터 1917년 사이에 총 2만여 건의 단독 테러 행위가 발생하여 제정러시아의 관료들 중에서도 (말단 경찰에서부터 대공에 이르기까지) **수천 명이 총에 맞고, 칼에 찔리고, 폭탄에 부서졌습니다.** 유럽과 미국의 테러리즘이 수공업이었다면, 러시아 테러리즘은 대량생산이었던 셈이죠. 하지만 바로 그 이유 때문에 이 둘은 서로 분명히 구분되는 유형을 이루고 있습니다.

위너: 좀 더 설명해 주시죠.

데이비스: 러시아의 **전략적 테러리즘**(Strategic terrorism, 1907년부터 1912년까지, 중국 아나키스트들이 이를 본떴죠.)의 목표는, 전제 국가가 힘을 못 쓰게 만들거나, 위로부터의 자유주의적 개혁을 강제하거나(이는 1879년부터 1882년까지 "인민의 의지"단의 목표였습니다.), 혁명적 농민과 노동자들이 돌격할 틈을 열어 주는 것(1902년부터 1908년 사회혁명당과 그 분파 그룹, 그리고 폴란드, 라트비아, 아르메니아 등지의 혁명 조직들의 목적)이었습니다. 상징적 정의는 테러에서 빼놓을 수 없는 차원이었지만, 진짜 목적은 전제정치의 인적 기반을 제거하는 것이었죠. 러시아에서도 소규모 세포 조직들이 투쟁을 수행했지만, 유럽과 미국 아나키스트들의 아마추어적이고 우발적인 아탕타와 달리, 러시아 테러리즘에 대단한 지구력을 불어넣은 것은 바로 진짜 대중 정당과의 연결이었습니다. 그러나 한편으로는 사회민주주의자들이 부단히 지적했듯이, '사회혁명당 내의 전투 조직'이라는 꼬리

가 개를 흔들게 되었습니다. 테러리즘이 그 자체로 목적이 된 것이죠. 한 역사학자의 말을 빌리면 진짜 "폭력의 신정설"*인 셈입니다.

위너: 고전적 테러리즘의 나머지 두 유형은 무엇입니까?

데이비스: **징발적 테러리즘**Expropriatory terrorism은 두 개의 아종으로 나누어집니다. 한쪽에는 자코브Jacob가 이끈 "밤의 노동자들"과 파리의 보노Bonnot 갱단(빅터 세르주도 젊은 시절에 이 조직에 가담했습니다.), 부에노스아이레스에서 세베리노 디 지오반니 Severino Di Giovanni가 이끌었던 무법자들 같은 유명한 아나키스트 집단들이 있습니다. 그들은 화려한 전리품을 챙기고 악명을 떨치면서 번성했고, 대중 언론의 주목을 의식하여 "공연"을 펼쳤습니다. 또 다른 한쪽에는 좌익 정당이나 노조의 이름으로 은행을 털었던 익명의 (하지만 역시 전설적인) 그룹들이 있었죠. 가장 유명한 예는 "레트 사회혁명당"과 아나키스트와 볼셰비키들이 ("페인트공 피터"라는 신비에 싸인 인물의 지도하에) 뒤섞인 세포 조직이었습니다. 1909년 "토트넘 난동 사건"과 1910년의 "하운스디치 살인 사건"이 그들 소행이었고, 1911년의 "시드니 스트리트 총격전" 때는 윈스턴 처칠과 스코틀랜드 근위대에게 모제르총을 쏘아 대기도 했죠. 유명한 예는 이외에도 또 있습니다. 러시아 사회혁명당과 아나키스트들은 유럽 전역에서 은행을 털었고, 1920년대 초에 두루티와 아스카소Ascaso가

---

* 神正說, theodicy, 악의 존재를 신의 섭리라고 하는 주장.

쿠바, 멕시코, 아르헨티나를 돌면서 선구적인 행적을 남겼을 때 그들은 스페인 아나키즘의 부치 캐시디와 선댄스 키드▪였습니다.

방어적 테러리즘 Defensive terrorism은, 고용주와 국가가 겉으로는 선거민주주의의 외관을 유지하면서 노조와 급진적 지도자들을 겨냥한 체계적 살인에 가담하여 반내전 상태가 빚어진 가운데 떠오른 것입니다. 1917년부터 1921년의 바르셀로나와 1919년부터 1923년까지의 독일 일부 지역이 이런 상황이었지요. 바르셀로나에서는 두루티와 아스카소 형제들과 노동자국민연합(CNT)의 여타 대담무쌍한 '살인자justicieros'들이 카탈로니아 고용주들이 앞세운 총잡이들pistoleros에 대항했습니다. 한편 작센 지방에서는 막스 호엘츠Max Hoelz가 아나키즘적 공산주의 전사들의 유명한 그룹('포크틀란트의 붉은 군대')을 이끌었는데, 이들은 은행을 털고 귀족의 사유지를 약탈하고 정치범들을 풀어 주었으며, 결국에는 "3월 행동" 봉기 때 바리케이드를 치고 국방군Reichswehr과 싸웠습니다. 1905년 혁명과 남북전쟁 중에도 그와 비슷한 사례들이 있습니다. 이 당시에 ('노동 동맹Labor Bund' 단원과 아나키스트 등으로 구성된) 유태인 혁명가들은 유태인 학살자들을 암살하거나 폭탄을 정확히 겨냥하여 터뜨렸죠.(첨언하자면, 1926년 유태인 아나키스트 숄롬 슈바르츠바르드Sholom Schwartsbard는

▪ 19세기 말 미국 서부 시대를 풍미한 무법자들로, 열차와 은행을 상대로 탈취 행각을 벌였다. 그러나 사람을 해치지는 않았고, 경찰의 추적을 피해 다니며 신출귀몰한 행적을 남겼다고 한다. 영화 〈내일을 향해 쏴라〉의 실제 모델이기도 하다.

라텡 구역의 술집 앞에서 우크라이나의 지도자 페틀류라를 쏘아 죽였는데, 프랑스 배심은 그에게 무죄를 평결했습니다.)

위너: 매우 낭만적으로 들리는데요. 하지만 이런 테러리즘 유형 각각의 대차대조표를 내 보면 확실히 손해였음이 틀림없습니다. 그들이 던진 폭탄과 총탄은 결국 대중 노동운동 쪽으로 고스란히 되튀지 않았습니까?

데이비스: 드브레Debray가 오래 전에 지적한 대로, "혁명은 반혁명을 혁명화합니다." 이 말을 가지고 유추해 보면, 테러리즘은 국가 억압을 혁명화합니다. 그리고 실제로 비상 상황을 정당화하려는 명백한 의도로 비밀경찰이 테러를 교사한 경우도 있습니다. 좌파 대중(실로 노동계급 전체)은 극소수의 "영웅적인" 행위 때문에 거듭 희생양이 되었습니다. 그리고 그 이론가들의 전통적인 경고에도, 테러는 자각한 대중운동을, 자신을 희생하는 일개인의 메시아적 역할(혹은 아탕타의 주술적 토테미즘)로 대체해 버립니다. 레닌이 사회혁명당(SR)의 테러리즘을 "지식인의 아편"이라고 부른 것은 이 때문이죠. 마찬가지로 트로츠키 역시 테러리즘이 민주적인 노동운동과 공존하기에는 "너무 절대주의적"이고 격렬한 투쟁 형태라고 경고했습니다.

하지만 정통 사회주의자들이 아나키즘적·대중주의적 테러리즘에 대해 단순히, 혹은 완벽히 시종일관 비판만 한 것은 아닙니다. 예를 들어 맑스는 바쿠닌주의자들을 통렬히 비난했지만, (유럽의 수많은 자유주의자들이 그랬듯이) "인민의 의지" 단을 높이 평가했고 차르를 암살하면 실제로 역사를 올바른 방향으로 앞당길 수 있을 거라고 믿었습니다. 레닌은 비록 사회혁명당을 맹렬히 공격하기는 했지만(한편 카우츠키는 사회혁명당을 지지했습니다.), 1905년 12월의 모스크바 봉기가 좌절된 이후 학살자들과 코사크가 자행한 테러에 맞서 사회민주노동당이 테러리즘적 방식을 채택해야 한다고 재촉하는 데는 주저하지 않았지요. 그리고 트로츠키는 "총독에 이어 총독을, 성직자에 이어 성직자를, 군주에 이어 군주를 줄줄이 제거한다는" 사회혁명당의 의제를 경멸하면서도, 복수야말로 강력하고도 긍정적인 혁명적 감정이라고 주장했습니다. 트로츠키는 "도덕적 고자와 바리새인들이 뭐라고 지껄이든 간에, 복수의 감정은 나름의 정당성을 가지고 있다. 노동계급은 더 큰 도덕적 정직성을 지니고 있다. 그들은 이 세상에서 일어나는 일들을 둔감하고 무관심한 눈으로 바라보지 않기 때문이다."라고 썼습니다.

게다가 만약 누군가 냉정하고 객관적인 대차대조표를 작성하려 한다면 19세기와 20세기 초의 모든 테러 행위들이 손실 란에 기입되지는 않을 것입니다. 예를 들어 1차 중국혁명을 연구하는 몇몇 역사가들은 (사회혁명당 전투 조직을 모델로 건설된) 아나키즘 성향의 "동방 암살단"이 청나라의 국력 해체를 가속화했다고 봅니다. 같은 시기인 1908년에 포르투갈의 왕과 왕세자가 리스본에서 아나키즘·공화주의 성향의 비밀결사인 "카르보나리"의 손에 살해당한 것이 1910년 10월 혁명으로 가는 길을 닦았다는 것 역시 의심의 여지가 없습니다. 또 악명 높은 전쟁광이나 가난한 이들의 살해범을 암살하는 경우, 이 암살은 혁명적 정의를 요구하는 대중들의 뜻과 온전히 공명하기도 했습니다. 그래서 자술리치, 브레치, 스피리도노바Spiridonova, 라도비치 Radowitzy, 아들러Adler, 두루티, 슈바르츠바드의 암살 행위는 찬 사를 받았죠. 이탈리아 아나키스트들의 무솔리니 암살 실패나, 1933년 이후 독일공산당(KPD)이 그처럼 무조건적으로 암살에 반대한 것을 아쉬워하는 이들도 있겠지요.

　물론 문제는 이런 방식이 (표현을 용서하십시오.) 말 그대로 "마 구잡이식"이고, 이를 지시한 혁명 그룹들에게 부메랑으로 되돌 아올 공산이 크다는 거죠. 유럽 역사상 가장 "성공한" 테러 행 위라 할 수 있는 1925년 소피아 스베타 네델리아 성당의 폭탄 테러를 봅시다. 폭탄을 설치한 이들은 공산주의자와 좌익 토지 균분론자들이 연합한 팀이었는데, 성당에서는 며칠 전 아나키 스트의 습격으로 살해된 장군의 장례식이 열리고 있었죠. 비록 보리스 왕은 여기에 참석하지 않았지만 불가리아의 지배 계층 대다수가 이 성당 안에 모여 있었습니다. 그때 대규모 폭발이 일어나 장군 11명과 소피아 시장과 경찰청장, 기타 140명의 고 위 인사들이 죽었습니다. 제 생각에 이는 코민테른에 소속된 공 산당에 의해 수행된 고전적 테러리즘의 유일한 사례입니다. 그 리고 이 테러의 여파는 대재앙으로 돌아왔습니다. 공포정치가 재개되어 불가리아의 좌익들이 무차별 살상당했거든요.

위너: 선생님께서 드신 사례들은 비록 오늘날에는 잊혀졌지만, 모 두 당시의 신문 1면을 무시무시하게 도배했던 사건들입니다. 이들 사건은 확실히 저명한 시체들을 인상적으로 쌓아올리는

데 한몫 했을 것입니다. 하지만 좀 더 익명의, 기록이 덜 된 형태의 폭력은 어떨까요? 이를테면 공장 십장을 죽이는 일 같은 것 말입니다. 세상에 알려진 유명한 아탕타들은 빙산의 일각이었을까요, 아니면 거의 대부분이었을까요?

데이비스: 요즘의 급진적 역사학자들은 과거에 비해 대중의 보복과 프롤레타리아의 자기방어에 포커스를 맞추는 데 적극적이라고 봅니다. 예를 들면 인종차별이 심했던 미국 남부의 흑인들이 인종주의적 테러에 맞서 총을 들고 싸우는 일이 자주 있었고, 남부의 늪지에 떠오른 시체들이 전부 아프리카계 미국인만은 아니었다는 사실에 대해 인식이 높아지고 있죠. 마찬가지로 치카노 역사학자들은 '샌디에이고 플랜',[*] 그리고 텍사스 남부에서 이어져 온 반란 전통의 중요성을 인식하기 시작하는 중입니다. 하지만 작업장 내 투쟁에서 노동계급의 대항 폭력이 어느 정도였으며 어떤 역할을 했는가 이해하려면 아직도 갈 길이 멉니다. 라바숄을 성인으로 존경했거나 갈레아니가 발행한 아나키스트 신문 『크로나카 소베르시바Cronaca Sovversiva』[**]의 살벌한 논조에 찬동했던 '비타협파intransigenti'들이, 고용주를 죽이는 것을 매우 훌륭한 일로 여겼다는 것은 확실합니다. 그리고 파업 중에 (특히) 미국 노동자들은, 구사대나 주 방위군에게 총

---

[*] Plan de San Diego, 멕시코에서 혁명이 진행 중이던 1915년부터 1916년, 멕시코계 주민과 흑인과 일본인 등이 연합 군대를 조직해서 백인을 모조리 죽이고 미국이 멕시코에게서 빼앗은 땅을 해방시켜 독립된 공화국을 이루자는 명분을 내걸고 일어난 반란이다.

[**] 이탈리아 말로 '전복적 신문'이라는 뜻.

을 응사하는 데 이념적 선동이 거의 필요 없었어요. 하지만 물론 놀랄 일은 아닙니다만, 노동운동의 이런 불법적·폭력적 측면과 관련하여 노동자 측에서 증언한 자료는 남아 있는 것이 거의 없습니다. 물론 폴 애브리치가 미국 갈레아니 추종자들의 감춰진 역사를 훌륭히 발굴해 내어(『사코와 반제티: 그 아나키즘적 배경Sacco and Vanzetti: The Anarchist Background』) 영감을 주기는 했지만, 이 분야는 대부분이 아직 미지의 영역인 셈이죠.

위너: 선생님께서는 본질적으로 혁명적인 테러리즘과, 그와 동시대에 아일랜드, 발칸 반도, 동아시아에서 벌어진 다양한 폭력적 민족 해방 운동 사이의 구분선을 어디에 그으십니까?

데이비스: 물론 이념과 인적 구성에서 중복되는 부분이 상당히 있습니다. 두 세력이 서로 합작한 사례도 풍부하고요. 아일랜드인 중에는 확실히 아나키스트가 드물었지만, 그들의 전문성과 대범함과 끈기는 카탈로니아에서 중국에 이르기까지 찬탄의 대상이었죠. 한편 아르메니아의 민족주의 정당인 다슈나크 (Dashnak, 아르메니아 혁명연맹)당과 피우수트스키(Pilsudski의 OSB, 폴란드 사회주의 전투 조직으로, 5만 명이 넘는 전투원을 동원할 수 있었습니다.)는 분명히 제 책 일부로 들어갑니다. 그들은 반자본주의 정치학을 민족주의의 제물로 희생시키지 않았거든요. 발트해 연안과 핀란드의 혁명적 민족주의도 마찬가지입니다. 한편 포르투갈의 카르보나리(그들은 마치니 공화주의와 스페인의 아나키즘을 혼합했던 것 같습니다.), 세르비아 혁명가들(역시 아나키즘을 가미한 민족주의), 그리고 동시대 테러리스트 가운데 가장 두려움의

대상이었던 마케도니아인 등의 그룹은 이념적 정통을 따르기 않았기 때문에 다리를 놓기가 좀 더 힘들죠. "마케도니아 국내 혁명기구(IMRO)"는 러시아의 사회혁명당 및 사회민주노동당과의 연대를 거듭 과시했지만, 그들은 그 자체로 독특하고 비범한 현상이었습니다. 심지어 아일랜드인들도 그들보다 더 훌륭한 폭탄을 만들지는 못했어요.

위너: 고전적 테러리즘의 정치적 지지 기반은 어느 정도였습니까? 선생님이 말씀하시는 "지옥에서 온 영웅들"이 얼마나 인기를 누렸는지 확인할 길이 있을까요?

데이비스: 비밀경찰은 물론이고, 아나키스트 스스로도 그런 조사 결과에 매우 관심이 있었답니다. 실제로 몇 가지 추정치를 내놓기도 했어요. 일례로 1890년대 스페인에는 활동 중인 아나키스트가 아마도 2만 5천 명, 그에 동조하여 가끔씩 회의에 참석하거나 관련 신문을 구독하는 사람들이 5만 명 있었습니다. 그들 거의 전부가 카탈로니아, 발렌시아, 안달루시아 지방에 몰려 있었죠. 작가인 질 마에스트레Gil Maestre에 따르면, '행위에 의한 선전가anarquistas de accion'는 그들 중 10퍼센트에 불과했습니다. 세기말 파리에서 아탕타를 주창한 사람들은, 아마도 1만 명 정도의 동조자를 거느린 20여 개 소집단을 통틀어 5백 명을 넘지 않았음이 확실합니다. 남반구 좌익 테러리즘의 수도였던 부에노스아이레스에도 비슷한 숫자가 있었고요. 한편 불법 테러 조직이었던 러시아 사회혁명당은, 1907년 당시 자기네 당원이 4만 5천 명이고 진지한 동조자가 30만 명이라고 주장했습니다.

이런 수치를 넘어서 당시 노동계급의 견해를 측정하기란 어려운 일입니다. 사회민주노동당과 그 이후의 아나코·생디칼리스트들이, (1970년대 서유럽의 공산주의와 사회주의 정당들처럼 극단적으로 흐르는 일은 드물었지만) 테러리즘에 반대하는 비타협적 선전전을 펼친 것은 확실합니다. 하지만 저는 그 개별 성원 중 다수가 테러리스트들에게 감정적으로 동조했다는 데, 아니 적어도 프랑스의 사회주의 신문 『민중의 함성 *Le Cri du Peuple*』의 편집인이었던 세베린Severine의 말에 동의했다는 데 걸겠습니다. 세베린은 아나키스트들의 "교황"이었던 장 그라브Jean Grave와 격렬한 논쟁을 벌였는데, 논쟁 중에 그라브가 "혁명적 범죄"를 비난하자 세베린은 이렇게 선언했습니다.

"나는 언제나 가난한 사람들과 함께한다. 그들의 실수, 그들의 허물, 그들의 범죄를 무릅쓰고 말이다."

37 | 19세기, 맨해튼의 참얼굴

1855년의 어느 추운 밤, 뒷골목의 유명한 건달인 존 모리세이
John Morrissey는 브로드웨이의 한 술집으로 들어가, 자신보다 더
유명한 뉴욕 뒷골목의 골리앗이었던 빌Bill "더 부처The Butcher"▪
풀Poole의 면상에 침을 뱉었다. 흉악한 반가톨릭 폭력 단체 "부지
당(不知黨, Know Nothings)"의 두목이었던 풀은, 모리세이를 위시하
여 태머니 홀▪▪에 고용된 아일랜드 갱단 우두머리들과 해묵은 원
수지간이었다. 모리세이는 권총으로 풀의 머리를 날려 버리려고
했지만 빗나갔고, '부처 빌'이 "그 아일랜드놈의 커틀릿을 뜨려

▪ The Butcher, 도살자라는 뜻.
▪▪ Tammany Hall, 뉴욕 민주당의 집산지로, 뉴욕으로 쏟아져 들어오는 이민자들의 이익을 돌
봐 주는 대가로 그들에게 표를 얻으면서 19세기부터 20세기 초까지 뉴욕 시정을 지배한 기구
였다. 뉴욕 맨해튼에 본거지인 회관이 있었다.

고" 칼을 갈던 참에 마침 경찰이 들이닥쳤다.

그날 밤 이후 풀은 몇몇 패거리를 데리고 모리세이 갱단에게
공격받았던 그 술집으로 돌아왔다. 그 시대의 싸움 양상이 그랬
듯이 보우이 칼과 골동품 권총이 등장하고 귀와 코가 물어뜯기는
광포한 소란이 벌어졌다. 풀은 가슴에 총을 맞았지만, 2주일이나
버티다가 결국 "잘 있어라, 얘들아. 나는 진짜 미국인으로 죽는
다!"는 유명한 마지막 말을 힘겹게 내뱉고 숨을 거두었다. 그의
장례식에는 풀을 숭배하는 이들이 5천 명이나 모여들어 행진했
으며, 풀은 반이민 국수주의자들의 순교 상징이 되었다.

이 "빌 더 부처"의 전설은 남북전쟁 이후 대체로 잊혀졌다가,
1927년 허버트 애스버리Herbert Asbury가 쓴 『갱스 오브 뉴욕Gangs
of New York』이라는 책으로 다채롭게 부활했다.(5) 사회사로서는
정확성이 의심스럽기는 했지만, 맨해튼 갱단에 대한 애스버리의
계보는 확실히 흥미진진한 이야기로, 마치 도시를 무대로 한 호
머의 서사시나 아이슬란드의 사가를 보는 듯했다. 꼭 아킬레스와
헥토르의 대결처럼, 모리세이와 풀의 (혹은 책의 뒷부분에 나오는 몽
크 이스트맨과 폴 켈리의) 영웅적 전투는 세대를 초월하여 독자들(그
중에서도 특히 호르헤 루이스 보르헤스Jorge Luis Borges와 룩 상트Luc
Sante)을 매혹시켰다.

이제 『갱스 오브 뉴욕』은 마틴 스콜세지가 찍은 1억 2천만 달
러짜리 영화에 느슨한 줄거리와 제목을 빌려 주기에 이르렀다.
다니엘 데이루이스가 빌 더 부처 역을 맡고 (다니엘은 이 역할에 걸
맞은 감정을 일깨우기 위해서 에미넴의 음악을 쉬지 않고 들었다고 한다.)

레오나르도 디카프리오가 갱 두목에게 살해당한 아일랜드 이민자 출신 아버지의 복수를 갚으려는 아들로 나온다. 이 영화는 풀이 살해되고 2년 뒤에 아일랜드 갱단 "데드 래비츠Dead Rabbits"와 프로테스탄트계 토착 갱단 "바워리 보이스Bowery Boys" 사이에 벌어진 역사적인 거리 전투를 묘사하고 있으며, 미국 역사상 가장 피비린내 나는 도시 봉기였던 1863년 7월 징병 거부 폭동의 묵시록으로 막을 내린다. 이 폭동을 진압하기 위해 남북전쟁이 한창이던 게티스버그에서 군대를 불러와야 했고, 이 군대는 아일랜드계 슬럼 주민으로 이루어진 군중들에게 포도탄을 정면으로 퍼부었다.

이 영화가 내세우는 놀라운 주장은 "미국은 뒷골목에서 (아니, 뒷골목의 싸움판에서) 탄생했다."는 것이다. 물론 스콜세지는 뉴욕 슬럼가를 무대로 한 이 시대의 가장 위대한 우화 작가이며, 〈갱스 오브 뉴욕〉은 스콜세지의 도시 창조 신화다. 다시 말해서 이 영화는 지금껏 스콜세지가 그려 온 좀도둑, 마피아 조직원, 택시 드라이버, 아동 매춘부, 프로 권투 선수, 부패 경찰, 타임스 스퀘어의 소매치기, 그리고 이탈리아계 미국인 영화감독이 훗날 물려받게 될 세계가 어디서부터 기원했는지 설명하고 있는 것이다.

하지만 이 맨해튼의 일리아드는 실제 역사일까? 이 질문에 짧게 (그리고 일반적으로) 대답한다면, 이것은 반쪽 역사. 과연 토박이 미국인 노동자들과 아일랜드에서 이주해 온 빈민들 사이의 폭력적인 경쟁은, 민족과 신앙으로 분열된 노동계급을 끊임없이 능란하게 조종했던 태머니 홀(맨해튼 민주당)의 대형 엔진에 내연 기관을 달아 준 것이 사실이다. 실로 거리의 갱단은 (의용 소방대와 더불어) 중기 빅토리아시대에 세계 최대의 유권자 집단을 거느렸던 이 도시 "민주주의"(라는 이름으로 통용된 민족 간 이권 경쟁)의 진짜 풀뿌리였다.

그러나 1850년대와 1860년대의 맨해튼은 자본과 노동 사이의 역사적인 전투 현장이기도 했다. 모리세이와 풀이 부도덕한 정치 보스들의 명령에 따라 각자 패거리를 이끌고 전쟁을 벌이는 동안, 다른 이주민(영국의 차티스트, 아일랜드의 페니언단원, 독일의 공산주의자)들은 미국 태생의 노조 활동가들과 더불어 노동운동 조직을 건설하려 몸부림치고 있었다. 이것은 애스버리와 스콜세지가 들려주는 19세기 뉴욕의 "감춰진 역사"에서는 다뤄지지 않은 이야기다.

고담(뉴욕의 별명. 옮긴이)에서 가장 급진적이었던 유권자들(클라인도이칠란트(Kleindeutschland, 작은 독일)의 이주민 숙련공과 산업 노동자들)은 이 대작 영화에 거의 등장하지 않는다. (1870년경 도시 인구의 3분의 1을 차지했던) 이 로어 이스트사이드의 독일인들은 노동계급 중에서도 계급의식이 가장 뚜렷했던 부류로, 업타운의 재벌들은 물론이고 갱단 우두머리나 정치 보스나 인종주의 선동가들하고도 똑같이 대립했다. 이 분야 중진 역사가의 말을 인용하면, 실로 이 독일계 뉴욕 시민들은 "미국 역사상 최초로 구축된 사회주의 요새"였다.(109)

스콜세지의 영화가 시작되는 배경인 1846년은 아일랜드인만큼이나 많은 독일인들이 뉴욕 부두의 슬럼과 하층 주택 구역으로 쏟아져 들어오던 때였다. 마찬가지로 수만 명의 양키들 역시 척박한 농장과 운하 주변 마을을 등지고 당시 붐을 이루던 철도 건설 현장, 조선소, 맨해튼 섬의 도살장으로 몰려들었다. 급진적 "생산자주의"▪의 오랜 전통을 이어 온 전통적인 뉴욕 서민들은 이 새로운 이주민들과의 경쟁에 직면해야 했으며, 동시에 그들의 직업은 탈숙련화되고 기계 생산으로 대체되었다.

그 결과로 대대적인 사회 교란이 초래되었고, 이는 1857년에 일어난 경제 공황으로 더욱 확대되었다. 이를 하나의 줄거리로 압축한다는 것은 불가능하다. 현실은 우화가 아니라 변증법이었다. 아일랜드 갱단과 "미국인" 갱단이 바워리의 뒷골목에서 서로 피를 흘리는 동안, 아일랜드 노동자 리더인 제임스 맥과이어James McGuire, 독일인 공산주의자 알베르트 콤프Albert Komp, 토착 급진파인 아이라 데이비스Ira B. Davis는 수천 명의 실업자들을 전투적인 '미국노동자연맹'으로 조직하고 있었다. 부르주아 언론들은 운동을 분쇄하기 위해 필요하다면 "아일랜드인이나 독일인을 몇 명이 되었든 쏘아 죽이라"고 군에 애걸했고, 토착 노동자들은 톰킨스 스퀘어에서 이민자들과 더불어 도전적으로 어깨를 맞대고 섰다.

당시의 거대 자본가들(애스터Astor, 밴더빌트Vanderbilt, 그린넬Grinnell, 벨몬트Belmont 등등)이 태머니 홀과 그 아일랜드 동맹 세력

▪ producerism, 일반 노동자, 소규모 자영업자, 기업가 등을 하나로 아우른 "생산자 계층"을 옹호하며, 위로는 세계화된 금융 자본 및 정치와 유착한 거대 기업이, 아래로는 사회 하층민과 불법 이주민들이 건실한 생산자들이 이룩한 부에 기생하여 이를 갈취해 간다고 믿는 이데올로기.

을 혐오하기는 했지만("럼주와 난폭성Rum and Rowdyism"이 그들을 규정한 표어였다.), 그들은 갱단보다는 노조를 더 두려워했으며, 분열된 노동계급보다는 단결한 노동운동을 더 두려워했다. 1850년대 남북 전쟁을 앞두고 자기들의 질서를 관철시키려 했다가 실패한(유명한 "데드 래비츠 폭동"도 이 정치적 위기의 일환이었다.) 도시의 상인 엘리트들은, 대중주의자인 페르난도 우드Fernando Wood 시장과 민주당 보스 윌리엄 트위드William Tweed에게 손을 내밀어 타협을 꾀했다.

이 해결책에 동화되지 않으려고 버티던 그룹이 둘 있었다. 한 부류는 '붉은 48'**에 굳게 뿌리박고 있는 노동운동 좌익과, 독립적인 노동자 정당을 전략적 목표로 삼고 있던 클라인도이칠란트의 사회주의자들이었다. 그들 다수는 노예제 폐지론자인 동시에 반자본주의자였다. 다른 한 부류는 일용직이나 노동 착취 공장에서 일하는 가난한 아일랜드인 노동자들이었다. (스콜세지가 탁월하게 묘사한) 그들의 지독히도 비참한 생활은 전시의 인플레이션 때문에 더욱 악화되었고, 버지니아 전선에서 아일랜드인 연대가 참혹하게 궤멸당한 사건은 불에 기름을 끼얹었다. 또 아일랜드인들은, 북부가 승리하면 해방 노예들이 북부 노동 시장으로 해일처럼 밀려들 것이라고 경고하는 남부 동맹 지지자들의 선동에 겁을 집어먹기도 했다.

이들 두 그룹(노동운동 전위와 슬럼 빈민들)이 1863년 폭동 때 담

■ ■ Red 48, 독일에서 1848년 혁명에 참여했던 이들을 일컫는 말이다.

당한 역할은 서로 대조를 이루었다. 그해 7월에 발표된 징병 추첨제는 계급 특권을 제도화함으로써 북부 노동자들에게 거의 보편적인 조소의 대상이 되었다. 부유한 이들은 3백 달러를 내고 면제권을 살 수 있었기 때문이다. 그래서 7월 13일 월요일 아침, 주로 업타운의 아일랜드와 독일계 산업 노동자들이 이끌고 의용 소방대원들이 지원하는 대대적인 시위와 파업이 벌어졌다.

하지만 초저녁이 되자 시위 주도권은 노조원들에게서 갱단과 남부 연방 동조자들의 손에 넘어갔다. 그들은 아일랜드 빈민들의 분노를 부자들의 저택과 아프리카계 미국인들의 판잣집 양쪽으로 돌렸다. '유색인 고아원'이 불타 잿더미가 되었고, 흑인들은 사냥하듯 쫓겨 다니며 끔찍하게 살해되었다. 독일인과 많은 아일랜드인 노동자들(특히 파이브 포인트에서 흑인들과 어깨를 맞대고 오랫동안 살았던 이들)은 이 살육의 현장에서 진저리를 치며 뒤로 물러나거나 혹은 능동적으로 학살을 저지했다.

한편 히스테리에 빠진 상류 계급은 슬럼에 피의 보복을 요구했다. 아일랜드계 뉴욕 주민들이 다수 포함된 6천 명의 연방 군대가 포도탄과 총검으로 거리를 싹쓸이하면서 충실히 임무를 수행했다. 게티스버그의 영웅들은 뉴욕의 도살자가 되었다. 막판 시가전에서 누더기를 걸친 아일랜드인 여성과 어린이 수십 명이 남자들과 함께 휩쓸려 죽음을 당했다. 해외에서 이 사건을 지켜본 이들은 이 장면을 1848년 6월 파리에서 벌어진 학살과 거듭 비교했다.

분명 스콜세지는 이 대폭동을 '갱들의 시대'의 클라이맥스로 묘사할 시적 자유가 있다. 실로 뒷골목의 폭력은 뉴욕 노동자들을 인종과 종교로 분열시키는 정치적 역할을 했고, 이 사건은 그 직접적인 부산물이었다. 그러나 이 재앙은 계급의식을 근절시키거나 역사를 화석화하여 정형화된 경로로 돌려놓지는 못했다.

이 사건의 직접적인 결과는 독립적이고 분파를 초월한 노동운동을 재건하려는 (주로 사회주의자들이 이끈) 대대적인 운동이었다. 한 역사가가 강조했듯이, "하루 8시간 노동을 요구한 1872년 봄의 대규모 파업이야말로 징병 거부 폭동의 침착한 결말이었다." 이 투쟁으로부터 막강한 1차 인터내셔널의 뉴욕 지부와 선구적인 여성노동자협회Workingwoman's Association가 설립되었다. 1874년에는 "파리 코뮌의 붉은 유령"이 되살아난 톰킨스 스퀘어 봉기가 일어났으며, 궁극적으로는 헨리 조지Henry George가 시장 선거에 출마하여 급진적인 선거운동을 펼치는 데까지 이를 수 있었다. 그의 선거 출마는 하마터면 태머니 홀을 뒤집어엎을 뻔했다.

스콜세지의 신화적인 이야기(특히 1850년대의 맨해튼을 제3세계의 모습으로 생생하게 재형상화한 부분)는 확실히 즐길 가치가 있다. 그러나 우리는, 옛 뉴욕의 진짜 뒷골목에 가장 큰 족적을 남긴 이들이 갱단이 아니라 사회주의자와 계급 전사들이었음을 잊어서는 안 된다.

(2003년 1월, 『소셜리스트 리뷰』)

유럽을 해방시키기 위한 결정적 전투는 정확히 60년 전 이 달 (1944년 6월)에 시작되었다. 이때 벨로루시 숲과 습지에 매복해 있던 소비에트 게릴라 부대가, 막강했던 베어마흐트(Wehrmacht, 2차 대전 중의 독일군을 일컫는 말. 옮긴이)의 후미를 겨냥하여 대담한 기습 공격을 감행하였다. 유태인 전사들 다수와 집단 수용소 탈주자들로 구성된 이 빨치산 여단은, 4만 개의 폭약을 설치하여 독일 중부 집단군의 70만 병력과 폴란드 및 동프러시아의 보급 기지를 연결하는 중요한 철로를 황폐화시켰다.

그로부터 3일 뒤인 1944년 6월 22일, 히틀러가 소련을 침공한 지 3주년 되는 날에, 주코프Zhukov 원수는 독일 최전선에 대대적인 공격 명령을 내렸다. 2만 6천 기의 중포가 독일군 전방의 진지를 분쇄했다. 탱크 4천 대의 포효와 (40개 이상의 언어로 말하는) 160

만 소비에트 병사들의 함성에 이어 카투사 로켓의 무서운 굉음이 뒤따랐다. 이렇게 해서 800킬로미터 길이의 전선을 총공격하는 (1812년 나폴레옹이 러시아를 침공했을 때 활약했던 영웅 이름을 딴) "바그라티온 작전"이 개시되었다.

이 전격전은 연합군의 노르망디 상륙을 은폐하기 위해 독일군의 주의를 '전환'시켜 달라는 아이젠하워의 요청에 대한 응답이었다. 붉은 군대는 이 작전을 통해 다섯 군데의 전략 거점에서 독일군의 전선을 돌파하여 무장한 소련 기동 부대를 독일군 진지의 후방 깊숙이까지 침투시켰고, 이 기동 부대는 첫 주에만 13만 명의 나치 군인을 섬멸했다. 8월 말까지 동부 전선에서 가장 이름을 날린 부대를 포함하여 총 50개 이상의 독일군 사단이 분쇄되었고, 백러시아는 완전한 해방을 맞이했다. 결국 히틀러는 밀어닥치는 소련군을 바르샤바 외곽의 비스와 강 기슭에 묶어 놓기 위해 서유럽에서 정예 예비 부대를 빼내 와야 했다.

덕분에 미국과 영국 군대는, 애초에 그들을 바다로 밀어붙이기 위해 배치되었던 기갑 사단과 거의 마주치지 않았다. 또 아이젠하워가 우려했던 대로 동부에서 온 증원 부대를 상대해야 될 필요는 더더욱 없었다. 소련군의 용기와 희생 덕분에 연합군 수만 명이 목숨을 구한 것이다. 하지만 미국인들은 예르마코프 Yermakov의 23 경비대, 말리셰프Malyshev의 4 충격군Shock Army, 프리피야티 늪지에서 빨치산이 세운 공훈에 대해 과연 무슨 이야기를 들었는가? 1944년 6월은 '오마하 비치''만을 기억하지, 비쳅스크 남부의 돌파전이나 보리소프의 탱크전으로 기억되지는 않는다. 그 어떤 미국 현대사 교과서를 들쳐도 바그라티온 작전에 대해서는 찾을 수 없다.

그러나 그해 여름 소련의 공세(저명한 역사가인 존 에릭슨Jon Erickson은 이를 "군사적 대지진"이라고 칭했다.)는, 참여한 전력의 규모로 보나 독일군이 치른 직접적인 대가로 보나 '오버로드 작전(노르망디 침공)'보다 몇 배는 더 컸다. 실제로 미국 군사사가인 월터 던 주니어Walter Dunn Jr.는 (엘알라메인은 거론할 것도 없고, 역사적인 스탈린그라드나 쿠르스크 전투도 아닌) 바그라티온이야말로 "2차 대전에서 독일군이 겪은 최악의 패배"라고 규정했다.(43) 그해 늦여름에 붉은 군대는 바르샤바 초입과, 중부 유럽의 입구로 통하는 카르파티아 산맥의 통로에 도달했다. 소련군의 탱크는 불굴의 협공 작전을 펼쳐 중부 집단군을 분쇄했고, 또 한 무리의 대규모 나치군은 포위되어 결국 발트해 연안에서 전멸했다. 그리고 베를린으로 통하는 길이 열렸다.

이반 일병에게 감사하자.

전사한 베어마흐트의 80퍼센트가 프랑스 전장이나 사하라사막 모래 밑이 아니라 러시아의 스텝에 묻혔다는 사실을 기억한다고 해서, 북아프리카의 사막이나 바스토뉴 근방의 추운 숲 속에서 죽어 간 용감한 사나이들의 명예가 훼손되는 것은 아니다. 나치에 대항한 투쟁에서, "라이언 일병" 한 명당 대략 40명의 "이반 일

■ 이는 노르망디 상륙 작전을 상징하는 단어다. '오마하 비치'는 상륙 지점 중 한 곳을 가리켰던 암호명으로서, 가장 많은 사상자가 난 장소이기도 하다.

병"이 죽어 갔다. 현재 학자들은 2차 대전 중에 약 2천8백만 명의 소련 병사와 시민들이 죽었다고 믿고 있다. 그중 330만 명에 달하는 소련군 포로들은 1941년부터 1942년까지 독일군의 고의적인 방치로 굶어 죽었다.■■ 그러나 "가장 위대한 세대"■■■에 대한 현재의 찬양과 신화화 가운데 평범한 소비에트 병사들(사마라 출신의 트랙터 정비공, 오렐 출신의 배우, 도네츠크 출신의 광부, 레닌그라드 출신의 여고생)은 눈에 띄지 않는다.

지난 세기 파시즘에 대항해 거둔 역사적 승리에서 소비에트 시민들이 행한 주된 역할을 소거해 버리면, 조지 W. 부시가 말한 소위 "새로운 미국의 세기"도 태어날 수 없었을 것이다. 실로 미국인들 대다수는 2차 대전 당시 각국이 떠안은 전투와 죽음의 상대적인 부담에 대해 충격적일 정도로 무지하다. 그리고 소련이 치른 막대한 희생에 대해 어느 정도 알고 있는 소수조차도 붉은 군대에 대한 단편적인 고정관념(잔인한 복수심과 강간 욕구, 원시적인 러시아 민족주의로 불타는 야만적인 무리)을 품고 있는 경향이 있다. (실제로 미국인들이 상상하는 통상적인 이미지는, 소련군을 "모터 달린 로봇"이라고 한 괴벨스의 공식적인 스테레오타입과는 약간 다르다.) 그리고 미

■■ 미국의 전쟁사가나 "홀로코스트 학자"들이 이 붉은 병사들의 잊혀진 홀로코스트에 대해서 신경 쓰는 일은 드물다. 독일군이 소련군 포로들을 어떻게 대우했는지에 대한 크리스티안 슈트라이트Christian Streit의 선구적인 분석 『Keine Kameraden』(슈투트가르트, 1978)이 독일에서 유명한 논쟁을 불러일으켰는데도 이 책이 영어로 번역되지 않은 사실은 그 무관심의 척도를 보여 준다. —마이크 데이비스
■■■ The Greatest Generation, 1998년 톰 브로커Tom Brokaw의 동명 베스트셀러 제목에서 따온 말로, 1901년부터 1924년 사이에 태어나 2차 대전을 겪은 미국인들을 일컫는다.

국과 영국 병사들만이 진정으로 자유와 민주주의의 문명화된 이상을 위해 싸웠다고 여긴다.

그러므로 붉은 군대가 (스탈린과 비밀경찰이 권력을 휘두르고, 볼셰비키 지도자들의 한 세대 전체가 학살되는 와중에도) 혁명적 형제애라는 강력한 미덕을 여전히 보유하고 있었다는 것을 상기하는 일은 더더욱 중요하다. 그들 눈으로 보기에, 혹은 그들이 히틀러에게서 해방시켜 준 노예들의 눈으로 보기에, 그들은 역사상 가장 위대한 해방군이었다. 더욱이 1944년의 붉은 군대는 여전히 소비에트 군대였다. 드비나 강의 돌파를 지휘한 장군들 중에는 유태인(체르냐코프스키Chernyakovskii)도 있었고, 아르메니아인(바그라만Bagramyan)도 있었으며, 폴란드인(로코소프스키Rokossovskii)도 있었다. 계급으로 분열되고 인종으로 분리되었던 미군 및 영국군과 달리, 붉은 군대의 지휘권은 (비록 인정사정 없기는 했지만) 열린 기회의 사다리였다.

붉은 군대의 혁명적 열정과 그 일반 병사들의 휴머니티가 의심스러운 사람이라면 카롤(K. S. Karol, 『두 세계 사이에서*Between Two Worlds*』)과 프리모 레비(Primo Levi, 『재각성*The Reawakening*』)가 남긴 비범한 회고록을 참고할 일이다.(77, 91) 두 사람 다 스탈린주의를 증오했지만 평범한 소비에트 병사들을 사랑했고, 그들에게서 사회주의 부흥의 씨앗을 보았다. 그들은 1944년과 1945년에 붉은 군대가 거둔 승리가 이 평범한 이반과 이바나들에게 급진적인 변화의 충격을 주어, 스탈린과 그 심복들을 확실히 겁에 질리게 했던 비판적인 대중문화의 출현을 이끌어 냈음을 증언한다. 물론 이 재각성의 비극적 결과로, 전쟁이 끝난 후에 이 독재자는 동유럽 공산주의자 수천 명을 제거한 것으로도 모자라(특히 스페인 내전 때 국제여단에 복무했던 경력은 사실상 사형선고나 다름없었다.) 주코프 원수나 레오폴드 트레퍼(Leopold Trepper, 독일과 점령 중의 유럽에서 활동했던 유명한 첩보망 "붉은 오케스트라"의 리더) 같은 비길 데 없는 소비에트 영웅들까지 숙청하였다.

미국이 냉전에서 "승리"를 거두면서 붉은 군대의 묘지에는 더 많은 불명예와 거짓말이 쌓여 갔다. 게다가 최근 조지 부시가 이라크와 아프가니스탄에서 저지른 전쟁 범죄에 대한 지원을 촉구하다가 "디데이"에 대한 기억의 품위를 떨어뜨린 일도 있고 해서, 나는 이 날을 내 나름대로 기념하기로 했다.

우선 나는 빌 삼촌을 떠올릴 것이다. 빌 삼촌은 콜럼버스 출신의 세일즈맨이었는데, 그처럼 온화했던 인물에게서 노르망디의 맹렬했던 십대 군인의 모습을 떠올리기란 힘든 일이었다. 두 번째로 나는 빌 삼촌의 동지인 이반을 기억할 것이다. 빌 삼촌도 내가 그러기를 바랄 것이라고 확신한다.

탱크를 몰고 아우슈비츠의 입구를 돌파했으며, 치열하게 싸우면서 히틀러의 벙커로 전진해 들어갔던 이반, 스탈린이 저지른 치명적인 실수와 범죄에도 베어마흐트를 능가하는 용기와 끈기를 지녔던 이반을 말이다. 빌과 이반이라는 평범한 두 영웅 중에, 후자를 기념하지 않은 채 전자만을 찬양한다는 것은 부도덕한 일이다.

(2004년 6월, 『더 가디언』, 런던)

39 | 노동계급은 이대로 해체될 것인가?

　1934년 9월 1일, 면사를 잣던 수백만 개의 물레 가락이 돌기를 멈췄다. 피드먼트 남부 전역의 공장에서 호각 소리가 울려 퍼졌지만, 노동자들은 일터로 복귀하지 않았다. 미국에서 가장 심한 착취에 시달리던 산업 노동자들(캐롤라이나, 테네시, 조지아, 앨라배마의 '린트헤드'™들)이 파업에 돌입한 것이다.

　공장주들이 강제 명령과 최루탄과 주 방위군에 미친 듯이 호소했지만, 이 평화로운 섬유 노동자들의 대규모 군단은 굴종적이고 조직이 잘 안 된다는 남부 노동자의 이미지를 확 바꿔 버렸다. 그들은 산촌 침례교회의 성가대에서 아름답게 연마한 목청으로 찬송가 대신에 강건한 연대의 노래를 불렀다. 그리고 뉴잉글랜드의

™ lint heads, 미국 남부 고지대의 섬유 산업 노동자들을 경멸적으로 이르는 말이다.

공장 노동자들도 1930년대 최초로 결행된 전국 총파업에 합류함으로써 그들에게 (영어 이외에도 포르투갈어, 이탈리아어, 프랑스어로) 굳건히 화답했다. 이는 또 가장 폭력적으로 진압된 파업이기도 했다. 전미섬유노조가 (노예해방보다 "방적의 군주들"을 달래는 데 더 신경 썼던) 프랭클린 루스벨트의 감언이설에 넘어가 파업을 철회했을 때는 이미 수천 명이 최루가스를 마시고 체포되었으며 (대부분 남부에서) 13명이 총에 맞아 죽고 난 뒤였다.

그로부터 70년이 흘러 그때의 영웅적이고도 비통했던 섬유 총파업을 기억하는 왕년의 전사들도 극소수만 남은 지금, 딕시 (Dixie, 남부 여러 주의 별명. 옮긴이)의 물레 가락들이 다시금 멈췄다. 하지만 이번에는 영원히 멈추게 될 것 같다. 미국의 섬유·의류 산업은 죽어 가고 있다. 2001년 1월에 조지 W. 부시가 취임한 이후로 (전체의 3분의 1에 달하는) 35만 개의 일자리가 사라졌다. 그리고 2010년까지 40만 개의 일자리가 추가로 사라지리라 예상된다. 1934년이나 지금이나 피드먼트의 섬유 제조업은 주로 단일 산업이어서 공장이 문을 닫으면 도시도 함께 죽음을 맞이한다. 이미 남부 고지 소도시의 중심가에는 중고품 상점과 마약중독 상담소, 신병 모집 사무소만이 남아 있다.

의류 산업의 쇠퇴 역시 최근 로스앤젤레스, 뉴욕, 마이애미 도심의 빈민 주택 구역으로 들어온 라틴계와 아시아계 이민자들의 생계 경제를 잠식하고 있다. 심지어 노동 착취 공장마저 향수로 기억될 날이 머지않았다. 따라서 미국 산업 노동자 계급의 거대한 한 부문은, 과학소설가 커트 보네거트Kurt Vonnegut가 1952년에 자신의 작품 『자동 피아노*Player Piano*』에서 섬뜩한 통찰을 발휘하여 예언한 멋진 신세계를 향해 고속으로 질주하고 있다. 커트가 그려 낸 사회에서 폐기된 노동자들에게 남은 유일한 선택은, 제국 군대에 입대한 뒤 먼 변경 지역에서 석유 등의 자원을 차지하려는 전쟁에 차출되어 싸우는 일뿐이다.(152)

거의 눈에 띄지도 않는 이 비극은(폭스 뉴스나 CNBC에서 누가 공장 폐쇄에 대해 얘기하는가?), 무역 자유화의 여파로 초래된 광범위한 세계적 실업 대란의 일부다. 미국 섬유와 의류 산업의 일자리를 보호하는 마지막 장벽이 내년 1월에 폐지된다. 2001년 중국이 세계무역기구에 가입한 이후 중국 섬유 제품의 대미 수출은 두 배로 늘었다. 『파이낸셜타임스』는 현재 엄청나게 빠른 속도로 진행 중인 세계시장의 구조 조정 과정에서 일리노이 댄빌부터 방글라데시 다카에 이르기까지 전 세계에서 수백만 개의 일자리가 사라질 것이며, 그러면 세계시장에서 중국이 더 큰 몫을 차지하게 될 것이라고 예측했다. 지난 3월 미국노동총연맹-산별노조협의회(AFL-CIO)가 미 무역 대표부에 중국 공장 노동자의 권리를 증진시킬 것을 요구하는 청원서에서 주장한 바에 따르면, 중국의 주된 비교 우위는 그 정부가 "끊임없이 노동자의 권리를 억압"하고 약 1억에 달하는 농촌 이주민들을 무자비하게 착취하는 데서 나온다.

전혀 놀랍지 않게도 부시 행정부는 (구속력이 없는) 국제노동기구의 핵심 규약을 강제해 달라는 AFL-CIO의 청원을 거부하였다. 노동계는 나프타와 세계무역기구를 자랑하는 민주당으로부터도 별다른 연대를 기대할 수가 없다. 존 에드워즈는 자신의 출신 주인 노스캐롤라이나의 폐쇄된 섬유 공장 앞에서 몇 차례 영웅적인 포즈를 취할 테지만, 그렇다고 해서 어떤 바보 같은 선거 구호처럼 "도움이 오고 있는" 것은 아니다. 최근 (클린턴 시절에 전국노동관계위원회 의장을 지냈던) 윌리엄 굴드 4세William Gould IV가 『뉴욕타임스』에서 주장했듯이, 제1당의 정책 방침은 "무역 협정에서 노동 기준을 논외로 둔다."는 것이다.

민주당 대다수 주요 인사들의 눈에 비친 클린턴 시대의 역사적 성과는, 소위 '신경제'의 부와 매혹을 당으로 끌고 들어온 것이다. 따라서 케리·에드워즈의 백악관이, 새롭게 떠오른 자본주의 중국에서 생명공학산업의 지적 재산권이나 할리우드의 두둑한 로열티를 희생할 위험을 무릅쓰고 조지아의 "린트헤드"나 로스앤젤레스의 미등록 이주민들을 위해 나설 리가 없다. 자유무역이라는 괴물과 맞서게 된 섬유·의류 노동자들은(이들은 1976년에 하나로 뭉쳐 섬유 노조(UNITE)를 이루었다.) 지난여름에 HERE, 즉 역동적인 호텔 노동조합과 다시금 결합했다. 섬유·호텔 노조는 신규 조직화 사업에 예산의 절반을 들이겠다고 약속하고 있지만, 무역 자유화 때문에 당장 위태로워진 일자리를 사수하기에는 너무 늦을지도 모른다.

『상표 뒤편에서: 로스앤젤레스 의류 산업의 불평등Behind the Label: Inequality in the Los Angeles Apparel Industry』의 공저자인 에드나 보나시치Edna Bonacich는 중진 학자이자 존경받는 활동가다.(16) 나는 에드나에게 이 상황에 대한 솔직한 견해를 물어보았다.

"섬유 노조는 노조원의 상당수를 잃게 될 공산이 크다. 노조의 주된 관심은 이미 의류 노동자들에게서 멀어져 버렸다. 산업이 해외로 이전할 가능성 때문에 노동자를 조직화할 희망이 없다고 여기기 때문이다. 그 희생자는 가장 최근에 들어온 가장 가난한 이민자들이 되기가 쉽다. 미국에 남게 될 공장들은 노동자 보호 조치를 최저 수준으로 묶어 놓은 상태에서 운영될 것이 확실하다."

보나시치는 공장 폐쇄에 맞선 영웅적인 (그러나 국지적인) 싸움은 실패할 운명에 놓여 있다고 본다. "이는 사안별로 따로따로 다루기에는 너무나 큰 이슈다." 보나시치는 노동자들이 글로벌 자본에 대항하여 저항을 세계화할 비책("우리 시대의 정치적 현안")이 아직까지 묘연함을 인정한다.

소설 『자동 피아노』에서 숙련 노동계급의 유물은 (대평원 인디언의 최후와 비슷하게) "유령 셔츠"라는 종말론적인 저항 운동의 형태로 나타나며, 결국에는 패배와 해체의 길을 걷게 된다. 역사적 파업의 잊혀진 기념일을 맞이하는 지금, 보네거트의 경고 메시지는 새롭고 불길한 의미를 띤 채 우리에게 다가오고 있다.

(2004년 9월 5일, 『로스앤젤레스 타임스』)

맬컴 엑스는 영원히

　지금으로부터 40년 전인 1964년부터 1965년 사이의 겨울, 나는 민주사회학생회(SDS)의 뉴욕시 전국 사무소에서 일하는 십대 중 한 명이었다. 당시 민주사회학생회는 막 폭발적인 성장과 급진화를 거치면서 캠퍼스에서 베트남전쟁에 반대하는 저항의 리더로 떠오르는 중이었다. 실제로 그 사무실에 있던 내 친구들 대부분은, 린든 존슨이 미국의 군사 개입 수준을 높인 데(특히 북베트남에 대한 야만적인 폭격에) 항의하는 워싱턴 D. C. 최초의 행진(1965년 4월 17일)을 조직하느라 하루 16시간씩 일하고 있었다.

　내게 떨어진 일은 거대한 체이스맨해튼 은행 앞에서 연좌데모(1965년 3월 19일)를 조직하는 일이었다. 남아프리카공화국에서 경찰이 비무장 시위대 수십 명을 살해한 1960년의 샤프빌 학살 이후, 체이스맨해튼은 남아프리카공화국 정부에 차관을 대고 국제

신인도를 보장해 주는 국제적인 은행 컨소시엄을 이끌고 있었다. 우리가 보기에 록펠러가家가 지배하는 이 은행은 아파르트헤이트의 주된 동업자였고, 우리는 시위를 활용하여 월스트리트가 인종주의(남아프리카공화국과 미국 남부)에 막대한 투자를 하고 있음을 널리 알리고 싶었다.

민주사회학생회의 주요 동맹 세력은 학생비폭력조정위원회(SNCC)였으므로, 우리는 앨라배마의 셀마에서 벌어진 그 유명한 투표권 투쟁에도 역시 관여하게 되었다. 학생비폭력조정위원회 뉴욕 지부의 조직책은 유명한 치카노 작가인 베티타 마르티네즈 Betita Martinez였는데, 그는 그 연좌데모의 전략을 짰다. 우리는 아프리카민족회의"의 망명 인사와 유엔 주재 탄자니아 대표부의 젊은 직원 등 뉴욕에 있는 아프리카인들에게도 대대적인 지원을 받았다. 이 직원 중 한 명(내가 처음으로 만나 본 "진짜" 혁명가)은 맬컴 엑스Malcolm X와 그가 새로 결성한 '아프리카계 미국인 통일 기구'와 접촉을 갖고 있었다.

이 카리스마 넘치는 흑인 무슬림 지도자는 1964년 초에 '이슬람국가Nation of Islam'에서 탈퇴해 나왔다. 그의 목표는 미국 유색인 민중들의 투쟁을 전 세계적인 반식민·민족 해방 운동과 잇는 혁명 조직을 건설하는 것이었다. 그의 유명한 메카 순례 이후, 맬컴 엑스는 쿠바와 중국 혁명을 찬양했으며 전투적 무슬림과 제3

▪ African National Congress, 인종차별 정책 철폐를 위해 싸운 남아프리카공화국의 정치단체. 1994년 이후 백인과 연합정권을 수립하여 남아프리카공화국을 통치하고 있다.

세계 민족주의자들은 물론 맑스주의자들과의 전략 논의에도 능동적으로 참여했다.

그 탄자니아 친구는 우리에게 백전노장의 흑인 민족주의 운동가들을 소개시켜 주었고, 맬컴 엑스와 민주사회학생회 활동가들의 만남도 주선하고 싶어했다. 우리는 이 제안을 듣고 외경심에 휩싸였다.

"맬컴 엑스가 누군지 아세요?"

어느 날 우리가 할렘 거리를 걷고 있는데 그가 이렇게 물었다. 나는 멍하니 고개를 저었다.

"맬컴 엑스는 당신네 미국의 레닌이에요."

이 대화를 나눈 지 2주 후(2월 21일)에 우리의 레닌이 죽었다. 맨해튼의 오듀본 볼룸에서 열린 집회 연설 중에 총에 맞은 것이었다. 당시 맬컴 엑스는 서른아홉 살에 불과했다. 맬컴을 암살한 사람은 '이슬람국가'의 추종자였지만, 그의 죽음과 관련하여 FBI와 뉴욕 경찰의 음흉한 역할을 둘러싼 역사가와 활동가들의 논쟁은 끊이지 않았다. 두 조직 모두 흑인 민족주의자들 내에 프락치를 심어 공격성을 부추기는 작전을 펼쳤다는 것은 이제 익히 알려진 사실이다.

한편 할렘과 미국 흑인 사회 전체는 슬픔에 잠겼다. 맬컴의 장례식에서 그의 절친한 친구였던 배우 오시 데이비스Ossie Davis는, "우리의 빛나는 검은 왕자"라는 유명한 칭송의 말을 남겼다. 그는 조문객들에게 이렇게 말했다.

"우리가 땅에 묻는 것은 이제 더 이상 사람이 아닌 씨앗입니다.

이 씨앗은 이 불만의 겨울이 지나간 뒤에 다시금 떨치고 나와 우리를 만나러 올 것입니다."

그 스스로도 진보적인 인사로서 사랑받았던 데이비스는 지난달(2005년 2월 4일)에 유명을 달리했다. 데이비스는 중상 비방과 상업화라는 양대 공세에 맞서 맬컴의 유산을 지키는 데 지난 40년을 바쳤다.

물론 우리 진보 진영은 우리의 예언자, 반체제 인사, 혁명가들이 잊을 만하면 살해당하는 일에 익숙해져 있지만, 맬컴 엑스의 죽음은 분명 미국 역사에 커다란 구멍을 남겼다. 독립 맑시스트 저널인 『먼슬리 리뷰*Monthly Review*』 2월호에 존 사이먼John Simon이 썼듯이, 맬컴 엑스는, "어쩌면 우리나라 지배계급에 대항한, 역사상 가장 위험한 인물이었는지도 모른다."(137)

맬컴 엑스가 구체화한 (그리고 에드거 후버[*]의 잠자리를 괴롭혔던) "위험"은, 바로 개혁주의적인 민권운동을 (스스로를 전 세계적인 유색인 봉기의 일환으로 의식하는) 급진적인 해방 운동으로 전환시킬 위협이었다. 맬컴이 교조적 비폭력을 거부하고 무장 방어를 옹호한 것은 동시대 백인들의 엄청난 히스테리를 자극했지만, 그는 잔학한 자경단원과 블루 파시스트들에게 왼쪽 뺨마저 돌리기를 거부하는 아프리카계 미국인 노동계급 대다수의 심정에 설득력 있는 목소리를 부여한 것뿐이다. 그보다도, 맬컴이 연방 법원과 민

---

[*] J. Edgar Hoover, 미 연방수사국(FBI)의 초대 국장으로 37년간 재임하면서 막후의 실력자로 군림했다.

주당 중앙당에 의존하는 고립적 "민권" 전략을 거부하고, 미국 내 흑인 봉기를 유럽·미국 패권에 맞선 삼대륙 혁명과 제휴시키는 국제주의적 "인권" 전략을 옹호한 것이야말로 훨씬 급진적인 행보였다.

맬컴 엑스는 이 전 지구적 혁명의 변증법과 미국에서 가장 억압받는 계층 사이를 매개하는 중요한 중계 기지였으며, 여타 해방 운동 전사들과의 대화를 통해 자신의 생각을 빠른 속도로 진화시켜 나간, 탁월하고 역동적인 사상가였다. 맬컴 엑스가 살해되고 불과 6개월 뒤인 1965년 8월에 로스앤젤레스 게토에서 대규모 반란이 일어났다. 맬컴 엑스는 미국 북부 도시의 게토 청년들로부터 보편적인 존경을 받는 유일한 전국적·정치적 인물이었다. 그리고 맬컴 엑스는 흑인들이 아메리카 원주민, 라틴계, 아시아계 반정부 세력과 단결해야 한다고 오랫동안 열심히 주창해 왔다.

맬컴 엑스는 최고의 지도력을 발휘할 시기를 목전에 두고 갑작스레 꺾였다. 맬컴 엑스가 죽은 때는 개인적으로도 한창 나이였지만 그의 정치적 지향이 근본적으로 재조정되고 있던 시기이기도 했다. 1919년 로자 룩셈부르크 암살과 1939년 트로츠키 암살이 그랬듯이, 맬컴 엑스의 암살 역시 역사의 경로를 바꾸어 놓았다. 만약 그가 살아 있었다면 맬컴 엑스는 (많은 흑인 급진파들의 믿음에 따르면, 좌측으로 기울고 있던 마틴 루서 킹 주니어와 제휴를 맺고) 인도차이나의 학살 전쟁에 대한 아프리카계 미국인의 반대 운동에 급속히 활기를 불어넣었을 것이 거의 확실하다. 또 1965년부터

1968년까지 격렬하게 폭발했던 게토 봉기는 진짜로 "위험한" 조직과 이념적 방향을 취했을지도 모른다. 그러면 FBI는 흑인 혁명가들 사이에 질투와 분열의 독소를 퍼뜨리기가 더욱 어려워졌을 것이다.

이런 "만약"의 가정들은 아직까지도 우리 세대의 급진주의자들을 따라다니며 괴롭히고 있다. 맬컴 엑스는 우리가 창조하려고 시도했지만 실패한 대안적인 역사의 상징이다. 그러나 젊은 세대들에게 맬컴 엑스의 삶이라는 "씨앗"은 계속해서 명예로운 비타협과 전복의 열매를 맺을 것이다.

(2005년 3월, 『소셜리스트 리뷰』)

미국 노동운동이 나아가야 할 길 | 41

미국 역사상 가장 유명한 펀치는 '머네서스의 주먹'이나 '갈색 폭격기'▪가 아니라, 바로 노동운동 지도자인 존 루이스John L. Lewis가 휘두른 펀치다. 지금으로부터 70년 전, 짙은 눈썹과 급한 성미를 지닌 이 광산노동자연합 위원장은 목공노조 위원장 빅 빌 허친슨Big Bill Hutchinson의 턱에 만만치 않은 한 방을 먹였다.

이것은 루이스가 미국노동총연맹(AFL)과 이를 지배하고 있던 보수적인 (그리고 왕왕 국수주의적인) 직능 노조들에게 작별을 고한 방식이었다. AFL은 고무, 자동차, 철강, 전기 제조 분야에서 막 자

▪ 각각 당대의 전설적인 권투선수였던 잭 템프시Jack Dempsey와 조 루이스Joseph Louis의 별명이다.

라나고 있던 산업 노조들의 설립을 승인하거나 진지하게 지원하기를 거부했고, 루이스는 기초 산업 부문에서 좌파들이 평조합원들의 반란을 이끌어 이것이 조합의 관료주의에 대한 도전으로 확대되지 않을까 하는 걱정을 숨기지 않았다. 그래서 그는 자기 휘하의 광산 노동자들과 산별노조위원회Committee of Industrial Organization를 이끌고 회의장을 나와서 피켓라인으로 돌아갔다. 20년이 흐른 뒤에 공산주의자들을 숙청하고 탈급진화된 산별노조협의회(Congress of Industrial Organization, CIO)는, AFL과 재결합하여 다시금 불안하고 자주 폭풍이 휘몰아치는 결혼 생활로 되돌아갔다.

최근에(3월 1일과 2일) 라스베이거스에서 열린 AFL-CIO 집행부 회의에서, 연맹 최대 노조인 서비스노조(SEIU)의 위원장인 앤디 스턴Andy Stern은 자신의 옛 상급자이자 AFL-CIO 위원장인 존 스위니John Sweeny를, 말 그대로 후려갈기는 것만은 참았지만, 심한 알력이 흐르는 분위기는 1935년을 연상케 했다. 스위니가 이끄는 "새로운 방향New Direction" 팀이 노동자의 단결을 복원하고 신규 조직화에 영웅적 에너지를 쏟겠다고 약속하면서 AFL-CIO의 키를 잡은 지 십 년이 흐른 지금, 연맹은 둘로 갈라질 고비에 놓여 있다.

비록 지난 십 년 동안 빌딩 경비원, 호텔 노동자, 간호사들이 기억에 남을 만한 성공적인 조직화 운동을 펼치기는 했지만, 스위니 위원장 시기의 전체적인 대차대조표는 쇠퇴 일로를 걷고 있다. 현재 민간 부문 노동자의 노조 조직률은 8퍼센트에 불과한

데, 이는 1901년 이후 최저 수치다. 전통 제조업이 축소되면서 노조들은 첨단 기술 산업에서도 저임금 소매 유통업 부문에서도 조직화에 진전을 보지 못했다. 맥에도 빅맥[■]에도 노동조합 레이블^{■■}은 없다. 한편 미국과 제3세계 노동자들에 대한 초거대 착취 기업인 월마트는, 식품 유통업에서 노조를 절멸시키겠다고 위협하고 있다.

1995년 스위니가 "조직하고, 조직하고, 또 조직하겠다."고 약속한 것과는 달리, 연맹은 지금까지 총 80만 명의 조합원을 잃었다. 만약 서비스노조가 1996년 이후 조합원 80만 명을 새로 보태지 않았으면 손실은 두 배가 되었을 것이다. 게다가 연맹 지도부가 약속한 노동조합의 "재건"은 최근에 대실패로 드러났다. 2003년부터 2004년까지 남캘리포니아에서 일어난 슈퍼마켓 파업은 중차대한 투쟁이었지만 주로 지도부의 무능 때문에 패배했고, 자동차, 기계, 항공 노동자들은 다음 해의 일자리와 복지 혜택과 의료보험을 크게 내주어야 했다.

한편 AFL-CIO 예산의 대부분은 계속해서 민주당이라는 해묵은 밑 빠진 독 속으로 사라지고 있다. AFL-CIO는 마치 슬롯머신 앞에 앉은 도박 중독자처럼, 선거를 통해 보상받을 수 있지 않을까 하는 희망으로 조합원 회비를 민주당 선거운동에 집요하게 쏟아붓고 있지만 보상은 전혀 돌아오지 않는다. 일례로 연맹은 클린

■ '맥'은 애플 매킨토시 컴퓨터를, '빅맥'은 맥도널드 햄버거를 가리키며, 각각 첨단 기술 산업과 저임금 소매업을 상징한다.
■■ union label, 노동조합에 소속된 노동자가 생산한 상품이란 표지.

턴 · 고어에게 충성을 바쳤지만, 이는 자유무역협정으로 되돌아
와 과거 산업 중심지였던 곳의 노조 일자리를 초토화시켰을 뿐이
다. 그 결과 이제 백인 노동계급의 대다수는, 양당 중에서 공화당
의 경제 운영이 그나마 차악이라고 여기게 되었다. 작년 11월 중
간선거 투표에 대해 새로 분석한 결과에 따르면, 백인 노동자들은
경제 정책에서 55퍼센트 대 39퍼센트의 비율로 케리보다 부시를
선호한 것으로 드러났다.

스턴은 양당정치 그 자체를 깨고 나오려 하지는 않지만, 노동
계의 민주당 짝사랑에 대해 날로 비판 수위를 높이고 있다.

"현재 노동자들은 자신들의 경제적 이익을 분명하고 정확하게
대변해 주는 정당을 지니지 못했다."

라스베이거스에서 스턴은 AFL-CIO 전국 조직이 걷는 회비 중
에서 민주당 후보 지원 및 워싱턴의 로비 자금으로 들어가는 예
산을 절반으로 깎자고 제안했다. 대신에 이 자금을 주로 월마트
를 겨냥한 새로운 조직화 작업에 들이자는 것이다.

팀스터(트럭운송노조)의 제임스 호파James Hoffa도 이 제안을 지
지했고 호텔, 요식업, 자동차 제조업, 잡역 노동자들도 여기에 가
세했다. 스위니는 이 정면 도전을 투표를 통해 15 대 7로 손쉽게
누르기는 했지만, 라스베이거스 회의는 올 7월에 예정된 AFL-CIO
총회에서 전개될 대혼전의 전주곡에 불과했다. 스턴은 만약 AFL-
CIO가 구조를 합리화하고 소규모 노조들을 합병하며 관할권 분
쟁에 종지부를 찍고 1995년에 약속했던 대로 신규 조직화에 자원
을 투입하지 않을 경우, (주로 병원 노동자와 빌딩 경비원으로 구성된)

서비스노조의 180만 조합원은 연맹을 탈퇴할 것이라고 지난여름에 경고한 바 있다. 스턴의 동맹 세력인 호텔 노조의 존 빌헬름John Wilhelm이 총회에서 스위니의 대항마로 뛰게 될 가능성이 높다. 만약 빌헬름이 패배한다면 이는 개혁 노조들이 탈퇴하고, 아마도 이미 탈퇴한 목공 노조를 규합하여 새로운 전국적 노동 연합을 결성하는 신호탄이 될 것이다.

1935년에 그랬듯이 이번에도 개혁파들을 "좌파"로, 연맹 지도부를 "우파"로 규정하고픈 유혹이 존재한다. 공격적인 조직화에 매진하겠다는 약속에 관한 한, 확실히 스턴은 루이스의 전례를 의식적으로, 심지어 연극적으로 모방하고 있다. 그러나 1935년에 광산노조 평조합원들과 노동계 급진파들이 쓰디쓰게 깨달았듯이, 존 루이스 역시 의견이 다른 지부를 분쇄하고 사회주의·공산주의자들을 마녀 사냥한 독재자였다.

스턴은 루이스 정도 수준의 폭군은 못 되지만, 그 또한 자기 노조 내 평조합원들의 리더십을 툭하면 짓밟아 버리고는 했다. 노조 내의 민주주의를 옹호하는 이들 역시, 스턴을 호퍼(한 세대 전에 살해된, 팀스터 노조의 부패했던 지도자 지미 호퍼의 아들) 같은 디디욱 사악한 인물들과 결합시키게 될 대규모 합병과 하향식 조직화 모델을 우려하고 있다. 스턴은 소규모 노조들을 합병하여 더 큰 슈퍼 노조로 만들어야 할 필요성을 부단히 전도하고 있는데, 직능 노조와 쇠퇴하고 있는 산업 노조들은 이 설교에 불안해질 수밖에 없다. 기계공 노조의 톰 부펜바거Tom Buffenbarger는 스턴이 "노동운동을 기업화하려 한다"고 비난하기도 했다. 아이비리그 대학을 나온 서비스노조의 젊은 조직가들을 비롯한 스턴의 지지자들은, 노조의 조직률을 재건하려면 노조 구조를 월마트 시대에 맞게 적응시켜야 한다고 응수하고 있다.

AFL-CIO의 사우스캐롤라이나 지부장인 도나 드위트Donna Dewitt와, AFL-CIO의 전 교육국장이자 저명한 흑인 맑시스트인 빌 필레처Bill Fletcher 외 다수의 진보적 조합원들은, 최근 공개서한을 띄워 "노동자 조직을 재생하는 데 하향식 접근 방식을 취한다면 조합원들의 의미 있는 참여와 지지를 불러 모으지 못할 것"이라고 입을 모았다. 또 공세적으로 조직화에 임하는 것만으로는 사라져 가는 미국 노동운동을 되살릴 수 없을 것이라고 경고했다. 노동조합은 '테러와의 전쟁'이라는 이름으로 형성되고 있는 "요새화된 사회"에 맞선 전투의 최전선에 설 필요가 있다는 것이다.

한편 스위니와 그 지지 세력(대규모 노조만 꼽으면 기계, 공공, 교직원, 정보통신 노조)은 여전히 민주당이라는 외팔이 도적 떼의 손에 노동자들의 집세를 고집스레 넘겨주고 있다. 집행부의 다수파는 조합회비를 조직화 자금으로 돌리자는 스턴의 제안을 무력화하고, 정치 및 입법 프로그램에 대한 연간 투자액을 두 배로 늘리기로 표결했다. 따라서 AFL-CIO 지도부 내의 투쟁으로 (적어도 잠시 동안은) 서로 분명히 대비되는 두 개의 우선순위가 정해졌다. 그러므로 민주당 중앙당 의장으로 새로 취임한 하워드 딘의 긴급한 임무는, 올 7월에 스턴이 주먹을 거둬들이도록 설득해서, AFL-CIO 총회에서 노동계와 민주당의 우울한 일부일처제를 둘러싼 (역사상 최초의) 논쟁이 실제로 벌어지지 않게 단속하는 일일 것이다.

(2005년 4월, 『소셜리스트 리뷰』)

후기

예상대로 스턴은 시카고 총회를 보이콧하고, 팀스터, 섬유·호텔 노조 UNITE HERE, 기타 4개 노조와 손잡고 스위니의 AFL-CIO(53개 노조에 조합원 9백만 명)에 맞서 "승리를 위한 변화"(Change to Win, 7개 노조에 조합원 6백만 명)를 결성했다. 마지막 순간에 스위니가 양보하여, 연맹에서 탈퇴하는 노조에게 단체 설립 허가서를 발급해 준 덕분에 최악의 시나리오(연맹의 시·카운티 지부까지 쪼개지는 일)는 피했지만, (CIO가 결성되었던 역사적 순간과 유사하다고 스턴이 떠벌린) 이 이혼이 성사되자마자 라이벌 노조들은 서로 마구 세력권을 침범하기 시작했다. 그 가장 쓰디쓴 사례는 전미지방공무원노동조합(AFSCME)에서 오랫동안 공을 들여 온 공공부문의 신흥 지지층(특히 메릴랜드, 일리노이, 아이오와의 탁아 노동자들)을 서비스노조에서 가로채려 한 것이다.(154)

두 라이벌 연맹은 2006년 총선에서 민주당을 지원하기 위해 느슨한 협력을 이루었다. 또 서비스노조는 (조직화를 최우선에 놓겠다고 공언했음에도) 진보 성향부터 민주주의리더십회의(DLC)까지 아우르는 다양한 성향의 후보들에게 거액을 지출했다. 하지만 해리 켈버Harry Kelber가 자신이 발행하는 뉴스레터 『레이버토크

LaborTalk』에서 지적한 것처럼, 노조들은 이라크 점령의 실패와 '테러와의 전쟁'에 대해서는 완전히 침묵하고 있다. "양대 연맹 지도자들은 (…) 마치 이라크 전쟁이 미국 노동계급 가정의 관심사가 아니라는 듯이, 이와 관련된 뉴스 및 정보의 유통을 통제하였다."(79) 다시 말해, 연맹의 분열로 노동계 내의 공론 정치가 의미심장하게 증진된 것도 아니고, 대외 정책 혹은 여타 중요한 쟁점에 대한 (심지어 루서* 시대에도 존재했던) 비판적 목소리를 되찾은 것도 아니다.

스턴은 '승리를 위한 변화'가 CIO의 진정한 정신과 그 전투적인 조직화 전통을 계승했다고 계속 주장하면서도 다른 한편으로는 기업 수장들과 대화의 문을 열었다. 20세기 초 새뮤얼 곰퍼스 Samuel Gompers가 전국시민연맹National Civic Federation을 통해 악덕 자본가들과 사회적 계약을 협상하려 했던 전례가 곧바로 연상되는 행보다. 집단 교섭의 대가로 고용주가 속한 부문의 정치적 목표(도시 재개발, 도박법 개혁 등)를 후원해 주는 서비스노조와 UNITE HERE의 확고한 전통에 의거하여, 스턴은 최근 자신이 새로 펴낸 책(『일하는 나라*A Country That Works*』, 2006)에서, 의회에서 연합 전선을 펼쳐 의료보험과 연금 개혁안을 통과시키는 대신 개별 기업의 의료보험과 연금 부담을 폐지하자는 타협안을 내놓고 있다.(141) 곰퍼스와 그 후임인 윌리엄 그린William Green, 조지 미니George Meaney의 경우에도 그랬듯이, (유럽인들은 "담합주의"라고

---

* Walter Philip Reuther, 1952년부터 1955년까지 CIO 위원장을 역임했다.

부르는) 이런 식의 노동·경영 "파트너십"은 언제나 계급 야합과 노동자의 완패로 이어지는 지름길이었다. 이처럼 낡고 수상쩍은 발상이 무덤에서 기어 나와 "새로운 패러다임"과 "한계를 뛰어넘는" 아이디어로 행세한다니 가소로운 일이다. 아마도 누군가 앤디 스턴에게 주먹을 한두 대 날릴 필요가 있을 것 같다.

42 | 세계산업노동자동맹의 생일

1905년 6월 27일 시카고의 브랜스 홀, "빅 빌Big Bill" 헤이우드 Haywood는 의사봉을 두드려 세계산업노동자동맹(IWW) 창립총회 의 시작을 알렸다.

"이 모임은 노동계급의 대륙회의입니다. 우리는 이 나라 노동 자들을 노동계급 운동으로 연합하기 위해 이 자리에 모였으며, 이 운동의 목표는 노동계급을 자본주의의 노예적 굴레에서 해 방시키는 것입니다."

우레 같은 박수소리가 대회장에 울려 퍼졌다. 여기에는 헤이우 드가 이끄는 서부광부연합(Western Federation of Miners, WFM) 외에 도, 캔자스의 석탄 광부, 샌프란시스코의 재봉사, 스키넥터디의 인쇄공, 시카고의 건물 경비원, 디트로이트와 호보큰의 항만 노동 자, 풀먼의 대장장이, 밀워키의 양조 노동자, 몬트리올의 외투 제조공 대표들이 참석했다. 기조 연설자 명단에는 북아메리카에서 가장 유명한 두 명의 혁명적 사회주의자, 유진 뎁스와 그의 오랜 적수인 분파주의자 대니얼 드 레온Daniel De León이 포함되어 있었다. 그 밖에도 탄광 노조의 마더 존스Mother Jones, 『국제사회주의자 리뷰International Socialist Review』의 주필인 사이먼A. M. Simon 등 저명인사들이 이 총회를 후원했다.

그러나 처음 이 총회를 소집하자는 제안은 서부광부연합에서 나왔다. 헤이우드가 대표단에 주지했듯이, 1892년 이래로 암석 광산의 광부들은 로키 산맥의 무자비한 노동 전쟁터에서 싸우고 있었다. "서부광부연합이 주도한 광산 파업 중에서 군대가 동원되지 않은 것은 단 한 건도 없었다." 새뮤얼 곰퍼스 휘하의 미국노동총연맹(AFL)과는 달리, 서부광부연합은 악덕 자본가들과 식사를 즐기거나 미 제국주의를 지원하거나 루스벨트에게 산업 분쟁을 중재해 달라고 구걸하지 않았다. 필요하다면, 서부광부연합의 조합원들은 윈체스터 30-30 라이플의 총구를 사용하는 법을 알고 있었다. "이 나라의 자본가 계급은 서부광부연합을 나머지 노동자 조직을 다 합친 것보다도 더 두려워한다."는 헤이우드의 지적은 정확했다.

그런 서부 광부들이 이제 "노동계급 전체를 아우를 만큼 광범위한" 새로운 "노동자 조직"의 건설을 돕기 위해 동부로 온 것이다. 헤이우드의 단언에 따르면, 그것은 "계급투쟁 위에 형성되고 의거하고 기반한, 타협과 굴복을 모르는" 조직이었다. 헤이우드는 미국노동총연맹이 노동계급 운동이 아니라 백인 토박이 숙련 노동자로 이루어진 엘리트를 대표하는 배타적 카르텔이라고 주장했다.

"이번에 우리가 설립하려는 것은, 자기 머리나 근육을 써서 생계를 꾸리는 모든 남성들에게〔원문 그대로 인용〕 문호를 널리 개방한 노동자 조직이다."

루시 파슨스Lucy Parsons는 이 총회에서 가장 감명 깊었던 연설을 통해, "노예 중의 노예"인 여성 노동자들이 이 새로운 연대에 포함되어야 함을 분명히 했다. 루시 자신이 예전에 노예였고, 헤이마켓 사건으로 사형당한 시카고의 급진적 노동운동가 앨버트 파슨스Albert Parsons의 미망인이었으며, 미국 좌파에서 가장 비범한 인물 중 한 명이었다. 루시 파슨스는 대표단에게, "저 멀리 러시아"로 눈을 돌려 "그곳에서 투쟁하고 있는 이들로부터, 그리고 전 세계의 자본가 계급에게 가장 큰 공포를 전해 주고 있는 (붉은 깃발이 오른) 사건으로부터 열정과 용기를 얻자"고 환기했다.

실제로 모스크바의 파업과 오데사의 반란 소식은 총회장을 들뜨게 했다. 러시아에서 벌어진 혁명과의 연대는 다음 해 새로운 운동의 주요 우선순위가 될 터였다. 1906년 1월 22일 사회주의인터내셔널이 러시아인들을 지원하기 위한 전 세계적 행동을 촉구하자, 세계산업노동자동맹은 대중 집회를 조직했고, 러시아 작가 막심 고리키Maxim Gorky를 "대표적인 산업노조당원"으로 영접하여, 고리키의 유명한 기금 모금 투어를 후원하였다.

빌 헤이우드와 찰스 모이어Charles Moyer 서부광부연합 위원장이 파업을 분쇄한 전 주지사를 살해했다는 죄목으로 아이다호에서 체포되자, 이 사실을 전해 들은 고리키는 그들에게 곧바로 전보를 쳤다.

"친애하는 사회주의 형제들이여, 부디 용기를 내시오! 전 세계의 모든 억압받는 자들을 위한 정의와 해방의 날이 눈앞에 와 있소."

헤이우드와 모이어는 감방에서 답장을 보냈다.

"형제여, 러시아에서나 미국에서나 한결같은 전 세계적 계급 투쟁이 우리를 진정 형제로 만들어 주었구려. 당신 모국의 동료 노동자들에게 부디 우리의 안부를 전해 주시오."

이런 국제주의의 발로는 단순한 감상을 훨씬 뛰어넘은 것이었다. 노동사가인 필립 포너Philip Foner에 따르면, 서부광부연합이 동부 공업 도시의 이주 노동자들 사이에서 열렬한 지원을 얻을 수 있었던 것은 바로 그들이 러시아에서 일어난 혁명에 열정적으로 연대한 덕분이었다. 그리고 그 덕분에 세계산업노동자동맹은 1909년부터 1913년까지 벌어진 역사적 연쇄 파업에서 핵심적인 역할을 할 수 있었다. "조직화가 안 된다"고 여겨지던 이주 노동 계급을 전국 최대 산업 기업들과의 전투적 대결에 농원해 낸 것이다. 망명한 수백 명의 러시아, 폴란드, 핀란드, 유대계 혁명가들이 세계산업노동자동맹의 조직가와 대중 지도자로 변신하여, 미국 역사상 전례 없는 범세계적 성격을 운동에 부여했다.

세계산업노동자동맹 창립 100주년을 맞이하여 그들의 실제 참모습을 바라보고, 그들을 '낭만적이지만 근본적으로 무해한 룸펜 아나키스트'로 보는 고정관념을 폐기하는 일은 무엇보다도 중요하다. 미국 노동사에는 세계산업노동자동맹을 캐리커처 수준으로 감상적으로 다루는 경향이 있고, 이런 경향은 자유주의자와 사회민주주의자들 사이에서 특히 심하다. 이와 비슷한 맥락에서 일부 역사가들은 "토착" 저항 전통에는 박수를 보내면서, 나라 바깥에서 일어난 혁명과의 연대는 모독하거나 병리적인 현상으로 취급하고는 한다. 하지만 (중요하지만 자주 무시되는) 포너의 연구에서 반박할 수 없게 제시되었듯이, 세계산업노동자동맹은 미국에서 국제주의를 가치 기반으로 삼은, 전국적 중요성을 띤 최초의 노동자 조직이었다.(54) 그 결과 세계산업노동자동맹은 곧바로 세계 구석구석의 혁명 전통과 전략적 지혜가 한데 모인 용광로가 되었다.

이 점은 신규 이주 노동계급이 펼친 4년간의 반란의 막을 연 1909년의 대파업 때 극적으로 드러났다. 펜실베이니아 매키즈록스의 기관차 생산 공장인 악명 높은 프레스드 스틸 카 컴퍼니 Pressed Steel Car Company에서는 하루 평균 한 명씩 산업재해로 목숨을 잃었다. 이 공장에는 16개 국적의 노동자들이 섞여 있었고, 경영진은 이주민 "헝키"들에 대한 미국 태생 숙련공들의 편견에 기대어 노조를 억누르고 있었다. 7월에 자연 발생적인 파업이 터지자 사측과 미국노동총연맹 간부들 양쪽 다 이것이 하루 이틀 만에 주저앉을 것이라고 예상했다. 하지만 세계산업노동자동맹이 이끈 외국인 노동자들은 파업을 분쇄하기 위해 투입된 '석탄철강 경찰'■과 지역 경찰에 맞서 45일이나 싸웠다. 파업 노동자 중 열세 명이 목숨을 잃었지만, 그들은 자신들의 요구를 관철했다.

이는 "무식한 유럽인 농사꾼"들이 이뤄 낸 놀라운 승리였다. 실제로 『국제사회주의자 리뷰』에 실린 설명에 따르면, 파업 노동 자들의 내부 위원회는 혁명적 인터내셔널의 축소판이었다. 이탈 리아 아나키스트와 사회주의자들, 러시아 사회민주노동당원, 상 트페테르부르크에서 벌어진 "피의 일요일" 학살 생존자 몇 명, 블랙리스트에 오른 스위스와 헝가리의 노조 운동가들, 독일에서 건너온 백전노장의 금속 노동자들이 한 자리에 모여 있었다.

그로부터 몇 년 뒤에 세계산업노동자동맹은 멕시코에서 일어난 또 다른 역사적 혁명에 깊숙이 관여하게 된다. 멕시코 아나키스트 들이 바하 캘리포니아에 짧은 기간 붉은 공화국을 세웠을 때,[**] 수 백 명의 워블리[***]들이 국경을 넘어가서 함께 싸운 것이다. 다시 몇 년 뒤에 윌슨 대통령이 멕시코 베라크루스에 해병대를 상륙시 키기 위해 지지를 모으고 있을 때[****] 빌 헤이우드는 뉴욕에서 열린 항의 집회에 참석하여, "우리 계급을 배신하느니 우리나라 를 배신하는 편이 낫다."고 연설했다. 세계산업노동자동맹은 1차 대전에 미국이 개입하는 데 결사적으로 반대하고, 군사주의에 대 항한 모든 지역의 반란을 지원했다. 이 조직이 1917년 정부의 탄

[*] Coal and Iron Police, 19세기 말부터 20세기 초까지 펜실베이니아의 석탄 · 철강 회사들이 파업 을 분쇄하기 위해 돈을 주고 고용했던 청원 경찰.
[**] 멕시코 혁명 초기인 1911년, 아나키스트 혁명가인 플로레스 마곤의 지휘로 일어난 '마고니스 타' 군사 봉기를 말한다. 바하 캘리포니아 지역에 사회주의 공화국을 세우는 것을 목표로 했다.
[***] Wobblies, IWW 조합원의 별명.
[****] 1914년 멕시코 정부가 미국 해병을 억류한 것에 항의하고 독일 군함이 멕시코에 군수물자 를 하역하는 것을 막기 위해 미국 해군이 베라크루스의 항만 시설을 무력으로 점거한 사건을 말 한다.

압과 애국적 자경단 운동의 주된 표적이 된 것은 놀라운 일이 아니다. 결국 그들은 진정으로 위험한 존재였던 것이다. 미국 역사상 그들보다도 덜 애국적이거나 더 국제주의적인 노동자 조직은 없었다.

(2005년 1월, 『소셜리스트 리뷰』)

『네이션』의 전설, 맥윌리엄스

1951년 봄, 80년 역사를 지닌 독립적·급진적 견해의 선봉 『네이션*Nation*』이 궁지에 몰렸다. 『네이션』의 담대한 발행인 겸 편집인 프레다 커치웨이(Freda Kirchway, 1937~1955)가 냉전 자유주의 대열에 줄 서기를 거부하여, 이 잡지가 언론 재판관과 반공 지식인들의 특별 괴녁이 된 것이다. 포토맥 강변에서 조 매카시Joe McCarthy가 포토맥 강변에서 국가 전복 음모를 뒤쫓는 동안, (아서 슐레진저 주니어Arthuer Schlesinger Jr., 시드니 후크Sindey Hook, 엘리엇 코언Elliot Cohen, 어빙 크리스톨Irving Kristol 등이 포진한) '문화자유회의Congress for Cultural Freedom'의 인사들은 마치 굶주린 상어 떼처럼 『네이션』 주위를 둘러쌌다. 대표적으로 하버드 대학의 역사학자인 슐레진저는, 커치웨이가 "소련의 전제정치에 대한 구차한 변명을 매주" 게재함으로써 "〔이 잡지의〕 가장 훌륭한 전통을 배

반했다."고 비난했다.(126)

　『네이션』을 구독하는 것만으로도 "공산주의에 유화적"이라는 의심을 사기에 충분했고, 누군가 가판대에서 이 잡지를 산 것이 그 사람을 블랙리스트에 올릴 구실로 거론된 예가 적어도 한 번(할리우드 작가인 에드워드 엘리스쿠Edward Eliscu)은 있었다. 뉴욕 시티 스쿨에서는 이 잡지를 금서로 정했고, 후원금을 보내 달라는 호소에 대한 반응은 참담했다. 장기 후원자들은 커치웨이의 전화에 응답을 거부했고, 오랫동안 같이 일한 고정 필진들은 판권란에서 이름을 지우고 달아났다. 그리고 이 잡지 미술평론가였던 클레멘트 그린버그Clement Green berg는, 스페인에서 망명해 이 잡지의 해외 필자로 활동한 공화주의자 훌리오 알바레스 델 바요Julio Alvarez del Vayo가 스탈린의 요원이라고 악의적으로 고발했다. CIA의 지원을 받는 경쟁지 『코멘터리Commentary』와 『뉴 리더New Leader』는, 『네이션』이 취약해졌음을 감지하고 그 숨통을 끊어 놓기 위해 지면을 통한 조롱과 중상을 거듭했다.

　사방으로 포위된 데다 거의 파산 지경에 이른 커치웨이는, 서부 해안 지역의 고정 필자인 캐리 맥윌리엄스Carey McWilliams에게 몇 주 동안만 뉴욕으로 와서 위협받고 있는 시민 자유를 특집으로 다룬 비상 특별호를 편집하고 후원금 모금을 도와 달라고 부탁했다. 예전에 커치웨이에게 『네이션』 편집실을 캘리포니아로 옮겨 뉴욕 지식계의 유독한 분위기에서 벗어나라고 종용한 적이 있던 맥윌리엄스는 딱 한 달 동안만 가 있겠다고 응낙했다. 그리고 25년 넘게 그곳에 머물렀다.

맥윌리엄스는 로스앤젤레스의 작가이자 변호사, 진보적 활동가로서 1939년에 논픽션판 『분노의 포도』라 할 수 있는 『들판 위의 공장들Factories in the Field』이란 책으로 유명세를 떨친 바 있었다. 맥윌리엄스는 맨해튼의 이념적 전쟁터에 거친 서부 근성으로 맞섰다. 맥윌리엄스의 가장 절친한 친구들 몇 명(맑시스트 문학평론가 매시슨F. O. Matthiessen과 이주민 출신 작가 루이스 애더믹Louis Adamic)이 매카시즘의 공세에 못 이겨 자살까지 내몰리는 와중에도 맥윌리엄스는 기가 꺾이지 않았다. 실제로 맥윌리엄스는 지극히 불리한 지세에 놓였을 때도 정치적 싸움을 즐겼다. 캘리포니아에서 맥윌리엄스는 '농부 연합Associated Farmers'과 '황금 서부의 아들들Sons of the Golden West' 같은 막강한 반半파시스트 집단들을 상대로 오랫동안 싸워 온 전력이 있었다. 맥윌리엄스가 플로이드 올슨Floyd Olsen 주지사가 이끄는 뉴딜 행정부의 이주민 주택국장으로 재임했을 때(1939년~1942년), 대기업농들은 맥윌리엄스에게 "배마름병이나 목화다래바구미보다도 더 해로운 농업기생충 제1호"라는 딱지를 붙였고, 1942년 공화당의 얼 워렌Earl Warren이 주지사 선거에서 내세운 공약은 집무실에 입성하자마자 제일 먼저 맥윌리엄스부터 해고하겠다는 것이었다.(실제로는 맥윌리엄스가 먼저 사임했다.) 맥윌리엄스는 커치웨이의 초청을 수락하면서 자신의 달갑잖은 유명세를 경고했다.

　"나는 사회주의자라고 부르는 편이 더 나을 수도 있는 '급진적 민주주의자'라고 스스로 생각해 왔습니다. 여기에서 '민주주의자'와 '사회주의자'란 '민주당원'과 '사회당원'이라는 뜻이 아

.닙니다."

이에 대해 프레다는, 자신 또한 "그저 그런 사회주의자"라고 대답했다. (하긴 그로부터 십 년 전에 사회주의자가 아니었던 사람이 누가 있었을까?) 맥윌리엄스는 커치웨이의 오른팔로서, 그리고 1955년 부터는 그녀의 후임자로서 쉬지 않고 일하면서 『네이션』의 재정을 다시 충당하고 반공 인텔리들의 공세를 받아넘겼다. 그것은 고된 일이었다. 『캐리 맥윌리엄스의 교육The Education of Carey McWilliams』(1978)이라는 제목의 회고록에서 그는 이렇게 썼다.

"나는 이 잡지에 닥친 (날로 고조 중이던 냉전의 긴장이 반영된) 위기가 금방 지나갈 것이라고 계속 생각했지만, 상황은 꾸준히 나빠졌다. 일체 다른 것을 생각할 시간이 없었다."(104)

이 과정에서 맥윌리엄스는 『네이션』의 내부 문화를 실질적으로 재창조했으며, 그와 더불어 추문을 폭로하는 미국 저널리즘의 전통을 거의 혼자 힘으로 부활시켰다. 맥윌리엄스는 훌륭한 군사 전략가처럼 되도록 빨리 수비에서 공격으로 위치를 이동하는 것이 관건이라 믿었고, 이를 위해서 프레드 쿡Fred J. Cook, 진 글리슨Gene Gleason, 위딕B. J. Widick, 매슈 조지프슨Mathew Josephson 같은 일급 탐사 기자들을 영입하여 앨저 히스* 기소 사건, FBI, CIA 지식인들, 군산복합체, 소비문화 등등에 관한 유명한 폭로 기사들을 발표했다. 1920년대 서부와 남부의 수많은 젊은 무명작가들이 그랬듯이, 맥윌리엄스 역시 멘켄H. L. Menken이 이끈 『아메

* Alger Hiss, 미 국방부의 고위 관리로서 1950년 공산 첩자로 기소되어 유죄 판결을 받고 복역했다. 이 사건은 매카시즘의 도화선 중 하나가 되었다.

리칸 머큐리*American Mercury*』에서 논설을 통해 보여 준 후원과 우정의 수혜를 입은 바 있다. 이제 맥윌리엄스는 그 은혜에 보답하여, 랠프 네이더, 댄 웨이크필드Dan Wakefield, 하워드 진, 리처드 클로워드Richard Cloward, 프랜시스 피븐Frances Piven, 헌터 톰슨 같은 패기 있는 인재들의 후원자가 되었다. 맥윌리엄스는 자포자기한 무일푼의 톰슨에게, 캘리포니아의 오토바이 갱단을 취재해 보라는 아이디어를 던져 준 장본인이기도 하다.**

맥윌리엄스는 또 '허드슨 강 서쪽에는 지적인 것이 없다'는 뉴욕 지성계 특유의 편견에 맞서 맹렬히 투쟁했다. (캘리포니아 보수주의의 험악한 측면을 비롯한) 미국 서부 해안 지역의 정치를 꾸준히 다루는 한편, 남부의 딕시크래트***에 대해 로버트 셰릴Robert Sherrill이 심층 취재한 글이나, 남부의 자유 운동과 그 연간 진전 추이를 마틴 루서 킹 주니어가 직접 결산한 글 등 매혹적인 기사들을 발표했다. 심지어는 뉴욕의 진보주의자들에게 영영 버림받은 고아인 시카고와 광대한 그 중서부 배후 지역도, 캐리가 재임하던 시절의 『네이션』에는 가끔씩 기사로 다뤄지고는 했다.

맥윌리엄스는 뉴딜 시대 캘리포니아 좌파의 1인 싱크탱크였고, 저널리즘을 사회학 연구로, 또 사회학 연구를 저널리즘으로 전환하는 비범한 열정을 뉴욕으로 가져왔다. 또 대단한 영향력을

** 헌터 톰슨은 이 취재 결과를 토대로 『지옥의 천사들*Hell's Angels*』이라는 첫 책을 썼으며, 몇 년 뒤에는 라스베이거스의 오토바이 경주 대회를 취재하면서 경험한 내용을 소재로 『라스베이거스의 공포와 혐오*Fear and Loathing in Las Vegas*』라는 소설을 펴내 유명해졌다.
*** Dixiecrat, 미국 남부에서 민주당의 민권 확대 정책에 반발하여 1948년 탈당한 일파.

지난 라이트 밀스*(페코스 강 서쪽의 또 한 명의 무법자)에게 지면을
내주어, 아이젠하워 시대 순응주의의 핵심부(기업 관료주의, 소비문
화, 교외 주택 지구, 방사능 대피 히스테리, 그리고 대학 캠퍼스)에 대한
야심적인 사회학적 탐구 기사를 시리즈로 게재했다. 그리고 이
시기의 가장 훌륭한 해외 통신원들(알렉산더 워스Alexander Werth, 에
드가 스노Edgar Snow, 배절 데이비슨Basil Davidson, 아이작 도이처, 칼턴 빌
스Carleton Beals, 클라우드 보뎃Claude Bourdet, 그리고 신좌파 역사가인 윌
리엄 애플먼 윌리엄스William Appleman Williams와 가브리엘 콜코Gabriel
Kolko)의 글을 꾸준히 표지에 두드러지게 배치했다.

요컨대 맥윌리엄스는 냉전의 투견들로부터 『네이션』을 구했을
뿐 아니라 이 잡지를 멋진 연단으로 만들었다. 매카시즘의 암흑
시대가 지나간 뒤, 급진적 학자, 추문을 폭로하는 기자, 독립 맑시
스트, 반항적 노조 활동가, 프리덤 라이더,** 비트족, 반전 시위대
들이 맥윌리엄스가 마련한 연단에서 공통의 목소리를 찾아냈다.
또 맥윌리엄스는 "세대 차이"에 도전하여, 잡지가 1930년대의 운
동 문화와 1960년대 새로 출현한 신좌파를 잇는 지적 다리 구실을
할 수 있도록 의식적으로 노력했다. 그리고 (이것이 아마 가장 중요한
데) 맥윌리엄스는 백인 진보주의자들의 주의를 흑인 자유 운동과
캘리포니아 농장 노동자들의 봉기로 돌리는 데 기여했다. 슬프게

---

* C. Wright Mills, 텍사스 웨이코 출신의 진보적 사회학자로 『파워 엘리트The Power Elite』, 『사
  회학적 상상력The Sociological Imagination』 등을 썼다.
** 1960년대 대중교통에서 인종차별을 철폐하기 위해 버스를 타고 남부로 여행했던 '프리덤 라
  이드freedom ride'에 참가한 사람들.

도 지금은 절판되었지만, 『캐리 맥윌리엄스의 교육』은 『네이션』에 기고하거나 관여한 무수한 인물들의 매혹적인 백과사전인 동시에 이 잡지의 가장 영웅적인 시절을 기록한 역사책이다.(104)

　그러나 이번에 새로 나온 맥윌리엄스의 훌륭한 전기에서 피터 리처드슨Peter Richardson이 일깨워 주었듯이, 캘리포니아 사람들은 이 고장이 낳은 최고의 급진적 사회 비판가 겸 기록자를 동부의 살롱에 빼앗긴 대가를 톡톡히 치러야 했다.(126) 맥윌리엄스는 1949년까지 불과 십 년 남짓한 기간에 총 여덟 권의 책을 펴내고 백 편 이상의 글을 썼다. 그중에 이제는 고전이 된 농장 노동에 관한 연구서가 두 권(『들판 위의 공장들Factories in the Field』, 『불행이 이 땅을 횡행한다Ill Fares the Land』), 아직까지도 결정판으로 손색없는 로스앤젤레스 지역 개론서가 한 권(『남캘리포니아 지방Southern California Country』), 캘리포니아 역사의 주요 궤적에 관해 놀라운, 거의 브로델을 연상케 하는 해석을 보여 준 책이 한 권(『캘리포니아: 위대한 예외California: the Great Exception』), 치카노의 경험을 다룬 최초의 역사서가 한 권(『멕시코에서 북쪽으로North from Mexico』), 인종주의와 차별을 다룬 획기적 연구서가 세 권(『피부색을 초월한 형제들Brothers Under the Skin』, 『편견: 일본계 미국인, 급진적 불관용의 상징Prejudice: Japanese-Americans, Symbol of Radical Intolerance』, 『특권의 가면: 미국의 반유대주의A Mask for Privilege: Anti-Semitism in America』)이다. 끝으로 『마녀 사냥: 이단의 부흥Witch Hunt: The Revival of Heresy』은 맥윌리엄스가 뉴욕으로 떠나기 직전에 출간되었다. 그러나 맥윌리엄스의 놀라운 저술적 성실성과 생산성은, 그 뒤로는 대부분 잡다한 편집 업무 및 다른 필자들이 완성한 기사의 연마 작업에 할애되었다.

맥윌리엄스의 초년, 중년, 말년을 균형 있게 다룬 리처드슨의 책은, 골수팬들마저도 그의 전모를 시야에서 놓치기 쉬운 미묘한 시기에 출간되었다. 동부에서 그는 주로 『네이션』의 노장들과 그 주변 사람들에게 애정 어린, 그러나 퇴색해 가는 기억으로 존재하며, 그나마 맥윌리엄스가 캘리포니아에서 활동한 초기 시절에 대해서는 거의 알려진 바가 없다. 거꾸로 서부에서는 (역사가 케빈 스타, 새크라멘토의 저널리스트 피터 슈래그Peter Schrag, "캘리포니아연구협회"의 창립자 제프 러스티그Jeff Lustig가 그의 작업들을 부단히 옹호한 덕분에) 1990년대 초 이래로 맥윌리엄스가 다시금 재발견되고 있지만, 현대 캘리포니아의 독자들은 그가 『네이션』에서 일했던 시기나 전국적 진보 운동에 대한 공헌에 관해 거의 알지 못할 것이다.

물론 요즘 나오는 전기들은 수천 페이지를 굽이쳐 흐르고 조사 작업에만 꼬박 한 세대를 잡아먹고는 하지만, 맥윌리엄스의 또 다른 전기인 『미국의 선지자American Prophet』는 좀 더 경제적으로 그의 저술 작업을 집중해서 다루고 있다. 1999년에 맥윌리엄스의 이름을 처음 들었다고 고백하는 저자 로빈슨Robinson은 "20세기 미국에서 가장 다재다능하고 생산적이고 중요한 사회파 지식인 중 한 명"을 그때서야 발견한 데 놀랐다고 토로하면서, 맥윌리엄스의 책과 글이 생산된 특정한 역사적 맥락에서 그에 "딱 맞는 독자fit reader"가 되고자 노력하고 있다. 그 결실로서 이 책에는, 연구와 조사의 헤라클레스적 노동으로 지탱되고 심화된 정치적 실천이 매력적으로 묘사되어 있다. 맥윌리엄스가 자신의 회고록에서 고백했듯이, "내 모든 책에서 제시한 사실들은, 관심을 쏟지 않으면 도무지 견딜 수 없는 주제들에 대한 나의 무지를 덜어 보려는 노력이다. 나는 과연 내가 그 주제들을 선택했는지, 아니면 그 반대인지 의심스러울 때가 많다." (104)

확실히 수많은 대의명분들이 끊임없이 그에게로 찾아와 문을 두드렸다. 맥윌리엄스가 남긴 기사와 일기를 꼼꼼히 살펴본 로빈슨은, 캐리가 조직하거나 의장직을 맡은 변호 위원회와 연대 캠페인, 파업 기금 모금과 후원 행사의 숫자만으로도 머리가 어질해질 정도였다. 매일매일 1천 단어 남짓 분량의 글을 쓰고, 면직 공장 파업 노동자, 스페인 공화주의자, '슬리피 라군' 살인 사건▪의 피의자 등등을 위해 뛰면서 법률 사무소와 (나중에는) 관공서 역할까지 겸하게 되자, 맥윌리엄스는 집에서 '가부장' 노릇을 할 시간이 거의 없었다. 맥윌리엄스의 회고록에서 자신의 가정생활에 할애한 분량은 채 한 단락도 되지 않는다. 또 결혼과 아이들은 사적 영역이므로 공공연한 뒷조사를 불허한다고 딱 잘라 밝히고 있다. 임무에 충실한 전기 작가로서 로빈슨은 맥윌리엄스의 골방을 파헤쳐 보았지만, 그가 첫 번째 결혼에서 실패했다는 것, 사무실에서 너무 많은 시간을 보냈다는 것, 때때로 작가 친구들과 떠들썩한 술판을 벌이는 취미가 있었다는 것 말고는 사생활의 증거를 거의 찾아내지 못했다.(캐리 자신은 취한 모습을 보인 적이 없었고, 다음날 아

▪ 1942년 1월 로스앤젤레스 남부의 저수지 '슬리피 라군'에서 살인 사건이 일어나자, 이 주변에 자주 모여 놀던 멕시코계 미국인 청년들이 충분한 증거 없이 범인으로 몰려 실형을 선고받은 사건으로 인종차별 논란이 일었다.

침에도 정력적으로 일했다.)

로빈슨이 잘 보여 주고 있듯이, 맥윌리엄스는 (스코틀랜드·아일랜드계) 부모를 쏙 빼닮은 아들이었다. 그는 확장일로에 있던 콜로라도의 어느 가축 농장에서 성장했다. 맥윌리엄스의 부모는 바삐 일하느라 아들에게 애정을 표현할 시간이 거의 없었지만, 그 대신 책임감과 독립심을 발휘할 여지를 주었다. 캐리는 부모에게서 불손한 기질과 근면한 노동과 자립이라는 평등주의적 카우보이 기풍을 물려받았다. 절친한 벗들과 뿌리 깊은 신념을 하루아침에 박탈당하는, 1940년대 할리우드와 1950년대 맨해튼의 예측 불가능한 윤리적 기상도 속에서, 맥윌리엄스는 옛 친구들과 젊은 시절의 확신에 대해 굳게 신의를 지키는 요세미티의 화강암이었다.

순전히 우연히도, 나는 『미국의 선지자*American Prophet*』를 코맥 매카시의 『노인을 위한 나라는 없다*No Country for Old Men*』와 나란히 읽게 되었다. 감상적 향수와 묵시록적 폭력이 같은 비율로 혼합된 매카시의 신작은, 기사도적 미덕(명예, 의무, 사려, 용기, 그리고 아아, 친절)의 상실에 대한 한탄이다. 한때 이런 것들은 이 소설에 나오는 벨 보안관 같은 프론티어의 기사들이 마땅히 구현해야 할 미덕이었지만, 무례한 불량배들과 로봇 같은 암살이 횡행하는 세상에서는 폐물이 되고 말았다. 우리는 미국의 잃어버린 고귀한 특성을 애도하는 이런 공적 장례식(『라이언 일병 구하기』와 『가장 위대한 세대』도 이 부류에 넣을 수 있다.)을, 인종주의와 살육의 실제 역사를 은폐하기 위한 우익의 기념식이자 도덕적 기만술로 취급하는 경향이 있다. 하지만 이 국가적 향수는 좀 다른, 대안적 차원의 이야기다.

캐리 맥윌리엄스였다면 매카시(혹은 이 맥락에서는 스필버그)에게, 노예제 폐지 운동가, 워블리, 에이브러햄 링컨 대대, 그리고 학생비폭력조정위원회야말로 미국 역사상 가장 훌륭한 도덕적 용기의 화신이었음을 일깨워 주었을 것이라고 확신한다. 1850년대와 1860년대 웬델 필립스Wendell Phillips처럼, 맥윌리엄스 역시 20세기 중반에 휘몰아친 폭풍 한가운데서 꿋꿋이 버텼다. 실로 최근에 나온 맥윌리엄스 선집(『바보들의 천국Fool's Paradise』)에 쓴 아름다운 서문에서 그의 아들(역사학자인 윌슨 캐리 맥윌리엄스Wilson Carey McWilliams)이 지적한 대로, "그는 민주주의의 성배에 한결같이 충실한, 냉소적인 갤러해드 경*이었다."(105)

로빈슨은 맥윌리엄스의 헌신의 힘을 일깨우는 멋진 일을 했다. 하지만 마지막 말은 전 『네이션』편집장의 몫으로 돌린다.

"귀착되는 결론은, 나는 언제나 그랬듯이 (내가 절대로 완전히 이해할 수 없는 어떤 이유에서) 반항적 급진주의자라는 것이고, 내가 틀렸을지도 모른다는 여러 증거를 무릅쓰고 여전히 미래에 대해 대범한 관점을 취하고 있으며, 기본적으로 낙관주의자로 남았다는 것이다. 그러나 돌이켜 볼 때 내가 타고난 특유의 급진주의와 이상주의는, 좌·우파의 일부 종말론적 이념들 못지않게 (혹은 그것들보다) 세월의 시험을 잘 견디고 살아남았다."(104)

(2006년 9월 19일, 『네이션』)

■ Galahad, 아서 왕 이야기에 나오는 원탁의 기사 중 한 명이다.

44 | 그때 그 거리에서 무엇인가 변했다

1965년 8월에 왓츠 폭동이 일어나기 직전부터 1966년 10월까지, 나는 민주사회학생회(SDS)의 로스앤젤레스 지역 조직책이었다. 시카고에 있는 전국 사무실에서 내게 맡긴 일은 이 도시에서 징병 저항의 핵심 세력을 건설하고(내 징병 서류는 지난 행진 때 불태워 버렸기 때문에 나는 기소될지 여부를 기다리는 중이었다.), 달변과 카리스마를 갖춘 두 명의 민주사회학생회 지역 활동가(USC 대학의 마거릿 소프Margaret Thorpe와 UC 어바인의 패티 리 파멜리Patty Lee Parmalee)를 도와 캠퍼스에서 소요를 일으키는 것이었다. 그중 가장 멋진 소요는 팰리세이드 고등학교의 16살, 17살 난 민주사회학생회 소속 아이들이 일으킨 것이었다. 우리는 그 아이들과 어울려 다니면서 이 글에 등장하는 몇몇 사건들에 직접 참여하게 됐다. (나는 머리를 짧게 깎았고 기분전환용으로 마약을 피우는 데 혐오증이 있었으므로 "티니바퍼" ■의 전형은 아니었지만.) 1967년에 나는 로스앤젤레스를 잠시 떠나 텍사스에서 민주사회학생회 일을 하다가 그해 말에 다시 남캘리포니아로 돌아와, 샌디에이고의 정육점 도제로, 그리고 나중에는 로스앤젤레스 동부의 트럭 운전수로 진정한 생활인의 삶을 시작했다. 나는 1967년에 스트립에서 일어난 소요는 보지 못했지만, 1968년 항쟁이 정점에 치달았을 때는 현장에 있었다. 그러므로 다음의 글에는 내가 조사한 내용과 개인적 기억이 한데 뒤섞여 있다. 이는 또 로스앤젤레스의 대항문화와 항쟁에 동참한 이들에 대해 기획한 역사서(『밤을 불태우다Setting the Night on Fire』)의 첫 번째 꼭지이기도 하다.

로큰롤이 꿈같은 전성기를 구가하던 한순간, 1966년 12월 초 선셋 스트립의 토요일 밤이었다. 할리우드와 비버리힐스 사이에 시로 편입되지 않은 로스앤젤레스 카운티의 그 유명한 열두 블록을 따라서, 버즈, 도어스, 소니 앤 셰어, 마마스 앤 파파스, 버펄로 스프링필드 같은 기라성 같은 이름들이 네온 창공에 번쩍이고 있었다. 하지만 진짜 구경거리는 바깥 길거리에서 펼쳐지는 중이었다. 2천 명의 데모대가 선셋을 따라 서쪽으로 스트립 카운티까지 평화롭게 구불구불 행진했다가, 다시 빙 돌아서 로스앤젤레스 시 경계 바로 안쪽에 위치한 출발 지점인 '판도라의 상자 커피하우스'(8180 선셋)로 되돌아오고 있었던 것이다. 카운티의 한쪽 경계

■ teenybopper, 일시적으로 유행하는 팝 음악이나 히피 문화 등을 모방하며 열광하는 십대, 특히 소녀 팬들을 다소 경멸적으로 이르는 말이다.

에는 폭동 진압용 헬멧을 쓴 수백 명의 카운티 보안관들이, 다른
쪽 경계에는 역시 비슷한 숫자의 로스앤젤레스 경찰들이 성난 파
업 노동자들이나 사나운 폭도들과 마주 대한 것마냥 야경봉을 든
채 안절부절 못 하고 있었다. 사실 이 우호적인 시위대의 정체는
바로 장발을 하고 여드름이 난 열다섯 살짜리 아이들이었다.

"여기서 뭔가가 벌어지고 있다" ▪

적대적인 경찰과 일간지에 포진한 그 우군들이 "애송이", "티
니바퍼", 심지어 "깡패"라고 가차 없이 매도한 이 시위대에는 남
캘리포니아에 거주하는 백인 십대 청소년들의 축도가 고스란히
담겨 있었다. 스트립 위쪽 부자 동네에 사는 영화광 청년이 밴 누
이스에 사는 자동차 공장 노동자의 딸이나 포모나에 사는 트럭 운
전수의 아들과 뒤섞여 있었던 것이다. 대학생들도 일부 있었고 어
색하게 머리를 짧게 깎은 군인들도 몇 명 섞여 있었지만, 대부분은
열다섯 살부터 열여덟 살까지의 고등학생 나이였고, 그래서 법률
상 카운티와 시의 청소년 통금시간이 둘 다 발효되는 오후 열 시가
넘으면 체포를 면하기 힘들었다. 아이들은 "블루 파시즘은 그만!",
"통금 폐지", "스트립 자유화"라고 쓴 손 팻말을 들고 있었다.
이 데모는 '제5계급 커피하우스' (8226 선셋)에 본부를 둔 "운동

▪ 이 글의 소제목들은 모두 스트립 시위를 소재로 한 스티븐 스틸스의 노래, 〈사실 여부는 알 수
없지만For What It's Worth〉의 가사 중 일부분이다.

및 회합의 권리 위원회(The Right of Movement and Assembly Committee, RAMCOM)"에서 '공지한' 것이었다.(하지만 조직한 것은 아니었다.) 이 커피하우스의 지배인 앨 미첼Al Mitchell은 '제5계급'과 여기서 한 블록 떨어진 '판도라의 상자'로 모여드는 고등학생과 십대 탈주자들의 어른 대변인 구실을 하고 있었다. 이 집회는 지난 1년간 보안관과 경찰이 스트립에서 "배회하는" 십대들을 무차별 단속한 데 항의하기 위한 것으로, 주말마다 연속으로 다섯 번째 열린 시위(좀 더 정확하게 말하자면 "해프닝")였다. 경찰은 이 지역의 레스토랑 주인과 지주들의 불만에 부응하여, 밤 열 시마다 이 근방을 돌며 18세 이하 청소년들을 닥치는 대로 잡아들이고 있었다. 장발을 하고 목걸이, 금테 안경, 홀치기염색 셔츠를 걸친 아이들이 그들의 주된 표적이었다.

통행금지를 위반한 아이들에게 욕설이나 음탕한 농담을 퍼부어 굴욕감을 주고, 긴 머리를 잡아당기고, 경찰차에 밀어붙이고, 심지어는 경찰봉으로 목을 조르는 것이 관행이었다. 그런 다음 아이들은 웨스트할리우드 보안관 사무소나 할리우드 경찰서로 연행되어 성난 부모들이 데려갈 때까지 구금되어 있고는 했다. 하지만 이날(12월 10일) 저녁의 시위는 아직까지 평화롭게 진행되었고, 욕설이나 주먹보다는 미소가 더 많이 오갔다. 시위의 하이라이트는 소니 앤 셰어가 마치 유행의 첨단을 걷는 이누이트처럼 거대한 양털 파카를 입은 채 나타나, 넋이 나간 아이들에게 손을 흔들며 지지를 표시해 준 순간이었다.(나중에 이 사진이 전 세계 신문에 실리자, 로스앤젤레스 카운티의 몬테레이파크 시는 소니 앤 셰어가 '폭동을 일으킨 티니바퍼들'과 연대한다는 제스처를 취한 것을 문제 삼아, 그들이 시에서 주최하는 장미 퍼레이드의 무대 차에 오르는 것을 금지했다.)

자정쯤에 시위대가 '판도라'로 돌아오자 만족한 앨 미첼은 오늘의 시위가 끝났음을 공식적으로 선언했다. 무리가 흩어지기 시작하자 로스앤젤레스 경찰은 '판도라' 안으로 들어와 신분증을 확인하기 시작했다. 미국시민자유연합American Civil Liberties Union의 남캘리포니아 지부장인 이슨 먼로Eason Monroe는 경찰 행위가 불법이라고 불만을 제기했다. 판도라에서는 술을 팔지 않았고, 인가된 업소 안에 있는 청소년들은 통금 규정에서 면제되기 때문이다. 이에 대해 경찰은 수갑을 채워 먼로를 체포하는 것으로 응수했다. 비치보이스의 홍보 매니저인 마이클 보시Michael Vossi는 엔터테인먼트 산업 측 지지 그룹의 법적 참관인 역을 맡고 있었는데, 먼로 편을 들며 항의하다가 다른 경찰관에게 주먹으로 연타를 얻어맞았다. 판도라 바깥에 남아 있던 수백 명의 시위대는 어른 후견인들을 놓아 주라고 경찰에게 소리를 질렀다. 폭동 진압 장비를 갖춘 경찰들이 사방에서 포위망을 좁혀 왔다.

"진실과 자유를 위한 공동 행동 위원회"(CAFF, 텔레비전 드라마 『길리건의 섬』에 출연한 탤런트 밥 덴버Bob Denver, 소니 앤 셰어의 매니저 브라이언 스톤Brian Stone, 대형 할인점 체인 '울워스'의 상속인 랜스 레벤틀로우Lance Reventlow 등도 이 단체 회원이었다.)에서 나온 어른 후견인이었던 폴 제이 로빈스Paul Jay Robins는, 며칠 후『로스앤젤레스 프리 프레스』(Los Angeles Free Press, 애독자들에게는 '프립Freep'이라는 별명으로 알려져 있었다.)에, 로스앤젤레스 경찰이 당황하여 허둥

지둥 달아나는 시위대를 향해 이유 없이 화풀이하며 마구 폭력을 휘두르던 광경을 묘사했다. 그 자신도 경찰의 곤봉에 얻어맞은 로빈슨은, 경찰들이 무기력한 십대 청소년을 토끼 몰듯 쫓는 광경을 두려움에 질려 지켜보았다.

> 팻말을 양손에 든 아이가, 마치 뒤에서 얻어맞은 것처럼 갑자기 앞으로 폭 꺾이는 모습을 보았다. 아이가 경찰들 앞으로 고꾸라지자 네다섯 명이 곤봉을 들고 달려들어 두들겨 패기 시작했다. 나는 그 자리에 못 박혀 선 채, 그 아이가 경찰들에게 계속 맞으면서 자기를 방어하려고 안간힘을 쓰며 앞으로 기어가는 것을 바라보았다. 마침내 그 아이가 벽에 쿵 부딪치며 쓰러진 다음에도 매질은 그치지 않았다. 내가 몸을 돌려 비틀거리며 앞으로 걸어가기 직전에 마지막으로 본 것은, 아이가 배를 바닥으로 한 채 경찰들에게 들려 옮겨지는 광경이었다. 나중에 CAFF의 고문 변호사는 그 자리에서부터 그를 차에 실은 지점까지 이어진 69미터의 핏자국을 채증했다. 그 아이는 지금 어디 있는가?

마침 로스앤젤레스는 경찰 폭력으로 오명을 얻기 시작하던 중이었는데, 그날 밤의 평화 시위 역시 별 이유 없이 또다시 경찰의 "학살"로 돌변했다. 두 일간지(챈들러가 소유한 『로스앤젤레스 타임스』와 허스트가 소유한 『헤럴드 이그재미너 Herald-Examiner』)는 경찰의 부당한 침탈을 여느 때처럼 "티니바퍼"들이 준동한 "폭동"으로 규정했다. 한편 앨 미첼을 비롯한 어른 후견인들은 로스앤젤레스 경찰의 폭력에 질겁하여 그 다음 주에 예정되어 있던 시위를 취소했다. 경찰이 아이들 중 한 명을 죽이거나 심하게 다치게 할 수도 있다는 우려 때문이었다. 두 달 동안의 정치적 논쟁과 기소, 지지부진한 협상 끝에 1967년 2월에 다시 대규모 시위가 시작되었고, 1968년 가을까지 간헐적으로 이어졌다. 수천 명의 청소년들이 통금 위반으로 체포되었고, '아메리칸 인터내셔널 픽쳐스(AIP)' 영화사는 이 '폭동'을 유명한 사운드트랙이 딸린 통속 영화(〈선셋 스트립의 폭동Riot on Sunset Strip〉, 1967)로 제작하여 후세에 길이 남겼다.

"전선이 그어졌다"

1960년대와 1970년대에 남캘리포니아의 십대들은 밤에 모여 축제처럼 즐길 수 있는 그들만의 자유로운 공간을 확보하기 위해 인종을 초월한 투쟁을 벌였다. 1966년부터 1968년까지의 전설적인 스트립 전투는 그중 가장 유명한 에피소드일 뿐이다. 그 밖에도 그리피스 공원의 "러브인", ᵃ 해변 파티, 인종 간 연합 콘서트, (베니스 비치 같은) 대항문화 구역, (로스앤젤레스 페어팩스의 헤이트 애시버리 같은) 쇼핑 구역, 데이트 상대를 물색하는 (위티어, 할리우드, 밴 누이스 대로 등의) 거리들, 스트리트 레이싱 장소, 그 밖에 아이들이 조용히, 혹은 대놓고 부모와 경찰과 통금에 반항한 무수한 아지트를 둘러싸고 업주 및 경찰들과 벌였던 기억에 남을 만한 실랑이들이 여럿 있다.(38)

ᵃ love-in, 1960년대와 1970년대 히피들이 모여 벌였던 집회 혹은 축제 마당.

물론 이런 싸움은 새로운 이야기도 아니고(로스앤젤레스에서 청소년 통행금지 조례가 처음 제정된 것은 1880년대다.), 남캘리포니아에만 있는 독특한 현상도 아니었다. 그러나 전후의 캘리포니아라는 환경은 청년들의 반란에 모터를 달아 주었다. 특유의 자동차 문화, 고속도로, 도심 바깥으로의 팽창, 그리고 특징 없는 교외의 주택 지구는, 십대들에게 멀리까지 이동할 수 있는 수단과 더불어 엄청난 권태를 안겨 주었다. 지역 에이엠 라디오 방송에서 주말 저녁에 신나는 일이 생길 거라는 귀띔을 넌지시 내비치기만 해도, 반경 160킬로미터 내에 있는 아이들을 모조리 불러 모을 수 있었다. 그래서 1961년에 어느 록 음악 방송에서는 말리부 해변에서 파티를 연다고 경솔하게 광고했다가, 거의 2만 명이나 되는 십대들이 몰려들어 소동을 일으키는 바람에 보안관들이 해산을 명령한 일도 있었다. 스트립의 "폭동"이 (1966년 스티븐 스틸스 Stephen Stills에 의해) 노래로 만들어지고 『타임』지와 『라이프』에 실린 이후로, 선셋 대로의 8000블록과 9000블록이 밸리와 평지의 소외된 아이들을 끌어들이는 한층 더 강력한 자석이 된 것은 놀랄 일이 아니었다. 실제로 그로부터 수십 년이 흐른 뒤에, 1967년도와 1968년도에 스트립에서 체포되었다고 하면 남캘리포니아에서만큼은 마치 우드스톡 현장에 있었다거나 천지창조에 입회했다는 자랑과 동급으로 대우받았다.

왜 하필 스트립이었나? 1966년 당시 남캘리포니아 십대의 부모 세대 중 대다수는 (태평양전쟁에서 귀환한 1943년이나 대학을 졸업한 1951년에) '시로스', '모캄보', '트로카데로' 같은 선셋 대로의 유명한 나이트클럽 중 한 곳에서 연예인들과 저녁을 먹고 춤을 추고 어깨를 부볐던 반짝이는 추억을 간직하고 있었다. 로스앤젤레스 시 내부에 뚫린 기묘한 "카운티 구멍" 중 하나인 스트립은 한 세대 동안 영화계 유명 인사들이 유흥을 즐기는 주된 중심지였으며, 따라서 타블로이드 스캔들과 로맨스의 진원지였다. 또 이곳은 유명한 도박꾼들과 한통속인 갱단이, 부패한 보안관 사무소와 결탁하여 좌지우지하는 도시국가이기도 했다. 선셋 스트립이 가장 화려했던 시절인 1939년부터 1954년까지 이 지역의 비공식적인 시장은 도박의 왕자이자 생존의 제왕인 무적의 미키 코언 Mickey Cohen이었다. 선셋 8800블록에 자리 잡은 남성용 잡화점을 본거지로 군림한 코언은, 상대 마피아의 연속 기습과 폭탄 공격의 표적이 되어 보디가드가 여섯 명이나 목숨을 잃는 와중에도 상처 하나 없이 살아남음으로써 모든 난관을 무색케 했다.

하지만 1950년대 말 코언이 체포되어 복역하는 동안에 스트립은 급격히 쇠락하기 시작했다. 그리고 벅시 시걸Bugsy Siegel 덕분에 새롭게 떠오른 라스베이거스가, 스트립이 개척해 놓은 영화 스타와 마피아들의 짭짤했던 공생을 침해하고 이곳의 일류 주방장과 유명한 엔터테이너들까지 떠메어 갔다. 그러나 도시가 쇠퇴하면서 그 번화가가 현저히 축소된 바로 그 시절에, 인기 텔레비전 쇼 〈77 선셋 스트립〉이 새로운 신화를 만들어 내고 있었다. 외모가 엘비스 프레슬리를 닮은 이 드라마의 주인공 에드 "쿠키" 번스 (Ed "Cookie" Byrnes, 주차장 요원 겸 시간제 탐정으로 나온다.)는 곧 미국에서 가장 젊은 유명 인사가 되었다. 이 드라마에서 스트립은 서핑보드를 실은 멋진 코르벳 스포츠카가 달리는 휘황찬란한 밤의 교차로로 그려졌다.

당시 (웨스트와 이스트) 할리우드 지역 전체가 그랬듯이, 사실 스트립은 황금 시절이 지나간 이후의 과도기로서, 빈 나이트클럽과 엔터테인먼트 공간을 활용하는 (서로 배치되는) 두 개의 전략을 놓고 고심 중이었다. 우선 "타임스 스퀘어" 안은 기존의 클럽에 토플리스나 누드 댄서들을 끌어들여서 재개장하는 것이었다. '바디샵'은 새로운 스트립쇼가 성공을 거둔 모범적인 사례였다. 또 다른 대안은 록 음악을 가지고 청소년 관중에게 영합하는 것이었다. 특히 음악 프로듀서와 홍보 담당자들은 청소년 클럽을 지리적으로 한 곳에 집중시켜서 신인 밴드를 발굴하고 이미 계약한 밴드들을 육성한다는 생각을 마음에 들어했다. 더욱이 〈77 선셋 스트립〉이 성공하면서 이곳은 전국적인 명성을 얻었고, 스트립에서 젖을 뗀 밴드들의 인지도도 확고해졌다. 1965년에 카운티는 클럽주와 레코드회사들의 청원에 마지못해 응하여 이중 허가제를 마련했다. 이로써 18세부터 21세까지의 청소년들은 주류를 판매하는 클럽에 들어갈 수 있게 되었고, 그보다 어린 15세부터 18세까지의 청소년을 위해 특별히 술을 팔지 않는 음악 공연장이 생겼다. 그러자 곧바로 청소년 클럽들이 폭발적으로 생겨났다.

십대 후반과 20대 초반을 대상으로 한 클럽 중에서는 '위스키 Whiskey', '가자리스Gazzarri's', '갤럭시Galaxy' 등이 다섯 손가락 안에 꼽혔다. 그리고 갓 입문한 "티니바퍼"들은 (예전에 '시로스'로 유명세를 떨친) '잇츠 보스it's Boss', '더 트립(The Trip, 예전의 '크레센도')', '시 위치Sea Witch'를 선호했고, (왕년의 테니스 스타 빌 틸던이 소유한) '판도라'와 (청소년 잡지계의 거물 로버트 피터슨이 소유한) '제5계급' 같은 값싸고 분위기 있는 커피하우스로도 몰려들었다. 클럽들이 입장료를 무자비하게 인상하자, 상대적으로 나이가 어리고 가난한 아이들은 그냥 다채로운 거리의 현장에 참여하는 편을 택하게 되었다. 아이들은 무리지어 선셋을 어슬렁거리거나, 짐 모리슨이나 닐 영의 모습을 훔쳐보려 클럽 입구 주변을 맴돌았다. 하지만 야밤에 몰려다니는 십대들이 많아지자, 스트립의 고급 레스토랑 주인들과 그 부유한 고객들은 도무지 주차할 데가 없고 날이 갈수록 인도가 미어진다고 항의하기 시작했다. 비버리힐스 사모님들과 센츄리시티 변호사들은 이 축복받은 군중과 맞부딪칠 때면 몸을 움츠리고는 했다.

나중에 에드거 프리덴버그Edgar Freidenburg와 앤서니 베른하르트Anthony Bernhard는 『뉴욕 리뷰 오브 북스New York Review of Books』에 이렇게 썼다. "게다가 이 시점에서 '티니바퍼'들의 훌륭한 행동거지가 문제가 되었다." 이 아이들이 대체로 "적대적이지도, 공격적이지도, 무질서하지도 않았기" 때문에, 그들을 스트립에서 몰아낼 딱 부러진 핑계가 없었던 것이다. 결국 지주와 레스토랑 주인들의 이익을 대변하는 선셋 스트립 상공회의소와 선셋 플라자 협회는, 보안관 사무소에 청소년 통금을 엄중하게 단속할 것을 은근히 주문했다. 1940년대에 십대 "B 걸"■들이 전국적

■ 바에서 일하며 손님들에게 술을 따라 주는 십대 소녀들을 가리켰던 은어.

사회문제로 비화되었을 때, 시와 카운티에서는 18세 이하가 밤열 시 이후에 공공장소를 배회하는 것을 금지하는 통행 규제를나란히 채택한 바 있었다. "여기서 '배회'의 정의는 '목적 없이혹은 정처 없이 빈둥거리거나 꾸물대거나 하릴 없이 서 있거나걷거나 차를 운전하거나 오토바이를 모는 것'이다. 이 정의에 의하면 태양계의 운행 전체를 불법으로 몰아붙일 수 있다."고 프리덴버그와 베른하르트는 꼬집었다.(57)

"젊은이들은 자기 주장을 말하고……"

1966년 여름에 스트립의 보안관들은 18세 이하에 대한 압력의수위를 높였고 인근 할리우드와 페어팩스 구역의 로스앤젤레스경찰도 이에 곧 합세했다. 통금 위반으로 인한 체포 건수는 수천건으로 치솟았으며, 7월의 어느 날 하루 저녁에만 페어팩스의'캔터스 레스토랑' 바깥 인도에서 쫓겨난 인원이 3백 명에 달했다. "꼭 오리 연못에서 오리들을 사냥하는 것 같았다."고 한 보안관은 으스댔다. 시에서 가장 큰 한 신문사에서 십대 무리들에 대한 기사에 실을 극적인 이미지를 요청하자, 보안관들은 자상하게도 "『로스앤젤레스 타임스』의 직접적인 편의를 위해" 열 명의 아이들을 체포해서 수갑을 채운 채 줄 세웠다. 후에 레나타 애들러Renata Adler는 『뉴요커』에 이렇게 보도했다.

"봄부터 여름까지, 미성년자에게 일체의 음료를 제공하는 업소들의 면허가 줄줄이 취소되었다. 그중 몇 곳은 어쩔 수 없이 성인 업소 및 토플리스 업소로 전환했다. 경찰 당국은 이런 변화에 전혀 괘념치 않는 듯했다."

실제로, 이렇게 아이들을 스트립에서 몰아내는 것은 마피아와 결탁한 섹스 산업, 그리고 "통금 시간 이후에 돌아다니는 것보다 훨씬 심각하고 은밀한 범죄"를 이 지역에 다시금 불러들이기 위한 정지 작업이라는 루머가 널리 돌았다.(1)

할로윈 직후에 성난 십대 몇 명이, 이제는 스트립에서의 임의적인 체포와 경찰의 청소년 학대에 대항한 공식적 항의 운동을 조직할 때임을 결의했다. 그들은 11월 12일 토요일 밤에 시위를 벌일 것을 호소하는 전단지("선셋 대로에서 경찰이 청소년들을 학대하는 행위에 항의합시다." "더 이상 14살, 15살 난 아이들을 수갑 채우지 마라.")를 인쇄했다. 전직 상선 선원이자 좌파 영화 제작자로, 로버트 피터슨 밑에서 "제5계급"을 운영하고 있던 앨 미첼이 그들의 비공식 후원인이 되었다. 커피하우스에서는 곧 전단지의 추가 제작비를 모금하기 위한 깡통이 손에서 손으로 전달되었다. 록 음악 방송들은 "대규모 폭동"이 모의되고 있으니 12일에 스트립에 가지 말라고 아이들에게 무시무시하게 경고하기 시작했다. 물론 이는 안 나가고는 배기기 힘든 시위 광고였다. 게다가 금요일 밤에 통금 위반으로 80명이 체포되면서 이 시위는 한층 절박한 것이 되었다.

다음날 저녁, 『프립』에 따르면 3천 명 이상의 십대 청소년이 밤 9시에 "판도라" 앞에 모여들었다. 시위대의 측면에는 호기심 많은 어른들과 적의를 띤 경찰들이 지키고 서 있었다. 집회 몇 시간 전에 "제5계급"에서 황급히 손으로 휘갈겨 쓴 플래카드 몇 개 말고는 뚜렷한 조직이나 지도부라 할 만한 것도 없었다. 그 시대 분위기에 따라서 이 집회는 자연 발생적인 "해프닝"으로 여겨졌고 군중의 절대다수는 이 시위의 평화적 목적에 동의했다. 한때 경찰이 현장에 소방대를 부르자, 아이들 몇 명은 불안해하면서 소방대원들에게 물을 뿌릴 거냐고 묻기도 했다. 그러자 소방대장이 곤혹스러워하면서 대답했다. "좋은 시간들 보내거라, 우린 간다." 그리고 소방차는 떠났다.

시위 인파가 선셋 대로와 크레센트하이트 대로에 넘쳐흘러 교통 체증이 빚어졌다. 몇몇 버스 운전사들이 화를 내며 경적을 울리고 아이들에게 소리를 지르자, 데모대는 버스 지붕 위에 올라가 춤을 추는 것으로 응수했다. 한 아이는 앞 유리창에 "열다섯 살을 해방하라!'고 휘갈겨 썼고, 소화기로 유리창을 깬 아이도 있었다. 시위대 주변에서는 시위에 참가한 장발족과 젊은 선원 및 해병대원 사이에 짧은 드잡이가 벌어지기도 했다. 밤 열 시를 조금 넘기면서부터 백여 명의 경찰들이 야경봉을 거칠게 휘두르며 인도에서 시위대를 몰아내기 시작했다. 연발 권총을 빼 든 경찰이 아이들을 쫓아 "판도라"까지 들이닥쳤다. 공황에 빠져 선셋 스트립을 따라 서쪽으로 후퇴한 시위대 무리는 폭동 진압 무장을 갖추고 대기 중이던 보안관 대열과 부딪쳤고, 거기서 약 50명이 체포되었다.

다음날 저녁에 로스앤젤레스 경찰은 '전술 경보'를 선포하고 페어팩스부터 크레센트하이트까지의 선셋을 봉쇄했다. 고속도로 순찰대와 사설 경비대가 보안관들이 있는 쪽의 방어선을 강화했다. 경찰서에서 퍼져 나간 무서운 루머들 때문에 비이성적으로 긴장된 분위기였고, 『프립』은 "많은 경찰관들은 공황 상태에 이른 것 같았다."고 보도했다. 한편 앨 미첼은 자신의 다큐멘터리 〈블루 파시즘Blue Fascism〉에 삽입할 장면을 찍었다. 경찰이 "불법 집회"라고 선언하자 삼백 명 남짓의 시위 참가자들이 경찰 저지선을 향해 "게슈타포, 게슈타포!"라고 야유한 다음 해산하는 장면이었다. 그들은 돌아오는 주말에 다시 모이기로 했다.

월요일 아침이 되자, 이제는 기성 권력이 폭도들을 향해 공세를 퍼부을 차례였다. 버스를 훼손한 사건에 가담한 인원은 몇 명 뿐이었는데도(추산된 총 피해액은 158달러였다.), 『헤럴드 이그재미너』의 헤드라인은 "장발족의 악몽: 선셋 스트립에서 청소년들이 폭력 휘둘러"라고 호통을 쳤다. 『타임스』 사설 역시 "무정부상태가 된 선셋 스트립"이라고 경고하고, 십대들과 그들의 "무분별하고 파괴적인 폭동" 때문에 "한때 할리우드에서 가장 휘황찬란한 명소였던 이 거리가 딱한 최후를 맞았다."고 비난의 화살을 돌렸다. 또 『타임스』는, 이 시위를 "좌익 및 외부 선동가들"이 조직했다는 로스앤젤레스 경찰 소속 할리우드 경찰서장 찰리 크럼리 Charlie Crumley 경감의 멜로드라마틱한 주장에 많은 지면을 할애하기도 했다. 크럼리는 "할리우드에 부랑자처럼 살고 있는 불량배들이 천 명이 넘는다. 그런 이들이 자유연애, 마리화나와 낙태 합법화 같은 것을 옹호하고 있다."는 주장도 했다.

로스앤젤레스는 갑자기 전투 태세를 갖춘 가부장 사회처럼 된 듯했다. 로스앤젤레스 시의회 의원인 폴 램퍼트Paul Lamport는 크럼리가 제기한 전복 음모에 대한 전면적인 조사를 요구했고, 로스앤젤레스 카운티의 감독관인 어니스트 뎁스Ernest Debs는 "모든 수단을 다 취할 것이다. 인정사정 보지 않을 것이다. 우리는 이 지역에서건 어느 지역에서건 비트족이나 광기에 취한 어린 것들에게 굴복하지 않을 것"라고 기염을 토했다. 스트립의 레스토랑 주인들을 대변하는 선셋 플라자 협회는, 카운티 · 시 경계를 넘어다니며 시위하는 십대들에게 은신처를 제공한 "판도라"나 "제5계급" 등의 "애들 소굴"을 시에서 단속하라고 요구했다.

지난 주말의 경찰 난동을 "티니바퍼 폭동"이라고 규정한 일간지들에 도전한 것은 『프립』뿐이었다.

"퍼스트 스트리트의 무감동한 옥좌에 앉은 채, 이 모든 사건에서 완전히 격리되어 이를 적절히 평가하거나 분석할 능력을 결여한 『타임스』의 논설위원들에게 해 줄만 한 말이라고는 이것밖에 없다. '당신들은 무모하고도 무책임한 말을 내뱉어 나쁜 상황을 더욱 악화시키기만 할 뿐인 멍청한 노인네다.'"

『프립』에 따르면, 현실은 이 아이들이 성인 엔터테인먼트 산업과 연계된 '선셋 스트립 상공회의소'와, 청소년 업소를 대변하는 '선셋 스트립 협회' 사이에 빚어진 갈등의 한복판에 붙들려 있다는 것이었다.

"사실상 경찰은 스트립의 아주 부유한 부동산 소유주 집단에 협력하면서 힘없는 비즈니스 집단의 이익에 반하고 있었다."

이 싸움이 일방적인 성격을 띠고 있다는 것은, '선셋 플라자 협회'의 요청에 만장일치로 응한 로스앤젤레스 시의회가 토지 수용권을 발동하여 "판도라의 상자"를 철거하기로 결정하면서 더욱 잘 드러났다. 동시에 피터 피치스Peter Pitchess 보안관과 뎁스 감독 관은, 스트립의 클럽들에게 21세 이하를 입장시킬 수 있도록 인 가한 면허장의 갱신을 막아 달라고 카운티 공공복지위원회에 로 비를 벌였다. 이에 위원회가 난색을 표하자, 감독관들이 나서서 이 성가신 조례를 폐지함으로써 십대 청소년의 클럽 입장을 사실 상 금지해 버렸다. 이로써 로스앤젤레스의 그 유명한 록 르네상 스 자체가 별안간 위협에 처하게 되었고, 곧이어 스트립에 불어 닥친 시위 물결과 신세대 음악 프로듀서 및 에이전트들과의 예기 치 않은 연대가 돌연 활기를 띠기에 이른다.

"저기 총을 든 남자가 있다……"

시위 두 번째 주말(1966년 11월 18일~20일)이 되자, 수천 명의 '꽃 의 아이들flower children' 이 거대한 밀집 대형을 이룬 경찰 및 보안 관들과 다시금 맞붙었다. 여전히 지도부가 없는 시위대는, 그날 저 녁의 불길한 긴장을 무디게 할 정도로 축제와 같은 환희와 매력적 인 온기를 뿜어냈다. 그들은 스트립을 따라 행진하면서 꽃다발을 나누어 주고 비누 풍선과 키스를 날렸다. 경찰들도 즐거운 분위기 에 무장해제된 듯했지만, 열 시 정각이 되자 보안관의 확성기 차량 에서 18세 이하 청소년들에게 귀가하지 않으면 체포하겠다는 경고 방송이 어김없이 시작되었다. 크레센트하이트와 선셋 삼각지대에 서 수백 명의 아이들이 보안관·경찰·해군 헌병대의 저지선과 결 연히 대치했다. 결국 통금을 위반한 수십 명이 체포되었지만 경찰봉 공격은 없었고, 시위대는 밤 2시경에 해산할 때까지 놀랄 정도로 쾌활한 분위기를 유지했다. 하지만 그날 저녁의 시위 진압 결과에 업주들이 화가 나서, 보안관들이 다음 주에는 좀 더 공격적인 전술을 펴려는 압력을 받고 있다는 루머가 널리 퍼졌다.

팬들에 대해 예상되는 폭력을 사전에 방지하기 위해, 관련 연예인들과 음악 산업 대표들이 그 다음 주 금요일에 모여서 협의를 가졌다. 이 회의는 버즈의 매니저인 짐 딕슨Jim Dickson이 소집한 것이었다. 딕슨은 본업을 잠시 젖혀두고 CAFF라는 어색한 이름의 단체를 조직했다. 이 단체의 초기 멤버로는 딕슨의 파트너인 에드 티커Ed Ticker, "제5계급"의 앨 미첼, "위스키"의 공동 소유주 엘머 밸런타인Elmer Valentine, 소니 앤 셰어의 매니저인 브라이언 스톤Brian Stone, 텔레비전 스타 밥 덴버, 백만장자 스포츠맨 랜스 레벤틀로우(랜스는 보안관 사무소에 소속된 의용 비행대대의 대원이기도 했다.), '비치보이스 엔터프라이즈'의 마이클 보시와 데이비드 앤델David Anderle 등이 있었다. 미약하기 그지없던 클럽 주인들의 정치적 영향력은, 일급 밴드와 음악 산업 리더들이 지원 대열에 가세하면서 성큼 높아졌다. CAFF는 멤버와 그 지인들을 동원해서 노란 완장을 찬 법적 참관인 자격으로 다음 번 저녁 집회에 참석하기로 결정했다. 이 뜻에 동조하는 할리우드의 성직자들과 미국민권자유연맹(ACLU)의 지역 지부 역시 평화로운 집회 권리를 지원하기 위해 참석하겠다고 약속했다.

다음 집회에서 보안관들은, CAFF와 서른 명의 성직자 앞에서 미쳐 날뛰며 아이들이 지난 1년 내내 항의해 온 학대의 실상을 충격적으로 보여 줬다. 『프립』의 브라이언 카Brian Carr는 이렇게 썼다.

"사람들은 곤봉으로 무자비하게 두들겨 맞았다. 뚜렷한 계획
도 목적도 없이 구타에 뒤이어 체포가 행해졌다. 나이, 성별, 사
회적 지위에 상관없이 가장 가까이 있는 사람들을 닥치는 대로
곤봉이나 주먹으로 때리거나 체포해 갔다."

텔레비전(〈길리건의 섬〉)에서 가장 인기 있는 스타 중 한 명이었
던 밥 덴버는, 보안관들이 자신의 일행 중 한 여성에게 침을 뱉은
다음 순진한 십대들을 때리려고 길을 가로막자 "믿기지 않아.
(…) 도무지 믿기지 않아." 하고 중얼거리기만 할 뿐이었다. 배우
브랜든 드 와일드Brandon de Wilde와 함께 "제5계급" 앞에서 영화
를 찍고 있던 피터 폰다Peter Fonda는 주변에 있던 27명과 더불어
체포되었다. 그들 대부분은 어른이었고, 로스앤젤레스 경찰이 보
안관들을 따라 폭행을 휘두르는 광경을 지켜보고 있었다. (폰다는
나중에 기자들에게 말했다. "세상에, 이 애들은 이제 참을 만큼 참았어요.")

한편 웨스트할리우드 보안관 사무소의 로비 안에는 (소니 앤 셰
어와 버펄로 스프링필드를 키운 것으로 이미 전설이 되어 있던) 브라이언
스톤이 신원 확인 요구에 불응한 죄목으로 구속되어 있었다. 스
톤의 비즈니스 파트너인 찰리 그린Charlie Green도 스톤의 체포에
항의했다는 죄목으로 역시 체포되었다. 그날 밤이 새기 전에 보
안관과 로스앤젤레스 경찰은 로스앤젤레스의 (전통적인 산업은 아
니지만) 가장 막강한 산업 중 하나를 합심해서 적으로 돌렸다. 나
중에 마마스 앤 파파스가 기자들에게 설명했듯이, 백만장자 록스
타마저도 이제는 "괴롭힘 당할지도 모른다는 불안감 없이 그 거

리를 지나갈 수 없게 되었다."

(이 글의 앞부분에서 묘사한 대로) 12월 10일 집회에서 경찰 폭력이 더욱 무차별적으로 자행되자, "블루 파시즘"이 몇 십억 달러어치 시장을 지닌 로스앤젤레스 록 문화에 직접적인 위협을 가하고 있다는 CAFF의 우려는 더욱 굳어졌다. 시의회와 감독관 위원회가 "판도라"를 철거하고 스트립의 클럽들을 파괴하려는 계획을 착실히 진행해 나가자, CAFF는 클럽주들 및 미국민권자유연맹과 연합해서 예전의 상태를 사수하기 위한 법정 대응에 나섰다. 또 『로스앤젤레스 타임스』가 장발족 시위대를 "좌익 두보이스* 클럽"의 앞잡이로 새빨갛게 덧칠하는 데 맞서, 에이엠 라디오 방송들은 한 반항적인 십대 청소년이 강제로 들려 보안관 차에 실리면서 "우린 방해받지 않고 선셋 스트립을 걸을 권리가 있다. 이건 헌법에 보장된 권리"라고 외치는 긴박한 녹음 클럽을 틀었다. 그리고 몇 주 뒤에 스티븐 스틸스가 작곡한 스트립 전투의 송가, 「사실 여부는 알 수 없지만For What It's Worth」 중의 잊혀지지 않는 한 소절("멈춰, 애들아. 이게 무슨 소리지?Stop, Children. What's That Sound?")이 전 세계 십대들 수천만 명의 귀에 들어가게 된다.

앨 미첼과 CAFF는 『프립』의 지원을 받아, 크리스마스 휴가 때까지 집회를 잠시 중단하고 카운티 관료들과 "평화 회담"을 열었다. 하지만 로스앤젤레스 전역에서 청소년 및 성인 대항문화에 대

■ W. E. B. DuBois, 1868~1963. 흑인 지도자이자 학자, 저술가. 흑인 민권운동의 선구자로서 1909년 NAACP를 창설했고, 말년에는 공산당에 가입했다.

한 경찰의 탄압 수위가 높아졌기 때문에, 한쪽 구석에서 구두상의 진전이 이루어졌다 해도 그 효력은 반감되었다. 일례로 12월 중순에 파사디나 경찰은 카타콤 아트 갤러리를 불시 단속해서 백 명 남짓한 청년들을 다양한 마약 관련 혐의로 체포했지만, 그 혐의 중 대다수는 조작된 것이었다. 12월 31일에는 로스앤젤레스 경찰 풍기 단속반이 실버레이크 구역의 게이 바들을 난폭하게 뒤집어엎고 손님들 수십 명을 대상으로 폭력을 휘두른 뒤 체포해 갔다.

『프립』에 대한 로스앤젤레스 경찰의 불법적인 영업 방해 행위도 증가했다. 시 조례에서는 도로 주변에서 지나가는 차들을 대상으로 신문을 판매할 권리를 허가하고 있는데도, 『프립』 판매원들은 (특히 스트립과 '판도라'에서) 임의로 딱지를 떼거나 체포되는 일이 잦았다. 지역 텔레비전 방송과 두 일간지는 경찰의 야만성을 폭로하는 이미지를 보도 통제했기 때문에, 『프립』이야말로(몇몇 록 음악 라디오 방송 및 "퍼시피카 라디오"*의 지국과 더불어) 진정 대안적인 매체였다. 더욱이 이런 박해는 『프립』 판매원들을 영웅으로 격상시키고, 이 신문의 유료 발행 부수를 6만 5천 부 이상으로 끌어올려 주었을 뿐이다.

"이제는 때가 되었다…"

스트립에서의 "전투 없는 전쟁"은 2월 말까지 지속되었다. 2월

---

* KPFK-FM, 전국으로 송출되는 미국의 독립·진보 라디오 방송망, 1949년 설립되었다.

말에 앨 미첼은 "우리는 다시금 거리로 나가야 한다. (…) 경찰과 보안관들은, 지난 12월 16일에 RAMCOM을 비롯한 관련 단체가 '로스앤젤레스 성인·청소년 범죄 위원회'와 협의한 '휴전' 조항을 거듭해서 위반했다."고 발표했다. 실제로 웨스트할리우드 보안관 사무소장인 빅터 르소Victor Resau는, 휴전은 물론 통금 조례의 강력한 집행에 대한 일체의 제약을 거부했다. 카운티에서 십대들이 록 클럽에 출입하는 것을 조례를 통해 불법화하려 한 시도가 위헌이라는 판결이 나자, 보안관과 경찰들은 다시금 무자비한 공권력을 써서라도 아이들을 스트립에서 몰아내라는 엄청난 압력을 지주와 건물주들로부터 받게 되었다. 미첼은 특히 "제5계급"과 기타 술을 팔지 않는 커피하우스에 대해 불시 단속이 거듭되는 데 분개해 있었다. 1967년 2월 11일 토요일 밤에 집회가 있음을 알리는 약 8만 부의 유인물이 클럽에 대거 풀리고, 카운티 내의 모든 고등학교에서 은밀히 전달되었다.

집회 시작 이래 최초로, 게이와 유색인종의 불만까지 한데 아울러 시위 기반을 넓히려는 전략적 계획이 세워졌다. 『프립』에서 지적한 대로, "시위 참가 호소에 대한 가장 흥미롭고도 선도적인 반응 중 하나는 이번 주 초에 동성애 단체들에게서 나왔다. 이들은 지난 12월 31일 실버레이크의 게이 바들에 대한 경찰의 단속에 단단히 화가 나 있는 상태"였다. '프라이드(PRIDE)'와 '종교와 동성애 회의Council on Religion and the Homosexual' 등 두 주요 게이 단체는 2월 11일의 집회에 동참하겠다고 발표하고, 선셋 스트립과 실버레이크에서 그들 나름의 자발적인 행진을 벌이기로 했다. 미첼이 느슨하게 불러 모은 RAMCOM 그룹 역시, 분노한 흑인과 치카노 청소년들의 동참을 기대하면서 와츠와 이스트 엘에이, 파코이마에서도 시위를 조직하기로 했다. 스트립 운동의 자아상은, 무정형의 "해프닝"으로부터 경찰에 박해받는 거리 문화와 추방된 이들을 모두 아우르는 연합의 형태로 이동하고 있었다.

이 운동을 이끄는 어른 리더를 누명으로 얽어매려는 유치한 시도가 행해지기도 했다. 집회 예정일 열흘 전에, 미첼은(그는 "제5계급"에서 노래 부르는 걸 허용했다든지, 화장실에 경찰을 욕하는 저속한 낙서를 방치했다든지 하는 죄목으로도 체포되었던 화려한 전력이 있었다.) 미성년자와 총 150차례 성관계를 가졌다는 혐의로 체포되었다.(하지만 조서에 오르지는 않았다.) 『타임스』에서 "티니바퍼들의 무에진*"이라고 희화화한 이 마흔 살 좌파 인사는, 이제 자신을 따르는 십대들을 먹잇감으로 삼은 사악한 성범죄자로서 그 본색을 드러내(었다고 라디오와 텔레비전에서 떠들어 대)게 되었다. 실제로 그로부터 얼마 안 있어, 미첼을 고발한 열일곱 살 소녀는 자기가 마약을 투약하여 "제5계급"에서 쫓겨난 데 앙심을 품고 거짓말을 했다고 고백했다. 『프립』은 로스앤젤레스 경찰이 십대 청소년의 터무니없는 이야기를 확인해 보지도 않은 채 철면피하게 미첼을 체포하고 미디어에서도 덩달아 그를 악마로 매도한 경위를 추궁했다.

좌우간 미첼을 둘러싼 소동을 비웃기라도 하듯, 토요일 밤이 되

---

* 이슬람 사원에서 기도 시각을 알리는 사람.

자 3천 명 이상의 십대와 전례 없는 숫자의 대학생 및 성인들이 다시금 판도라 앞에 모여들었다. 이는 독창적인 전략 계획을 갖춘 최초의 조직적인 집회였다. 미첼을 비롯하여 민권 변호사 마빈 챈Marvin Chan과 미국민권자유연맹의 법률 고문 필 크로너Phil Croner가 나와서 연설했다. 시위대는 분대로 쪼개져서 한 시간씩 간격을 두고 스트립의 서쪽 방향으로 출발했다. 보안관들은 무감각한 태도로 길을 터 주고 행진을 방해하지 않았다. "꽃의 아이들을 때리지 마라", "블루 파시즘은 그만"이라고 쓴 팻말을 손에 든 시위대는 활기가 넘치고 질서정연했다. 이는 "광기와 약에 취한 폭도"들을 상상하는 진부한 신화에 대한 생생한 반박이었다.

한편 선셋과 하이페리온이 만나는 모퉁이의 블랙캣 바 앞에는 5백 명의 시위대가 모였다. 발언자들은 "실버레이크 공동체에서 야만적 행위에 단결하여 맞서야 한다."고 호소했다. 로스앤젤레스 역사에서 이는 게이 권리 운동의 탄생을 알린 빌리지의 '스톤월 항쟁'(극적인 면은 떨어지지만)에 대응하는 사건이었다. 아쉽게도 그 밖의 다른 장소에서의 집회 계획은 역사에 기록할 만한 성과를 거두시 못했다. 베니스 비치에 시위 무리가 띄엄띄엄 나타나기도 했지만, 이곳 사람들은 대부분 스트립에서 열린 본집회에 합류하는 편을 택했다. 그리고 파코이마에서도 RAMCOM 소속 아이들의 소규모 그룹이 좋은 의도로 모였지만 의사소통 기술이 부족한 탓에 이 지역의 갱단들에게 얻어맞는 일도 벌어졌다. 『프립』은 와츠나 이스트 엘에이에서는 집회가 이루어졌다는 증거를 찾지 못했다.

그러나 그렇다고 해서 스트립의 시위대가 게토와 바리오*에 아무 영향을 미치지 못했다는 말은 아니다. 흑인과 스페인계 출신 '꽃의 아이들'도, 클럽 경비원과 (물론) 경찰들의 잦은 인종차별적 취급을 감내해 가면서 소수나마 스트립에 합류하기 시작했다. 그리고 온건파와 급진파를 막론한 일부 흑인 지도자들 역시 경찰 폭력에 저항하는 광범위한 연대 기반이 만들어지고 있다는 미첼과 신좌파 그룹의 생각에 동의하고 있었다. 3월에도 스트립에서 대규모 집회가 열렸고, 집회 뒤에는 조지아 주 의원이자 민권운동의 영웅인 줄리언 본드Julian Bond가 찾아와 "제5계급"에서 (폭동 진압 장비를 착용한 경찰들이 주변에서 위협적으로 서성이는 가운데) 티니바퍼들을 상대로 연설을 하기도 했다. 더욱이 2월부터 스트립에서 열린 모든 집회는, 사우스센트럴 엘에이에서 자행된 훨씬 치명적인 경찰 폭력의 희생자들과 의식적으로 스스로를 동일시하고 있었다. 급진적 그룹, 특히 민주사회학생회와 국제사회주의자(IS)들은 시위에서 더욱 두드러진 역할을 수행하기 시작했고, 고등학생 회원들을 적극적으로 모집했다.

하지만 로스앤젤레스의 많은 시민들은 그 어느 때보다도 대규모 시위가 스트립에서 계속 이어지고 있다는 낌새를 알아차리지 못했다. 창간된 지 얼마 안 된 지역 대안 매체 『로스앤젤레스 언더그라운드Los Angeles Underground』는 4월에 "스트립 전쟁: 보도 통제로 은폐된 투쟁, 휴전 조약을 경찰이 사보타주"라는 커다란

---

* barrio, 미국 도시에서 스페인어가 일상어로 통용되는 지역.

헤드라인을 달았다. 이 신문은 『헤럴드 이그재미너』를 까놓고 비난했으며 『타임스』에 대해서는 더더욱 통렬한 비난을 퍼부었다. 『타임스』는 스트립에서 벌어지고 있는 거대하고도 질서 있는 시위에 대해 단 한 줄도 싣기를 거부했지만, "선셋 스트립의 쇠퇴는 히피들 탓" 류의 기사와 사설을 통해 청년 문화("티니바퍼"는 이제 "히피"로 변모했다.)를 꾸준히 비방했다. 게다가 『타임스』는 판탈롱 부대가 이제 할리우드를 "침공"하여 파괴할 태세를 취하고 있다고 경고하기도 했다. 또 장발족 십대들이 2년 전의 와츠 폭동들보다 더 큰 재산 피해를 입혔다는 지역 부동산 평가사 로버트 스틸 Robert Steel의 발언(1967년 5월)을 크게 보도했다. 스틸은 18세 이하 청소년들이 스트립 주변의 부동산 가격을 30퍼센트나 떨어뜨렸고, 대규모 저축 대출 회사를 비롯한 잠재적 투자자들을 겁주어 쫓아 버렸다고 주장했다.

하지만 『타임스』의 기사가 할리우드에 새로 생겨난 분쟁의 지점을 정확히 짚은 것만은 사실이었다. 지주와 건물주들이 이곳에 새로 생긴 청소년 업소들에 대해 공세를 취하고 있었던 것이다. 그중에서도 특히 대규모 록 공연장인 "훌라발루Hullaballo"가 집중 표적이 되었는데, 이곳에서는 어떤 때는 여남은 개의 인기 밴드가 무대에 올라 밤새도록 마라톤 공연을 벌이기도 했다. 1967년 7월 28일, 로스앤젤레스 경찰은 위장 잠입과 게릴라 전술을 써서 훌라발루 앞에 표를 사러 늘어선 줄을 급습하여 2백 명의 팬들을 통금 위반 혐의로 체포했다.(하지만 신분증은 서에 가서야 확인했다.) 이 사건은 평소대로 『타임스』에 보도되지 않았지만 음악계에 충격파를 일으켰고, 이를 계기로 음악 산업의 지역 팬덤을 방어하기 위한 CAFF류의 이익 단체가 다시 부활하였다.

1968년이 되면서 투쟁은 햇수로 3년차에 접어들었고, 처음 시위에 참여했던 청소년의 동생뻘들이 이제 최전선에 나서면서 '스트립 전쟁'은 남북전쟁처럼 장기전으로 갈 징후를 보였다. "비트족"이 뭔지 제대로 아는 사람은 별로 없었지만, 『타임스』에서 항상 그랬듯이 이들을 한껏 조롱하고 정형화하는 가운데 히피 혐오증은 최고조에 이르렀다. 그러나 문화 산업의 거대한 동력이 주류의 취향이라는 거선을 서서히 돌려놓고 있었다. 비서부터 항만인부에 이르는 십대 후반과 이십대 초반의 이성애자 청년들이 조용히 머리를 기르고 판탈롱을 입기 시작한 것이다. 몇 년 전 스트립의 뒷골목에서 방심한 티니바퍼들에게 시비를 걸었던 젊은 선원과 해병대원들은, 이제 히피 단골들과 사이좋게 마약을 거래하고 있었다. 한때 마드라스 천을 휘감은 티니바퍼들의 광경에 뇌졸중을 일으켰던 상점주와 레스토랑 주인들은, 이제 그들을 야자나무와 구분할 수 없게 되었다.

주류가 대항문화 쪽으로 이동하면서, (음악을 비롯한) 대항문화의 상당 부분은 (일시적으로라도) 정치적 좌파로 이동했다. 로스앤젤레스 경찰과 보안관들은 이스트사이드의 고등학교 소요와 사우스센트럴의 블랙팬더당이라는 새로운 유령을 다루기 위해 병력을 재배치해야 했다. 스트립의 통금 단속은 긴급한 우선순위에서 밀려났다. 경찰의 괴롭힘은 그 뒤로도 십여 년 이상 계속되었지만, '스트립 전쟁'은 휴이 뉴튼*이 징역을 선고받은 다음날인

1968년 9월 28일에 그 절정에 도달했다.

이날의 시위는 새롭게 결성된 평화자유당Peace and Freedom Party에서 조직했고, "스트립 자유화, 경찰 폭력 근절, 휴이 뉴튼 석방"이라는 동등한 세 가지 요구 조건을 내걸었다. 『타임스』(이들 말고 누구겠는가?)에서는 시위 소식에 단 몇 줄만 할애하면서 여기에 약 6백 명이 참가했다고 주장했지만, 나는 시위대의 숫자가 그보다 최소한 네 배는 더 많았다고 증언할 수 있다. 사실 이는 평생 가장 기억에 남을 시위 중 하나였다. 보안관들에게 툭하면 모욕당하고 신체적 폭행을 당했던 바로 그 아이들이, 이제 "보안관은 X까라", "더 이상 흑인을 살해하지 마라"고 쓴 플래카드를 그들 얼굴에 대담하게 들이민 것이다.

양편의 입장이 처음으로 바뀌었다. 웨스트할리우드 보안관 사무소는 시위대에게 둘러싸였다. 바로 그 "혁명적 히피"들에게 포위된 것이다. 약 한 시간가량의 긴장된 대치 동안 아이들은 당당하고 즐거운 분위기를 잃지 않았다. 마침내 모두는 그냥 걸어서 그 자리를 떠 로큰롤의 밤으로 돌아갔다. 몇몇 소녀들은 완전히 낭패와 패배를 맛본 보안관들에게 기스를 날렸다.

(2007년, 『레이버Labour』, 『르 트라바이Le Travai』)

■ Huey Newton, 블랙팬더당을 창설한 흑인 좌파 사회운동가.

가난한 이들은 로마를 위해 울었는가?

위대한 고전 역사학자인 드 슈테 크루아G. E. M. De Ste. Croix에 따르면, 전혀 그렇지 않다. 그의 대작인 『고대 그리스 세계의 계급투쟁—아르카이크 시대부터 아랍 정복까지The Class Struggle in the Ancient Greek World—from the Archaic Age to the Arab Conquest』에서, 그는 제국의 하층계급이 "분명히 기쁘고 협조적인" 태도로 야만인들을 맞이한 수많은 사례들을 기록하고 있다. 예를 들어 "408년부터 409년까지 겨울에 서고트족의 알라리크Alaric가 로마를 최초로 포위했을 때, 로마에 있던 총 4만 명의 노예 중 사실상 전부가 고트족 진영으로 탈출했다." 드 슈테 크루아는 계속해서 이렇게 쓰고 있다. "다른 사료에서도(그리스어와 라틴어 사료를 막론하고) 실제로는 로마제국의 주민들이 '야만인들'이 오기를 고대하고 있었다고 기록되어 있다."

더욱이 "비천한 신분의 그리스인과 로마인들이 (…) 불만, 반란, 변절을 일으켜 '야만인들' 한테 갔다는 증거는 대단히 많이 제시된 데 비해, 나는 '농민이나 도시민들이 야만인의 침입에 대해' 자발적으로 저항했다는 조짐을 거의 찾아내지 못했다." 야만인들이 정복한 지역에서는 종교적 관용이 확대되었을 뿐만 아니라 대지주와 세금 징수관들의 착취율도 줄어드는 경향을 보였기 때문에, 주인을 위해 끝까지 싸우다가 장렬히 쓰러져 보았자 득될 것이 별로 없었다.("반달족이 429년에 로마 제국의 일부였던 북아프리카를 정복하고 새로 세운 왕국이, 그리고 그 이후의 시대가 '콜로니 coloni'의 입장에서 볼 때 과거 이 지역에 있던 로마의 체제보다 착취가 덜했다는 명백한 징후가 있다.")

드 슈테 크루아의 견해에 따르면, 비방의 표적이 된 "야만인들"(고트족, 반달족, 훈족, 아랍족)이 아니라 로마와 비잔틴의 상층 계급이라는 "흡혈귀"야말로 고전 문명의 진정한 약탈자이자 파괴자였다. "내가 보기에, 로마의 정치 체제는 (특히 그리스의 민주주의가 무너진 뒤에) 자유민과 노예를 막론한 절대다수의 인민들을 대상으로 가장 강도 높고 궁극적으로 파괴적인 경제적 착취를 자행했으며, 이 때문에 급진적 개혁이 불가능해졌다. 그 결과, 애초 자신들의 이익을 위해 이 체제를 의도적으로 설계한 유산계급(진짜로 부를 소유한 이들)은, 그들의 세계로부터 생혈을 짜냄으로써 결국 제국의 넓은 영역에서 그리스·로마 문명을 파괴하였다."

포토맥 강변에 세워진 새로운 로마제국을 위해서는 과연 누가 울어 줄지 두고 볼 일이다.

1. Adler, Renata. "Fly Trans-Love Airways." *New Yorker* (February 25, 1967).

2. Albert, David S., John Garstka, and Frederick Stein. *Network Centric Warfare: Developing and Leveraging Information Superiority* (second edition) Washington D.C.: National Defence University Press, 1999.

3. Allen Michael. "Americans Fuel Yucatan Land Grab." *Wall Street Journal* (April 18, 2006).

4. Arnesen, Eric. *Waterfront Workers of New Orleans: Race, Class, and Politics, 1863-1923.* Urbana, Il: University of Illinois Press, 1994.

5. Asbury, Herbert. *The Gangs of New York* · New York & London: A.A. Knopf, 1928.

6. Associated Press. "Harsh Urban Renewal in New Orleans" (October 12, 2005, Canizaro의 발언 인용).

7. Barnes James. "It' s the Suburbs, Stupid." National Journal (July 11, 2004).

8. Barry, Ellen. "Power Shifting with Population." *Los Angeles Times* (November 17, 2005).

9. Barry, John M. *Rising Tide: The Great Mississippi Flood of 1927 and How it Changed America.* New York: Simon and Schuster, 1997 (그중에서도 뉴올리언스의 역사적 엘리트 집단에 대해 탁월하게 서술한 17장 "The Club"이 핵심 부분이다.).

10. Bartles, Larry. "What's the Matter with Whats the Matter with Kansas?" 2005년 9월 1-4일 워싱턴 D.C.에서 열린 American Political Science Association 연례 회의에서 발표된 논문.

11. Bell, Gertrude Lowthian. *The Letters of Gertrude Bell.* New York: Boni and Liveright, 1927.

12. Benson, Lee. *The Concept of Jacksonian Democracy; New York as a Test Case.* Princeton, NJ: Princeton University Press, 1961.

13. Berkowitz, Bill. "Heritage Foundation Capitalizes on Katrina." www.mediatransparency.com, September 15, 2005.

14. Boaz, David. "Did Big Government Return with Katrina?" *Cato Policy Report* (November-December 2005).

15. Boia Lucien. *The Weather in the Imagination*. London: Reaktion Books LTD, 2005.

16. Bonacich, Edna and Richard Appelbaum. *Behind the Label: Inequality in the Los Angeles Apparel Industry*. Berkeley: University of California Press, 2000.

17. Bring Back New Orleans Urban Planning Committee. *Action Plan for New Orleans: The New American City* (January 11, 2006).

18. Brooks, David. "Katrina's Silver Lining." *New York Times* (September 8, 2005).

19. Burnham, Walter Dean. *The Current Crisis in American Politics*. New York: Oxford University Press, 1982.

20. Bumiller, Elisabeth. "Trying on Reagan's Mantle." *New York Times* (June 14, 2004).

21. Bureau of Government Research (New Orleans). *Wanted—A Realistic Development Strategy*. New Orleans (December 22, 2005).

22. Calmes, Jackie, Ann Carns, and Jeff Opdyke. "As Gulf Prepares to Rebuild, Tensions Mount Over Control." *Wall Street Journal* (September 15, 2005).

23. Campanella, Richard. *Time and Place in New Orleans: Past Geographies in the Present Day*. Gretna, LA: Pelican Pub. Co., 2002 (58페이지에 실린 Joseph Suhayda의 연구 결과 참조)

24. Cardona, Gabriel y Juan Carlos Losada. *Weyler, nuestro hombre en la Habana*. Barcelona: Planeta, 1997.

25. Carr, Martha. "Rebuilding Should Begin on High Ground, Group Says." *Times-Picayune* (19 November 2005).

26. ____ "What will New Orleans Look like five years from now?" *Times-Picayune* (25 December 2005).

27. Catherwood, Christopher. *Churchill's Folly: How Winston Churchill Created Modern Iraq*. New York: Carroll and Graf Publishers, 2004.

28. Center for Responsive Politics. *Long-Term Contribution Trends* (1990-2006), www.opensecrets.org/industries

29. Chamberlain, Samuel E. and William Goetzmann ed. *My Confession: Recollections of a Rogue*. Austin: Texas Sate Historical Association, 1996.

30. Choe Sang-Hon, Martha Mendoza, and Charles Hanley. *The Bridge at No Gun Ri: A Hidden Nightmare from the Korean War*. New York: Henry Holt and Co., 2001.

31. Churchill, Winston. *Papers*, Martin Gilbert가 쓴 처칠의 공식적 전기 *Winston Churchill* (London: Heinemann, 1976) 중 Companion Volume 4, Part 1에 인용된 부분.

32. Civil Rights Project. *Confronting the Graduation Rate Crisis in California*. Harvard University, 2005.

33. Confessore, Nicholas. "Welcome to the Machine." *Washington Monthly* (July/August 2003).

34. Cooper, Christopher. "Old-Line Families Escape Worst of Flood and Plot the Future." *Wall Street Journal* (September 8, 2005).

35. Coover, Robert. *A Political Fable*. New York: Viking Press, 1980.

36. Curtius, Mary. "Image Problem Is Coasting Louisiana", *Los Angeles Times* (December 3, 2005).

37. Danner, Mark "How Bush Really Won." *New York Review of Books* (January 13, 2005).

38. Davis, Mike "Worse than an H-Bomb." *Dead Cities and Other Tales*. New York: New Press, 2002.

39. De Ste. Croix, G. E. M. *The Class Struggle in the Ancient Greek World: From the Archaic Age to the Arab Conquests*. Ithaca, NY: Cornell University Press, 1981.

40. Dewan, Shaila and Anne Kornblut. "In Key House Races, Democrats Run to the Right." *New York Times* (October 30, 2006).

41. Dreww, Christopher and Jim Dwyer. "Fear Exceeded Crime's Reality in New Orleans", *New York Times* (September 20, 2006).

42. Dunham, Richard and Eamon Javers. "The Politics of Change." *BusinessWeek* (November 20, 2006)

43. Dunn, Walter Jr. *Soviet Blitzkrieg: The Battle for White Russia, 1944*. Boulder CO and London: Lynne Rienner, 2000.

44. Eaton, Leslie and Ron Nixon. "Federal Loans to Homeowners Along Gulf Lag." *New York Times* (December 15, 2005).

45. *The Economist*, "Old Dogs: Few Tricks." (November 11, 2006).

46. Edsall, Thomas. "The GOPs Brownout." *National Journal* (September 2, 2006).

47. _____ "Building Red America." National Journal (September 23, 2006).

48. Erickson, Jon. *The Road to Berlin: Continuing the History of Stalin's War with Germany*. Boulder, CO: Westview Press, 1983.

49. Faux, Jeff. "Bait and Switch." American Prospect (Feberuary 25, 2002).

50. Filosa, Gwen. "Former Mayor Rejects Idea of a New Orleans Reduced in Size." *Times-Picayune* (January 8, 2006).

51. Fischetti, Mark. "Drowning New Orleans." *Scientific American* (October 2001).

52. Fleming, James Roger. *Historical Perspectives on Climate Change*. New York: Oxford University Press, 1998.

53. Fletcher, Michael and Spencer Hsu. "Storms Alter Louisiana Politics." *Washington Post* (October 14, 2005).

54. Foner, Philip S. *The Industrial Workers of the World, 1905~1917*. (Volume 4 of *History of the Labor Movement in the United States*). New York: International Publishers, 1987.

55. Foreman, Jonathan. "How Mel Gibson Helped to Turn Us into Nazis." *Guardian* (July 10, 2000).

56. Frank, Thomas. *What's the Matter with Kansas?: How Conservatives Won the Heart of America*.

New York: Metropolitan Books, 2004.

57. Friedenberg, Edgar and Anthony Bernhard. "The Sunset Strip." *New York Review of Books* (March 9, 1967).

58. Friel, Brian. "Splits of Their Own." *National Journal* (September 9, 2006).

59. Gebauer, Matthias, Der Spiegel (Finis Shellnut과의 인터뷰).

60. Garzon, Baltasar. "The West Shares the Blame." *Financial Times* (October 3, 2001).

61. Gill, James. *Lords of Misrule: Mardi Gras and the Politics of Race in New Orleans.* Jackson, MI: University Press of Mississippi, 1997.

62. Glassman, James. "Back to the Future." *Wall Street Journal* (January 12, 2006).

63. Gordon, Meghan. "Quick Sell." *Times-Picayune* (December 1, 2005).

64. Greenberg, Stanley. *The Meltdown Election: Report on the 2006 Post-Election Surveys.* Washington D.C., 2006, www.greenbergresearch.com

65. Gunwald, Michael and Susan Glasser. "The Slow Drowning of New Orleans." *Washington Post* (October 9, 2005).

66. Hauser, Christine. "Its Work Force Scattered, New Orleans Wrestles with Job Crisis." *New York Times* (October 26, 2005).

67. Hayden, Tom. "Analysis of 2006 Election." 'Sociology 178' 과목의 유인물, Pitzer College, November 2006.

68. Hayes, Christopher. "The New Democratic Populism." *Nation* (December 4, 2006).

69. Heather, Peter J. *The Fall of Roman Empire: A New History of Rome and the Barbarians.* New York: Oxford University Press, 2006.

70. Helfand, Duke. "Nearly Half of Blacks, Latinos Drop Out, School Study Shows." *Los Angeles Times* (March 24, 2005).

71. Hersh, Seymour. "Uncovered." *New Yorker* (November 10, 2003).

72. Hoeg, Peter. *Smilla's Sense of Snow.* New York: Ferrar, Straus and Giroux, 1993

73. Hsu, Spencer. "$29 Billion Approved for Gulf Coast Storm Relief." *Washington Post* (December 23, 2005).

74. _____ "Post-Katrina Promises Unfulfilled." *Washington Post* (January 28, 2006, Coburn의 말을 인용한 부분)

75. Iritani, Evelyn. "Mexican Resorts Show No Sign of Catching U.S. Housing's Cold." *Los Angeles Times* (August 26, 2006).

76. Kabler, Phil. "Manchin Wins by Wide Margin." *Charleston Gazette* (November 3, 2004).

77. Karol, K. S. *Between Two Worlds: The Life of a Young Pole in Russia, 1939-1946.* New York: Henry Holt and Co., 1987.

78. Kaufmann, Karen. "The Gender Gap." *PS* (July 2006).

79. Kelber, Harry. *LaborTalk*, www.laboreducator.org.

80. Klein, Ezra. "Spinned Right." *American Prospect* (online edition, November 8, 2006).

81. Klinenberg, Eric. *Heat Wave: A Social Autopsy of Disaster in Chicago.* Chicago: University of Chicago Press: New edition, 2003.

82. Koerner, Brendan. "The Security Traders." *Mother Jones* (September/October 2002).

83. Kotkin, Joel. "Ideological Hurricane." *American Enterprise* (January-February 2006).

84. Kraul, Chris and Kenneth Weiss. "Baja Marinas Project OKd." *Los Angeles Times* (November 8, 2003).

85. Kriz, Margaret. "Reserving Front Burner." *National Journal* (September 9, 2006).

86. Krugman, Paul. "Not the New Deal." *New York Times* (September 16, 2005).

87. Kuttner, Robert. "The Road to Enron." *American Prospect* (March 25, 2002).

88. _____. "How the Democrats Lost Their Fast Ball." *BusinessWeek* (March 11, 2002).

89. Lampert, E. *The Apocalypse of History; Problem of Providence and Human Destiny,* London: Faber and Faber, 1948.

90. Larsen, Janet. "Setting the Record Straight: More than 52,000 Europeans Died from Heat in Summer 2003." Earth Policy Institute의 보도자료 (June 28, 2006).

91. Levi, Primo. *The Reawakening: A Liberated Prisoners Long March Home Through East Europe.* Boston: Little, Brown, 1965.

92. Lichtenstein, Nelson. "Wal-Mart and New World Order." *New Labor Forum* (Spring 2005).

93. *Los Angeles Times.* "State Blaming WA for Budget Woes." (February 15, 2000).

94. Luke, Mike. "St. Thomas Redevelopment." *Where Y' At* (Kabacoff의 말을 인용한 부분)

95. Maggs, John. "Grover at the Gate." *National Journal* (October 11, 2003).

96. Maginnis, John. "Small Business Waiting for Relief." *Times-Picayune* (January 4, 2006).

97. Malaurie, Jean. *Last Kings of Thule; A Year Among the Polar Eskimos in Greenland,* London: G. Allen and Unwin, 1956.

98. Mann, James. *The Rise of the Vulcans: The History of Bush's War Cabinet.* New York: Penguin Books, 2004.

99. Marshall, Bob. "Corps Never Pursued Design Doubts." *Times-Picayune* (December 30, 2005).

100. Marshall, Joshua. "Kerry Faces the World." *Atlantic Monthly* (July/August 2004).

101. Martin, Hugo. "GOP Looks to Inland Empire." *Los Angeles Times* (May 10, 2004).

102. AcCash, Douglas. "New Urbanism Dominates Rebuilding Chatter." *Times-Picayune* (November 14, 2005).

103. McQuaid, John and Mark Schleifstein. "Washing Away" (5부작 시리즈). *Times-Picayune* (June 2002).

104. McWilliams, Carey. *The Education of Carey McWilliams.* New York: Simon and Schuster, 1979.

105. McWilliams, Wilson. *Fools Paradise: A Carey McWilliams Reader의 서문.* Berkeley, CA: Heydady Books, 2001.

106. Miller, T. Christian. "Riding Shotgun on a Pipeline." Los Angeles Times (May 16, 2004).

107. Monsiváis, Carlos. *Entrada libre: cronicas de la sociedad que se organiza*. Mexico, D.F.: Ediciones Era, 1987.

108. Moore, James and Wayne Slater. *Bush's Brain: How Karl Rove Made George W. Bush Presidential*. New York: Wiley, 2003 (철강 관세에 대해서는 pp. 294-95 참조)

109. Nadal, Stanley. *Little Germany: Ethnicity, Religion, and Class in New York City, 1845-1880*. Urbana, IL: University of Illinois Press, 1990.

110. Nevin, Alan (CBIA 수석 경제학자). *California Home Equity Analysis*. California Building Industry Association, Sacramento, CA, June 2005.

111. 사설. "Mr. Bush in New Orleans." *New York Times* (September 16, 2005).

112. _____ "Death of an American City." (December 11, 2005).

113. Nicholson, Peter. "Hurricane Katrina: Why Did the Levees Fail?" 2005년 11월 2일 미 상원 국토안보 및 정무 위원회에서 미국 토목학회의 증언.

114. Omissi, David. *British Air Power and Colonial Control in Iraq, 1920-1923*. Manchester, 1990.

115. Overpeck, J., et al. "Arctic System on Trajectory to New, Seasonally Ice-Free State." *EOS* 86:34 (August 23, 2005).

116. Paige, Jeffery M. *Agrarian Revolution: Social Movements and Export Agriculture in the Underdeveloped World*. New York: Free Press, 1975.

117. Perry, Tony. "For Marine Snipers, War is Up Close and Personal." *Los Angeles Times* (April 19, 2004).

118. Peters, Major Ralph. "Our Soldiers, Their Cities." *Parameters* (Spring 1996).

119. Pew Research Center. "Religion and the Presidential Vote", (December 6, 2004).

120. Plotnick, Robert, et al. "The Twentieth Century Record of Inequality and Poverty in the United States." Institute for Research on Poverty Discussion, Paper no. 1166-98, 1998.

121. Popkin Susan et al. "The HOPE VI Program: What About the Residents?" *Housing Policy Debate* 15:2 (2004).

122. Porch Douglas. T*he Path to Victory: The Mediterrranean Theater in World War II*. New York: Farrar, Straus and Giroux, 2004 (1941년 처칠의 이라크 침공에 대한 설명은 12장 참조).

123. Puzzanghera, Jim. "Pelosi Likely to Speak Up for Tech Industry." *Los Angeles Times* (November 13, 2006)

124. Rathke, Wade. "A New Orleans for All." (January 12, 2006) www.TomPaine.com.

125. Rauch, Jonathan. "The Loss of New Orleans Wasn't Just a Tragedy. It Was a Plan." *National Journal* (September 17, 2005, 공병대 지휘관의 말을 인용한 부분).

126. Richardson, Peter. *American Prophet: The Life and Work of Carey McWilliams*. Ann Arbor: University of Michigan Press, 2005.

127. Rivlin, Gary. "Divisions Appear Within a Storm Recovery Commission." *New York Times*

(October 30, 2005).

128. Russell, Gordon and James Varney. "Blue Tarps." *Times-Picayune* (December 29, 2005).

129. Russell, Gordon and Frank Donze. "Officials Tiptoe Around Footprint Issue." *Times-Picayune* (January 8, 2006).

130. Safir, William. "After the Thumpin." *New York Times* (November 9, 2006).

131. Sallah, Michael and Mitch Weiss. *Tiger Force: A True Story of Men and War*. New York: Little, Brown, 2004.

132. Schiermeir, Quirin. "The Power of Katrina." *Nature* 437 (September 8, 2005).

133. Schwartz, John. " 'Malfeasance' Might Have Hurt Levees, Engineers Say." *New York Times* (November 3, 2005).

134. Semenza, J., et al. "Heat Related Deaths During the July 1995 Heat Wave in Chicago." *New England Journal of Medicine* 335(2), 1996.

135. Shukrallah, Hani. "Shrouded in Darkness." *Al-Ahram Weekly* (September 20-26, 2001).

136. Silverstein, Ken. "Top FEMA Jobs: No Experience Required." *Los Angeles Times* (September 9, 2005)

137. Simon, John. "The Achievement of Malcolm X." *Monthly Review* (February 2005)

138. Simon, Richard. "Green Laws No Slam0Dunk in New Congress." *Los Angeles Times* (December 18, 2006)

139. Simons G. L. *Iraq: From Sumer to Saddam*, New York: St. Martin's Press, 1994.

140. Solomon, Burt. "Bush and Clinton' s Urban Fervor." *National Journal* (May 16, 1992).

141. Stern, Andy. *A Country That Works: Getting America Back on Track*. New York: Free Press, 2006.

142. Starr, Kevin, "Saving California Centrism." *Los Angeles Times* (September 19, 2004).

143. Taw, Jennifer M. and Bruce Hoffman. *The Urbanization of Insurgency: The Potential Challenge to U.S. Army Operations*. Santa Monica, CA: Rand Corp., 1994.

144. Teixeira, Ruy. "Cultural Alien." November 11, 2004, www.alternet.org/election 04/20464/.

145. Thevenot, Brian. "Returning New Orleanians Ponder City's Future." *Times-Picayune* (October 1, 2005).

146. Tidmore, Christopher. "Groundbreaking Begins at St. Thomas Site." *Louisiana Weekly* (November 24, 2003, Kabacoff의 말을 인용한 부분).

147. Travis, John. "Scientist Fears Comes True as Hurricane Floods New Orleans." *Science* 309 (September 9, 2005).

148. Thomas, Captain Troy. "Slumlords: Aerospace Power in Urban Fights." *Aerospace Power Journal* (Spring 2002).

149. Tunnel, Ted. *Crucible of Reconstruction*, Baton Rouge, LA: Louisiana Sate University Press, 1984.

150. Turse, Nick and Deborah Nelson. "Vietnam: The War Crimes Files." *Los Angeles Times* (August

6, 1996).

151. UN Human Settlements Program. *The Challenge of Slums: Global Report on Human Settlements 2003*, London 2003.

152. Vonnegut, Kurt. *Player Piano*, New York: Scribner, 1952.

153. Walsh, Bill. "Louisiana Feeling Shortchanged." *Times-Picayune* (January 20, 2006).

154. Walters, Jonathan. "Solidarity Forgotten." *Governing* (June 2006).

155. Webb, James. "Class Struggle: American Workers Have a Chance to Be Heard." *Wall Street Journal* (November 15, 2006).

156. Wilke, John and Brody Mullins. "After Katrina, Republicans Back a Sea of Conservative Ideas." *Wall Street Journal* (September 15, 2005).

옮긴이의 글

변방의 야만인과 제국 신민의 연대

　이 책은 미국의 좌파 역사학자이자 도시 사회학자인 마이크 데이비스가 2001년부터 2007년까지 『소셜리스트 리뷰』를 비롯한 여러 매체에 다양한 주제로 기고한 글들을 묶은 에세이집이다. 마이크 데이비스의 저서는 『미국의 꿈에 갇힌 사람들』을 비롯하여 『슬럼, 지구를 뒤덮다』, 『조류 독감』, 『엘니뇨와 제국주의로 본 빈곤의 역사』 등 한국에도 이미 여러 권이 소개되어 국내 독자들에게 잘 알려져 있다.

　이 책에서 저자가 전기 작가의 말을 빌려 "20세기 미국에서 가장 다재다능하고 생산적이고 중요한 사회파 지식인 중 한 명"이라고 캐리 맥윌리엄스를 절찬한 수식어는 바로 저자인 마이크 데이비스 자신에게도 고스란히 해당되는 말일 것이다. 그는 미국에서 1960년대 신좌파 운동에 투신했던 사람들 중 아직까지도 "뱃

속의 불길이 꺼지지 않은" 몇 안 되는 좌파 지식인 중 한 명으로
서, 미국 사회에 껄끄러운 소리를 외치는 귀한 존재다. 게다가 캘
리포니아 토박이로서 이 지역의 지방사와 사회학과 지역 정치를
연구하는 데 부지런하다는 점에서도, "캘리포니아가 낳은 최고의
급진적 사회 비판가 겸 기록자"인 맥윌리엄스의 계승자라 할 만
하다.

책의 원제와 에필로그를 보면 알 수 있듯이, 저자는 현재의 미
국을 로마제국의 말기에 빗대는 은유를 이 책을 관통하는 테마로
삼고 있다. 주류 역사에서는 포악하고 무질서한 "야만인"들을 로
마 문명을 붕괴시킨 원흉으로 지목하지만, 저자는 오히려 제국(다
시 말해 미국) 지배층의 과도한 억압과 착취가 스스로의 붕괴를 자
초했다고 지적한다. 그리고 책의 곳곳에서 "변방의 야만인"(전 세
계의 노동 계급 · 유색인 · 빈민)과 제국 신민(미국 시민)의 연대를 호소
하고 있다. 트로츠키의 영향을 받은 국제 사회주의자로 자처하는
그다운 입장이다.

1부 "미국, 로마제국을 꿈꾸다"는 대통령 예비 경선 관전평이
나 선거 결과 분석 등 워싱턴의 중앙 정치를 다루고 있고, 2부 "미
국은 전쟁 중"은 이라크 전쟁을 비롯하여 미국이 전 세계에서 수
행해 온 군사 작전과 그 희생자들에 대해, 3부 "미국이라는 환상
의 몰락"은 저자의 활동 무대인 남캘리포니아의 지역 정치와 사
회 현안에 대해, 4부 "버려진 빈민, 흑인, 그리고 좌파"는 허리케
인 카트리나를 비롯한 자연재해와 환경 문제에 대해 다룬 글들을
모았으며, 5부 "세계인을 인질로 묶은 폭주 기관차, 자본주의"에

서는 노동운동과 저항 운동의 잊혀진 역사를 현재와 연결시켜 짚어 보고 있다.

　미국의 정치 현안을 다룬 글 중에는 하워드 딘 열풍이나 그레이 데이비스 주지사의 소환 등 현 시점에서 다소 시의성이 떨어지는 내용도 들어 있지만, 도시 개발의 사회학에서부터 미국 노동운동사, 남캘리포니아의 지방사, 미국 정치의 미시 역학, 자연재해와 질병의 사회학에 이르기까지 시공을 종횡무진 넘나드는 저자의 식견과 통찰에는 그저 혀를 내두를 따름이다. (그리고 이 하나하나의 주제에 관해 책 한 권씩을 써 낸 내공이 숨겨져 있다는 점은 그의 저서 목록을 보면 알 수 있다.) 으레 관심 범위가 넓으면 깊이가 얕아지는 것이 보통인데, 그의 글은 저널리즘과 역사 기술의 장점을 취합하여 깊이와 넓이를 두루 갖추었을 뿐만 아니라, 날을 뾰족히 세운 유머와 풍자는 혀가 얼얼해질 정도다. 특히 허리케인 카트리나를 둘러싼 뉴올리언스의 복마전을 심층 취재한 두 편의 장문의 글과 1960년대 십대 청소년들의 거리 항쟁을 회고한 마지막 글은 각각 흥미진진한 심층 기사와 르포 문학의 백미이며, 19세기 말의 혁명적 아나키스트들에 대한 인터뷰는 겹겹이 쌓인 생소한 인명과 고유명사들의 먼지더미를 헤치고 "유행에 뒤떨어진 데다 정치적 공정성도 갖추지 못했던" 피끓는 이들의 잊혀진 이야기를 발굴하는 재미가 쏠쏠하다. 착잡한 현실을 적나라하게 파헤친 책에 어울리지 않는 표현이기는 하지만, 책을 덮고 난 후에는 산해진미가 가득 차려진 밥상을 맛있게 먹고 난 후의 포만감이 느껴진다.

첨언하면, 언어학의 거두이며 미국의 대표적 진보 지식인인 노암 촘스키Noam Chomsky는 2008년 1월 매사추세츠의 독립 서점 '백 페이지스 북스Back Pages Books'와의 인터뷰에서, 자신이 2007년에 읽은 가장 좋았던 책으로 장하준의 〈나쁜 사마리아인들〉과 더불어 마이크 데이비스의 이 책을 꼽기도 했다. 이 책에 대해 촘스키는 "미국 사회의 다양한 측면에 대한 통찰력 있고 예리한 연구서"라고 평했다. ▪

나 개인적으로는 젖먹이 아기를 옆에 끼고 번역한 첫 책이다 보니 매순간이 돌발 상황과 시행착오의 연속이었다. 우유를 쏟아서 너덜해진 책에 코를 박고, 저자가 확대경을 들이대고 분석하는 미국 사회의 미시적인 모습을 이해하기 위해 배경 지식을 조사하느라 헉헉댔지만 오히려 그러면서 조금이나마 숨통이 트였다.

번역한다고 일거리 싸들고 가서 처박혀 있는 동안 어린 손주를 돌봐 주신 아버지와, 작업이 많이 지체되었는데도 너그럽게 기다려 주신 이후에도 감사드린다.

▪ 이 자리에서 촘스키는 이 두 권의 책 외에도 2004년 아이티 군사 쿠데타를 다룬 피터 할워드 Peter Hallward의 『물길을 둑으로 막기Damming the Flood』와 이스라엘의 안보 및 대외 정책을 분석한 지브 마오즈Zeev Maoz의 『성지를 사수하다Defending the Holy Land』를 언급했다. 이 인터뷰는 케이블 채널인 〈북 티브이book TV〉에서 방영되었다. http://video.google.com/videoplay?docid=-1856802246516972828